中國學術思想 研究輯刊

三 六 編

林 慶 彰 主編

第 15 冊

走向經典的意義之途
——王弼《周易注》的當代詮釋

涂 藍 云 著

花木蘭文化事業有限公司

國家圖書館出版品預行編目資料

走向經典的意義之途——王弼《周易注》的當代詮釋／涂藍云 著
-- 初版 -- 新北市：花木蘭文化事業有限公司，2022〔民 111〕
目 2+330 面；19×26 公分
（中國學術思想研究輯刊 三六編；第 15 冊）
ISBN 978-626-344-058-6（精裝）
1.CST：（三國）王弼 2.CST：學術思想 3.CST：玄學
4.CST：文學評論
030.8   111010195

ISBN-978-626-344-058-6

9 786263 440586

中國學術思想研究輯刊
三六編　第十五冊   ISBN：978-626-344-058-6

走向經典的意義之途
——王弼《周易注》的當代詮釋

作　　者　涂藍云
主　　編　林慶彰
總 編 輯　杜潔祥
副總編輯　楊嘉樂
編輯主任　許郁翎
編　　輯　張雅淋、潘玟靜、劉子瑄　美術編輯　陳逸婷
出　　版　花木蘭文化事業有限公司
發 行 人　高小娟
聯絡地址　235 新北市中和區中安街七二號十三樓
　　　　　電話：02-2923-1455／傳真：02-2923-1452
網　　址　http://www.huamulan.tw 信箱 service@huamulans.com
印　　刷　普羅文化出版廣告事業
封面設計　劉開工作室
初　　版　2022 年 9 月
定　　價　三六編 30 冊（精裝）新台幣 83,000 元　　版權所有・請勿翻印

走向經典的意義之途
——王弼《周易注》的當代詮釋

涂藍云　著

作者簡介

涂藍云，1983 年生，國立中央大學中國文學系文學博士，曾任國立臺東大學通識教育中心、輔英科技大學共同教育中心、慈惠醫護管理專科學校通識教育中心兼任講師，現為國立中央大學中國文學系兼任講師。研究專長為魏晉玄學、易學、中國經典詮釋與哲學詮釋學。

提　要

　　在中國傳統上，「經典」具有絕對的優先性，歷來學者皆從經典出發，透過注疏工作的進行，開顯出經典的意義。本論文由經典的優先性出發，清楚界定「經典」與「詮釋者」之間的主從關係為——「經典」為主、「詮釋者」為從，並自哲學詮釋學的視角，以呂格爾語義學路徑的詮釋學理論為基礎，藉由呂格爾定義下的象徵的多義性質、隱喻的作用、語境在詮釋時的重要性等，探究《易經》意義開顯背後的理論基礎與詮釋方式，歸結出詮釋者在進行《易經》詮釋時的三個進程。

　　本論文以上述的詮釋理論為基礎，對王弼《周易注》進行逐句說解，審視王弼《周易注》對《易經》意義的開顯進程、《周易注》所呈現出的意義內涵，並在思想史脈絡中破除了傳統上認為王弼「援老入易」的合理性——本論文以嚴格的方式審視此說，探究王弼是否將「援老入易」視為其解《易經》時的原則性方法？本論文最終指出，王弼以回歸《易傳》解經模式的方式，開顯出面對《易經》時屬於王弼的「《易經》的意義」。當中詮釋的偏重點在面對卦象時人事的應世或個人的自處，儒、道、《易傳》的相關觀念及語彙在《周易注》中乃為王弼為了解通《易經》這本卜筮之書時的工具性援用。王弼是在社會意義的層面使用了儒、道、《易傳》之概念與語彙，而非站在哲學的高度，將相關觀念視為解《易》時貫穿全書的問題意識，亦未對各家理論進行系統性的闡發。故統觀《周易注》，我們無法因此將王弼納入任一家派，也無法藉《周易注》而將其視為一具有核心問題意識的哲學家，王弼注《易》乃是以一名經典詮釋者的立場出發，開顯出其面對《易經》時的「不同的理解」。

謝　誌

　　關於本論文的撰寫，必須溯源自多年前就讀中正大學時，大學課堂上的一門「魏晉玄學」課，當時負責授課的謝大寧老師讓我們這群黃毛小子「越級打怪」，帶領我們細讀湯用彤先生的《魏晉玄學論稿》。當時我對湯先生論述的理解自然是模糊的，但卻也就此種下了日後研究魏晉玄學的種子。我的碩士論文以《王弼思想體系的反思與建構》為題，現在看來當時的論述當然是相當粗略且不成熟，後來進了中央大學就讀博士班，對於寫碩士論文時那些鬧不清的問題依舊耿耿於懷，故這本博士論文可說是對王弼的再次挑戰。即便歷來對王弼的研究如汗牛充棟，但我認為王弼的思想面貌仍未全然廓清，很多討論依舊沿襲於歷來傳統的舊說當中，我一直在想的問題是——王弼的思想風貌是否只是如此、就是如此？

　　私以為要廓清王弼思想面貌並非一蹴可及，故這本博士論文只討論王弼的《周易注》，並不涉及王弼其他很重要的概念如聖人體無、大衍義等，也不討論王弼的其他著作如《老子注》、《論語釋疑》，主要是因為我想用如同挖掘化石的方式，細細梳理王弼學思，故極力集中焦點在對《周易注》的討論上。但光是《周易注》，當中可討論的問題依舊龐大，在論文中，我曾論及王弼之注《周易注》乃是在勉力說解《易經》，而我今天對王弼《周易注》的說解，也是一種勉力為之，當中必然還有許多未能挖掘出的面貌，在這本博士論文完成後，其他問題就留待後日再做進一步的研究吧。

　　在這本論文中，作為後輩的我，大膽地對湯用彤先生、牟宗三先生與戴璉璋先生的王弼《易》學論述做了一番討論。起心動念其實很間單，學問的進程永遠得站在前輩學者的肩膀上往前邁進，在王弼的《易》學研究中，湯、牟、戴三位先生可謂是標竿，如果哲學詮釋學重視詮釋者與文本間的往來對

話，以及對話後開顯出的當代新意，那麼我亦欲藉本論文的撰寫，與前輩學者進行一番對話，並在對話中嘗試進一步的跨越與前進，這是我對前輩學者所致上的最高敬意。在撰寫論文時，我特別研讀戴璉璋先生對《易》學的相關論述，沒想到論文即將完成之際，卻聽聞戴先生離世的噩耗。我雖未能如二位指導教授楊祖漢老師、謝大寧老師般親炙戴先生，但戴先生的著作在我寫這本論文時常備於案前，其在 2021 年 3 月最後出版的那本《周易經傳疏解》亦在我解《易》時給了很大的助益，故戴先生的離世對我衝擊很大，聽聞時內心百感交集。論文中對戴先生王弼《易》學論述的討論，是我試圖與戴先生學思的對話，猶記撰寫前我細細疏解了戴先生的那本《玄智、玄理與文化發展》，撰寫的過程中或稍有前進，卻又時時驚覺當中似乎又存有對戴先生論述的誤解，如此來來往往，費了很大氣力才完成，當中或還有更多需要細細琢磨處，希冀往後能與師友們有更深入的討論。

　　這本論文的完成，來自於各方的幫助。感謝指導教授謝大寧老師對我多年來的指導，猶記當年上老師的第一堂是大三時的「中國思想史」，課上大寧老師笑著問同學們：「如果不是必修，有誰還會修這門課？請舉手。」我舉起了手，然後便一路聽大寧老師的課到了現在。除了學問的教導，還必須感謝大寧老師對我這外務甚多且不甚乖巧的學生一路上的寬容，以及指導這本論文時的傾囊相授。這本論文許多的觀點來自於大寧老師的啟發，我盡可能地皆於文中詳實以注，若尚有不甚周延之處，還望老師多多包涵。另外，也要感謝另一位指導教授楊祖漢老師，若非祖漢老師的時時叮囑，恐怕我這拖延病末期的學生還得將這本論文拖得更久。也感謝祖漢老師對這本論文的細細審閱，尤其在我細解王弼《周易注》注文時，祖漢老師提點了許多更具生命厚度的解法，在在讓我感到醍醐灌頂，茅塞頓開。此外，亦感謝這本論文的口試委員高柏園老師、楊自平老師、蔡家和老師與陳佳銘老師，他們為這本論文提供了相當細緻的建議，讓我在做後續修改時有了更明確的方向，使這本論文更加完備。

　　我常說做學術工作，身邊的支持團體很重要，我很幸運地擁有一群在我感到迷惘時總能對我伸出援手的師友，感謝楊自平老師、郭永吉老師與孫致文老師多年來對我的提攜，以及讓我倍感溫暖的支持。當然，我更是要感謝外子政緯對我一直以來無條件的包容，如果沒有外子在背後的支援與鼓勵，這本論文不可能完成。

　　生也有涯，知也無涯，當我越是鑽研，越感到自己學力的不足，謹以這本論文作為我學術生涯的起點，期勉自己能長遠地走下去。

涂藍云　敬誌

2022 年 1 月

第一章 緒 論

第一節 研究動機與目的

　　不可否認的，對於中國的學術傳統而言，「經典」具有其特殊地位，中國歷代學者多從經典出發，透過對經典的詮釋，逐次開展、深化經典的意義，繼而成就出我們今日所見的中國學術的面貌。如魏晉時期的王弼注解《老子》、《易經》與《論語》，郭象之注《莊》，以及宋明時期理學家們對四書、《易經》等經典的闡發等等，歷來學者對學問的開展基本上便是奠基於對經典的詮釋。我們或可如此說，「經典」之於中國學術傳統，實具有高度的文化累積性〔註1〕及優先性〔註2〕，中國學術依著「經典」而生，「經典」就中國的學術傳統

〔註 1〕張鼎國指出：「因為一個與我們息息相關的典籍的世界、從古代以至於現今，原先已構築起文化傳承與群體共同生活的主要骨幹，同時也提供著當前凝聚共識、實現未來期望的資源憑藉。……因此詮釋者與經典文獻的關係，詮釋者面對文本時自我的理解定位與詮釋取向的問題，就不只是一個知識論上的方法運作的考量，更且涵蘊著存有學上的思考深度，也明白指陳出我們對於人類存在的現狀反省，以及可以共同期許、可以齊力實現的未來景況。」張鼎國：〈「較好地」還是「不同地」理解：從詮釋學論爭看經典註疏中的詮釋定位與取向問題〉，《中國經典詮釋傳統（一）通論篇》（臺北：國立臺灣大學出版中心，2004 年），頁 46～47。

〔註 2〕謝大寧先生指出：「從文化史上看，每一個成形的文化都有其經典。一般來說，這些經典的最原初型態，大概都託名於此一文化的先知先覺者，而成為此一先知的創造，然後它即在此一文化中，開始扮演著某種領導文化發展並且規範價值的角色。隨著時間的演進，經典的範圍固然總是不斷擴大，但大體上我們總認為就是上述過程的再現。」謝大寧：〈經典的存有論基礎〉，《國立中正大學中文學術年刊》，第 7 期，2005 年 12 月，頁 68。關於經典的優先性的討論，可詳見謝大寧：〈經典的存有論基礎〉，頁 59～80；謝大寧：〈經典的存有論基礎（續）〉，《中正大學中文學術年刊》2007 年第 1 期（總第 9 期）（2007

而言，實具有一首出性的地位。

然而，在近代的中國哲學研究中，為了加強中國哲學的系統性，論者常以引入西方哲學體系的方式，以此支撐出中國哲學的理論系統。西方哲學體系的引入，一則加強了中國哲學的系統性，二則提供了研究者切入討論時的新視角，此外，西方哲學語彙的使用亦使得當代中國哲學之討論顯得更為豐沛。筆者以為，藉由西方哲學體系所提供的資源，的確開啟了近代中國哲學研究的另一番新天地，如牟宗三先生藉康德（Immanuel Kant，1724～1804）系統來講儒家哲學時，所建構出的道德形上學系統便是極其精彩。然而，筆者想問的是，在我們享受西方哲學體系所帶來的種種研究之便時，我們是否也在無意間過度地依賴了西方的哲學體系，並因此消磨、忽略了中國哲學的某些部分？而這些被消磨、忽略的部分，對於中國哲學的特質來說，是否反而可能是核心要素？〔註3〕

年6月），頁189～212；謝大寧：〈經典詮釋的認識論基礎——從經典存有論問題向認識論的過渡〉，《第三屆中國文哲之當代詮釋學術研討會會前論文集》（新北市：國立臺北大學中國語文學系，2007年10月），頁255～266。

〔註3〕當然，西方系統的引進實有其不可抹滅的重要性，如王汎森指出：「未經過現代學術之洗禮，則所有學問不可能有進境。」王汎森：《執拗的低音——一些歷史思考方式的反思·序》（台北：允晨文化，2014年），頁12。並指出「西方的理論、資源，常常能夠幫助我們好好瞭解古代歷史，而不一定會跟我們『重建』的目標相互排斥。」王汎森：《執拗的低音——一些歷史思考方式的反思·序》，頁12。王汎森於此雖針對史學而論，但西方體系的影響、引進對中國哲學界亦是至關重要，我們或可藉王汎森此言，同樣地對中國哲學之當代發展進行反思。此外，王汎森亦針對新學術觀點與歷史文化本身在交互後所產生的質變，提出「消耗性轉換」與「創造性轉化」二詞，來進行討論，其指出：「近代學術建置的過程中產生了許多『創造性的轉化』，不過用歷史研究的角度看，原本人們以為很多傳統學問在轉化成現代學科的過程中功能會得到繼承或改善，其實並不一定如此。有很多東西在轉化的過程中被人們遺忘，或是變成低音。儘管學問轉換得更科學、更現代，但也有些複雜細微的成分被摒去了。……我們今天所熟悉的東西，也有許多經過晚清民國以來的『替換』、『轉譯』，它們開啟了新的思想世界，但是從歷史的眼光看，它們同時也產了生一些消耗性。」王汎森：《執拗的低音——一些歷史思考方式的反思·序》，頁30。針對消耗性轉換，王汎森舉了以下例子：「……我注意到創造轉化本身的消耗很大。當我們回過頭去看，會發現有些東西沒有被表述和彰顯，有些東西慢慢成為低音。例如梁啟超（1873～1929）說：『學案者，學史也』，這個說法當時風靡一時，被認為是對學案的新看法。可是現在回頭去看，梁啟超把生命的哲學轉化成為學術史後，其實把宋明理學中觀照生命的部分去掉了，很多東西都看不見了，只是在那裡尋求抽象的理論，這就是一種『消耗性的轉換』。」王汎森：《執拗的低音——一些歷史思考方式的反

　　對此問題，並非沒有論者提出反省，如賴賢宗曾指出：

> 現代的中國哲學研究的問題，主要是西方哲學的傳譯進入中國之
> 後，在中西哲學理論與範疇的對比之中，所引生的問題。也就是說，
> 西方哲學的理論與範疇，如何運用於中國哲學身上的問題。例如中
> 國哲學本來就有天道論、心性論、氣論等等，但是適不適合用西方
> 哲學的 Metaphysics（形上學）的種種理論與範疇來加以解說？如果
> 沒有考慮到中國哲學和西方哲學的本質上的不同之處，硬是要運用
> 西方的傳統哲學的理論與範疇來解說中國哲學，徒然使中國哲學的
> 研究變成一種西方哲學的類比物而已，這不是在當代文化之中發展
> 中國哲學的正確方式，因為這樣並不能真正地把握中國哲學的核
> 心，對於西方哲學的研究也不能透過中西對比而具有對於自身的突
> 破，從而這對於世界哲學的研究是不適當的方式。〔註4〕

賴賢宗認為，中國哲學與西方哲學有本質上的不同，故針對有些論者將西方
哲學理論與範疇直接移植到中國哲學上的這個做法，賴賢宗直言並不適當。

　　又如楊慶中指出：

> 中國哲學有一個特點，就是立足于經學講哲學，歷代哲學家基本上都
> 是透過經典的詮釋來闡發建構自己的理論體系。……但近代以來，由
> 于哲學與經學的分離，人們忽視了二者原有的特殊關係，乃至于對于
> 在傳統經學中與哲學密切相關的易學問題也很少作出探討。結果，對
> 歷代哲學思想的研究，便往往只局限于孤立地分析其哲學概念、範疇
> 和命題，見枝葉不見本根，不能揭示出其形成和發展的理論淵源及理
> 論特徵。因而也就難于真正瞭解中國哲學的民族特點。〔註5〕

思・序》，頁8。值得我們注意的是，王汎森並非對「消耗性轉換」一律採取負
面的看法，其特別強調：「……許多歷史上的事情常常是『啄啐同時』，好處與
潛在的危機常常存在同一個內核中。對目前這個問題，消耗性轉換事實上還有
一部分原因，當時的人認為那不是消耗，而是創造。……每一個時代的人都在
做轉換的工作，在當時也是為了要適應現實。」王汎森：〈執拗的低音──一些
歷史思考方式的反思〉，《執拗的低音──一些歷史思考方式的反思》，頁64。
也就是說，在轉換的過程中，消耗、創造往往乃是相互作用，各有其正面功能。
〔註4〕賴賢宗：〈本體詮釋與中國哲學研究方法的省思：以老子為例〉，《哲學與文化》
　　　第34卷第4期，2007年4月，頁88。
〔註5〕楊慶中：〈出土文獻、《易》與中國哲學史料〉，《國學學刊》2013年第2期，
　　　頁88～89。

楊慶中此處點出中國哲學的特點在「立足于經學講哲學」，也就是說，就中國學術而言，「經學」與「哲學」間實本具密切關聯。然而在近代中國哲學的研究中，研究者卻往往將此二者分離，研究中國哲學者只討論哲學概念、範疇和命題，忽略了在中國哲學中經學與哲學的緊密關係，楊慶中認為這最終使研究「難于真正瞭解中國哲學的民族特點」。

筆者以為，以上二學者對當代中國哲學研究的批判，其實是值得論者反思的——面對西方哲學體系的引進，對於中國哲學的研究本身，當中是否有其利弊得失？又，若從中國學術之「經學」與「哲學」緊密相連的這個特質出發，那麼我們在進行中國經典詮釋時，是否可以有更好的做法？

如筆者於本節開頭所論，在中國的哲學發展中，「經典」具有首出性，歷來學者藉由注疏，一再地對經典進行闡發，中國哲學的詮釋與建立即自「經典」而來。〔註6〕也就是說，在中國的文化傳承中，「經典」毋庸置疑地具有

〔註6〕 關於此論點，許多前輩學者多有論述，如劉笑敢認為中國哲學萌發於經典詮釋，並指出：「中國古代哲學的發展與哲學詮釋的傳統有密切關係，王弼和郭象代表了中國古代哲學詮釋傳統的成熟時期，朱熹、王夫之是古代哲學詮釋傳統的高峰，牟宗三則是這一傳統的現代代表。中國的哲學詮釋傳統的典型形式是以經典詮釋的方式進行哲學體系的建構或重構，這一方式包含『客觀』地詮釋經典的『原意』和建立詮釋者自身的哲學體系的內在矛盾和緊張。」劉笑敢：〈經典詮釋與體系建構：中國哲學詮釋傳統的成熟與特點芻議〉，收入李明輝編：《儒家經典詮釋方式》（臺北：國立臺灣大學出版中心），2004年，頁34。劉笑敢此處的論述有其特別的脈絡，即是劉先生有一「哲學性的詮釋著作」與「詮釋性的哲學著作」的區分，即其更細緻地將中國哲學的詮釋細分為兩層次，一為所謂的「哲學性的詮釋著作」，其指的是「那些在通行的中國哲學史論著中涉及的注釋性著作都可以看作『哲學性的詮釋著作』」，即『哲學性的詮釋』以經典詮釋為主」。二為「詮釋性的哲學著作」，指的是「特別強調有體系、有重要地位」，「以建立新的哲學體系為主」的哲學著作。在這兩者之間，「詮釋性的哲學著作」為「哲學性的詮釋著作」的更進一步發展，為「中國哲學詮釋傳統的典型代表」。以上引文與討論，可參劉笑敢：〈經典詮釋與體系建構：中國哲學詮釋傳統的成熟與特點芻議〉，頁36。值得注意的是，即便劉笑敢如此細分中國哲學之詮釋內涵，但其也指出「這兩者都是中國的哲學詮釋傳統的組成部分，很難有嚴格的絕對的界限。」劉笑敢：〈經典詮釋與體系建構：中國哲學詮釋傳統的成熟與特點芻議〉，頁36。無論論者是否贊同劉笑敢對中國哲學之詮釋傳統所做出的這兩項區分，劉笑敢此處指出的中國哲學與經典詮釋間的密切關係卻仍是值得我們注意。劉笑敢又曾對此直接指出：「從中國哲學史的整體發展來看，思想家以較完整的經典注釋、解說作為發展、建立、表達哲學思想的契機或形式已成為慣例，這是中國哲學的發展史與西方哲學不同的一個重要特點。當然，中國哲學的詮釋傳統是中國哲學發展的特點和內容之一，不是中國哲學史的全部。不過，應該看到，

著領銜文化的地位。我們或可如此說，中國哲學的思考模式是通過經典詮釋的模式來進行，這與西方哲學可在思維中運作乃是有所不同，即中國哲學所開顯出的意義世界是與「經典」緊密相連的。因此，筆者以為，在進行中國哲學的研究時，我們必須先拉出中國哲學詮釋的核心部分——「經典」，先明確地標示出經典在中國哲學詮釋中絕對的主角地位，體認到中國哲學的詮釋中經典為主、詮釋者為從的這項獨特關係，才能接續進行後續討論。〔註7〕正如古代詮釋者面對經典時，有所謂的注不破經、疏不破注，經典與注、疏之間的關係有其先後主從之別。即便各時代經典的詮釋手法不同，例如義理、例如考據，但經典仍舊具有其規範性〔註8〕，為一獨特的存在。故筆者想以此為前提，繼而進行提問——在研究方法、理論日新月異的當代，當我們引入西方哲學體系進入中國哲學，試圖架構起中國哲學的系統性時，是否也在無意中丟失了經典原有的絕對的主角地位？〔註9〕那麼，如果我們不單只是將西方的哲學體系作一系統性的借鑑，拿之對比入中國哲學，再繼而建立起中國哲學的系統性，而是改換研究視角，回歸到經典本身，將「經典」視為一切詮釋的基點，再繼而討論詮釋者對經典內涵的層層開顯等問題，在此新視角下，

中國古代哲學的發展是以哲學經典之全面的再詮釋為主要形式和動力的，沒有對經典的哲學詮釋，似乎就沒有中國哲學的演進和發展。」劉笑敢：〈經典詮釋與體系建構：中國哲學詮釋傳統的成熟與特點芻議〉，頁 45。劉笑敢於此，即大大高舉出經典與經典詮釋在中國哲學建構上的重要意義。

〔註7〕此處關於中國經典詮釋須以經典為主、詮釋者為從的看法，最初乃發自於謝大寧先生對經典優先性的討論。詳見謝大寧：〈經典的存有論基礎〉，頁59～80、謝大寧：〈經典的存有論基礎（續）〉，頁189～212、謝大寧：〈經典詮釋的認識論基礎——從經典存有論問題向認識論的過渡〉，《第三屆中國文哲之當代詮釋學術研討會會前論文集》，頁 255～266。

〔註8〕關於經典所具備的規範性，張鼎國曾如此說：「經典化作為語言文辭的內容，始終可具有一個規範的地位，不容任意解讀和隨意詮釋，而是以經典自為標準。」張鼎國：〈經典詮釋與修辭學傳統〉，收入張鼎國：《詮釋與實踐》（臺北：元照出版公司，2011 年），頁 178。

〔註9〕對此洪漢鼎亦曾提出相關反省：「當代中國哲學研究者有一個普遍的看法，即哲學乃是作為智慧之學和對宇宙、人生一般觀感的學問，哲學在中國古代早已有之。但現代學術形態和學科化體系的『中國哲學』，卻是在西學東漸的過程中仿照了西方哲學的形式和方法，經過幾代人的努力之後，才在中國建立起來的。在有些人看來，這種作為現代學科的『中國哲學』與中國土生土長的中國學問完全不同，是西方模式入侵的結果。」洪漢鼎：〈文本，經典與詮釋——中西方經典詮釋比較〉，《深圳大學學報（人文社會科學版）》，2015年第32卷，頁28。

我們能否看出中國哲學的另一番風貌？

此外，另一個值得我們思索的問題是，當我們援用西方語彙來建構中國哲學理論系統的同時，是否亦會不可避免的落入語言的隔閡中？〔註10〕如前所述，牟先生藉康德談孟子，完成一套道德的形上學系統，建立起細緻的儒家哲學體系，此實屬精彩，但此之外，似未有其他論述能如此完滿地「移植」進中國哲學。例如有論者欲藉由海德格（Martin Heidegger，1889～1976）的哲學體系與道家哲學之相近處來將道家哲學體系化，但此海德格式的存有論討論，也實無法如牟先生藉康德講孟子時般完備。〔註11〕此種「移植」式討論——當然，筆者此處並非是指毫無脈絡的類比或移植——所出現的難題突顯出一個問題，即是我們對於今日「後見之明」所形塑出的種種觀念與術語，是否太過於想當然爾，因此忽略了學術歷程本身的曲折，並落入語言隔閡所產生的陷阱中？

對於新學術觀點所帶來的新詞彙，當中其實存在著使用上的弔詭性。王汎森曾對「新詞」的使用提出了他的反思：

　　……現代事物這麼複雜，當然要用非常複雜的新詞才能表達那些原來表達不準的。如果是要瞭解古代就要瞭解到這些詞是後來的。事

〔註10〕正如王汎森所指：「歷史中的行為、事物之間的關係，很難用我們目前的詞彙與概念完整描述。……古代的歷史、文化也是一樣，其中有許多複雜的情狀，恐怕不是我們現代的學術語言所能充分表述。更何況，我們所使用的許多學術語言是從日本或西洋次第借來的新詞彙或新觀念。這一百多年來，我們對知識的瞭解、定義、詮釋、範圍，大多是跟著新式教科書走的，就像突然一陣風吹來，人們的思維世界悄悄轉換成教科書或其他新書中的新定義、新概念，此後大家相沿而不自知，幾乎不再意識到其中有一個很複雜的歷史過程。」王汎森：《執拗的低音——一些歷史思考方式的反思‧序》，頁9。王汎森此言雖然是針對史學而來，但對於大量使用西方哲學系統、語彙之當代中國哲學研究者而言，王汎森此言亦相當值得我們反思。

〔註11〕如劉笑敢指出：「西方古代的和近代的詮釋學的多種形態，大部分有可能在中國的詮釋傳統中找到自己的土壤或類似的形式，從而刺激、影響、推薦中國的文獻詮釋學、歷史詮釋學，以及文學詮釋學的形成。在這些方面，中國有深厚的歷史文獻和文學作品的詮釋傳統，比較容易生發出或昇華出自己的詮釋學理論。比較困難的可能是海德格爾和伽達瑪式的本體論（存有論）的詮釋學或一般性的哲學詮釋學。雖然，很多人都發現海德格爾的哲學與道家哲學有某種相通之處，但存有論的詮釋學或哲學詮釋學在中國似乎還沒有嫁接或移植的成熟條件。不過，中國哲學畢竟是在經典詮釋的肥沃土壤中萌發生長得，所以，中國不乏哲學詮釋的傳統，而梳理中國的哲學詮釋的傳統對於建立中國的哲學詮釋學就可能有重要的意義。」劉笑敢：〈經典詮釋與體系建構：中國哲學詮釋傳統的成熟與特點芻議〉，頁34。

實上新詞織成非常大的網，我們是透過這個網去瞭解這個世界、解
釋這個世界。〔註12〕

此處王汎森認為，現代人固然得藉由現今社會所發展出的詞彙（「新詞」）來對
我們所處的世界進行表述與理解，然而他也特別提醒我們：「如果是要瞭解古代
就要瞭解到這些詞是後來的」。筆者以為，當我們在進行研究工作時，此警醒是
必須時時存於心的，因為我們無可逃脫地需要使用語言來描繪這個世界，對「新
詞」的使用實是當代學者所無法避免。但我們亦必須警醒自己，當我們試圖藉
由新詞來描繪古代世界時，必須清楚的知道這語言（「新詞」）乃是後出，並不
屬於古代世界。〔註13〕筆者以為，這樣的狀態其實也就是種無可逃脫的時間間
距的展現。我們或可如此說——不管當今的我們用何種方式、語彙詮釋中國哲
學，時間間距都必然橫亙在今日的我們（詮釋者）與過往的經典文本之間，所
以該如何看待詮釋者與經典文本間的關係便成了一個很重要問題。筆者以為，
這個問題其實頗耐人尋味。如前所論，經典具有一個「規範」的功用，故當詮
釋者面對古老經典時，經典所具備之規範性，便形成詮釋者在詮釋經典時所需
依循的標準。另一方面，就中國的學術傳統而言，我們無法忽視的另一點則在

〔註12〕王汎森：〈執拗的低音——一些歷史思考方式的反思〉，《執拗的低音——一些
歷史思考方式的反思》，頁65。

〔註13〕此正如王汎森所言：「如果我們想好好瞭解古人的世界，要先承認他們有一個
非常複雜而精微的世界，跟我們不完全一樣，其中有若干鴻溝要跨越。在近代
知識轉換的過程以及分科之學形成時，有些複雜、隱微的聲音被遺漏了。」王
汎森：〈執拗的低音——一些歷史思考方式的反思〉，《執拗的低音——一些歷
史思考方式的反思》，頁22。針對此，王汎森舉胡適一語進行論述：「我常感得
學問是一件事，信仰又是一件事、道德又是一件事。」胡頌平編：《胡適之先
生年譜長編初稿》（第10冊）（臺北：聯經出版事業公司，1984年），頁3481。
但王汎森進一步針對胡適此語進行闡述：「他的意思是現代人要脫離倫理來看
學問，我認為這是造成近代學術進步的一個重要原因。可是若用這個學問觀念
回頭看古代學術，在研究、瞭解上恐怕會產生很大的出入。以前的學問、道德
和信仰往往是同一件事，而非三件事。所以當我們把它分成三件事再回去瞭解
古人的時候，總覺得其中有些出入，這就會產生我所謂『意義倒置的謬誤』。」
王汎森：〈執拗的低音——一些歷史思考方式的反思〉，《執拗的低音——一些
歷史思考方式的反思》，頁23。王汎森認為，所謂「意義倒置的謬誤」有許多
種意涵，其中一種即為：「用後來形成的一套龐大的新詞彙網絡套回去所形成
的理解，恐怕常常會產生很大的出入。」王汎森：〈執拗的低音——一些歷史
思考方式的反思〉，《執拗的低音——一些歷史思考方式的反思》，頁28。關於
「意義倒置的謬誤」的討論，詳參王汎森：〈執拗的低音——一些歷史思考方
式的反思〉，《執拗的低音——一些歷史思考方式的反思》，頁27～30。

於，即使經典對詮釋者而言具有規範性，但歷來中國經典的詮釋者在面對古老的經典時，多半不只是將經典視為一個可與己分割的客體來進行純然客觀的詮釋，而是藉由詮釋工作的進行，將自己的存在處境放入經典，以此與經典產生對話，尋求一個安身立命的依據。也就是說，此詮釋工作並非純然學術或純然思辨性質的，當中具有相當程度的生命實踐上的意義。此正如牟宗三先生所言：

> 中國哲學，從它那個通孔所發展出來的主要課題是生命，就是我們
>
> 所說的生命的學問。它是以生命為它的對象，主要的用心在於如何
>
> 來調節我們的生命，來運轉我們的生命、安頓我們的生命。〔註14〕

若以西方哲學詮釋學的角度，此正如高達美（Gadamer, Hans-Georg，1900～2002）所指出的：

> 所有這樣的理解最終都是一個自我理解（Sichverstehen）。〔註15〕

即詮釋者面對文本進行詮釋時，詮釋最後都會與自身的生命狀態產生關聯，我們可以如此說——「詮釋」是通往「理解」的過程，「理解」最終也將指向於主觀生命的實踐與化用。〔註16〕

〔註14〕 牟宗三：〈中國哲學之特殊性問題〉，《中國哲學十九講》（臺北：臺灣學生書局，2002 年），頁 15。

〔註15〕 〔德〕高達美（Gadamer, Hans-Georg）著，洪漢鼎譯：《真理與方法》（第 1卷）（北京：商務印書館，2007 年），頁 380。

〔註16〕 就西方詮釋學的發展來看，從海德格開始，其即試圖將詮釋學由傳統之方法論詮釋學轉向到本體論詮釋學。對此，洪漢鼎指出：「（筆者按，當詮釋學發展至海德格時）詮釋學的對象不再是單純的文本或人的其他客觀化物，而是人的此在本身，理解不再是對文本的外在解釋，而是對人的存在方式的揭示（Auslegung），詮釋學不再被認為是對深藏於文本裡的作者意向的探究，而是被規定為對文本所展示的存在世界的闡釋。」洪漢鼎：《詮釋學史》（新北市：桂冠圖書股份有限公司，2003 年），頁 27。此轉向至高達美的哲學詮釋學時以臻完備。若以此反思中國哲學詮釋，洪漢鼎曾指出：「相對於西方經典詮釋學家，中國經典詮釋學家更重視實踐和踐行，道德和德性的培養。在他們看來，理解和解釋活動不應是靜觀的和中立的知識論活動，而應是一種主客觀合一的『為己之學』，他們說『古之學者為己，欲得之於己也；今之學者為人，欲見知於人也』。按照伽達默爾的觀點，理解和解釋乃是傳承物的運動和解釋者的運動的一種內在相互作用。支配我們對某個文本理解的那種意義預期，並不是一種主觀性的活動，而是由那種把我們與傳承物聯繫在一起的共同性（Gemeinsamkeit）所規定。但這種共同性是在我們與傳承物的關係中，在經常不斷的教化過程中被把握的。就此而言，中國經典詮釋已有了一種伽達默爾哲學詮釋學要發展的理解方式的雛形，即『佔有或據為己有』的方式。按照伽達默爾的看法，文字傳承物的歷史生命力就在於『它一直依賴於新的佔有（Aneignung）和闡釋（Auslegung）』。」洪漢鼎：〈文本，經典與詮釋——

　　那麼，我們是否可以從上述的觀點出發，反思現今之中國哲學研究？若過去千百年來中國哲學皆為學問、道德和信仰合一，那麼今日我們為了建立中國哲學系統，將「學問」一隅高高舉起，並加入西方之高度知識性與系統性的語言與概念時，是否也在建構中國哲學系統性的同時，沈沒了原本有的道德和信仰層面？〔註17〕

　　此外，就經典本身而言，古老經典的生命會因著注疏者詮釋工作的進行繼而獲得延續，並在注疏者與經典的往來對話中，持續地開展、深化經典的意義。在此，「對話」的概念值得我們注意，我們或許可以如此說，經典與注疏者之間，事實上乃是處在一個相互依存的動態循環當中，如同兩個人面對面交談一般，正如高達美所言：

　　　　文本總是在返回自身時才真正地在那兒。但這卻不過是說，它們是
　　　　原始的和本來意義上的文本，在返回自身時才真正「在那兒」的這
　　　　種話語，從自身出發實現文本的真正意義：它們說話。〔註18〕

高達美特別強調出「說話」一語，我們必須留意的是，此所謂的「說話」彰顯出一種動態，因為經典文本從來不是一個硬梆梆、失去生命力的文字留存物，當注疏者閱讀經典的同時，經典便如同一個具有生命的人一般，面對面地對著注疏者訴說其所要表達的義理內容。正如我們與人談話時的首要之務一樣，我們必須先傾聽對方的言說，否則接下來的對話將無從開展。同樣地，注疏者面對經典之訴說，首要的工作就是「傾聽」，正如高達美對此所言：

　　　　它必須不僅被閱讀，而且也必須被傾聽——雖說在絕大多數情況下
　　　　只是用內在的耳朵來傾聽。〔註19〕

「傾聽」經典之言說乃是注疏者面對經典時的第一要務，否則恐落入誤解經

　　　　　　—中西方經典詮釋比較〉，頁28。

〔註17〕此正如王國維所言：「古人所謂學，兼知行言之，今專以知言。」王國維：〈國學叢刊序〉，收入謝維揚等主編：《王國維全集》（杭州：浙江教育出版社；廣州：廣州教育出版社，2009年），第14卷，頁129。對此，岑溢成亦曾提出一「受用」之觀點：「我們將提出『受用』和『講論』的區分，指出哲學史家們一般的做法只強調了思想的理論性的『講論』一面，忽略了實踐性的『受用』一面。」岑溢成：〈嵇康的思維方式與魏晉玄學〉，《鵝湖學誌》第9期，1992年12月，頁27。

〔註18〕〔德〕高達美（Gadamer, Hans-Georg）著，洪漢鼎譯：《真理與方法》（第2卷）（北京：商務印書館，2007年），頁424。

〔註19〕〔德〕高達美（Gadamer, Hans-Georg）著，洪漢鼎譯：《真理與方法》（第2卷），頁425。

典的險境中,這也是前述之經典的規範性所起作用之處——你必須先聽經典說話。也就是說,注疏者必須以其「內在的耳朵」耐心地傾聽經典對注疏者所進行的訴說,而非喧賓奪主地任由己意肆意妄為,完全取消了經典所要訴說的意義話語。〔註20〕

　　言說與傾聽,乃是經典與注疏者間的第一層關係,然而注疏者的工作並未結束,他還需對經典之所言做出提問與回應,即透過注疏工作的進行,來對經典提出自己的疑問,或回應經典之言說。〔註21〕這是經典與注疏者間的第二層關係。而以上所論之經典與注疏者間的這兩層關係,也絕非進行到某一向度即宣告停止,是在不停的在聽與說、問與答間永不停歇、相互交流,如同兩個人不斷地在進行對話一般,在來回往復間逐漸深入、探究。關於經典與注疏者的這一連串動態關聯,我們或可由高達美在《真理與方法》中不斷闡述之「交談哲學」概念作為討論時切入的視角,高達美指出:

> 語言總是只在交談中的。語言只有在講話的去與來之間實現自己
> (完成自己),在其間一句話給出了另一句話語,而且在其間我們和
> 其他人一同講述著的語言、我們互相發現到其他人的語言,才充分
> 鮮活地發展開來。〔註22〕

對此,張鼎國如此闡述:

〔註20〕關於詮釋者對文本的詮釋,高達美哲學詮釋學主張詮釋學與修辭學同一源,認為修辭能力和詮釋活動不可分離,此成為高達美對話理論裡的一個鮮明主張。值得注意的是,高達美已將修辭學自「工具性」、「輔助學科」的面向中跳脫,與詮釋學一同提升到哲學的高度,而與理解活動的實踐相結合。張鼎國由此出發,進一步談中國哲學經典注疏的問題,指出「一般所謂義理之學和詞章句之學不可偏廢的主張,正可以從充滿修辭性格的哲學詮釋學裡,獲得一種新的呼應。」張鼎國:〈經典詮釋與修辭學傳統〉,頁178。但張鼎國也提出了這樣的提醒:「詮釋學與修辭學合作的任務,在這裡充其量是去『順成』一種理解,讓它發揮其應有的能耐,而非要我們利用修辭詮釋去進行『逆』向操作,把根本沒有辦法言之成理的東西,用掩飾目的、操弄手段的態度擺在當代讀者、聽眾之前,誘導或騙取他們接受非經典內容所傳達的理路思維。」張鼎國:〈經典詮釋與修辭學傳統〉,頁178。

〔註21〕高達美指出:「理解一個問題,就是對這問題提出問題(Eine Frage verstehen heisst, sie fragen)。理解一個意見,就是把它理解為對某個問題的回答(Eine Meinung heisst, sie als Antwort auf eine Frage verstehen)。」〔德〕高達美(Gadamer, Hans-Georg)著,洪漢鼎譯:《真理與方法》(第1卷),頁509。

〔註22〕〔德〕高達美(Gadamer, Hans-Georg)著,洪漢鼎譯:《真理與方法》(第2卷),頁171。

語言的生命是在持續的對話交談當中表現著，正如歷史的生命，是
在歷史的流傳延續當中才得以維繫著一樣；唯有透過雙方、乃至於
多方不斷往返進行的對話交談，語言始能獲得且維持住其生命力，
而得到整全幅度的持久向前開展。詮釋文本不僅在詮釋文本、理解
歷史傳統中找到了自己的工作定位，同時也毫無遲疑地投向與相異
者、陌生者對話交談之際的互動，期待由此走出一條無盡的自我充
實之大道。〔註23〕

對於高達美所謂之「交談哲學」，其雖自「語言交談」談起，但究其《真理與
方法》一書，實可將此「交談哲學」之概念，擴至一切文本的詮釋上。張鼎國
繼而針對高達美此言指出：

……高達美要極力強調者在於，一切書面記載的符號語言（Zeichen-
sprache／the sigh language）原本都關涉到真正的講話交談的互動下
的語言（Sprache der Rede／language of apeech），而且唯有透過還原
到生動的交談對話情境當中，才能完成對文本的理解詮釋工作。甚
至哲學性的文典都不是真正的文本或作品，而只是思想家隔著時代
進行思想性對話的一篇篇文稿（Beiträge／contributions），而且一旦
如此對話不再繼續進行下去時，那些哲理典冊，也就喪失掉展現其
義理多樣性開顯的機會。〔註24〕

回到先前所論之經典與詮釋者之間的關係上來說，關於經典與詮釋者之間言
談、傾聽、提問、回應之動態關聯，其實正如同高達美交談哲學之展示。只是
西方哲學家多半藉由自身哲學理論之建構，與其前代、當代的哲學家進行交
談，繼而使哲學體系更加豐盈。中國哲學則是透過「注疏」之傳統，與經典文
本進行交談，發顯出古老經典於古於今的豐富意義，經典的意義便在注疏者
與經典文本的反覆交談中，逐步獲得展現與深化。

　　我們或許可以如此說，古老的經典文本與詮釋者之間，有如過去與現在
的對話與交融，然而當注疏者將「我」帶入經典文本時，並非指注疏者將現
在的「我」拋去，全然且單純地接受經典話語的灌輸。注疏者實際上是將「我」
放入經典文本，在傾聽、提問、回應的動態交談中，逐步理解經典文本，進而
發揮注疏者之新意。即便注疏者與經典文本間必然存在著時間間距，但在注

〔註23〕張鼎國：〈理解，詮釋與對話〉，頁55。
〔註24〕張鼎國：〈理解，詮釋與對話〉，頁55～56。

疏者藉由詮釋經典文本的同時，一方面將「過去」拉到了「現在」，另一方面也將「現在」帶入了「過去」。〔註25〕詮釋者並非要消除「過去」與「現在」間的差異，而是在詮釋的過程中正視差異，然後溝通對話。由時間間距造成的差異並不會因為注疏者對經典文本的詮釋而被消除，反而幫助注疏者在詮釋的過程中，得以持續深化經典之意義，因為詮釋並非是對經典文本進行複製的行為，而是一種意義的創造。〔註26〕即便詮釋者面對的是一個古老的經典文本，但詮釋者依舊無法擺脫自身處境對自己的影響，故詮釋者在面對古老的經典文本時，不是要取消自身處境，而是須由本身之處境出發，將古老的經典文本拉至詮釋者當前之視域中進行詮釋。也因此，古老的經典文本因詮釋者由過去來到了現在，並藉由與詮釋者的交談，燦發出屬於現在的新意。也就是說，藉由注疏工作的進行，經典與詮釋者之間產生不斷往返的對話語辯證，詮釋便於此往返間產生了新的動能。〔註27〕

〔註25〕正如同洪漢鼎所指出的：「我們從不能走出歷史，因為每一解釋都處於某種受歷史制約的視域中。」洪漢鼎：《詮釋學史》，頁 225。

〔註26〕謝大寧先生指出：「經典作為對存有的傾聽，它遂成了聖顯之所在。」謝大寧：〈經典的存有論基礎（續）〉，頁 197。謝先生此論乃是針對經典的存有論基礎而發，簡而言之，謝先生認為每一次對於經典的詮釋，皆是對存有意義重新開啟的過程。也就是說，存有藉由經典的語言獲得顯現，歷代注釋者藉由注釋將經典不斷地再現，或更根源地說，是存有狀態的不斷再現。對此，其進一步說明：「……同樣作為經典，五經其實恰恰正是我們文化中真理的建構者，它揭示了我們生活於其中的宗教與倫理世界的全部真理，然後在經典任何一次，或是任何一個形式的復現中，觀賞者便在由經典所展示的世界中，認識了它自己。以此我們乃可以說，經典的同時性較諸藝術作品的同時性，更具有本質上的意義。或者我們正可以說，正是經典的同時性，乃能建構出每一個由原創性的藝術作品，甚或是其他任何一個原創性作品的同時性，這每一個原創作品都分得了由最原初經典所顯示的神聖宇宙，而也由此，原初的經典與所有這些原創性的作品，遂構成了一個可以不斷為之擴張的經典系列。」謝大寧：〈經典的存有論基礎（續）〉，頁 196。

〔註27〕謝大寧先生曾試圖以高達美「遊戲」概念中動態的張力，來解釋在詮釋過程中，經典與經典詮釋者之間，因不斷往返的對話所產生的動能。對於高達美所謂之：「所有神聖的藝術活動只是對無限的世界遊戲、永恆的自我創造的藝術作品的一種有偏差的模仿。」高達美：〈作為存有論闡釋入門的遊戲〉，《真理與方法》，頁 155。謝先生如此解釋：「從遊戲者的角度看，遊戲當然有停止時，但從遊戲自身看，遊戲並不依賴任何遊戲者，它只是永不停歇地自我更新著，遊戲者一旦進入遊戲，它就開始往返重複。……此即是說藝術作品其實正是一種自然不斷更新的遊戲……」謝大寧：〈經典的存有論基礎〉，頁 73。

　　因此，筆者以為，當我們面對經典，首要之務便是不能將詮釋者與經典的關係錯位——經典本身應具有優先性，藉由經典對詮釋者的「說話」，闡發出經典中內含的思想，此思想來自於經典。換言之，經典是引發思想的源頭，經典面對詮釋者時具有主導性，而非詮釋者根據一套思想倒反過來規範經典。於此，才是一種合理的經典與詮釋者之間的關係。然而在當前對中國經典的詮釋中，在我們引介西方的哲學系統來幫助中國哲學系統化的過程裡，這種以理則為準的系統化論述反而在無意間顛倒了經典與詮釋者間的主從關係，產生了微妙的錯位——在此般意義開展的過程中，詮釋者反倒喧賓奪主地成為了意義開啟的主體。

　　然而，詮釋者以何種態度來面對經典、詮釋者與經典間的所透顯出的主從關係，將會影響到詮釋者對經典的詮釋樣態、經典意義的展現，也就是不同的起點將會走向不同的終點。因此，當我們面對經典時，若顛倒了經典與詮釋者間的主從關係，將詮釋者視為主體，拿一套符合邏輯論述的法則、知識，倒反地去建構經典的「內涵」時，即便我們因此建構出一套系統化的中國哲學體系，但這套體系是否也在無形中反過頭來規範了經典？筆者想問的是，這樣的規範對經典而言，究竟是好是壞？是否會在無形中封閉了經典的意義？

　　正如謝大寧先生在〈經典詮釋的認識論基礎——從經典存有論問題向認識論的過渡〉一文中所指出：

> ……經典的意義從何而來？對於這個問題，它其實涉及了一個基本的提問：經典之意義自是由經典之語言所承載著，但語言之所以能向我顯示出意義，它不可能來自於我的解讀，蓋我若以任何概念介入，它都只是我對經典語言的切割，是切割就也必有遮蔽，因此存有論地說，經典語言知能顯示意義，乃必須來自經典之向我們揭示其自己，於是我與經典之意義關係，乃成一種「經典說」與我之「傾聽」的關係。〔註28〕

謝先生此番論述乃是由哲學詮釋學而來，其試圖打破當代中國哲學界以邏輯推衍產生意義的經典詮釋模式，正因為「經典之意義自是由經典之語言所承載著」，故詮釋者必須鬆開以「我」為主體的詮釋權柄，將話語權還諸經典本

〔註28〕謝大寧：〈經典詮釋的認識論基礎——從經典存有論問題向認識論的過渡〉，《第三屆中國文哲之當代詮釋學術研討會會前論文集》，頁258。

身，「傾聽經典的說話」便成為詮釋者面對經典所要做的首要工作。所以謝先生才會說：「它（筆者按，此指經典的意義）不可能來自於我的解讀」。因為謝先生認為若經典的意義是由詮釋者為主體所引發，在邏輯推衍的強烈系統性底下，其實是詮釋者奪取了經典原有的話語權，將話語權攬於自身。故謝先生繼而指出：「蓋我若以任何概念介入，它都只是我對經典語言的切割，是切割就也必有遮蔽」。正如前頭所論，經典為在中國哲學中具有優先性、規範性，成就了整個中國哲學的底蘊，那麼當詮釋者顛倒了經典與詮釋者間的主從關係，這樣開展出的經典意義是否反倒遮蔽的經典本身的話語，便值得我們進一步省思。

針對本論文主題的《易》學詮釋亦是如此。當今日學界受學科化影響，論者多以知識、法則作為建構起《易》學樣貌的核心骨幹，以哲學概念出發，繼而推衍出深具系統性的《易》學體系。〔註29〕然而在此詮釋模式裡，經典卻也悄悄地交出了其在中國學術傳統中本具的優先性，成為一個被詮釋的平台，詮釋者可以依照自己的思想任意發揮——當然，此處所謂的「任意」不是指天馬行空，而是在合乎邏輯的前提下，進行各種推衍，詮釋者便在此邏輯推衍的過程中，建構出經典的思想。然而，在這麼一種今日看似理所當然、言之成理、論述方式深具邏輯性、符合今日學界研究方法的詮釋方式中，實際上存在著一種普遍的方法論上的誤解。也就是前頭一再強調的，當我們由知識、法則出發，邏輯推衍出經典中一套套哲學理論的同時，表面上豐富、充實了中國哲學的理論架構，但實際上卻是在顛倒了經典與詮釋者主從關係的狀況下，所進而建構起一套套所謂的「中國哲學」的系統。

在中國的學術傳統中，面對經典，詮釋者具有傳承的責任。以此相對，西方哲學家即無此義務，他們不必然得去詮釋聖經。〔註30〕然而中國不然，

〔註29〕相關討論，可詳參謝大寧：〈道德、教養、知識、理解——經典詮釋的方法論困境〉，儒學傳統與現代詮釋學術研討會暨「儒學在臺灣的研究現況與未來」論壇（臺北：淡江大學中國文學系儒學研究室，2013 年 6 月 7 日）。

〔註30〕牟宗三先生指出：「黑格爾曾說哲學就是哲學史，一部西方哲學史就是一個問題接著一個問題。這種講法或許有些言過其實，但大體是不錯的。表面上看來，西方哲學家似乎喜于建造新系統，好像並不是敘述古人；其實那些問題都是原有的，只是再提出新的解答或解釋，這就是發展，因此那些系統也不是憑空建造的。」牟宗三：《中國哲學十九講》，頁225。牟先生此處指出了西方哲學家們藉著系統的建構而對相關論題有所承繼、開展，筆者以為這與中國哲學家藉著經典注疏延續、深化哲學討論的方式，是相當不同的。

對於中國歷來的詮釋者而言，他們無法拋開經典成為一個獨立的哲學家，詮釋者必須也必然依附於經典，這就是經典在中國學術傳統中至高無上的地位。此處必須注意的是，事實上「哲學家」與「詮釋者」之間是有所張力的，〔註31〕一個經典詮釋者可以純然是一名詮釋者，也可以因其詮釋時所開顯出的意義世界具有系統性的核心問題意識而成為一名哲學家，但「哲學家」與「詮釋者」間並不絕對等同，也無法輕易等同，也就是說一名經典詮釋者也可能因其詮釋內容無法成就出一個完整的哲學體系，而使我們不能將其視為一名哲學家，〔註32〕那麼，就本論文主題的王弼而言，又是如何呢？

　　筆者以為，若「哲學家」與「詮釋者」間有如此微妙的分野，那麼在我們處理王弼時，也必須得先釐清當中的分野。如前頭一再強調的，「經典」在中國學術傳統中具有優先性，「經典」與「詮釋者」間的關係為經典為主、詮釋者為從，那麼此界定也將視為我們看待本論文主題的王弼及其對《易經》的詮釋時的重要切入點。也就是說，我們必須先拉出《易經》對詮釋者王弼的主導地位，然後再看王弼是如何與《易經》對話、如何詮釋《易經》，在完成以上工作後，才能進一步地釐清王弼是否有在《周易注》中就其對《易經》的詮釋成就出一套具有核心問題意識的完整的哲學體系，若有，我們才能放心地將王弼視為一名哲學家，否則，王弼也只能是名純然的經典詮釋者。

　　然而，在目前的王弼研究中，嚴格來說實未站在王弼是一經典詮釋者的角度來看王弼，而是直接將其視為一個獨立的哲學家，認為其有成形的哲學體系，而此哲學體系是屬於道家的。然而筆者想問，我們這樣的作法是否在一開始就先忽略了經典在中國學術傳統上的優先性？畢竟王弼是在這樣的經典的優先性前提下，對經典進行詮釋。所以，筆者想調整一下研究的視角，在確立經典優先性的前提下，重新看待王弼與經典的關係，即王弼作為一個經典詮釋者，他是如何詮釋經典？在王弼的《周易注》、《老子道德經注》與《論語釋疑》中，我們可以看到儒、道思想於其中的交錯，歷來學者對王弼

〔註31〕正如劉笑敢所言：「中國的哲學詮釋傳統的典型形式是以經典詮釋的方式進行哲學體系的建構或重構，這一方式包含『客觀』地詮釋經典的『原意』和建立詮釋者自身的哲學體系的內在矛盾和緊張。」劉笑敢：〈經典詮釋與體系建構：中國哲學詮釋傳統的成熟與特點芻議〉，頁34。
〔註32〕正因「詮釋者」與「哲學家」間蘊含著如此微妙的差距，故我們實無法將此二者輕鬆地一概而論。更有甚者，思想家、哲學家、經典詮釋者、現代意義的學者間也有所差異，但因本論文的主題並非著眼於此，故筆者先暫置勿論，俟後日再撰專文處理。

的研究中，多半指王弼「陽儒陰道」、「援老入易」，當「儒道會通」似乎已成為魏晉玄學基本性格，此會通亦想當然爾的成為王弼詮釋系統中的主要基調。然而在謝大寧先生〈再論魏晉玄學與儒道會通〉一文中，卻也指出了理解玄學可能的其他脈絡，當中即提到所謂「會通」指的是家派間「通過某種交流而取得了某種共通的共識與共性，這該是兩種思想的進一步發展」〔註33〕，針對此發展，謝先生指出：「要獲得這樣一種發展，當然必須有某種過程，首先該是有對何謂儒、何謂道的某種討論，然後則是在兩者之間尋求某種折衷的看法。」〔註34〕也就是說，家派間「會通」的產生必須是論者有意的、有自覺的討論。〔註35〕可是即便儒家自漢代開始即為顯學，然道家卻屬沒落，基於此，漢末曹魏之儒者為何、如何對此二家進行會通即是個可以進一步探討的問題。〔註36〕若此，我們是否可以先將王弼之經典詮釋由「儒道會通」的脈絡解放，重新回到王弼的注釋本身，廓清王弼與經典間的互動脈絡。如果說王弼的經典詮釋，乃是在視域融合下，王弼對經典的時代詮釋。那麼，當王弼與經典進行對話，他們彼此間燦發了何種交流與新意？我們又是否可以藉由其注釋內容，看出其對經典詮釋的價值判斷？以及王弼在詮釋經典的同時，是否也成就出一套完整的哲學體系，使我們可以將其稱為一名哲學家？本論文擬以上述視角進行論題的切入，並以王弼之《周易注》為討論核心，探究王弼與《易經》之間的對話與激盪，以期對王弼思想有更進一步的認識。

　　當然，本論文的背後企圖是更宏大的，也就是我們是否可以有另一種看待中國經典的方式？另一種開顯中國經典意義的方式？也就是說，我們能否提出另一種面對中國經典時的新的詮釋方法，這個方法可以不讓經典被系統所規範，而是能讓經典不斷產生意義的生發呢？就一本博士論文而言，當然無法完全完成筆者上述的宏大企圖，但筆者希冀以本論文主題的王弼《周易注》為起點，試圖找出一套新的詮釋經典的模式，以此模式探求、開顯出經典的意義，並理出王弼與經典互動的風貌。這套新的詮釋模式，筆者希冀是能在未來更進一步的擴展到所有的中國經典詮釋的。正如傅偉勳在提出其詮釋理論——「創造的詮釋學」後，其指出：「創造的詮釋學原是對《道德經》、

〔註33〕謝大寧：〈再論魏晉玄學與儒道會通〉，《吉林師範大學學報（人文社會學版）》，第1期，2017年1月，頁6。
〔註34〕謝大寧：〈再論魏晉玄學與儒道會通〉，頁6。
〔註35〕謝大寧：〈再論魏晉玄學與儒道會通〉，頁6。
〔註36〕相關論述請詳見謝大寧：〈再論魏晉玄學與儒道會通〉，頁6～12。

《壇經》等等哲學（以及宗教思想）原典的詮釋研究而構想所成，由於它屬一般方法論，當可擴延其適用功能到一個思想傳統（如儒家思想傳統或佛教思想傳統）的延續（continuation）、繼承（inheritance）、重建（reconstruction）、轉化（transformation）或現代化（modernization）等等廣義的詮釋學課題。」〔註37〕筆者在本論文中所做的詮釋理論、方式的嘗試雖在內容上有別於傅偉勳「創造的詮釋學」，〔註38〕但筆者同樣也希望本論文所建構出的這套新的詮釋方式能不僅適用於王弼的《周易注》詮釋，而能成為中國經典詮釋的一般方法論。不過，對於中國其他經典的詮釋，當是須待後日再陸續撰專文處理了。

　　筆者另需額外說明的是，由於論題龐大，故筆者將本論文的討論範圍聚焦於王弼的《周易注》兼及《周易略例》，主要是欲藉由本論文的撰寫，廓清王弼《易》學的詮釋風貌，並非要對王弼做全盤之定性判斷。故王弼其他相關論題，如《老子注》、聖人體無、大衍義等的相關問題，皆不在本論文的討論範圍內，筆者將於之後再另立專文進行討論。

第二節　前賢研究成果概述

　　針對王弼，湯用彤與牟宗三二位先生之研究成果乃為學界典範，後代學者多半是站在此二先生之基礎上向前推進，進一步進行開展與反思。我們或可說，今日關於王弼之研究基礎，乃是由湯牟二先生所奠定。故針對本論文之王弼《周易注》之討論，筆者認為有必要先對湯牟二先生之研究成果進行概述，再繼而討論當代學界之王弼論述。〔註39〕

一、湯用彤先生之王弼論述

　　湯用彤先生在魏晉玄學的研究中之所以具有典範性地位，最重要的一點在於湯先生是第一位將魏晉玄學當成一知識性課題的研究者，其系統性地論

〔註37〕傅偉勳：〈創造的詮釋學及其應用——中國哲學方法論建構試論之一〉，《從創造的詮釋學到大乘佛學》（臺北：東大圖書公司，1995年），頁45～46。

〔註38〕對此，筆者將於後文中進行討論，此處先暫置勿論。

〔註39〕筆者必須說明的是，由於湯用彤先生與牟宗三先生在魏晉玄學的研究中具有典範性意義，故筆者於此節中特別將此二先生獨立於其他論者之外，做更細緻的概述。湯、牟二先生之後的學者，對此議題基本上多是站在湯、牟二先生的基礎上有所發揮，故不另獨立進行概述，合歸於「當代學界之王弼論述」處一併述之。

述玄學的起源、學術變遷的源由、玄學與漢代學術間的關係,以及玄學與道家的關聯等等,〔註40〕並以此套論述,建構起玄學的基本架構。

對於魏晉玄學的起源及其與王弼之關聯,湯用彤先生曾做以下論斷:

> 魏晉教化,導源東漢。王弼為玄宗之始,然其立義實取漢代儒學陰陽家之精神,並雜以校練名理之學說。探求漢學蘊攝之原理,擴清其虛妄,而折衷之於老氏。於是漢代經學衰,而魏晉玄學起。〔註41〕

此段話相當精鍊地點出漢代到魏晉學術發展的延續性,湯先生認為,魏晉玄學乃源於東漢學術,王弼之所以成為魏晉玄學的開端,便是站在東漢學術的基礎上,給予出時代新解,此新解具有王弼之特識。正如湯先生指出:

> 王輔嗣以老莊解《易》,於是乃援用《莊子·外物篇》荃蹄之言,作《易略例·明象章》,而為之進一新解。文略曰:「盡意莫若象,盡象莫若言。」然「言者所以明象,得象而忘言。象者所以存意,得意而忘象。」是故「存言者非得象者也,存象者非得意者也。」然則「忘象乃得意者也,忘言者乃得象者也。」因此言為象之代表,象為意之代表,二者均為得意之工具。吾人解《易》要當不滯於名言,忘言忘象,體會其所蘊之義,則聖人之意乃昭然可見。王弼依此方法,乃將漢易象數之學一舉而擴清之,漢代經學轉而為魏晉玄學。〔註42〕

也就是說,王弼在言意之辨的討論中,藉由道家思想的介入,提出「得象忘言」、「得意忘象」之方式來進行掃象,以此掃除漢代學術之災異論成分,成功使漢代學術轉入魏晉玄學。湯先生便是藉由此說,奠定了王弼為玄學之首的地位。另一方面,湯先生亦是有意識地以現代學術之概念,將玄學之形成做了一番系統性的論述,繼而將魏晉玄學系統化,成為一現代學科。湯先生指出:

> 研究時代學術之不同,雖當注意其變遷之跡,而尤應識其所以變遷之理由。〔註43〕

〔註40〕以上詳參湯用彤:《魏晉玄學論稿》,收入《魏晉玄學——乙編三種》(臺北:里仁書局,1995 年)。本論文中有關湯用彤先生《魏晉玄學論稿》之引文,皆出於此版本。

〔註41〕湯用彤:〈言意之辨〉,《魏晉玄學論稿》,收入《魏晉玄學——乙編三種》,頁23。

〔註42〕湯用彤:〈言意之辨〉,頁 26。

〔註43〕湯用彤:〈言意之辨〉,頁 23。

湯先生此處乃是試圖藉由歷史的因果法則，來對魏晉玄學的開端進行一個理由上的說明，而此魏晉玄學之所以出現的「理由」，湯先生認為是：

　　一則受之於時風。二則謂其治學之眼光之方法。〔註44〕

並強調：

　　新學術之興起，雖因時風環境，然無新眼光新方法，則亦只有支離
　　片段之言論，而不能有組織完備之新學。故學術，新時代之托始，
　　恒依賴新方法之發現。〔註45〕

也就是說，湯先生認為一代新學術之興起與建立，除了時風環境的影響外，更重要的是要有一個「新方法」的建立。而王弼之所以能將漢代學術轉至魏晉玄學，湯先生認為最重要的便是王弼以「言意之辨」來對漢代象數易進行掃象，繼而引導出一番學術新局。〔註46〕湯先生指出：

　　夫玄學者，謂玄遠之學。學貫玄遠，則略於具體事物而究心抽象原理。
　　論天道則不拘於構成質料（Cosmology），而進探本體存在
　　（Ontology），論人事則輕忽有形之粗跡，而專期神理之妙用。〔註47〕

由上可知，湯先生認為漢代處理的是宇宙論（Cosmology）問題，魏晉玄學則是將議題焦點轉向本體論（Ontology）。至於魏晉如何將以上問題轉向、又如何進行處理，湯先生認為「言意之辨」的討論即是魏晉玄學新眼光新方法建立之關鍵：

　　夫具體之跡象，可道者也，有言有名者。抽象之本體，無名絕言而
　　以意會者也，跡象本體之分由於言意之辨，依言意之辨，普遍推
　　之，而使之為一切論理之準量，則實為玄學家所發現之新眼光新方
　　法。〔註48〕

湯先生將「言意之辨」視為玄學興起之新觀念、新方法，故給出以下結論：

　　則玄學系統之建立，有賴於言意之辨。〔註49〕

在此玄學家所發現的新眼光、新方法中，湯先生特別指出王弼對言意之辨的

〔註44〕湯用彤：〈言意之辨〉，頁23。
〔註45〕湯用彤：〈言意之辨〉，頁23。
〔註46〕湯先生指出：「王弼用忘象得意之原則，以建立玄學。」湯用彤：〈王弼之周
　　　　易論語新義〉，《魏晉玄學論稿》，收入《魏晉玄學——乙編三種》，頁95。
〔註47〕湯用彤：〈言意之辨〉，頁23。
〔註48〕湯用彤：〈言意之辨〉，頁24。
〔註49〕湯用彤：〈言意之辨〉，頁24。

討論至為重要：

> 王弼首唱得意忘言，雖以意解，然實則無論天道人事之任何方面，
> 悉以之為權衡，故能建樹有系統之玄學。夫漢代固嘗有人祖尚老莊，
> 鄙薄事功，而其所以終未捨棄天人災異通經致用之說者，蓋尚未發
> 現此新眼光新方法而普遍用之也。〔註50〕

湯先生藉由以上討論，為魏晉玄學的研究下了定錨，即魏晉時代因「言意之
辨」此一新眼光、新方法的產生，使魏晉不同於漢代，學術視角獲得轉向。而
王弼關於言意之辨的討論，則使魏晉玄學不再糾纏於漢代象數易的災異論問
題，〔註51〕為魏晉學術開出了一個嶄新的方向。湯先生此論奠定了王弼於魏
晉玄學中開山祖師的地位，幾成學術共識，後之學者多半站在湯先生的這個
基礎上，開展魏晉玄學之後續研究，故湯用彤先生在當前玄學研究上的典範
性地位，不言可喻。針對王弼之學，湯先生指出：

> 其形上之學在以無為體。其人生智慧以反本為鵠。〔註52〕

湯先生認為，魏晉玄學中所討論的主題有二，一是天道論裡本體存在的問題，
即萬物產生的根據問題；二是人生智慧的原則。此處有關王弼之學的內容，
湯先生指出便是以「無」作為萬物產生的形上根據，在工夫之學上則是以返
回到「無」的本體為要。也就是說，湯先生認為王弼乃是藉由言意之辨，繼而
導出以「無」為宗旨的思想體系，以此上溯形上本體，再下行成為人生智慧
的原理原則。可是這個老莊式的「無」是如何介入至王弼之思想體系中的呢？
湯用彤先生於此再下了一個典範性的判斷，即是湯先生藉由荊州學派的考證
落實了漢代道家的確立，謂王弼承此脈絡並且深得精蘊。〔註53〕湯先生指出：

> 漢魏之際，中華學術大變。然經術之變為玄談，非若風雨之驟至，
> 乃漸靡使之然。經術之變，上接今古文學之爭。魏晉經學之偉績，
> 館推王弼之「易」，杜預之「左傳」，均源出古學。今學本漢代經師
> 之正宗，有古學乃見歧異。歧異既生，思想乃不囿於一方，而自由

〔註50〕湯用彤：〈言意之辨〉，頁24。

〔註51〕又如湯用彤先生指出：「漢代《易》學，拘拘於象數，繁亂支離，巧偽滋盛，
　　　　輔嗣拈出得意忘象之義，而漢儒之學，乃落下乘，玄遠之風，由此發軔。」
　　　　湯用彤：〈言意之辨〉，頁29。

〔註52〕湯用彤：〈魏晉玄學流別略論〉，《魏晉玄學論稿》，收入《魏晉玄學──乙編
　　　　三種》，頁49。

〔註53〕此說實首發於蒙文通，湯用彤先生則進一步地做出更具系統性的論述，可詳
　　　　參蒙文通：《經學抉原》（臺北：臺灣商務印書館，1996年），頁40～41。

解釋之風始可興起。〔註54〕

如前所述，湯先生認為學術的新眼光、新方法為一新學術建立之核心要素，正由於此新眼光、新方法的產生，「歧異既生，思想乃不囿於一方，而自由解釋之風始可興起」，如同水流方向之變化，才逐漸使河道得以產生新的分流。另外，湯先生亦相當重視學術之源流，正如前述之其謂「魏晉教化，導源東漢」〔註55〕，學術的發展不會毫無緣由的驟然而至，然此處所導源於東漢之學為何，湯先生如此說：

> 至若《易》本卜筮之書，自當言象。王弼黜爻象，而專附會義理，似為突創。然王氏本祖費氏「易」，世稱同於古文。……而王氏之創新，亦不過繼東漢以來自由精神之漸展耳。〔註56〕

湯先生繼而論此學術上的「自由精神」由何而來，其指出：

> 漢代儒生多宗陰陽，魏晉經學乃雜玄談。於孔門之性與天道，或釋以陰陽，或合以玄理，同是駁雜不純，未見其間有可軒輊也。夫性與天道為形上之學，儒經特別之者，自為《周易》。王弼《易注》出，而儒家之形上學之新義乃成。新義之生，源於漢代經學之早生歧異。遠有今古學之爭，而近則有荊州章句之「後定」。王弼之學與荊州蓋有密切之關係。〔註57〕

此處所謂的「新義」，乃是指東漢末年——特別是荊州學派——出現了傾向道家的論述，王弼因與荊州學派關係密切，受其影響，故將此傾向道家的概念，帶入了其《周易注》。

至於王弼與荊州學派的關係如何，湯先生則是藉由地域概念勾勒之。其將三國時的《易》學，按照地域思想的不同，略分為三：

> （甲）江東一帶，以虞翻、陸績等人作代表。
>
> （乙）荊州，以宋忠等為代表。
>
> （丙）北方，以鄭玄、荀融等人為代表。〔註58〕

繼而指出：

〔註54〕湯用彤：〈王弼之周易論語新義〉，頁87。
〔註55〕湯用彤：〈言意之辨〉，頁23。
〔註56〕湯用彤：〈王弼之周易論語新義〉，頁87～88。
〔註57〕湯用彤：〈王弼之周易論語新義〉，頁88。
〔註58〕湯用彤：〈魏晉思想的發展〉，《魏晉玄學論稿》，收入《魏晉玄學——乙編三種》，頁128。

就中荊州一派見解最新，江東一帶也頗受這種新經義的影響，北派
最舊，大多傳習漢儒的「象數」。〔註59〕

此處所謂的「新經義」，即是指荊州、江東一帶學者將道家概念帶入了當時的
《易經》詮釋，使當時的《易經》詮釋相異於傳統漢儒的象數易。當中又以荊
州學派為此風之盛地，湯先生指出：

> ……則荊州之士踔跎不羈。守故之習薄，創新之意厚。劉表「後定」，
> 抹殺舊作。宋王之學，亦特立異。而王弼之「易」，不遵前人，自係
> 當時之風尚如此也。〔註60〕

也就是說，王弼之以新眼光、新方法來詮釋《易經》，湯先生認為實非王弼一
時之創見，而是淵源於荊州新學自由創新的影響。至於王弼是如何與荊州新
學有所關聯，湯先生乃借蒙文通的說法進行討論：

> 王弼未必曾居荊州。然其家世與荊州頗有關係。山陽劉表受學於同
> 郡王暢。漢末暢孫粲與族兄凱避地荊州依劉表。表以女妻凱。粲之
> 二子與宋衷均死於魏諷之難（魏諷之難，實因清談家反曹氏而起）。
> 魏文帝因粲子二人被誅，以凱之子業嗣粲。而王弼乃業之子，宏之
> 弟，亦即粲之孫也（《魏志・鍾會傳注》）。宏字正宗。張湛《列子注
> 序》，謂正宗與弼均好文籍。……王氏蓋自正宗，即好玄言。而其祖
> 父兩輩與荊州有關係。粲、凱以及粲之子與業必均熟聞宋仲子之道，
> 「後定」之論。則王弼家學，上溯荊州，出於宋氏。夫宋氏重性與
> 天道，輔嗣好玄理，其中演變應有相當之連繫也。又按王肅從宋衷
> 讀《太玄》，而更為之解。張惠言說，王弼注《易》，祖述肅說，特
> 去其比附爻象者。此推論若確，則由首稱仲子，再傳子雍，終有輔
> 嗣，可謂一脈相傳者也。（蒙文通《經學抉原》頁三八）〔註61〕

〔註59〕湯用彤：〈魏晉思想的發展〉，頁128。
〔註60〕湯用彤：〈王弼之周易論語新義〉，頁88～89。筆者按，此處「踔跎不羈」一
詞，里仁書局版、河北人民出版社與上海古籍出版社版皆寫為「踔跎不羈」，
河北人民出版社版見湯用彤：《魏晉玄學論稿》，收入《湯用彤全集》（四）（石
家莊：河北人民出版社，1999年），頁73；上海古籍出版社版見湯用彤：《魏
晉玄學論稿》，上海：上海古籍出版社，2019年，頁104。高雄佛光版則寫為
「踔踳不羈」，此見佛光版湯用彤：《魏晉玄學》，收入湯一介主編：《湯用彤
全集》（六），高雄：佛光文化事業有限公司，2013年，頁115。因「跎」為
「馳」之本字，此處「踔跎」帶有不羈之義，故按字義，此處應以「跎」為是。
〔註61〕湯用彤：〈王弼之周易論語新義〉，頁90。

蒙文通此說，乃是由王弼之家世、家學淵源起論，連結起王弼與荊州學派的關係。湯用彤先生借此說法，進一步指出學術變遷有如波浪起伏，繁與簡、創新與復古，風潮往往是相互更迭：

> 漢初經學，繁於傳記，略於訓說。其後罷傳記博士，而章句蔚起。其末流之弊，班固謂「一經說百餘萬言。說五字之文，至於二三萬言」。故有識者嘗思救其偏失，於是乃重明文證據。劉歆斥博士為信口說而背傳記。許慎詬俗儒鄙夫為怪舊藝而善野言。古文之學遂乘之而起。(《經學抉原》頁二六、二七) 其後乃必有返尋古遠傳記之運動。杜元凱分《春秋》之年使與《左氏傳》相附，即此項運動之結果。而《周易》新義之興起，亦得力於輕視章句，反求諸傳。荊州「後定」蓋已開輕視章句之路，而王弼新易之一特點，則在以傳解經。蓋皆自由精神之表現也。〔註62〕

從以上所論，我們可以發現，湯先生乃是藉由荊州新學，連結出王弼思想之源流，為王弼思想勾勒出一脈學術淵源，而此荊州新學，則亦與漢代學術息息相關，這是湯用彤先生為王弼所下的一個典範性的歷史判斷。此外，就思想層面而言，湯先生認為王弼即是在此學術脈絡下繼而有所創發，其指出：

> 以《老》、《莊》入《易》，不論其是否可為詬病，然在漢魏之時，此風已長，王弼用之，並非全為創舉也。〔註63〕

> 溯自揚子雲以後，漢代學士文人即間嘗企慕玄遠。凡抗志玄妙者，「常務道德之實，而不求當世之名。潤略秒小之禮，蕩佚人間之事。」(馮衍《顯志賦》)「逍遙一世之上，睥睨天地之間。不受當世之責，永保性命之期。」(仲長統《昌言》) 則其所以寄跡宅心者，已與正始永嘉之人士無或異。而重玄之門，老子所游。談玄者必上尊老子。故桓譚謂老氏齊心玄遠與道合。馮衍「抗玄妙之常操」，而「大老聃之貴玄」。傅毅言「游心于玄妙，清思于黃老」(《七激》)。仲長統「安神閨房，思老氏之玄虛」。則貴玄言，宗老氏，魏晉之時雖稱極盛，而於東漢亦已見其端矣。〔註64〕

也就是說，湯先生認為，王弼在面對當時言意之辨的討論時，援用了漢魏時

〔註62〕湯用彤：〈王弼之周易論語新義〉，頁90。
〔註63〕湯用彤：〈王弼之周易論語新義〉，頁94。
〔註64〕湯用彤：〈魏晉玄學流別略論〉，頁47。

即有脈絡可尋的道家思想，〔註65〕以《莊子‧外物篇》的筌蹄之言，導出「得象忘言」、「得意忘象」此一學術上的新方法，進而掃除漢代學術的災異論成分，成功使漢代學術轉入魏晉玄學，開啟了魏晉玄學的新局。

　　總結以上所論，湯用彤先生之於王弼研究，至少有兩個典範性的意義，一是其為首位將魏晉玄學視為一知識性課題，將之系統化之論者，並以此奠定了玄學的基本架構。二是在歷史層面為王弼學術找出一脈淵源，藉由荊州學派的考證，落實了漢代道家的確立，並指出王弼承此脈絡而深得精蘊且有所開展，後將道家思想援用於其經典詮釋，繼而將學術導向由漢代經學轉入魏晉玄學。

　　我們或可如此說，湯用彤先生為魏晉玄學的研究擘畫出一個系統性的基點，使後之論者可以就此基礎進而發展或修改。而牟宗三先生便是在接受了湯先生對玄學的歷史判斷後，進而在哲學層面為王弼之學開闢出一番新風貌。在牟先生的王弼詮釋中，其基本論點乃是認為王弼之學為先秦道家的復興，其後牟宗三先生再以境界形態形而上學的討論，進一步深化了王弼研究中的哲學層次，以下筆者將就牟宗三先生的王弼研究進行論述。

二、牟宗三先生之王弼論述

　　如前所述，湯用彤先生身為第一位將魏晉玄學知識化、學科化的研究者，其對魏晉玄學的樣貌勾勒出一套基本判斷，此判斷至今影響深遠，成為後續論者討論魏晉玄學時的重要基點。於此，湯用彤先生將王弼視為兩漢、魏晉

〔註65〕即使漢代到魏晉在學術源流上有所承繼，但湯用彤先生還是強調漢代學術與魏晉玄學有本質上的不同：「然談玄者，東漢之與魏晉，固有根本之不同。桓譚曰：『揚雄作《玄書》，以為玄者天也，道也。言聖賢著法作事，皆引天道以為本統。而因附屬萬類王政人事法度』亦此所謂天道，雖頗排斥神仙圖讖之說，而仍不免本天人感應之義，由物象之盛衰，名人事之隆污。稽察自然之理，符之於政事法度。其所游心，為超於象數。其所言求，常在乎吉凶……魏晉玄學則不然，已不復拘拘於宇宙運行之外用，進而論天地萬物之本體。漢代寓天道於物理。魏晉黜天道而究本體，以寡御眾，而歸于玄極（王弼《易略例‧明象章》）；忘象得意，而游於物外（《易略例‧明象章》）。於是脫離漢代宇宙之論（Cosmogy or Cosmogony）而留連於存存本之真（Ontology or theory or being）……二者雖均嘗托始於老子，然前者常不免依物象數理之消息盈虛，言天道，合人事；後者建言大道之遠玄無眹，而不執著於實物，凡陰陽五行以及象數之談，遂均廢置不用。因乃進於純玄學之討論。漢代思想與魏晉清言之別，要在斯矣。」湯用彤：〈魏晉玄學流別略論〉，頁47～48。

學術之所以產生質變的關鍵人物，使王弼自此成為魏晉玄學之開山祖師，此
說至今亦幾成學術共識。

　　牟宗三先生在湯用彤先生的基礎上，首先便接受了湯先生對玄學及王弼
的歷史判斷——即湯先生提出之荊州學派、漢代道家之考證。牟先生亦是在
此歷史判斷的前提下，同樣將王弼注《易》的歷史脈絡放在荊州新學風上頭。
〔註66〕牟先生指出：

> 由以見漢魏之間學風之轉變：由質實轉空靈。此為總一方向，而見
> 之於各方面。……王弼與此新學風有其家世上之關聯。聲氣感應，
> 不無影響。當時人俱向空靈清言方面開發其心靈，此為時代精神之
> 主流。故王弼以玄思注《易》，既與管輅之術數不同，復與漢易傳統
> 之象數相反。〔註67〕

然牟先生的關懷點始終不在歷史層面而是在哲學層面，牟先生雖藉湯用彤先
生之研究，點出兩漢到魏晉之學風有根本上的轉移，所謂「由質實轉至空靈」，
與湯先生所謂之由漢代的宇宙論問題轉向魏晉的本體論問題乃有異曲同工之
妙，只是面對此處的哲學問題，牟宗三先生又更進一步地用其專屬的哲學語
言，為魏晉玄學的詮釋開了一番新風貌，此亦深見於牟先生之王弼詮釋，筆
者略述如下。

　　在牟宗三先生《才性與玄理》的序言裡，牟先生開門見山地為中國學術
做了以下定調：

> 中國晚周諸子是中國學術文化發展之原始模型，而以儒家為正宗。
> 此後或引申或吸收，皆不能不受此原始模型之籠罩。引申者固為原
> 始模型所規範，即吸收其他文化系統者，亦不能脫離此原始模型之
> 籠罩，復亦不能取儒家正宗之地位而代之。〔註68〕

就牟先生的觀點而言，「儒家」乃是自周代以來即確立而來的中國學術之正宗，
依此觀點而來，一時代之學術非主尚儒家，即是種學術上的歧出。也就是說
這只是在學術正軌上短暫的脫離，中國學術亦在此脫離中吸收新的養分，進
而充實自己，最後終會回歸儒學正宗。而牟先生所謂之中國文化的歧出期，

〔註66〕相關論述，請見牟宗三：〈魏晉名士及其玄學名理〉，《才性與玄理》（臺北：
　　　　臺灣學生書局，2002年），頁84～89。
〔註67〕牟宗三：〈魏晉名士及其玄學名理〉，頁88。
〔註68〕牟宗三：《才性與玄理‧序》，頁1。

即是以道家為尊之魏晉、以佛學為盛之唐代。〔註69〕

　　對於魏晉學術之風尚，牟先生清楚指出：「至乎魏晉，則是道家之復興。」〔註70〕此即為牟先生對魏晉學術之基本定調。

　　然在此基本定調下，牟宗三先生對魏晉學術之內容實有更細緻之分殊，牟先生指出：

> 玄學是順著中國固有的學術傳統而發展出，佛學則是來自印度。魏晉的玄學，通常亦稱清談、名理。但是說到清談、名理，則又不單指玄學一面而言。像「人物志」那樣的著作，像竹林七賢那樣的生活情調，亦通包括在內。而若從「學」方面言，則玄學稱為玄學名理，而「人物志」則稱為才性名理。〔註71〕

也就是說，牟先生將魏晉學術略分為兩部分：

1. 才性名理：以「人物志」為開端，下賅鍾會之「四本論」。
2. 玄學名理：以何晏、王弼為首，向秀、郭象隨之。〔註72〕

即牟先生認為魏晉學術乃是「從魏初的才性名理，到正始（曹芳年號）王弼何晏之玄學名理，盛談老莊，以及那個時代朝野士大夫之生活情調」〔註73〕。然雖牟先生做此二分殊，究其學術內容而言，「才性名理」與「玄學名理」亦非毫不相干的兩條平行路：

> 「人物志」之品鑒才性即是美的品鑒與具體智悟之混融的表現。智悟融於美的品鑒而得其具體，品鑒融於智悟而得其明澈。其品鑒才性之目的，固在實用，（知人與用人），然其本身固是品鑒與智悟之結晶。它既能開出美的境界與智的境界，而其本身復即能代表美趣與智悟之表現。因此，故能開出「才性名理」，而為有系統之妙著。下開王、何、向、郭之「玄學名理」，乃是品鑒與智悟之用於「道理」者。（「道理」集中於老、莊、易之三玄）。道理之冥契固須智悟，亦必有品鑒之美趣鼓舞於其後。凡屬內容真理俱須智悟與品鑒。（德性之內容真理，則復須以仁心悲心而澈之。此為宋儒之所講）。智悟是品鑒的智悟，品鑒是智悟的品鑒。故後有「言意之辨」，以明名言是

〔註69〕相關論述，請見牟宗三：《才性與玄理‧序》，頁1。
〔註70〕牟宗三：《才性與玄理‧序》，頁1。
〔註71〕牟宗三：〈「人物志」之系統的解析〉，《才性與玄理》，頁43。
〔註72〕牟宗三：〈「人物志」之系統的解析〉，頁43。
〔註73〕牟宗三：〈「人物志」之系統的解析〉，頁44。

否能盡意。雖有歐陽建主「言盡意」，而勢必以「言不盡意」為旨歸。

無論玄理與才性，俱非名言所能盡。〔註74〕

牟先生於此細究「才性名理」與「玄學名理」之間的關聯，其認為劉劭《人物志》在品評人物時，其實融合了美的品鑒與智悟之表現——智悟存於意念，看不見、聽不著、摸不到，但此抽象之智悟可以透過人物美的品鑒進而具體化、形象化；另一方面，現實中的人物品鑒亦可以透過意念智悟的分析而更為清晰、更具條理與系統。牟先生指出，雖然時人之所以品評人物才性，是為了知人與用人的實用考量，但此品評人物才性的模式，其實是結合了美的品鑒與智悟的展現，故進而產生出「才性名理」。牟先生亦以此反推回去，指出「才性名理」中實蘊含了美的品鑒與智悟的展現。

另一方面，牟先生亦認為，以何晏、王弼為首的「玄學名理」，實是將此套美的品鑒與智悟展現的方式應用於老、莊、易三玄的「道理」中。牟先生指出，一「道理」之體悟一方面當然需要智識之發用，另一方面亦離不開審美的樂趣，此即牟先生所謂之「凡屬內容真理俱須智悟與品鑒」。就牟先生的觀點而論，智悟與品鑒二者乃相即不離，此即前所謂「智悟是品鑒的智悟，品鑒是智悟的品鑒」、「智悟融於美的品鑒而得其具體，品鑒融於智悟而得以明澈」。也是此番「道理」與「品鑒」、「智悟」上的關聯，魏晉後來才會進而產生言是否能盡意的「言意之辨」的討論，爾後引出以何晏、王弼為首之「玄學名理」。

綜合以上所論，我們可以先做如此小結，即牟先生透過「才性名理」與「玄學名理」的分殊與勾連，將魏晉學術內容做了大致的擘畫——牟先生就內容上分魏晉學術為「才性名理」與「玄學名理」二部分，但二者間卻又有所勾連，即魏晉時因「才性名理」的討論繼而導出言意之辨，在此言意之辨中進而使「玄學名理」得以產生。

然而就談「才性名理」之劉劭的《人物志》之內容而言，牟先生指出其所論之人物才性品評的標準，儘管結合著審美與智悟之展現，但實際上仍籠罩在漢代氣化宇宙論的世界觀中，如《人物志》中所謂：

凡有血氣者，莫不含元一以為質，稟陰陽以立性，體五行而著形。

苟有形質，猶可即而求之。

對此，牟先生進一步分析：

〔註74〕牟宗三：〈「人物志」之系統的解析〉，頁64～65。

元一、陰陽、五行，皆是此「氣化的宇宙論」中的詞語。才性名理
亦以此為其形上的根據。惟「人物志」以品鑒既成之具體才性為主，
故對此根據不加詳討。只以三語陳之，而歸結於「形質」。故云：「苟
有形質，猶可即而求之」。即就具體呈現之形質而品鑒之，即足曲盡
其微玄。此為品鑒的現象學之曲盡。至於作抽象的形上學之追討，
即是理論的形上學中所有事。〔註75〕

即牟先生認為，《人物志》中對人物的品鑒方式，乃是沿襲了漢代以來所盛行
的氣化宇宙論的詞彙與觀念。另一方面，也因為《人物志》品評人物的目的
乃是以知人、用人的實用導向，並以人物本身既成的才性為討論重點，故在
沿用漢代氣化宇宙論詞彙與觀念之餘，亦並未對此詞彙與觀點之根據問題進
行討論。但我們由此可以清楚知道，魏晉學術之風貌至此仍舊因襲於漢代，
並未開出學術新局。故牟先生指出：

此氣化宇宙論到王弼出來，使扭轉而為「無」之本體論。自此以後，
中國思想即不以此漢儒的素樸的「氣化宇宙論」為中心。〔註76〕

也就是說，在「才性名理」與「玄學名理」之間乃是有所聯繫亦有所斷裂，即
當魏晉時人藉「才性名理」對人物之品評引出言意之辨的討論，繼而發展出
「玄學名理」的同時，在觀點上卻又產生了扭轉，即一反漢代氣化宇宙論的
世界觀，以「無」為形上本體的觀念進行概念上的抽換，而此扭轉之所以產
生的關鍵人物即為王弼。

　　如本小節開頭所述，牟先生沿襲了湯先生對魏晉、王弼之歷史判斷，以
荊州新學風來論王弼注《易》之淵源，謂「王弼之易，則繼承荊州之風，而自
有樹立者也。」〔註77〕又指出：

王弼用費氏《易》，非但因其所用易文同於古文，而實亦因其沿襲其
「以傳解經」之成規也。〔註78〕

漢代舊易偏於象數，率以陰陽為家。魏晉新易，則漸趨純理，遂常
以老莊解易。又沿費氏以傳解經之途徑，故重義理之發揮。〔註79〕

當湯用彤先生以荊州學派落實了漢代道家的出現，指出王弼因此將道家思想

〔註75〕牟宗三：〈「人物志」之系統的解析〉，頁49。
〔註76〕牟宗三：〈「人物志」之系統的解析〉，頁49。
〔註77〕牟宗三：〈魏晉名士及其玄學名理〉，頁86。
〔註78〕牟宗三：〈魏晉名士及其玄學名理〉，頁87。
〔註79〕牟宗三：〈魏晉名士及其玄學名理〉，頁87。

納入其經典詮釋，至此，王弼「陽儒陰道」、「援老入易」之說乃成為後之學者
論王弼時的基本脈絡。牟先生基本上承襲了以上湯先生之論點，並進一步對
王弼如何「陽儒陰道」、「援老入易」進行了一番哲學討論上的深化。首先，對
於兩漢、魏晉思潮之所以獲得轉變，王弼所處之關鍵地位，牟先生指出：

> 王弼之功績即在扭轉此質實之心靈而為虛靈之玄思，扭轉畫圖式的
> 氣化宇宙論而為純玄理之形上學。此在思想上為大進步也。而經過
> 四百年之漢易傳統而躍起，則尤見殊特。故云其能復活先秦儒道兩
> 家固有之精微義理也。〔註80〕

若是以湯用彤先生的語言，即是謂王弼面對言意之辨的討論時，以「得意忘
言」、「得意忘象」的這番新方法，將魏晉玄學由漢代宇宙論問題轉向魏晉的
本體論問題之討論，〔註81〕並由荊州學派、漢代道家的學術淵源而下，王弼
亦將道家概念放入其易注。〔註82〕針對兩漢到魏晉學術的轉向，牟先生則是
更明白的指出：「……其（筆者按，指王弼）能復活先秦儒道兩家固有之精微
義理也。」也就是說，牟先生面對王弼掃除漢代象數易，將《易》學回歸至對
義理的詮釋這點上，乃是持肯定態度。正如牟先生指出：

> 王弼祖費氏「以傳解經」之成規。此為可取之途徑。……十翼之傳
> 即是說明易經之意義。吾人欲了易義，只有通過孔門之十翼。此為
> 解經之最原始的定本。費氏「以傳解經」，如文解義，不過是根據孔
> 門十翼以解經文。但其如何解法，則不得知。王弼沿其成規，以傳
> 解經，而有章句。〔註83〕

因為就牟先生的觀點而言，其認為：「順孔門義理入，為顯教；順術數、象數
入，為密教。」〔註84〕故牟先生肯定了王弼掃象，進而使《易》學詮釋回歸
義理層面的這一部份。但在此同時，他又接著強調：

> 所謂「以傳解經」，實則通過孔門十翼之義理以了解易經也。是以對
> 於易經了解如何，但視其對於孔門十翼之義理之了解如何而定。王、
> 韓之《易》學，要在廢象數。至於義理，則未能握住孔門之管鑰，
> 而是以道家之有無玄義而解經也。……王韓之易是以道家玄義附會

〔註80〕牟宗三：〈王弼玄理之易學〉，《才性與玄理》，頁114。
〔註81〕此可參見湯用彤：〈言意之辨〉，頁23～24。
〔註82〕可參湯用彤：〈言意之辨〉，頁26；湯用彤：〈王弼之周易論語新義〉，頁93。
〔註83〕牟宗三：〈王弼玄理之易學〉，頁100。
〔註84〕牟宗三：〈王弼玄理之易學〉，頁101。

孔門義理。真能握住孔門義理而盡其蘊者，必自宋儒始。〔註85〕所以就牟宗三先生的觀點，其雖肯定王弼《易注》的回歸義理，但對於王弼注《易》之內容，則認為乃是歧出——此即是指王弼將道家義理帶入注《易》一事。

　　然而，既然王弼注《易》有所歧出，為何牟先生又要特別讚揚王弼「能復活先秦儒道兩家固有之精微義理也」呢？此必須先回到牟先生對魏晉玄學內容的基本定調來看。在本小節的一開始，筆者曾提到牟先生對於魏晉玄學的基本定調乃為：「至乎魏晉，則是道家之復興。」〔註86〕也就是說，牟宗三先生立基於湯用彤先生對荊州學派、漢代道家的歷史判斷，進一步討論王弼將傾向於道家的語言、概念放入其經典詮釋時，其實暗藏了另一個牟先生重要的哲學論述，即其認為「玄學的內容就是道家的玄理；進一步發揮道家的玄理，就是魏晉玄學的貢獻。」〔註87〕因為對於牟先生而言，當其指出魏晉玄學為先秦道家的復興、魏晉玄學的貢獻在於進一步發揮道家的玄理的同時，其實就是直接將魏晉玄學等同於先秦道家，為一「道家復興運動」，「道家玄理至此而得其充分之發揮」〔註88〕。

　　這也是為什麼當牟宗三先生一方面認為王弼《易注》引入道家概念之舉，實未能合於孔門真蘊，但另一方面卻又認為王弼復活了先秦道家之精微義理的原因。在牟宗三先生《才性與玄理》第四章〈王弼玄理之易學〉中，即藉由各論題的討論，細細耙梳了王弼《周易注》中的道家精神。〔註89〕如牟先生即藉由《周易略例·明象》之：「夫眾不能治眾，至眾者，至寡者也。夫動不能制動，制天下之動者，貞夫一者也。故眾之所以咸存者，主必致一也。動之所以得咸運也，原必无二也。物無妄然，必由其理。總之有宗，會之有元。……故自統而尋之，物雖眾，則知可以執一御也。由本觀之，義雖博，則知可以一名舉也。故處璇璣以觀大運，則天地之動，未足怪也。據會要以觀方來，則六合輻湊，未足多也。」〔註90〕論及：

〔註85〕牟宗三：〈王弼玄理之易學〉，頁101。
〔註86〕牟宗三：《才性與玄理·序》，頁1。
〔註87〕牟宗三：〈魏晉玄學的主要課題以及玄理之內容與價值〉，《中國哲學十九講》，頁234。
〔註88〕牟宗三：《才性與玄理·序》，頁1。
〔註89〕請詳參牟宗三：〈王弼玄理之易學〉，頁100～127。
〔註90〕〔魏〕王弼注，樓宇烈校釋：《周易略例·明象》，收入《王弼集校釋》（臺北：華正書局，2006年），頁591。

此一非數目之一，乃「統之有宗，會之有元」之一也。故此一即
「本」。……故客觀地說，一治多，靜治動。主觀地說，是從體現「一」
之人說。此一是本是靜，是宗是元。一能治多，亦能成多。……王
弼說此一為體為本，是以道家之無、自然為背景。〔註91〕

就牟先生認為，雖然此「體」、「本」若自形式特性而言，儒道皆同，但是「惟
從實際的內容特性言之，則體之所以為體，儒道不同。其不同之關鍵在『心性』。」
〔註92〕也就是說，牟先生認為當王弼將道家精神、概念納入其《周易注》，對
於《易經》的詮釋便不能盡《易經》中儒家本體的內容精蘊。故牟先生指出：

而王弼於此根本未入。了解形式特性易，了解內容特性難。不能進
入內容特性，則不能盡儒道之精蘊與全蘊。故其對易經之體只能泛
言其形式特性，而於孔門十翼所表現之義理綱維不能盡其經分綸合
之全蘊也。〔註93〕

若以此論，我們可以發現當牟先生將魏晉玄學定調為先秦道家的復興運動的
同時，王弼之《周易注》對於牟先生而言則是種援老入易的歧出性詮釋，並
不合乎孔門精蘊。相較之下，王弼之《老子注》則不然，正因為牟先生認為王
弼之學乃回歸於先秦道家，在其「魏晉所弘揚的玄理就是先秦道家的玄理」
〔註94〕的大前提下，我們可以發現，當牟先生在闡述王弼的《老子注》時，
其實就是在藉著王弼之注來講述老子〔註95〕，即牟先生藉由解析王弼的《老
子注》的同時，也重述了自己對老子哲學體系的建構。

三、當代學界之王弼論述

湯用彤先生為魏晉玄學確立了學科系統化的論述，以荊州學派的漢代道

〔註91〕牟宗三：〈王弼玄理之易學〉，頁102。
〔註92〕牟宗三：〈王弼玄理之易學〉，頁102。
〔註93〕牟宗三：〈王弼玄理之易學〉，頁102～103。
〔註94〕牟宗三：〈「才性與玄理」三版自序〉，《才性與玄理》，頁1。
〔註95〕可詳參牟宗三：〈王弼之老學〉，《才性與玄理》，頁128～167。又如牟先生指
出：「玄理函著玄智。玄智者道心之所發也。關於此方面，王弼之注《老》、
向秀郭象之注莊，發明獨多。此方面的問題，集中起來，主要是依『為道日
損』之路，提煉『無』底智慧。主觀的工夫上的『無』底妙用決定客觀的存
有論的（形上學的）『無』之意義。就此客觀的存有論的『無』之意義而言，
道家的形上學是『境界形態』的形上學，吾亦名之曰『無執的存有論』。」牟
宗三：〈「才性與玄理」三版自序〉，頁1。

家脈絡聯繫起王弼之學術淵源，並以「言意之辨」此一新眼光、新方法之討論，奠定了王弼為玄宗之首的地位。牟宗三先生站在湯先生的歷史判斷上，進一步對王弼之哲學議題進行論述——其將玄學定位為先秦道家的復興，謂王弼注《老》深得《老子》精蘊，並在解析王弼《老子注》的同時，重述了自己對老子哲學的建構，以境界形態形而上學的討論，深化了王弼研究中的哲學論述。另一方面，牟先生雖肯定王弼注《易》回歸義理，掃除漢易的繁瑣，但在此「玄學為先秦道家的復興」的立場上，牟先生亦指出王弼之注《易》實未得孔門精蘊，是種歧出。

在王弼研究上，湯、牟二先生極具典範意義，論者之王弼研究，多半是在此基礎上與其進行對話、延續或修正，以下略述之。

面對王弼之學術貢獻，唐君毅先生指出：

> 王弼在中國思想史中之特殊地位，在其由經學以通玄學；……魏晉玄學之精神，則遠于春秋之義而近乎易。〔註96〕

針對此《易》學脈絡，唐君毅先生同樣首肯了關於荊州學派漢代新道家的說法，將王弼之學術淵源置於荊州學派之歷史脈絡中：

> 孔穎達周易正義序謂漢世傳易者，荀（爽）劉（表）馬（融）鄭（玄），大體更相祖述。近世焦循周易補述，謂劉表之學受于王暢，而王弼則表之外曾孫，暢之嗣玄孫。故王弼之學，蓋淵原于劉而實根本于暢云云。……此王弼所承《易》學之傳，即是費直、荀爽之古文《易》學，四庫提要已言之。〔註97〕

並指出王弼《易》學之特色為「……則于此一切以自然宇宙之構造說人事之論，皆加以掃除，亦即掃除今文《易》學之傳中之象數。故人多謂王弼之《易》學言義理，不言象數。」〔註98〕唐先生認為王弼沿循了費直之古文《易》學，論易時掃除了今文《易》學中關於天人感應的象數成分，但唐先生提醒：

> 王弼之《易》學亦初未嘗不根據卦象，而有其所用之觀宇宙事物之思想方式或範疇，如事物之內在的本質，切近的因果，重以簡主繁等。〔註99〕

〔註96〕唐君毅：〈王弼之由《易》學以通老學之道（上）〉，《中國哲學原論（原道篇卷二）》（臺北：臺灣學生書局，2008年），頁332。
〔註97〕唐君毅：〈王弼之由《易》學以通老學之道（上）〉，頁332。
〔註98〕唐君毅：〈王弼之由《易》學以通老學之道（上）〉，頁333。
〔註99〕唐君毅：〈王弼之由《易》學以通老學之道（上）〉，頁333。

也就是說，王弼並非不取象，而是取象模式不同於漢易：

> 其與今文《易》學之不同，當說在今文《易》學之思想方式，為對
> 自然宇宙之構造，作總包性、外延性的觀察；而王弼之《易》學，
> 則為對一一事物，作分散性、內容性的觀察。又今文之《易》學，
> 是由人外之自然宇宙之事物，以觀切近人生之事物。王弼之《易》
> 學，則是以此最切近人生之事物，即宇宙中最重要之事物。〔註100〕

唐先生指出，王弼《易》學與漢易在思考方式上即為兩條不同的路子，漢易
是向外看，外延地對自然宇宙進行與人事之間的勾連；然王弼《易》學則是
向內看，不討論天人感應之道，而直視事物本身，討論人事之間的關聯〔註
101〕，並以卦象指出人當下所處的情境、處境，以此討論人在此處境下應行之
活動。〔註102〕故唐先生認為：

> 人處在一情境中，更順此情境而活動，同時有其活動或人事。此活
> 動或人事，亦即人所在之情境。二者不可分，而皆在由始而終之變
> 動歷程中。〔註103〕

唐先生於此強調情境與人的活動之間的動態關聯，其實也就是強調卦象與人
事之間的交互關係，二者相互依存，並且相互影響，〔註104〕最後指出：

> 表此人事或活動或情境之變動進行之次序之初二三四等，自亦是數。
> 故王弼之《易》學，自亦有其象數，與其前之《易》學無殊。〔註105〕

故王弼《易》學並非不取象，而是取象模式不同於漢代今文《易》學之講天人
感應、陰陽五行，其將觀看視角由漢易之向外轉而向內，講求事物、處境與
人活動之間的關聯，以及人面對此處境該做何回應、回應後事物處境又如何

〔註100〕唐君毅：〈王弼之由《易》學以通老學之道（上）〉，頁333。

〔註101〕唐先生指出：「故孔穎達正義謂王韓之《易》學，乃以人事為主。」唐君毅：
〈王弼之由《易》學以通老學之道（上）〉，頁333。

〔註102〕唐君毅：〈王弼之由《易》學以通老學之道（上）〉，頁333。

〔註103〕唐君毅：〈王弼之由《易》學以通老學之道（上）〉，頁333。

〔註104〕唐先生指出：「此即由初、二、三、四、五、上之爻之次序所表示。在此次
序中之爻，有當位、不當位之分，有其所前承與後繼，有其比應等，及見其
吉凶得失，與可能有、及當有之變動等。觀此當位與否，及爻之承、乘、比、
應之關係，即人之觀易之卦爻之思想方式，亦人之自觀其人事或活動或情境
之變動或進行之思想方式。此中即有種種吉凶得失之象，與當如何變動進行、
不當如何變動進行之人事之象可見。」唐君毅：〈王弼之由《易》學以通老
學之道（上）〉，頁333～334。

〔註105〕唐君毅：〈王弼之由《易》學以通老學之道（上）〉，頁334。

變化等問題。〔註106〕也就是說，王弼《易》學中的取象，講求的是事物處境與人之活動間不止歇的動態歷程，重點不在天人感應，而在人事應用。

　　然正如唐先生論王弼《易》學之標題——〈王弼之由《易》學以通老學之道〉，唐先生認同牟宗三先生之所謂王弼《易》學援老入易的基本定調，指出：

　　……王弼之《易》學，乃由形體之在流行變化中，自超其為形體，遂歸于只見體之無，而以無為體。即可一方通于其言易之復卦之義，一方通于其注《老》之重體無之義。〔註107〕

王弼在〈復〉卦注中乃言：

　　復者，反本之謂也。天地以本為心者也。凡動息則靜，靜非對動者也；語息則默，默非對語者也。然則天地雖大，富有萬物，雷動風行，運化萬變，寂然至無，是其本矣。故動息地中，乃天地之心見也。若其以有為心，則異類未獲具存。〔註108〕

唐先生解此王弼〈復〉卦注時，乃是以道家以無為體的概念解之：

　　王弼謂寂然至無，為一切運化萬變之本。……觀照得此無，即觀照得一切運化萬變，皆同在此無中起息。一切運化萬變，是乾之健用，而此無，則為此健用之所依。〔註109〕

並進一步指出：

　　此王弼之注復卦，以動息見天地之心，故亦非即易之本意。此復乃一

〔註106〕唐先生指出，如王弼在〈明爻通變適爻〉中「要在言爻之吉凶，可依其所在之『整個之卦，所表示之終始之時』中之地位，與他爻之關係而見；又可由爻之動或靜，而有其適應于此整個之時之變。是即爻之適時之變。」又「此所謂『卦者，時也』，及謂卦表一事物之終始。此終始之歷程，即是一時間之歷程，故名之曰時。而此所謂一事物，即一具體之情境。人在一具體情境中，此具體之情境之如何，即一卦之卦德之所表。此具體之情境，可為否或泰、為大或小、為吉或凶。此是一存在之事實。然人在此有始終之具體之情境中，當下居何階段，當如何變動，則為爻所表。人之如何變動，則又可改易此情境，變其吉凶。故一時之制，可反而用；一時之吉，可反為凶。而在不同之情境中，人之為同一之變動之事者，其吉凶之價值意義，又不同。故卦不同，而同此一爻者，其意義亦不同。」唐君毅：〈王弼之由《易》學以通老學之道（上）〉，頁341～342。
〔註107〕唐君毅：〈王弼之由《易》學以通老學之道（上）〉，頁350。
〔註108〕〔魏〕王弼注，樓宇烈校釋：《周易注（上經）・復》，收入《王弼集校釋》，頁336～337。
〔註109〕唐君毅：〈王弼之由《易》學以通老學之道（上）〉，頁350。

> 陽來復，重在表陽之始生。漢儒言消息卦，復為陽息之始，即陽生之
> 始。後程伊川亦以復見天地之心，即動見天地之心。此當更合易之本
> 義。然王弼之思想道路，意在較漢儒，更多進一步。其以復卦乃表動
> 之息于地中，此息初乃止息之息，而不同漢儒言消息卦者，直以息為
> 生息之息。王弼之息，乃初同于漢儒所謂消。此即在矯漢儒之重動有
> 之偏，而趣向于另一偏之重靜之無，以成一思想發展中之平衡。王弼
> 思想之偏，固亦其時代所當有，亦自有深趣者也。〔註110〕

也就是說，唐先生認同牟先生之謂王弼援老入易且對儒家義理有所歧出的說
法，並且更進一步的指出，王弼是在面對漢易做進一步的反省，由漢儒釋〈復〉
卦時所重之陽之生、始，轉而言「動息地中」，以此見「天地之心」，將重點轉
向無之本體。也就是說，唐先生認為王弼將漢儒注〈復〉卦時所重之天地之
生、動，進而以氣化宇宙論式的方式來注《易》，扭轉成道家式靜態觀照的天
地本源之探求，談靜談無，即王弼所謂「寂然至無，是其本矣」。對於唐先生
而言，其認為這是種思想發展上的平衡，也是當時學術之氛圍，然就其本質，
王弼之注《易》則是偏歧於儒家本義。唐先生指出：

> 人能知無而虛涵一切有，人之心靈，即升至一切形器之物之上一層
> 面，亦升至其一切意義之上一層面。此無，自亦是一意義。然能順
> 此無之意義而思，亦可無「對一切形器之物、一切意義之一切之思」，
> 以成上一層面之思，而以此之思兼虛涵此一切之思。此即形成一極
> 高度之哲學意境。是亦即王弼由易之復卦注，更通至老子注，所形
> 成之哲學意境也。〔註111〕

唐先生之謂王弼《易》學乃通老學，可由此見。

　　湯、牟、唐等人雖對王弼思想內涵有詮釋上的偏重，但基本上對王弼還
算持著相對正面的態度，認為其扭轉學術風氣、會通儒道二家之說等等，甚
或如牟先生直接將王弼思想上溯至先秦道家，視為先秦道家之復興。相較於
此，勞思光先生對於王弼的看法則偏於負面評價。

　　對於魏晉玄學在哲學史上的地位，勞思光先生在其《新編中國哲學史
（二）》〈魏晉玄學〉一章中，即下如此斷言：

> 先秦儒道二派，由於價值觀念之迥殊，原久已互相對立。此種形勢

〔註110〕唐君毅：〈王弼之由《易》學以通老學之道（上）〉，頁351。
〔註111〕唐君毅：〈王弼之由《易》學以通老學之道（上）〉，頁351～352。

> 至少在荀子著書時仍無大改變。但經秦漢時期思想界之大混亂後，
> 知識份子多數自己不能明確建立價值觀念，對先秦各學派所代表之
> 方向亦不深知，於是混雜擷取之風日盛。此與所謂「綜合」無關，
> 蓋「綜合」涵有對於對立者之超越，今漢末至魏晉之知識份子，雖
> 混雜儒道之言，又或隨意擷取某家一二語任意發揮，但實尚未能進
> 入先秦任何一學派，「超越」更無從說起。〔註112〕

就勞先生認為，魏晉玄學之內容實為不具體系性的雜揉，其雖談儒談道，但
皆未真正瞭解儒道意涵，故更不用談有所調和、會通或超越。

在此觀點下，針對王弼之注《易》、老，勞先生雖肯定其說勝於當時其他
玄談之士，但究其內容：

> 只以老子之形上學觀念為主要內容；注《老》時已不能正面接觸老
> 子所言之「自我境界」；注《易》時更不了解《易傳》思想之立場。
> 嚴格論之，實屬貧乏淺陋。但就其時代觀之，則兩漢知識份子，紛
> 紛迷於讖緯象數，開口便談陰陽五行、祥瑞災異，而王弼獨能取形
> 上學立場，以說《易》及《老子》；亦不可不謂是有獨立思想能力者。
> 較之其他多數玄談之士，但解作俏皮語，賣弄聰明者，王弼終是高
> 一著。此所以述魏晉玄學，必首及王弼也。〔註113〕

也就是說，勞先生一方面肯定王弼之掃象，以此廓清了兩漢《易》學中所瀰
漫的氣化宇宙論式的論述，此即為勞先生認為王弼之所以能成為魏晉玄學之
首的主要原因。但另一方面，面對王弼之注《易》、《老》，勞先生雖認為其注
《老》「大體與老子本義相近」〔註114〕，但「只了解老子理論之一部份；對老
子理論中真需要闡釋之處，反而無能為力。」〔註115〕勞先生指出：

> 老子所說之「無為」，必須收歸「主體自由」觀念下，方見其真意
> 義；王注始終不能接觸此種觀念，故就注《老》而言，有關價值及
> 自我境界之部分，王弼皆無所見；只能說了解老子之形上學觀念而
> 已。〔註116〕

〔註112〕勞思光：〈魏晉玄學〉，《新編中國哲學史（二）》（臺北：三民書局，2020年），
　　　　頁152。
〔註113〕勞思光：〈魏晉玄學〉，頁177～178。
〔註114〕勞思光：〈魏晉玄學〉，頁171。
〔註115〕勞思光：〈魏晉玄學〉，頁175。
〔註116〕勞思光：〈魏晉玄學〉，頁175。

勞思光先生認為，王弼之注《老》雖有所不足，但還是能了解老子之形上學
觀念，注《易》則大大不同了，其認為：

> （王弼）解《易》則屬張冠李戴，強以老子觀點說《易》；不唯與《易》
> 卦爻辭之本旨相云甚遠，且與《易傳》之思想亦有相當距離。〔註117〕

相較於湯、牟、唐等人皆對王弼延續自費氏《易》的以傳解經持肯定態度，勞
先生於此則直接否定王弼注《易》在詮釋上的可信度，認為王弼以道家形上
學的立場來注《易》，此解法一則是對《易》之本旨理解有誤，二則也甚離《易
傳》思想內蘊。〔註118〕

　　總結之，我們可以發現，勞思光先生一方面認為王弼之掃象仍具有時代
之進步意義〔註119〕，但究其內容，勞先生並不認為王弼之注《易》、注《老》
真的有完整地觸及《易》、《老》核心——注《老》雖能理解道家的形上原理，
但卻無法達到自我境界之實現；注《易》則「強以老子觀念說易」，可謂全然
失準。這也是勞先生之所以認為王弼注相較於當時，雖已優於其他論者，但
仍未建立一套完整之哲學系統之緣故。

　　面對魏晉玄學，戴璉璋先生則直指其與先秦道家間的問題，其問：

> 這時期的玄學在先秦道家那裏究竟繼承了些什麼？而又發展了些
> 什麼？這個問題關係著玄學在歷史上的定位，也關係著我們對道家
> 思想的認識。〔註120〕

戴先生於此，一則指出魏晉玄學在學術發展上的溯源，二則探問我們該如何
看待、理解、詮釋先秦道家的思想內容。戴先生基本上肯定了魏晉玄學家會
通儒道的這個學術共識，指出「玄學家們多有會通儒、道的意向，但實際上
他們都是以道釋儒，思想基調都屬於道家，因此學界對於他們有所謂新道家
的稱謂。」〔註121〕此論乃是延續於牟宗三先生玄學為先秦道家復興的說法，
然戴先生進一步問：

〔註117〕勞思光：〈魏晉玄學〉，頁171。
〔註118〕勞先生以王弼〈易略例〉中，論「象」、「爻」、「卦」、「彖」，以及王弼之注
　　　　〈復〉卦所言為例，闡述此理，詳見勞思光：〈魏晉玄學〉，頁176～177。
〔註119〕勞先生指出：「王弼則只從形上學觀念釋《易》；此雖與《十翼》或《易傳》
　　　　同樣遠離《易》卦爻辭之本旨，但作為一理論看，自較象數之說進步多多。」
　　　　勞思光：〈魏晉玄學〉，頁176。
〔註120〕戴璉璋：《玄智、玄理與文化發展》（臺北：中央研究院中國文哲研究所，2003
　　　　年），頁1。
〔註121〕戴璉璋：《玄智、玄理與文化發展》，頁1。

> 新道家之所以為「新」，除了相對於先秦的時間意義外，是否還有
> 思想上的創新？如果有，那是什麼？新道家之所以為「道家」，理
> 據何在？總不能說只在於注釋道家經典或引述老、莊言論如此而
> 已吧！〔註122〕

由此我們可以看出，戴璉璋先生在繼承了牟宗三先生對於魏晉玄學的基本定
調後，他想進一步探求的問題線在於——魏晉玄學此一「新道家」，除了在時
間意義上的「新」之外，是否在內容意涵上相較於先秦道家而有其「新」義？
戴璉璋一方面強調經典傳統，另一方面又著眼於後代詮釋者如魏晉玄學家們
對於此經典傳統的承繼與開展；其強調「傳統」的力量，並欲藉此傳統本身
及其後世詮釋者間的一脈相承，凸顯出經典傳統於中國哲學中的關鍵地位。
〔註123〕並指出其之所以要做此探求的原因在於對學術內涵上的廓清：「看清
楚它（筆者按，指道家思想）從先秦到魏晉的發展實況，有助於我們了解玄
學之所以為玄學、道家之所以為道家，……。」〔註124〕也就是說，戴璉璋欲
藉由先秦道家與魏晉新道家間思想發展之辨析，一方面擘畫出思想史上的歷
程，另一方面也以此進一步廓清先秦道家與魏晉玄學各自之思想內涵。

故戴璉璋先生在《玄智、玄理與文化發展》一書正式進入對各家思想之
討論前，在〈緒論〉中先對先秦道家發展至魏晉新道家之學術脈絡，做了一
番思想史上的釐清，其以魏晉玄學乃為兩漢思想之反動的這個立場，來解釋
道家思想之所以介入魏晉玄學的原因：

> 老、莊的存在感受，有其普遍性，每一時代，特別是在制度異化、
> 價值紊亂、是非不明像魏晉南北朝那樣的時代，老、莊類型的弔詭、
> 茫昧感受，很容易在人們心中出現，而老、莊所揭示的精神方向與
> 人生智慧，也容易得到人們的認同。於是道家經典備受重視，引起
> 廣泛討論；道家玄學大為流行，成為思想主流。〔註125〕

〔註122〕戴璉璋：《玄智、玄理與文化發展》，頁1。
〔註123〕戴璉璋指出：「道家思想經由老、莊的闡述，雖已揭示了精神方向，奠定了
　　　　義理規模，但作為中國傳統思想主流之一，其內涵當非一人一時所能窮盡，
　　　　後人的繼承與發展，一方面彰顯出其一以貫之的義理特質，另一方面也呈現
　　　　出其多方發用的思想功能，這是傳統之所以為傳統的關鍵所在。傳統思想就
　　　　是要在歷史中不斷地彰著它自己、發展它自己的，道家思想並不例外。」戴
　　　　璉璋：《玄智、玄理與文化發展》，頁1。
〔註124〕戴璉璋：《玄智、玄理與文化發展》，頁1。
〔註125〕戴璉璋：《玄智、玄理與文化發展》，頁3～4。

戴璉璋先生將先秦道家之所以在魏晉成為顯學的原因歸於魏晉時代的紛亂，人們在亂世中對生命感到迷茫，而道家對於生命存在的感受恰好契合於魏晉時代人們的需求〔註 126〕，故時人因此寄情於此且有所發揮。

　　關於魏晉玄學家對先秦道家之冥契，戴璉璋先生特指出王弼所處的關鍵地位，謂王弼是「通過存在的抉擇而上契其學問血脈的」〔註 127〕，〔註 128〕並指出「王氏『全有必返於無』、『明無必因於有』的說法，為《老子》有無玄合，『玄之又玄，眾妙之門』作出創造性詮釋，而這也就成為魏晉玄學思想的主綱。」〔註 129〕由此我們可以看出，戴璉璋先生主要是循著牟宗三先生魏晉玄學回歸於先秦道家的主基調而下，同樣認為王弼之學契合於道家玄理。而後戴先生並進一步指出：「阮籍、嵇康所謂『越名教而任自然』、郭象所謂『獨化於玄冥之境』，都不外於『全有必返於無』的思理；而當時文化界流行的一些熱門話題，如養生論、樂論、形神論、畫論等等，也都可看到因有明無的印記。」〔註 130〕就戴先生的看法，這些思想發展皆源於王弼對玄學的基本定調——回歸於先秦道家，故玄學之所以能發展為我們今日所見的玄學，王弼至關重要。〔註 131〕值得注意的是，當戴先生指出王弼「通過存在的抉擇而上契

〔註 126〕對於老莊思想對於存在的感受，戴璉璋先生指出：「他們（筆者按，指老、莊思想）同屬道家，對於人生的弔詭、茫昧有同樣深刻的感觸，感到現實人間總是『為者敗之，執者失之』，總是『終身役役而不見其成功，薾然疲役而不知其所歸』。他們省察到生命的『大患』在於『有身』，在於『隨其成心而師之』，而滌除『有身』的偏執與『成心』的迷妄，則是解除『大患』，回歸真實自我的主要途徑。他們體證了『為道日損，損之又損，以至於無為，無為而無不為』，亦即『墮肢體，黜聰明，離形去知，同於大通』的修為工夫。通過損之又損、離形去知的工夫，人可以在精神上達到『無身』、『無心』的境界。於是因順其自然本性，以玄智冥契玄理，因應世務就可以一本『有之』而又『無之』的原則。『有之』，是讓事物各盡其自然本性；『無之』，則是滌除偏持以維持『有之』正常作用的修為。」戴璉璋：《玄智、玄理與文化發展》，頁 2。

〔註 127〕戴璉璋：《玄智、玄理與文化發展》，頁 5。

〔註 128〕相關例證，可參見戴璉璋：《玄智、玄理與文化發展》，頁 4～5。

〔註 129〕戴璉璋：《玄智、玄理與文化發展》，頁 5～6。

〔註 130〕戴璉璋：《玄智、玄理與文化發展》，頁 6。

〔註 131〕甚至，戴璉璋先生特別指出魏晉時期佛教界對般若的詮釋，亦取資於玄學，謂僧肇《肇論》之詞與運用與思維模式深受老莊玄學之助。此可見戴璉璋：《玄智、玄理與文化發展》，頁 16～19。戴先生指出，此後初唐道士成玄英即承襲僧肇而弘揚道教且重玄學。相關論述可見戴璉璋：《玄智、玄理與文化發展》，頁 19～21。故戴璉璋先生認為，從先秦道家到魏晉新道家之傳承線軸乃「從老、莊到王弼、阮籍、嵇康，再到郭象、僧肇、成玄英，道家

其學問血脈的」〔註132〕時，其隱然的話語即是王弼之上契道家思想並非純形而上的思考，而是蘊含著其本身對於生命境界的實踐體悟：

> 經由玄學家的體證，道家之所以為道家有了本質上的決定。通過玄
> 學自我超越的途徑，道家思想作為一種生命的學問、實踐的智慧學，
> 其特色乃朗然彰著。……如果以玄學作為道家之所以為道家的關
> 鍵，那麼是否具有無知之知的玄思就是簡別道家人物的準則。王弼、
> 阮籍、嵇康，以及郭象、僧肇、成玄英，不但具有這樣的玄思，而
> 且在工夫進路與精神境界的體證上都各有獨到的造詣。他們證明了
> 所謂實踐智慧學的繼承之道，是在實踐中繼承，在繼承中創新。諸
> 賢的成就，也標識了玄學之所以為玄學的特質，玄學的歷史定位當
> 可據此而有所論衡。〔註133〕

於此，戴璉璋先生同樣是贊同了牟宗三先生謂中國哲學乃是一種生命的學問、實踐的哲學之說法，〔註134〕在此基點上看待先秦道家乃至於後之魏晉新道家（魏晉玄學）。故針對本論文焦點之王弼，我們可以稍稍小結戴先生之看法──即王弼在紛亂的魏晉時期，面對亂局，其以存在的體悟而對先秦道家有所冥契，回歸於先秦道家，並將此學用於己之生命實踐上頭。正因戴璉璋先生認同牟宗三先生所謂之魏晉玄學回歸於先秦道家之定調，故當戴先生討論王弼之《易》學時，同樣是將道家的概念帶入其《易》學詮釋。但戴先生也指出了我們研究王弼《易》學時的困難：

> 根據王氏老學著作來探討他的玄學思想，是比較容易掌握到綱領而
> 獲致系統的理解的。如上文所說的「崇本以舉末」、「貴無以全有」，
> 這些觀念都來自他的老學著作。但是若要根據王氏的《易》學著作
> 來探討他的玄學思想，則相對地就會顯得比較困難。因為老學與玄
> 學是一脈相通的，而《易》學則自有經傳傳統。王弼一方面據傳解
> 經，一方面又援《老》入《易》。據傳解經，使他在《易》學史上取

　　思想隱隱然有一條傳承不絕的義理脈絡。」戴璉璋：《玄智、玄理與文化發
　　展》，頁22。

〔註132〕戴璉璋：《玄智、玄理與文化發展》，頁5。

〔註133〕戴璉璋：《玄智、玄理與文化發展》，頁23～24。

〔註134〕上述引文中，戴璉璋先生所謂「道家思想作為一種生命的學問、實踐的智慧
　　學」之言來自於牟宗三先生，戴先生於此出註為牟宗三：〈哲學智慧的開發〉，
　　《生命的學問》（臺北：三民書局，1970年），頁8～20；牟宗三：〈道家玄
　　理之性格〉，《中國哲學十九講》，頁87～109。

得重要的地位，因為他根據《易傳》滌除了漢儒象數之學的流弊，而重建了《周易》義理之學的殿堂。《周易》經、傳，一向重視卦爻象、位及義理。王弼在卦爻象、位方面，繼承經、傳傳統而稍有修正與發揮；在義理方面則有意會通儒、道兩家思想。其中儒家思想部分大體本於《易傳》，……。至於道家思想部分則根源於《老子》，……。〔註135〕

正因為儒道二家擁有兩種不同的思想理路，故當王弼援老入易時，究竟是以何種方式、脈絡來會通二家思想，便成為後世研究者的難題，戴璉璋先生指出：

> 有無本末原來就是王弼玄學思想的重點，而認為儒家所重視的德業教化應該歸本於道家所強調的自然無為，這也是何晏、王弼他們的共識。可是王弼是怎樣通過《周易》卦爻結構來說明有無本末關係的呢？所謂「易者，象也。」《周易》卦爻結構都具有豐富的象徵意義，每一卦都可表示一種具體的情境，王弼落在這上面談有無本末，是在具體的情境中指證玄理，不可避免的會有一些辯證的思維。假如我們不能相應於這種思維，而在卦爻象、位的脈絡中去探索玄理，對於王弼在《易》學中的玄思實難獲得相應的了解。〔註136〕

也就是說，戴璉璋先生認為我們一方面必須在道家有無本末的脈絡中，去理解王弼《易注》，另一方面也必須留意《易經》卦爻結構中豐富的象徵意義。特別值得注意的是，《易經》卦爻結構中的象徵意義乃是為了指涉出種種具體情境，戴璉璋指出王弼便是在此卦爻結構、象徵意義、具體情境的相互交涉中來談道家的有無本末，玄理亦在此辯證中獲得呈現。

　　有鑑於論者多半偏重於王弼之老學著作，或直以「援老入易」來謂王弼偏離儒學要旨，〔註137〕故戴璉璋先生在其王弼研究中，特別針對王弼《易》學中的種種概念進行耙梳，以求彌補過往論者對王弼之學討論上的偏頗。在戴璉璋先生《玄智、玄理與文化發展》一書中，將王弼《易》學中的玄思分兩部分進行討論：

　　1. 王弼《易》學中的重要觀念：戴先生分述為（1）卦以存時、（2）爻以

〔註135〕戴璉璋：《玄智、玄理與文化發展》，頁29～30。
〔註136〕戴璉璋：《玄智、玄理與文化發展》，頁30～31。
〔註137〕戴璉璋：《玄智、玄理與文化發展》，頁30～31。

示變、（3）象以明體、（4）象以盡意，藉此討論王弼對於《易傳》傳統加以修正或發揮之後所形成的一些見解，以及他在援《老》入《易》時所秉持的一些觀念。藉由此四項「他（筆者按，指王弼）讓我們正視現實的存在情境、具體的事象變化，以及種種事象變化所依循的法則。」〔註138〕戴璉璋先生認為，這四項觀念即是論者把握王弼《易》學之基本關鍵。〔註139〕

2. 王弼《易注》中的玄理：戴璉璋先生指出，「明『無』必因於『有』，全『有』必返於『無』，是王弼玄思中的核心概念。」〔註140〕以此概念出發，將王弼《易注》中的玄理分為四點來進行討論，即（1）無陽而陽以之成、（2）無陰而陰以之生、（3）無應而應以之大、（4）無知而知以之明。〔註141〕戴先生指出，在王弼的《易注》中，一切事象變化所依循的最高法則是「無」，但此「無」並非一個抽象的概念，「它由種種具體存在的『有』來體現，它實存於『有』的自我超越之中，同時即成全『有』，作為『有』的超越根據。」〔註142〕「無」、「有」間存在著一種辯證的關係，「無」看似抽象但實非抽象，若欲明「無」的作用，必須靠著具體存在的「有」的表現來展現之，此即戴先生所謂之「明『無』必因於『有』」。另一方面，「無」也同時作為「有」之所以得以存在的超越根據，成就著「有」的存在，此即戴先生所謂之「全『有』必返於『無』」。戴先生由此核心概念出發，繼將王弼玄理再細分為上述四點，強調這即是王弼《易》注中玄理的展現。戴先生並將其內容於現實人事相應，謂當中「無」與「有」的辯證意義乃呈現於道家形態的人生實踐中，並因此強調玄學的這種方法論乃是即工夫即本體〔註143〕，而王弼即是以此方式來會通儒道。〔註144〕

〔註138〕戴璉璋：《玄智、玄理與文化發展》，頁77。

〔註139〕戴璉璋：《玄智、玄理與文化發展》，頁32。關於此四項重要觀念，請詳見戴璉璋：《玄智、玄理與文化發展》，頁32～57。

〔註140〕戴璉璋：《玄智、玄理與文化發展》，頁62。

〔註141〕關於此四玄思，請詳見戴璉璋：《玄智、玄理與文化發展》，2003年，頁63～77。

〔註142〕戴璉璋：《玄智、玄理與文化發展》，頁77。

〔註143〕戴璉璋指出：「因此上述這種玄學的方法論，其實就蘊涵一種工夫論，並可開出一種本體論。」戴璉璋：《玄智、玄理與文化發展》，頁78。

〔註144〕戴璉璋：《玄智、玄理與文化發展》，頁78。

　　戴璉璋先生藉由以上討論，對王弼《易注》進行了一番細緻的釐清與反省，值得我們注意的是，其基本理論雖源於牟宗三先生，但其對王弼《易注》之功過評判卻略異於牟宗三先生。就牟宗三先生的看法，王弼《易注》雖合於老子精蘊，但對於儒家思想而言是種歧出。但戴先生則是進一步將王弼《周易注》分兩方面進行評價：一是從工夫論的層面來看，戴先生認為王弼以道家「無」的智慧來保全「有」，保全儒家的仁義聖智，乃具有其意義：

> 所謂「絕聖而後聖功全，棄仁而後仁德厚」，在道德實踐上稍有體驗的人，都會肯定王弼的這一洞見。在儒家，孔子成聖的歷程中也有「毋意，毋必，毋固，毋我」，這也是一種「無」的工夫。所以王弼提出返於「無」以全「有」，在工夫論的意義上是不容置疑的。〔註145〕

　　但另一方面，在本體論層面上，戴先生則是贊同牟宗三先生的看法，認為王弼將道家式境界形態形而上學的「無」拿到《易經》上頭時，因儒道兩家思想體系的不同〔註146〕，此說未能創發出儒家「純亦不已」的積極的道德實踐、創造原則，故「這就與歸本於儒家義理的《易傳》思想不能無隔」〔註147〕。對此，戴先生指出：

> 《易傳》那種「乾道變化，各正性命，保合大和，乃利貞」的思想，即天道生化萬物，成就萬物，天道、性命相貫通的思想，王弼都缺乏相應的了解。這是他玄學的偏限，也是在儒、道會通上難以解決的困結。〔註148〕

然而，即便戴璉璋先生也認為王弼玄學因著對儒家思想的未能全然把握而有其理論闡述上的困境，但戴先生最終仍回於玄學發展的立場上，來評價王弼《易注》，其認為：

> 王弼因於「有」以明「無」，又返於「無」以全「有」，在「有、無」關係上作了圓融的闡述。使人有客觀了解的可能，也有實踐體證的進路，這在玄學上的貢獻是無與倫比的。此外，如果我們不把《易》學限制在儒學系統中，那麼王弼《易》學的玄思，把《易》學的義理玄學化，也可以說是為《周易》的研究開拓了新的視野，豐富了

〔註145〕戴璉璋：《玄智、玄理與文化發展》，頁79。
〔註146〕牟宗三先生將儒、道思想分殊為實有形態形而上學與境界形態形而上學，詳參牟宗三：《中國哲學十九講》，頁69～156。
〔註147〕戴璉璋：《玄智、玄理與文化發展》，頁79。
〔註148〕戴璉璋：《玄智、玄理與文化發展》，頁79～80。

《易》學的義理內涵。〔註149〕

戴璉璋先生一方面指出王弼《易注》為「無」與「有」的辯證意義作出一番圓融的道家式的闡述，而此「無」與「有」之間的辯證關係，不僅僅讓人明白其形而上的客觀理論上的證成，亦蘊含道家式工夫實踐上的展現，在這種即本體即工夫的方法論上，戴先生肯定了王弼在玄學發展上的貢獻。另一方面，戴先生亦試著跳脫儒家本位的評價方式，將王弼《易注》之玄思視為一種具有時代意義的創造性詮釋，認為王弼《易注》雖是種對於儒家義理的歧出，但不嘗也是種《易》學內涵的豐富化。於此，我們可以知道，當戴璉璋先生試著從玄學脈絡來看待王弼思想時，其對王弼之評價大體乃是褒過於貶，這與牟宗三先生一方面肯定王弼思想合於道家精蘊，另一方面卻又認為王弼注《易》時的援老入易乃是對儒家義理有所歧出的貶義看法相比，二者其實有著相當微妙的差異。

戴璉璋先生之王弼詮釋可謂補全了前輩學者如牟先生等對於王弼《周易注》討論的偏薄，然而當戴璉璋先生將王弼玄學思想之核心觀念歸於「明『無』必因於『有』，全『有』必返於『無』」，並以此為王弼《周易注》之注《易》準則，繼而將王弼《周易注》之玄理分為「（1）無陽而陽以之成、（2）無陰而陰以之生、（3）無應而應以之大、（4）無知而知以之明。」四項時，謝大寧先生則對戴璉璋先生之詮釋體系提出疑問：

> 第一，這些解卦的原則是一個具有普遍性，而且貫通於整個周易注的原則嗎？第二，王弼並沒有明講這些例子正是「在陽而無陽，陽以之成」這個原則的發揮，如此說，乃是戴老師的詮釋，但說陰陽爻只處於不當位或無所應的狀況下，而能有所自我節制或是自我超越，便是所謂的「在陽而無陽」原則的展示，也就是全有必反於無之原則的體現，這樣的詮釋會不會太過寬泛了？第三，如果說這樣的詮釋乃是恰當的，那歷來對卦象的解釋，從象象傳開始，有多少解釋不含著「玄思」呢？在我看來，韓康伯所謂的「在陽而無陽，陽以之成」，的確可以視為一種哲學觀點的展現，但他未必有亦將這一觀點當成一個解卦的原則，而今天戴老師認為其中含著王弼解卦的原則，並且以之為其玄思的系統性展現方式，這樣的說法所可能遭遇的第一個挑戰，便是這一原則的不具普遍性。……而且所謂的

〔註149〕戴璉璋：《玄智、玄理與文化發展》，頁79～80。

玄思究竟何指呢？只要是陽不居首，謙德處下，便是玄思嗎？如果玄思是以「無」為準，則陽不居首，謙德處下之無，是一種什麼意義之無？這會不會成為如同裴頠將損艮謙節等卦比配到老子靜一之義的同樣思路呢？這樣說的無當然也不是說不通，但它的意思便已經不是一個無論從湯先生的系統上說的（無是一個本體），或是牟先生系統上說的（無是一種作用上的去執，以及由此去執工夫所呈現的某種境界）存有論概念，也就是說這樣的無將不再有系統性的意義，它只是一個純就工夫上而說的原則，而這個原則是不必帶著家派色彩的……。這也就是說，我們乃是在王弼為了會通儒道這一認知下，而說他引入了無這個概念，以在易注中表現了道家的玄思，但如果這個所謂玄思的內涵，根本不必和道家構成必然的聯繫，那不就成了論題上的自我否定了嗎？我很擔心的是，在韓康伯說「在陽而無陽，陽以之成」這話時，它還能保留其存有論的色彩——雖說這色彩是不是屬於道家的還可以存疑，但經過戴老師將之詮釋為四個綱目後，這存有論的意義便將走失掉了，而走失了這一層的意義之後，再來談王弼以道家的立場解易，恐怕也將成為一個不甚具有意義的判斷。〔註150〕

就謝先生的看法，其認為戴先生所建立之王弼注《易》體系裡有一些根本上的問題：

1. 戴璉璋先生為王弼《周易注》所提出的解卦原則是否在王弼《周易注》中真的具有普遍性，且成為王弼《周易注》之原則？

2. 謝先生認為王弼並沒有說這些解卦的例子是發揮自「在陽而無陽，陽以之成」，戴璉璋先生此處詮釋或有過於寬泛之嫌。

3. 謝先生不認為韓康伯乃是有意的將「在陽而無陽，陽以之成」視為解卦的原則，故當戴璉璋先生以此當作王弼解卦的原則，並將其視為王弼玄思的系統性展現方式時，就必須面臨此原則在王弼《易》注中不具有普遍性的挑戰。

4. 謝先生更直接探問戴璉璋先生之所謂「玄思」的定義，並提出若此「玄思」之內涵不必然與道家構成關聯，然而我們又認為王弼是在會通儒

〔註150〕謝大寧：〈試論玄學的分期問題〉，收入《含章光化——戴璉璋先生七秩哲誕論文集》（臺北：里仁書局，2002 年），頁 312～313。

道的前提下，引入「無」的概念，並在其《易》注中表現道家玄思。
若以此邏輯而下，「玄思」與「無」之間的論證，即會產生了論題上的
否定。

5. 當戴璉璋先生以此四綱目對王弼《周易注》進行詮釋，謝先生認為將
因此丟失王弼《周易注》中原有的存有論意義。

對於王弼究竟是如何「援老入易」，戴璉璋先生指出「假如王弼只用雜揉
攙合的手法，當然不同真正會通儒、道，我們著眼於他的雜揉攙合上，實在
也看不出他在《易》學中的玄學思想有什麼體系」〔註151〕，故戴先生以上述
方式建立了一套王弼《周易注》之玄學體系。然而就謝先生的看法，其則認
為王弼是以一種寬鬆的方式，也就是以某種意義上的雜揉攙合來進行援老入
易，〔註152〕其指出：

> 若是如此的話，那我們就絕對不能說王弼已然改變了易經詮釋之儒
> 家本位的立場，換句話說，我們必須強烈地質疑王弼創造了道家易
> 這樣一個判斷。如果說王弼在注《易》時仍然是典型的儒家立場，
> 或者至多說他在某些實踐的體會上採取了近似於道家的體會，可是
> 原則上仍是繼承了彖象傳的傳統，那在哲學判斷上便會有重大的影
> 響，因為我們絕對必須重新評估王弼哲學的基本立場。〔註153〕

也就是說，謝先生揚棄了傳統上多數論者認為王弼《易注》乃是有系統地「援
老入易」的「道家易」立場。然而，這樣的說法立即會產生出一個問題，即是
若王弼並非有系統的「援老入易」，而是以雜揉攙合的方式將道家體會引入其
《周易注》，那麼我們會發現王弼之《老子注》與《周易注》之間，便不再有
系統上的關聯，也就是說，王弼的《老子注》與《周易注》之間，在詮釋思想
上乃是有所割裂。〔註154〕然而，若我們視王弼為一哲學家，又為何這二本代
表其思想體系之著作間，又會有如此絕然的割裂呢？我們該如何看待王弼─
─其究竟是思想體系一致的哲學家？抑或是一純然的經典詮釋者？這是謝先
生一直在問的一個問題，關於此，本論文在後續章節會有所討論，故先暫置
勿論。

〔註151〕戴璉璋：《玄智、玄理與文化發展》，頁30。
〔註152〕謝大寧：〈試論玄學的分期問題〉，頁315。
〔註153〕謝大寧：〈試論玄學的分期問題〉，頁315。
〔註154〕謝大寧：〈試論玄學的分期問題〉，頁315。

　　值得注意的是，謝先生經由以上種種的探問，試著為王弼思想找出一個新的出路，即其透過討論玄學重新分期的可能，拿除了由湯先生而來之歷來定論——王弼為玄宗之首的歷史定位，試圖藉此方式，為王弼詮釋尋求一新的進路。在謝先生的看法中，其認為現行的玄學分期實有著歷史、哲學史及哲學層面上的困境，〔註155〕故其很大膽地將王弼自玄學的討論中割除，轉而將其歸入漢代學術。其指出：

> 如果我們想突破上述的分期困境，一個最簡便、變動最小的處理方
> 式，就是把正始玄學和竹林以後的玄學脫鈎，只要不再將王弼視為
> 是玄學的創始者，而將玄學的首出者交給嵇康，問題變能迎刃而解
> 了。〔註156〕

因為就謝先生的看法而言，其認為當我們採取此種新的分期方式，將王弼納入漢代學術的脈絡，在歷史層面上即可找出魏晉與漢魏學術間的關聯。值得注意的是，雖然湯用彤先生藉著荊州學派作為歷史證據，連結起王弼與漢代學術的關聯，後之學者也多半在此歷史詮釋的基礎上進而討論王弼，但謝先生藉由程元敏與牟潤孫二先生的考證，認為漢末魏初並無湯先生所謂之荊州新學風、漢代道家並不成立。〔註157〕謝先生便是基於此般新的歷史立論之基礎上，認為需重新找尋王弼思想之歷史脈絡、學術淵源。〔註158〕其指出：

〔註155〕可詳參謝大寧：《歷史的嵇康與玄學的嵇康——從玄學史看嵇康思想的兩個側面》（臺北：文史哲出版社，1997年），頁54～81；謝大寧：〈試論玄學的分期問題〉，頁287～315。謝大寧：〈再論魏晉玄學與儒道會通〉，頁6～12。

〔註156〕謝大寧：〈試論玄學的分期問題〉，頁316。

〔註157〕可詳見程元敏：〈季漢荊州經學（上）〉，《漢學研究》，第4卷第1期，1986年6月，頁166～183；程元敏：〈季漢荊州經學（下）〉，《漢學研究》，第5卷第1期，1987年6月，頁229～263。牟潤孫：〈論魏晉以來之崇尚談辯及其影響〉，《注史齋叢論》（臺北：臺灣商務印書館，1990年），頁304～353。

〔註158〕關於漢代道家之被推翻，以及道家於漢代之影響，謝先生多有所撰文討論，如其指出：「有人也許會說湯用彤先生已經注意到了一些事實，此即楊雄（筆者按，此應以『揚』為正，以下同，不另標注）、王充等人的思想和王弼的遠親關係，以及前述荊州學派之上承楊雄，下啟王弼的角色等等，到難道不是所謂的內在理路嗎？但是任何稍微注意到湯先生說法的人，都應該明顯發現到，事實上湯先生從未試圖為楊雄、王充之思想和王弼思想之關係，提供任何歷史因果之解釋，湯先生似乎只是想當然耳地、假設式地說楊雄、王充乃至桓譚蔡邕等人所謂的『漢代道家』。但是思想上的近似是一回事，有沒有歷史因果關係又是另一回事，這是不容混淆的，更何況楊雄他們會同意人們把他們稱為道家嗎？至於荊州學派的問題，姑且不論歷史上是否真存在著這個學派，就算真有，湯先生一則也不曾提出此一學派形成之原因，如果說

只是由於厭倦章句之繁瑣，而思有已改革經注之形式，這樣的說法也是和思想問題無涉的。另一則，湯先生也從未解釋宋衷之注太玄，其究竟有沒有思想上的原因，或者說這原因何在？更何況我在許多地方都已經引述了程元敏先生的精闢考證，他早已提出了許多堅強的事實，否決了荊州學派的假設，難道我們還要糾纏在這一根本不存在的說法中嗎？然則，一個思想流派的誕生，如果根本就缺乏內在理路的解釋，而只有如史華慈譏之為某種動機式之原因的解釋，我們可以勾勒出這一思想流派的來龍去脈嗎？」謝大寧：〈試論玄學的分期問題〉，頁 288。由此可見，謝先生相當重視學術發展之內在脈絡，然其認為湯先生在提出「荊州學派、」「漢代道家」之說後，只是想當然爾地將一派人等兜成一線，但卻未對其相關之思想發展理路進行更深入的討論。此外，針對「漢代道家」之說，謝先生指出其內容上其實是漢代黃老式的道家，這和玄學在內涵上並無任何淵源上的關係，其指出：「荊州學風就整體而言，其重要性固然被嚴重地高估了，但宋衷的曾注《太玄》和《老子》卻很可以引人有另一番聯聯。這聯想倒不是直接關聯到宋衷，其實宋衷這兩個注本不只已亡佚，也似乎從未發生影響，但它卻讓人敏感地注意到楊雄。楊雄的《太玄經》顯然是一部刻意模擬《易經》的作品，而他所以建立太玄的主要思想憑藉之一卻是來自老子，……由此可見，以老子介入整個《易》學思想的建構，其淵源早已形成。只是楊雄並不是以詮釋的方式來將老子引入易經，而是以曲折的方式，通過太玄而引入。這一引入並不能被解釋為楊雄有意地要調和儒道，所謂的家派之爭和楊雄的思想是無涉的。……而在思想內容上，他基本上仍完全依憑在漢儒氣化宇宙論的氛圍中，如太玄基本結構上仍是淵源於京房卦氣說即是確證。只是他有意想修改氣化論的結構，也是事實。

關於楊雄之想修改氣化論的結構，主要仍是基於他對災異論無限上綱的不滿。……楊雄基本上並未質疑天命意志這一核心命題，但他卻懷疑將天命和人事作如此緊密關聯的說法。他認為如此一來，勢將使人們只想去占測天命，而忘記了聖人『本人事以言天道』的立場，因此他有意地想壓地災異現象的地位，而抬高人的地位，……。……他之所以要將老子引入，為的正是要以老子作為他修改氣化論的最基本論據，……。這也就是說從楊雄開始，老子已實質地介入了氣化論的建構之中，當然，此時的老子並不是以道家的身份而存在，它已完全被內化到漢儒的思想中去了。」謝大寧：《歷史的嵇康與玄學的嵇康——從玄學史看嵇康思想的兩個側面》，頁58～61。值得注意的是，此處謝先生指出揚雄之所以引《老子》入《太玄》，其實是目的性地藉《老子》來作為其對於漢代流行之氣化宇宙論不滿之修正，故《太玄》中的老子並非先秦道家，而是以一種工具性的目的而被「內化到漢儒的思想中去了」。針對先秦以後道家繼承者所論之思想內涵，謝先生亦於〈再論魏晉玄學與儒道會通〉一文中指出：「先秦乃至兩漢的道家繼承者，從來都沒有所謂的對『形而上』問題的興趣，無與有的討論其實根本不是重點，也不是道家在老子早期流傳過程中被注意的標的。」謝大寧：〈再論魏晉玄學與儒道會通〉，頁 7。也就是說，先秦道家重視的「道」之形而上的內涵，在其後以至兩漢，其實並未受到重視，時論者所重的多半在道家的實踐層面。此論亦可詳參謝大寧：〈再論魏晉玄學與儒道會通〉，頁 7。

在歷史因果線上，既沒有一個所謂的漢代道家復興運動，在正始之前也沒有所謂自然與名教相對立的事實，更沒有什麼荊州學派的存在，反而我們事實上看到，當時經學雖確有明確的沒落情形，但王肅的經學在魏初的影響力仍然是巨大的，王肅的經學傳自荀爽一脈，荀家在魏初的政治上，乃是最薰灼的豪門之一，這些都表示了漢魏之間，至少到正始之前，其學術風氣上的延續關係，並沒有發生多少變化，我們從何晏的《論語集解》便可以明顯看出來，其間其實是沒有斷層的。至於人們會質疑說，畢竟是從何王才開始提到老莊的啊！關於這點，當然不容否認，可是這個問題並不一定就構成思想史上對兩漢學風的顛覆，因為我們還得看看老莊究竟是在什麼語境中被帶進來的。我以為在《魏志‧管輅傳》中有句話其實透露了一個很重要的訊息，它說何王之徒乃是「差次老莊以參爻象」，這也就是說老莊之被引進到當時人的語境中，乃是為了易經相關討論上的需要。普通人們會將這句話當成何王「援老入易」的證據之一，但假如按照我們上面的討論，援老入易如果只能按寬鬆之義來了解的話，那我們就必須說，當時《易》學的傳統仍是最主流的學術內容，只是在解易時有了像是屬於老莊之部分語彙（請注意，不是概念，只是某些語彙而已）介入《易》學，也並不始於何王，楊雄便是始作俑者，只要我們有辦法在思想史上證明楊雄這樣的做法，的確曾經在學界中流傳，也能找出他們和何王思想間的因果來，我們便可以很安心地將何王歸回到漢代學術中去，而不必硬把他們從兩漢切分出來了。〔註159〕

當漢代道家此一歷史基點被推翻，謝先生嘗試拉出荀爽─王肅間學術的關聯，以及其在漢魏之間的學術影響力，試圖勾連起漢魏學術與正始學術間的聯繫。並藉由《魏志‧管輅傳》之所謂何王者乃是「差次老莊以參爻象」〔註160〕，認為時人乃是以一種寬鬆的方式，選取合適的老莊式詞彙以用來做解《易》之用。

〔註159〕謝大寧：〈試論玄學的分期問題〉，頁 316～317。相關論述，亦可詳參謝大寧：《歷史的嵇康與玄學的嵇康──從玄學史看嵇康思想的兩個側面》，頁54～115。

〔註160〕筆者按，此實為《三國志‧魏書‧方技傳》載《輅別傳》中，管輅答裴使君評何晏時，管輅謂何晏：「……差次老、莊以參爻、象」〔晉〕陳壽撰，〔南朝宋〕裴松之注：《三國志‧魏書‧方技傳》卷29（北京：中華書局，1971年），頁820。但時人常以何王並舉，故謝先生此言大體亦無差。

謝先生並特別強調:「請注意,不是概念,只是某些語彙而已」,以指出時人對道家式語彙之借用,當中並非真有什麼真正合於道家概念的哲學轉換。當然,關於王弼之「援老入易」,究竟是該以如戴璉璋等前輩學者所認為之,其實有系統性的將老子思想、概念放入其《周易注》;還是如謝先生所認為之,應以寬鬆的意義來看待之,筆者以為這是一個相當值得進一步討論的問題,故將於本論文後續之章節進行更進一步的討論,此處先暫置勿論。值得注意的是,當謝先生將王弼思想納回兩漢,便會完全地扭轉了當代學界對王弼之認識,其對此指出:

> 當然這樣的詮釋一定會付出一些代價,那就是我們再也聯繫不起來王弼和道家的關係了。這個代價可不可惜呢?在我看來,這是一點都不可惜的。王弼既然已經被重新置入漢代學術之中,而和玄學脫鈎,那他和先秦道家有沒有關聯,便不會影響到玄學和道家相不相關的任何判斷,這點是不用擔心的。事實上當我們將嵇康的問題意識上溯到道教之養生,反而更容易和先秦道家,尤其是莊子構成關係,而不必再透過王弼來轉折了,這可能反而是詮釋上更方便的一條路。〔註161〕

也就是說,謝先生此番對王弼之詮釋,是根本上翻轉了歷來學界對漢代以至於魏晉學術的世界觀,其論實既大膽又創新。先不論謝先生此說是否有其他可以再深究之處,然我們或可藉由謝先生此處觀察視角的扭轉,進而思考一些問題──即在學界想當然爾的定論之下,對於本論文主題的王弼《周易注》研究,是否還有其他可供思考的研究視角?如前述之關於王弼之「援老入易」究竟是以建立哲學體系立場,將道家概念納入《易經》,使《易經》的哲學體系產生質變,建立起王弼本身的一套哲學系統?抑或是以雜揉攙合的方式,選取合適於其解《易》時的道家式語彙而用之,將道家式語彙當作工具般,以利其詮釋《易經》?或回歸到最原始的問題,即王弼究竟是以何種態度來寫作其《周易注》?其將經典放在何種地位?其如何與經典間產生互動?詮釋的脈絡、方法又為如何?……這些問題在在都值得我們進一步思索,關於此之相關討論,筆者亦欲藉由本論文之撰寫,試圖給出答案,由於此節乃是前賢研究成果之概述,本應述而不作,故相關討論,將於論文正文處進行研究,此處先暫置勿論。

〔註161〕謝大寧:〈試論玄學的分期問題〉,頁323。

　　關於王弼，歷來研究有如汗牛充棟，除了以上前輩先生之王弼研究，又如王葆玹在《玄學通論》中，除了對王弼的家世、政治活動、學術淵源有細緻的討論外，〔註162〕亦花了相當篇幅，討論王弼注《老》、《易》的先後，指出王弼「注《易》晚於解《老》，壽命短促，未及完成」〔註163〕。並承湯用彤先生荊州學派的說法，更細緻地耙梳了王弼的學術淵源，提及除了《易》、《老》，王弼學術亦深受《莊子》、《太玄》、法家、名家之影響，此基點來自於王弼所處之荊州家學。〔註164〕此外，王葆玹亦細考了歷代史志書目中王弼各項著作之內容、體例及這些書目的作者是否為王弼等的問題。〔註165〕

　　余敦康則是由湯用彤先生之所謂「新方法」的觀點起論，謂王弼「在《周易略例》和《老子指略》中則對方法問題進行了深入的研究，突破漢人藩籬，找到了一個按照新的時代需要全面地解釋這幾部經典的方法。」〔註166〕不同的是，余敦康試圖以解釋學（筆者按，即詮釋學，以下皆同）的觀點來論王弼之思想系統，認為在王弼之前的哲學家即便都有一套解釋學的理論和方法，但都零碎不成系統，到了王弼之《周易略例》和《老子指略》時，才有系統地闡述了其對於《易經》與《老子》主要思想的理解，以及其為何如此理解的依據，故余敦康認為《周易略例》和《老子指略》一方面是王弼解釋學基本思想的體現，一方面也可以作為中國解釋學專著之開端，故甚具劃時代意義。〔註167〕然而，值得注意的是，余敦康雖一方面指出王弼乃中國解釋學的開山祖師，但其仍是以哲學家的角度來看待王弼，其指出：「王弼是一位哲學家，不同於一般的《易》學家。他研究《周易》目的不在於恢復《周易》的本義，而是為了利用《周易》來發揮自己的哲學思想。」〔註168〕此處有個相當微妙的

〔註162〕詳見王葆玹：《玄學通論》（臺北：五南圖書出版有限公司，1996年），頁302～311。

〔註163〕王葆玹：《玄學通論》，頁312。

〔註164〕詳見王葆玹：《玄學通論》，頁306～311。

〔註165〕王葆玹指出：「歷代史志書目著錄王弼著作很多，除現存的《老子道德經注》、《周易注》及《周易略例》外，還有《老子指略例》、《道略論》、《老子雜論》、《道德略歸》、《周易大演論》、《周易窮微》、《易辯》、《易傳纂圖》、《論語釋疑》及《王弼集》等。」王葆玹：《玄學通論》，頁314。考證詳見王葆玹：《玄學通論》，頁314～328。以上討論，亦同時載於王葆玹《正始玄學》一書，見王葆玹：《正始玄學》（濟南：齊魯書社，1987年），頁154～181。

〔註166〕余敦康：《魏晉玄學史》（北京：北京大學出版社，2004年），頁109。

〔註167〕詳參余敦康：《魏晉玄學史》，頁117～118。

〔註168〕余敦康：《魏晉玄學史》，頁143。

地方，如筆者前頭所論，經典詮釋者與哲學家之間當是有所分野，二者可以等同但也不必然等同。但余敦康一方面引入西方解釋學（詮釋學）的概念，以此看待王弼之注解經典，但另一方面卻又直接強調王弼乃是有其哲學體系的哲學家，筆者以為，此論述恐有討論視角的混淆。這個問題相當有趣，也是本論文欲討論之處，筆者將於其後進行後續討論，此處先暫置勿論。

回到余敦康的論述，在余敦康的看法中，其雖引入解釋學觀點，但實際上其還是以傳統上哲學家的角度來定位王弼，只是余敦康的王弼詮釋相當曲折，他一方面強調王弼並非以《老》解《易》，而是以《易》解《易》。即余敦康主張王弼的《周易注》乃是依據原本就存在於《易傳》中的義理派理論，在揚棄傳統的象數易成分後，進而以《易》解《易》，即「清除了其中的象數學的雜質，把義理派的《易》學理論發揮得更為純粹、堅定而明確。」〔註169〕余敦康指出，王弼在《周易略例》中集中闡述了其解釋《易經》所遵循的基本原則，並認為此原則其實是來自於《易傳》，而非《老子》，因為「如何處理象數與義理、形式與內容的關係問題，在《老子》中根本不存在」。〔註170〕但另一方面，他又仍舊依循著傳統儒道會通的視角，在實踐的層面將道家之思想內涵納入王弼《周易注》的義理內容中，認為王弼的《老子注》與《周易注》之義理內涵乃是相互融合，既以《老》解《易》，又以《易》解《老》。〔註171〕這主要是因為余敦康是將《周易注》與《老子注》視作王弼思想的兩個剖面，其認為必須將二者合一而論才能使王弼思想有所完滿。〔註172〕若以此來看，

〔註169〕余敦康：《魏晉玄學史》，頁143。

〔註170〕余敦康：《魏晉玄學史》，頁143。

〔註171〕余敦康指出：「王弼根據時代的需要對《周易》和《老子》作了新的解釋，一方面以《老》解《易》，另一方面也以《易》解《老》，著眼於社會政治系統從有序到無序、又從無序到有序的整個歷程，明確區分了兩個不同的發展階段，把有為和無為這兩種謀略思想辯證地統一起來，而最後歸結於無為，使社會政治系統在和諧的狀態下恆久不已地流轉不息。」余敦康：《魏晉玄學史》，頁265。又指出：「王弼的玄學著作除了《周易注》以外，還有《老子注》。《老子注》偏於說無，《周易注》偏於講有，有不離無，無不離有，有無互訓，《易》、《老》會通，說明王弼所創建的義理派的新《易》學確實是以儒道兼綜、說以老莊為特點的。」余敦康：〈魏晉易學〉，《內聖外王的貫通——北宋易學的現代詮釋》（上海：學林出版社，1997年），頁496。

〔註172〕如余敦康指出：「由於《老子》原文偏於說無，所以他著重於由體以及用；《周易》原文所談的是六十四卦的卦義，屬於有的範疇，王弼則著重於由用以求體。」余敦康：《魏晉玄學史》，頁160。也就是說，余敦康認為王弼的

就余敦康的立場，其認為王弼著作中的儒道詮釋仍舊是相互縐合。只是有點曲折的是，余敦康一方面認為《老子注》與《周易注》間彼此互為表裡，但另一方面卻又依王弼謂聖人體無、老子是有的論述，進而判定王弼視《周易注》的地位高於《老子注》。〔註173〕然若深究余敦康對王弼思想的通盤詮釋，則又會發現其依舊是以道家「貴無」之說來定調王弼思想。〔註174〕

林麗真同樣承湯先生荊州學派說法，由此繼而談王弼援老莊入易，並以「動靜論」的角度，來看王弼是如何調和起主「動」的《易經》與主「靜」的《老》《莊》，且有所發揮。其認為：

> 王弼為了說明「靜為動本」，乃將「動善時」與「靜因之道」的關係結合，故其解《易》，一重時義，二重「因任自然」，三重「沖虛心靈」，可說是道道地地的援《老》《莊》以入《易》！更有甚者，他還相當深入地闡述了「靜非對動，靜中有動」的玄理，不僅成為玄學和理學的先鋒，其實亦已將《周易》的主「動」精神與《老》《莊》的主「靜」精神作了非常微妙的會通與縐合！〔註175〕

值得注意的是，當林麗真說王弼以此理論架構之闡述，「成為玄學和理學的先鋒」時，此處「理學」並非我們一般認為的如宋明理學之理，而是形而下動靜表現所依據的形上之理——「時」。其指出：

> 王弼認為：每一卦中的六爻成變之跡雖不相同，但「因循卦時之義」這基本法則則是一致。因此，動的規律，係在因循卦時之義。各卦的「卦時」，殆為各卦爻變的「動之理」。此理，是超越「動／靜」域之上的「分殊性的理」；相對於形而下的「動／靜」言，應是「靜

《老子注》與《周易注》乃是互為互補，一由形上本體出發，討論其於人事之用；另一則由人事之用回返至形上本體的探求。其又指出：「王弼的主要哲學著作是《老子注》和《周易注》，這兩部著作因其所依據的原典的不同而有不同的側重點。前者從較高層次的本體立論，偏重於講無，後者多半立足於現象層次，闡發各種具體情境中所蘊含的必然之理，偏重於講有。」余敦康：《魏晉玄學史》，頁201。又言：「王弼的《周易注》作於《老子注》之後。只有通過《周易注》，我們才能看到『以無為本』這條抽象原理在實際生活中的各種具體的應用，才能看到一個由多層次組成的完整而豐滿的哲學系統。」余敦康：《魏晉玄學史》，頁201。

〔註173〕余敦康：《魏晉玄學史》，頁201。
〔註174〕余敦康：《魏晉玄學史》，頁286、290～291。
〔註175〕林麗真：《義理易學鉤玄》（臺北：大安出版社，2004年），頁67～68。

　　　　非對動，靜中有動」的「理」。〔註176〕

也就是說，林麗真認為動與靜之間所以然之理在於「時」，並將六十四卦與之比配，指出「而此六十四個分殊性的『理』，又統合在大衍的『至理』中。」〔註177〕就林麗真的看法，此「理」又均可納入「本／末」、「體／用」、「無／有」、「理／事」、「一／多」、「靜／動」的範疇中，認為「這就是王弼《周易注》中『統宗會元，靜為動本』的理統」，〔註178〕並且就此來將道家與《易經》進行了相當精妙的會通與綰合。〔註179〕

　　林麗真認為，王弼之論爻的出處進退時，乃相當重視「時」的概念〔註180〕，故「適時」為王弼注《易》時基本原則。〔註181〕並認為王弼在動靜間乃是以靜為本，指出「王弼認為動皆起於靜，制於靜，歸於靜。若能把握『靜觀』之智，並以『因時』、『順性』等順應自然之法則作為人事運作的根據，而靜守之以致於極，必能達到『物皆自賓、自安、自得』的境地。」〔註182〕林麗真藉由「動」與「靜」的觀察，拉出《老》《莊》與《易經》間對於動、靜的相關文句，再將其與王弼注《易》進行對比，最後得出王弼是在此動與靜的範疇中，建構出其會通儒道的理論架構之結論。〔註183〕

　　關於林麗真之說，筆者以為其拉出「動／靜」論來談王弼之注《易》，乃是一個值得關注的討論焦點，然而，「時」是否真能視作一形上之理，則有待討論。一般而言，所謂「時」乃為當時所處的處境、情境，此應為形而下的範疇。雖王弼強調各處境、情境（時）下，人所應表現出的回應乃有所不同，「時」的確為王弼注《易》時相當重視的一個普遍性原則，但若以此將之歸入形上之理的範疇，恐怕過於跳躍。況林麗真又將此形上之理——「時」細分成六十四個「分殊性的理」，此「分殊性的理」再統歸在大衍之「至理」中，此論是否能皆以形而上視之，筆者以為恐怕有哲學理論上的難處。此外，林

〔註176〕林麗真：《義理易學鉤玄》，頁89。
〔註177〕林麗真：《義理易學鉤玄》，頁89。
〔註178〕林麗真：《義理易學鉤玄》，頁89。
〔註179〕詳參林麗真：《義理易學鉤玄》，頁89～90。
〔註180〕林麗真指出：「時通則可以進而往其所適，時塞則不可以進而合其所志。而所謂時通，又看爻位之當否、卦時之安危、近爻之暢阻，或所適之納拒等而定。」林麗真：《義理易學鉤玄》，頁87。
〔註181〕林麗真：《義理易學鉤玄》，頁87。
〔註182〕林麗真：《義理易學鉤玄》，頁80。
〔註183〕林麗真：《義理易學鉤玄》，頁89～90。

麗真認為，王弼由此「靜非對動，靜中有動」的玄理解說，「成為玄學和理學的先鋒」，〔註184〕將「玄學」與「理學」分開而論，但其所定義之「理學」恐又與論者一般所定義之「理學」有所區別。在林麗真的討論中，我們僅能知道此應為以「時」為形上之理的「理學」，但為何其特將此與「玄學」分開而論，此處所言之「玄學」與「理學」是否有更精細的定義，林麗真則未有進一步的闡述。

　　針對王弼注《易》，高齡芬亦循湯先生之說，由言意之辨談起。但不同的是，他特別由湯先生之言：「王輔嗣兼綜名理，其學謹飭」〔註185〕中，拉出「謹飭」一語，指出王弼並非隨意引老入易，而是依循《易經》學統來進一步作論。並強調王弼注《易》即便多有老子「柔弱謙下」的內容，但此實非王弼所創，而是自《易傳》與漢魏傳統而來。〔註186〕針對王弼《周易注》裡的道家成分，高齡芬強調王弼並未有意地去混淆或消弭道家與《易經》間的分野，〔註187〕其指出王弼雖有援用牟宗三先生謂道家思想為境界形態形而上學的觀點來談《易經》，〔註188〕但卻不認為王弼有藉由此道家式思想理路，以對《易經》與道家思想進行綰合的意圖。其反而認為，王弼實際上乃是相當清楚地分判著《易經》與道家間思想本質上的分野。〔註189〕高齡芬即是在以上的基點下，進而將王弼《易》學方法分為「言意之辨」、「以一統眾」與「陰陽

〔註184〕詳參林麗真：《義理易學鈎玄》，頁90。
〔註185〕湯用彤：〈言意之辨〉，頁29。
〔註186〕高齡芬：《王弼與郭象玄學方法之研究》（新北市：花木蘭出版社，2008年），頁42。
〔註187〕可詳參高齡芬：《王弼與郭象玄學方法之研究》，頁41～42。
〔註188〕此境界形態形而上學的說法，乃是援用自牟宗三先生。在另一方面，當高齡芬在談王弼老學時，亦是援用了牟先生此說，以此談王弼老學思想之發展理路，高齡芬謂王弼老學即是以此「境界形態形而上學」之思想理路，而與兩漢老學有所涇渭。高齡芬：《王弼與郭象玄學方法之研究》，頁40。
〔註189〕高齡芬指出：「《易經》與道家思想有一極大分野處，即《易》所揭示的是自然界『天體』所呈現的剛健秩序，而老、莊所說的道，則是偏向『主體』透過修養所達到之沖虛無為的自然境界，兩者雖均歸向自然，但前者有十分明確的方向，而後者則無特定的方向。……王弼注《易》，實看不出他有泯沒兩者差別的意圖，他只是發掘出聖人亦不乏沖虛無為的主體境界，卻並未以沖虛的主體境界作為《周易》的主旨。……孔子的政治理念重在治國平天下的實務上，而《易經》的主要精神也是在『知周萬物』以道濟天下，與『厚德載物』以德涵容萬物的實理上，其重心不在主體境界上是顯而易見的，王弼從未輕忽這點。」高齡芬：《王弼與郭象玄學方法之研究》，頁42。

二分法」三部分，以此論王弼《易》學之內容。〔註190〕

如前所述，關於王弼之研究，歷來學者論述如汗牛充棟，各有其精細之處，筆者藉由以上學者之論做一研究概述，僅能對當前之王弼研究做出概略性的勾勒，限於篇幅而無法一一詳論，未臻完備，當中或有疏漏，望前輩指正。

第三節　問題意識與研究方法

在論文第一節中，筆者曾於註腳處略提及劉笑敢對中國哲學詮釋傳統的一番見解，其指出：

> 中國古代哲學的發展與哲學詮釋的傳統有密切關係，王弼和郭象代表了中國古代哲學詮釋傳統的成熟時期，朱熹、王夫之是古代哲學詮釋傳統的高峰，牟宗三則是這一傳統的現代代表。中國的哲學詮釋傳統的典型形式是以經典詮釋的方式進行哲學體系的建構或重構，這一方式包含「客觀」地詮釋經典的「原意」和建立詮釋者自身的哲學體系的內在矛盾和緊張。〔註191〕

〔註190〕高齡芬指出：「若論『周易學』的理論方法形成的次第，應是從『陰陽』到『一多』再到『言意』。本文所將採取的次第正好相反，理由無他，從魏晉玄學的觀點看，『言意之辨』可謂最為特色，可稱得上是魏晉玄學理論方法的核心，而『一多之辨』亦是魏晉玄學的重心，至於『陰陽二分』的方法則是周易學所有本的，不是魏晉玄學的特色。」高齡芬：《王弼與郭象玄學方法之研究》，頁42～43。相關討論，請詳參高齡芬：《王弼與郭象玄學方法之研究》，頁42～71。

〔註191〕劉笑敢：〈經典詮釋與體系建構：中國哲學詮釋傳統的成熟與特點芻議〉，頁34。即便詮釋者之詮釋與經典「原意」之間具有此種矛盾張力，但劉笑敢也強調：「從主觀上來看，王弼、郭象似乎都沒有輕視經典原意的傾向。從歷史記載來看，王弼的《老子注》和郭象的《莊子注》問世以後，並沒有人懷疑他們注釋經典的誠意，也沒有人批評他們背離了文本的『原意』。這說明，在他們的時代，他們的注釋的確是作為老子和莊子的學說、而不是作為他們自己的學說而被流傳、接受的。應該說，他們並沒有『《六經》注我』的自覺意識，他們主觀上還是要注釋原典，他們的哲學也是作為老、莊的『真義』而產生影響的。明確把王弼的體系和老子的思想、把郭象的哲學與莊子的理論區別開來是近代以來的做法。然而，即使在近代、在現代，也還是有人把王弼《老子注》的理論當作老子的思想，把郭象《莊子注》的發揮當作莊子的學說，牟宗三先生就是這樣作的。王弼、郭象、朱熹、王夫之、牟宗三都有探求聖賢本義的傾向；即使是陸九淵、王陽明也不例外。」劉笑敢：〈經典詮釋與體系建構：中國哲學詮釋傳統的成熟與特點芻議〉，頁52。另一方面，針對本論文主題之王弼，劉笑敢認為其為中

　　對於此論述，有幾點值得我們注意，其首先指出中國古代的哲學發展乃奠基於歷來學者對中國哲學的詮釋，此詮釋由「經典」而來。即藉由中國歷來對經典的詮釋傳統，才能進而建構起中國之哲學體系，故中國哲學體系之建構根本上無法離開經典詮釋。劉笑敢藉此點出經典與中國哲學詮釋間的密切關聯。此外，劉笑敢又將中國經典詮釋的方式細分成兩部分，一為詮釋者客觀地詮釋經典「原意」，二則是透過詮釋的過程繼而建立起詮釋者自身的哲

國哲學詮釋傳統成熟的標誌，指出：「我們應該肯定是王弼和郭象確立了以經文注釋或解說為體例的哲學詮釋方式，他們是中國哲學詮釋傳統成熟的標誌，代表了中國哲學後期發展形式的主流。在此以前，完整的經典注釋往往與哲學討論無關，雖有一些借經典詮釋討論哲學問題的著作，但沒有形成一種通行的體例。」劉笑敢：〈經典詮釋與體系建構：中國哲學詮釋傳統的成熟與特點芻議〉，頁 37。也就是說，劉笑敢認為中國哲學的經典詮釋是到了王弼、郭象時才真正進入哲學討論的範疇，因為到此時詮釋者才在經典詮釋的同時對重要的哲學問題進行提出與討論，並且其詮釋本身具有明確的哲學觀點。在劉笑敢的分判中，王弼、郭象之著作乃進入了更進一步的「詮釋性的哲學著作」之範疇，此即為中國哲學詮釋傳統成熟的標誌。相關論述可參劉笑敢：〈經典詮釋與體系建構：中國哲學詮釋傳統的成熟與特點芻議〉，頁 37～40。劉笑敢指出：「和以前的注釋性著作相比，王弼的《老子注》、《周易注》及郭象的《莊子注》就有明顯的不同。它們都是以較為完整的經典注釋的形式談哲學問題。……自王弼、郭象以後，較完整地注釋或解說經典原文就成了主要的、影響最大的哲學詮釋的形式，……。經注的完整性是王弼、郭象、朱熹、王夫之的特點，也是它們的詮釋方式成熟、嚴謹的體現。」劉笑敢：〈經典詮釋與體系建構：中國哲學詮釋傳統的成熟與特點芻議〉，頁 39。也就是說，就形式而言，劉笑敢認為王弼、郭象之經典詮釋乃具備了經注的完整性，這是劉笑敢將其視為中國哲學詮釋傳統成熟的標誌之一。另一方面，劉笑敢則強調：「注經、說經是形式，是載體，思想創造才是內容，是實質。王弼、郭象雖然採取了逐章注釋的方式詮釋古代經典，但是並沒有受到原有經典的束縛，反而是以注經、說經的形式提出了許多新的哲學概念和命題。這一方面可能造成對原有經典的『本意』的曲解或歪曲，但另一方面也為原有的哲學經典賦予了新的生命力和時代性。從他們的注釋中我們可以看到哲學思維發展提高的明顯軌跡。」劉笑敢：〈經典詮釋與體系建構：中國哲學詮釋傳統的成熟與特點芻議〉，頁 40。由此可見，我們可以知道劉笑敢之所以謂王弼、郭象之著作乃進入了更進一步的「詮釋性的哲學著作」之範疇，為中國哲學詮釋傳統成熟之標誌，乃是綜合著注經形式之完整度與其注經時哲學層面有系統之建構這二方面而言，對此，劉笑敢亦總結之：「王弼和郭象代表了中國哲學經典詮釋傳統的成熟階段；自此以後，以較完整的經典注釋方式闡發思想家的哲學體系就成了中國哲學發展的主流，經典的詮釋和體系的建構往往相伴而行。」劉笑敢：〈經典詮釋與體系建構：中國哲學詮釋傳統的成熟與特點芻議〉，頁 45。

學體系。值得我們注意的是，劉笑敢於此指出，詮釋經典原意與建立詮釋者自身哲學體系間，其實是隱含著彼此的矛盾張力的。〔註192〕然而這種詮釋過程中所產生的矛盾張力並非缺點，正如劉笑敢所言：「經典的詮釋和體系的建構往往相伴而行」〔註193〕。筆者以為，此張力牽涉到的是中國經典詮釋者如何與經典互動的問題，劉笑敢所謂之「經典的詮釋和體系的建構」則是經典詮釋者與經典互動之後所產生的結果。

　　筆者以為，此處劉笑敢所提出的因經典詮釋者與經典之間的互動所產生的「張力」相當值得我們重視，因此張力標示出經典詮釋者與經典之間互動的狀態──詮釋者本身是如何看待經典，是視經典為引領者，來對經典進行隨從式的客觀詮釋？抑或經典只是個媒介，詮釋者其實是藉由經典來建立自己的一套哲學體系？又或者，可能當中存在著更複雜的交融，即詮釋的過程儘管依循經典傳統，但詮釋者透過詮釋的過程，又自覺或不自覺地引出時代新意？若此，我們又該看待此這個「新意」？正如本章第一節所論，經典詮釋者可以只是一名詮釋者，但也可能透過詮釋建立起一套有系統、有核心問題意識的論述而成為一名哲學家，「詮釋者」與「哲學家」兩者可能等同但又不必然等同，必須觀乎此詮釋者所詮釋出的內涵而論。筆者以為，若經典在中國傳統中的確有著不可否認的文化累積性、優先性與規範性〔註194〕，那麼

〔註192〕對此，劉笑敢指出：「中國哲學詮釋傳統的突出特點是以經典詮釋的方式建構或表達新的哲學體系，這樣必然會出現經典文本自身意義與詮釋者的新體系之間的緊張或矛盾。因為經典詮釋會帶來文本的限制，而體系建構則要求創造。那麼，經典詮釋與體系建構二者之間是什麼關係？二者孰輕孰重，孰先孰後？二者是否有衝突？如何可以合為一體？這可能是分析、評價中國哲學詮釋傳統最困難、最吃緊的地方。」劉笑敢：〈經典詮釋與體系建構：中國哲學詮釋傳統的成熟與特點芻議〉，頁50。其又指出：「雖然這些哲學家的主觀意圖是探求經典之聖賢本義，他們還是提出了在現代人看來並非合於經典本義的新的哲學體系。這驗證了尋找、把握經典文獻之『本義』、『真意』的模糊性、困難性和複雜性，……。」劉笑敢：〈經典詮釋與體系建構：中國哲學詮釋傳統的成熟與特點芻議〉，頁53。針對當中的困難點，劉笑敢認為：「對於詮釋性的哲學著作來說，在體系建構之實質與注釋體例之形式二者之間，是體系在先，是思想的貫通圓融高於個別段落或字句的解釋的。」劉笑敢：〈經典詮釋與體系建構：中國哲學詮釋傳統的成熟與特點芻議〉，頁51。

〔註193〕劉笑敢：〈經典詮釋與體系建構：中國哲學詮釋傳統的成熟與特點芻議〉，頁45。

〔註194〕關於經典的規範性，洪漢鼎亦指出：「經典型不只是一個歷史性的概念，而

經典與經典詮釋者之間的種種互動，以及互動後的結果為何便值得我們進一步深究。

　　洪漢鼎曾以西方詮釋學觀點，對「文本」、「經典」和「詮釋」此三基本概念進行說解：

　　……文本並非語言學上所謂傳達作者意義的完成了的作品，而是不斷要詮釋和解讀的未完成品或中間產品，經典並非屬於過去時代的意義固定的卓越作品，而是其意義需要未來不斷闡明的歷史性和規範性統一的構成物，而詮釋也不是一般科學所謂知識論的客觀或中立解釋，而是主體不斷與文本周旋的經驗和實踐的參與。〔註195〕

這裡值得我們注意的是，一個經典的建立，本身除了具有時間性之外，更有其規範性，即洪漢鼎所謂之：「經典型概念不僅是一個歷史性概念，而更重要的是一個規範性概念，經典型不是一個現在已經過去和失落的時代的價值，而是一個對於以後不定的時代同樣可能具有其不可磨滅的價值。」〔註196〕而此價值乃具有永恆意義，即：「經典型或古典型仍保持一種評價詞彙，它包含一種價值判斷和古典著作的積極價值，當我們說某某人的著作是經典型的，就表示該著作具有一種不受時間限制的永遠價值。」〔註197〕但另一方面，意義的開展卻又是無限深化的，即意義、真理存在於經典之中，然而後代詮釋者藉由經典詮釋，在與經典的不斷互動的過程中，持續開顯、深化其意義的內涵，〔註198〕正如高

　　且更重要的還是一個規範性的概念。雖然歷史主義的理想是要把過去的規範要求臣服於歷史理性的要求，然而經典型或古典型仍保持一種評價詞彙，它包含一種價值判斷和古典著作的積極價值，當我們說某某人的著作是經典型的，就表示該著作具有一種不受時間限制的永遠價值。因此，我們首先要看到經典型概念不僅是一個歷史性概念，而更重要的是一個規範性概念，經典型不是一個現在已經過去和失落的時代的價值，而是一個對於以後不定的時代同樣可能具有其不可磨滅的價值。」洪漢鼎：〈文本，經典與詮釋——中西方經典詮釋比較〉，頁23。也就是說，如果一個著作只具有時間性卻無規範性，就不能稱之為「經典」。

〔註195〕洪漢鼎：〈文本，經典與詮釋——中西方經典詮釋比較〉，頁19。其中，「文本」的內涵在西方詮釋學裡實有一細緻的流變，因非本論文核心討論之處，故暫置勿論，可詳參洪漢鼎：〈文本，經典與詮釋——中西方經典詮釋比較〉，頁19～22。

〔註196〕洪漢鼎：〈文本，經典與詮釋——中西方經典詮釋比較〉，頁23。

〔註197〕洪漢鼎：〈文本，經典與詮釋——中西方經典詮釋比較〉，頁23。

〔註198〕洪漢鼎指出：「伽達默爾這種文本概念顯然高於上述語言學和語文學的文本概念，因為我們今天真正稱為文本的東西絕不是那種任何人所寫的任何

達美所謂每次的理解視為「不同的理解」（Andersverstehen）。然而，此處高達美所謂之「不同的理解」絕非如野馬奔騰般可隨意發散，其根本還是必須根基於經典傳統本身所給出的界限。〔註199〕

便條，文本對我們來說一定是有意義和有價值的東西，否則文本與塗鴉就沒有區別。伽達默爾給出的文本兩大條件可以說是我們今天定義文本的必要條件。首先，文本必須是經典，而且一直被人們奉為真理的經典，有如我們說『蓋經者非他，即天下之公理而已』。我們今天在各民族那裡都可找到這些經典，而且我們今天的學者主要研究和闡釋的也是這些經典，這種經典不僅是指像聖經、佛經、古蘭經、道德真經等這些宗教經典，而且也指我們在哲學、文學、史學、法學等方面長期傳承下來的經典著作，如《易經》、《論語》、《道德經》、《形而上學》、《前蘇格拉底學派》、《伊利亞特》、《奧德賽》、《詩經》、《漢書藝文志》、《史記》、《前後漢書》、《羅馬法》等，這些經典都有其自身的真理內容，需要我們不斷的理解和詮釋。人類文化的傳遞和發展都靠這種經典的解讀和理解。其次，文本必須是經過長期不斷實踐即理解和解釋的著作，也就是文本與對其的理解和解釋構成不可分離的關係，甚至我們可以說理解與解釋本身就是文本的內在本質，離開了不斷的解釋和理解，文本不成其為文本，人類文化的繼續和發展也將中斷。前一個特徵可以說是文本的原典性、原創性，後一個特徵則是文本的開放性和發展性。唯有同時具有這兩個特徵，文本才是真正的文本。」洪漢鼎：〈文本，經典與詮釋——中西方經典詮釋比較〉，頁20。又指出：「作品的意義不是存在於作品的後面，而是存在於作品的前頭，作品是要在當代的新光亮中開啟它的存在。雖然作品的真理內容或事情本身確實是我們的興趣所在，但真理內容或事情本身只有通過它在其中向我們呈現的方面而獲得它的生命。對作品真理內容的理解不是在它昔日的黃昏中，而是在其來日的晨曦中。」洪漢鼎：〈文本，經典與詮釋——中西方經典詮釋比較〉，頁22。以及：「經典型或古典型的規範價值在於它是不斷檢驗的真理的源泉和生命的源泉。」洪漢鼎：〈文本，經典與詮釋——中西方經典詮釋比較〉，頁23。

〔註199〕 對此，張鼎國曾如此評論：「高達美提出此說，至少不應該被認為是一種自行放任，似乎不管或不論什麼樣的理解詮釋與後續論述都可以，也都是對的。因為他明確指出：一方面我們始終還有不可取代的文本自身在講話，同時也還有不斷繼起的詮釋者的發言權，他們不能被否定或壓制。詮釋理解之際，每一個人都不可避免會夾帶進種種前判斷（Vorurteile），但是前判斷終將受到繼起的判斷之修正或排除。於是所有詮釋的工作，就是在這樣必須不斷與起重新理解的努力，但又不能和原作精神背道而馳的要求下，一種回顧舊有文化遺產、而繼續向前探索可能的嘗試。」張鼎國：〈「較好地」還是「不同地」理解：從詮釋學論爭看經典註疏中的詮釋定位與取向問題〉，頁48。又如牟宗三談閱讀經典時的態度，謂此涉及主觀性和客觀性的關係問題，主張「依義不依語」，又反對「隨意妄說」，此亦可以見我們討論經典與經典詮釋時，詮釋界限的重要。牟宗三：《現象與物自身·序》（臺北：臺灣學生書局，2004年），頁9；牟宗三：《佛性與般若·序》（上冊）（臺北：臺灣學生書局，2004年），頁7。

　　另一方面，此種理解活動之進行，亦是包含我們（詮釋者）本身在其中的，即高達美所言：

　　　真正的理解活動在於：我們是這樣重新獲得一個歷史過去的概念，

　　　以致它同時包括我們自己的概念在內。〔註200〕

此處高達美很清楚地昭示了詮釋者與經典之間的互動與彼此間的參與，此亦為我們在看待經典與詮釋者關係時，一個很重要的概念——即我們必須先首肯經典與經典詮釋者之間乃是處在一個相互交融的互動狀態中。

　　若此，我們該如何看待本論文主題的王弼對《易經》的詮釋呢？正如本章第一節所論，本文擬站在經典在中國學術傳統中的優先性這點出發，重新回歸經典的脈絡，以此看待王弼這一個經典詮釋者與經典間所產生的互動——王弼作為一個經典詮釋者，他是如何進行經典詮釋？正如前述引劉笑敢之論，原典注疏與哲學體系的建構間有所張力，筆者亦指出詮釋者與哲學家間可能等同但又不必然等同，那麼，我們是否可先不論王弼是否為一具有完整哲學體系之哲學家，而將王弼放回經典詮釋的脈絡中，看他是如何與經典對話？在此對話中，王弼是如何承繼經典？〔註201〕又是否在經典的引領下，繼而創造了新的話語，甚或體系？

　　另一方面，本論文雖使用了西方詮釋學之視角，但值得我們一再警醒的是，西方詮釋學早期雖由聖經詮釋而來，但發展至後期之哲學詮釋學時，即便高達美將其著作取名為《真理與方法》，但實際上探討的問題並非在我們要如何進行理解的方法論問題，其並非如文字學、訓詁學般有既定的方法、模式。當然，當代詮釋學也有如貝蒂（Emilio Betti，1890～1968）、倫克（Hans Lenk，1935～）等以方法論為主要導向的詮釋學理論，但就其主流，仍為海

〔註200〕〔德〕高達美（Gadamer, Hans-Georg）著，洪漢鼎譯：《真理與方法》（第1卷），頁507。

〔註201〕洪漢鼎指出：「伽達默爾特別強調文本的被遞交性，他說文本雖然具有一種抽象的陌生性，但『卻以一種特有的方式表現出一切語言都屬於理解的先行性質』（P393）。因為『凡以語言傳承物的方式傳到我們手中的東西並不是殘留下來的，而是被遞交給我們的，也就是說，它是被訴說給我們的——不管它是以神話、傳說、風俗、習俗得以自下而上的直接重說的形式，還是以文字傳承物的形式，在文字傳承物中，其文字符號對一切懂得閱讀它們的讀者都是同樣直接確定的。』（P393）按照伽達默爾的看法，文本這種被遞交性、被訴說性使文本與解釋必然相聯繫。」洪漢鼎：〈文本，經典與詮釋——中西方經典詮釋比較〉，頁20。

德格、高達美的以存有論為主要導向的哲學詮釋學為主。〔註202〕就本論文而言，筆者亦是在哲學詮釋學的脈絡、視角下對本論文主題是《易經》、王弼《周易注》做進一步申說，欲藉此視角看出王弼對《易經》詮釋的內涵與特色。

哲學詮釋學討論的是人如何進行理解、理解與人的存有間如何交融互動，以及理解在哲學意義上的探究。也就是說，當代西方哲學詮釋學是一套哲學系統，而非方法論，故我們沒辦法將其直接視為方法論議題而簡而用於論文進行時的研究方法。對此，傅偉勳曾在海德格與高達美詮釋學的基礎上，新創一「創造的詮釋學」，提出詮釋的五大辯證層次：實謂、意謂、蘊謂、當謂、必謂（或稱「創謂」），試圖建立中國經典詮釋的一般方法論。〔註203〕其自言：

> 創造的詮釋學建構與形成實有賴乎現象學、辯證法、實存分析、日常語言分析、新派詮釋學理路等等，現代西方哲學之中較為重要的特殊方法論的一般化過濾，以及其與我國傳統以來的考據之學與義理之學，乃至大乘佛學涉及方法論的種種教理（如教相判釋、勝俗二諦、言詮方便之類）之間的「融會貫通」。創造的詮釋學特別吸收了海德格到高達美的新派詮釋學理論探討的成果，但已祛除原有的特定哲學觀點（譬如海德格的存在論見地，或高達美偏重傳統的繼承而缺乏批判的超克工夫的保守立場），並加以一般化的過濾之後，已與他們的特定詮釋學進路大異其趣。〔註204〕

當然，哲學系統亦有轉化為方法論的可能，然而細究傅偉勳「創造的詮釋學」理論，筆者以為當中實有一些值得再商榷的問題。在此理論中，傅偉勳自言深受海德格與高達美詮釋學的影響，然其卻是將海德格與高達美的詮釋學理論視為特殊方法論，謂：

> 我自己的哲學論著也多次試過這些特殊方法論的一般化，吸納進來

〔註202〕由海德格、高達美延續而下，又有哈伯瑪斯（Jürgen Habermas，1929～）的批判詮釋學，以及呂格爾（Paul Ricoeur，1913～2005）、阿佩爾（Karl-Otto Apel，1922～2017）、羅蒂（Richard Rorty）等的綜合詮釋學，以上皆可視為由海德格、高達美哲學詮釋學而後的當代詮釋學發展。洪漢鼎：《詮釋學史》，頁29。

〔註203〕傅偉勳：《學問的生命與生命的學問》（臺北：正中書局，1994年），頁225～226、228～245；傅偉勳：〈創造的詮釋學及其應用──中國哲學方法論建構試論之一〉，《從創造的詮釋學到大乘佛學》，頁7～46。

〔註204〕傅偉勳：《學問的生命與生命的學問》，頁226～227。

　　之後變成自己的哲學方法論建構嘗試所需要的理論資料。〔註205〕
傅偉勳在定義海德格與高達美的詮釋學理論為特殊方法論的前提下，試圖
將其由特殊方法論轉化為一般方法論，然而，海德格之本體論詮釋學與高
達美之實踐哲學的詮釋學乃為哲學系統而非如傅偉勳所言為方法論，故傅
偉勳此套理論的基點實有待商榷。另一方面，細究傅偉勳在其「創造的詮釋
學」中所提出的五大辯證層次，雖然其細緻地分殊了詮釋者對文本進行詮釋
時的進程，但基本上並不脫傳統的規範的詮釋學中「原樣理解」、施萊爾馬赫
（Friedrich Schleiermacher，1768～1834）「更好的理解」（Besserverstehen）與
當代詮釋學中高達美之所謂「不同的理解」（Andersverstehen）的範疇。〔註
206〕然而，就算先不論傅偉勳對海德格與高達美詮釋學的基本定義是否有
問題，或其論是否真的跳脫西方詮釋學而有進一步新意，筆者以為，是否能
單從海德格與高達美的詮釋學理論就脫胎轉化詮釋學哲學成一方法論，其
實也有相當值得探討的空間。筆者以為，傅偉勳的確為中國經典詮釋的理論
基礎做了一番嘗試，亦可作為後之學者研究相關問題時的借鏡，只是當中亦
還有許多值得論者商榷、探討之處。關於此問題，由於涉及的理論系統與論
述相當龐大，筆者將於其後撰專文討論，此先暫置勿論。〔註207〕但從另一方
面來說，即便我們無法將哲學詮釋學直接視作一方法論，以此進行論文操作，
但哲學詮釋學對於「理解」的討論、詮釋者與經典文本的動態互動等探究，
亦不啻為我們開了另一道看待中國經典詮釋的視角。正如張鼎國曾言：

　　如果回到經典註疏工作的問題來看，哲學詮釋學至少在兩個方面可
　　以提供若干啟發。首先所有詮釋理解之活動，自我定位上都不是從
　　零點出發，而必然包含著對既有傳統經典的尊重與傳承，以及期望
　　令其持續發揮實效及影響力的努力。權威除了經典本身的權威外，
　　還有一個歷代註疏者隨著時代的要求而建立的權威，而後者的成敗
　　標準則要從註疏者是否能發揮經典要義，促使舊的經典展現出新時
　　代、新處境的適用性與影響效應而論。尤其在這裡又有所謂「學統」

〔註205〕傅偉勳：〈創造的詮釋學及其應用——中國哲學方法論建構試論之一〉，頁8。
〔註206〕洪漢鼎：《詮釋學史》，頁ii。
〔註207〕關於傅偉勳的說法，劉述先亦有相關簡述，可詳參：〈「中國經典詮釋學的特
　　　　質」學術座談會紀錄〉，收入黃俊傑編：《中國經典詮釋傳統（一）通論篇》，
　　　　頁434～437。另可參龐秀成：〈思想文本的創造性翻譯：基於「五謂」的詮
　　　　釋學進路〉，《譒》創刊號（2020年10月），頁39～53。

「道統」與「正統」之說，更加可見傳統歸屬的重要與承傳的迫切性。其次哲學詮釋主要詮釋理解不是向著過去的，而是針對當下並指向未來的開放發展。這種連結過去、現在與未來的取向不見得保證成功，但是理解詮釋活動本身就只是一項預期的、對於某種「完滿性的前把握」（Vorgriff der Vollkommenheit）而已。易言之，這既然只是一種「在前」的把握，因而不能排除再加審議修訂的未來可能性向度，亦即一種保持著詮釋對話的開放之態度。唯有透過詮釋者與經典書冊的對話，經典世界才能為我們活用，一方面理解過去已有的思考與實踐的成果，另方面讓新的詮釋發明永遠有持續發生的可能。〔註208〕

張鼎國於此標示出經典傳統對後世詮釋者的引領地位，詮釋不會從零開始，當中有經典傳統對詮釋者的作用。另一方面，當詮釋者向著過去的同時，他也是一邊指向著未來的，即便詮釋者對經典的詮釋不必然會成功，但詮釋代表著一種開創性——在過去的基點上對著當前時代有所邁進。那麼，正如前文所一再前調，若中國哲學之建立無法離開歷來注釋者對經典的詮釋，我們是否可以藉由西方詮釋學視角出發，以此「閱讀」中國經典，開出中國經典詮釋的另番風貌？

筆者以為，除了自海德格、高達美而來的哲學詮釋學理論，可供我們在進行中國經典詮釋時的新視角，由海德格、高達美而下的法國哲學家呂格爾（Paul Ricoeur，1913～2005）之詮釋學理論，亦相當值得我們重視。呂格爾在當代哲學詮釋學〔註209〕的基點上，試圖通過其所謂的「現象的詮

〔註208〕張鼎國：〈「較好地」還是「不同地」理解：從詮釋學論爭看經典註疏中的詮釋定位與取向問題〉，頁49～50。

〔註209〕筆者此處所謂的「當代哲學詮釋學」乃是由洪漢鼎的分類而來。洪漢鼎曾對詮釋學的發展做了兩種不同取向的分類，第一，洪漢鼎從發展上進行分類，將詮釋學分為1.方法論取向，代表人物為施萊爾馬赫、狄爾泰、貝蒂（Emilio Betti，1890～1968）、倫克（Hans Lenk，1935～）；2.存有論取向，代表人物為海德格、高達美、哈伯瑪斯（Jürgen Habermas，1929～）、呂格爾（Paul Ricoeur，1913～2005）、阿佩爾（Karl-Otto Apel，1922～2017）。高達美亦曾以「古典詮釋學」與「哲學詮釋學」二稱來概括20世紀60年代前的詮釋學發展。第二，洪漢鼎再從時間上來為詮釋學進行分類，分成1.古代詮釋學：文藝復興、宗教改革前的詮釋學；2.近代詮釋學：指古代詮釋學之後，直到19世紀施萊爾馬赫和歷史學派的詮釋學；3.當代詮釋學：從狄爾泰開始，至今發展中的詮釋學。洪漢鼎：《詮釋學史》，頁29。其中，洪漢鼎指出，當代

釋學」〔註210〕，沿海德格、高達美的哲學詮釋學而下，使哲學詮釋學從存有論層次來到了方法論層次——在此我們必須留意的是，呂格爾所採的詮釋學方法論層次基本上是由海德格、高達美的哲學詮釋學而來，其終將回歸於海德格所謂之本體論詮釋學，這與筆者前述之貝蒂、倫克由施萊爾馬赫、狄爾泰（Wilhelm Dilthey，1833～1911）而下，以方法論為主要導向，視詮釋學進行詮釋時的方法、工具之詮釋學理論脈絡並不相同。〔註211〕

　　呂格爾的嘗試與貢獻是不可忽視的，他更清晰地探究了在哲學詮釋學觀點之下，詮釋學由存有論層次到方法論層次的具體操作，探究文本與詮釋者之間的具體互動，以及意義產生的可能方式。相較於海德格直接將自身帶到有限存有的本體論層次，形成其對「此在」（Dasein）進行分析的本體論詮釋

詮釋學固然亦有如貝蒂、倫克等以方法論為主要取向的詮釋學理論，「但其主要趨向是海德格和伽達默爾的以存有論為主要取向的哲學詮釋學，同時也包括哈伯瑪斯的批判詮釋學和呂格爾、阿佩爾和羅蒂等人的綜合詮釋學，而作為哲學詮釋學的後期發展的實踐哲學更應該作為當代詮釋學今天一個新的發展趨向。」洪漢鼎：《詮釋學史》，頁29。

〔註210〕洪漢鼎指出：「按照呂格爾的看法，詮釋學與現象學之間存在著緊密的聯繫，儘管海德格和伽達默爾曾對現象學進行了批判，但那只是對現象學的一種極端解釋形式的批判，如果擺脫胡塞爾的唯心主義現象學解釋，那麼我們可以看到現象學與詮釋學之間具有與生俱來的本質聯繫，首先它們都是探討意義問題，而且認為意義的來源先於語言；其次，現象學的方法本身就是詮釋學的方法，呂格爾試圖通過『現象學的詮釋學』這一名稱，使詮釋學又從存有論層次返回到方法論層次。另外，鑒於當代西方哲學中各種流派的爭論，在他的這種綜合詮釋學中，我們也看到了這些流派如現象學、結構主義、意識型態批判與詮釋學進行綜合溝通的可能性。」洪漢鼎：《詮釋學史》，頁280～281。

〔註211〕洪漢鼎：《詮釋學史》，頁281。詳細分派可詳見前註208。對於這二大分派的差異，亦可見於洪漢鼎之言：「關於詮釋學的歷史，我們已有了兩種不同甚而對立的描述，即狄爾泰的描述和伽達默爾的描述。按照狄爾泰的看法，現代詮釋學的標誌就是詮釋學從獨斷論中解放出來，因而詮釋學的發展史就是從獨斷論解釋到非獨斷論解釋的轉變過程，他認為施萊爾馬赫的普遍詮釋學就就是這一轉變過程的轉折點，反之，按照伽達默爾的觀點，詮釋學的根本轉變並不是像狄爾泰所說的從獨斷論到非獨斷論的發展，而是從解釋的方法論到解釋的存有論的轉向，施萊爾馬赫的普遍詮釋學非但不是現代詮釋學的根本標誌，而且還是使詮釋學本有的獨斷論的真理內容和應用功能消失於僅只是認識和方法的技巧之後。因此伽達默爾認為，詮釋學的根本轉變不是由施萊爾馬赫開創的，而應當是以後海德格開創的，因為唯有通過海德格對此在的生存論分析，詮釋學才完成從方法論認識論到存有論的根本轉向。」洪漢鼎：《詮釋學史》，頁281～282。

學。呂格爾則是由語義學出發，以一條蜿蜒的道路逐步邁向所謂存有的意義問題。〔註212〕當然，高達美哲學詮釋學中即已主張詮釋學與修辭學同一源的說法，將修辭學自「工具性」、「輔助學科」的面向中跳脫出來，提升至哲學的高度，與理解活動的實踐相結合。〔註213〕但呂格爾由語義學出發的詮釋主張，則又比高達美更清晰地勾勒出如何由語義學層次逐次邁入存有意義的開顯進程。值得注意的是，相較於高達美將修辭學從工具性學科中跳脫的做法，呂格爾則肯定語義學相關討論時相關學科的工具性意義。以下便就呂格爾的詮釋學進路做一討論。

對於呂格爾所採取的語義學路徑，可由其討論「象徵導致思想」（Le symbole à penser）一語時的論述中窺其究竟。因為對於呂格爾而言，「象徵」是「任何表意（signification）結構，其中直接的最初的文字的意義附加地指稱另一種間接的引申的比喻的意義，這後一種意義只有通過前一種意義才能被理解。」〔註214〕洪漢鼎解釋呂格爾所謂的「象徵」為：「通常，語詞和語句都有雙重的意義或多種的意義，呂格爾把這種多義的表達式稱之為象徵。」〔註215〕故呂格爾在使用「象徵」一詞時，本身就具有濃厚的語義學意義。那麼，「象徵」要如何導致「思想」呢？呂格爾先將「象徵導致思想」此語進一步分析為兩部分：

1. 由象徵所導致。
2. 象徵所導致的東西又是思想所必須要去思想的東西。〔註216〕

〔註212〕 詳參洪漢鼎：《詮釋學史》，頁284～285。又如洪漢鼎指出：「在呂格爾看來，在海氏那裡，我們不是一點一點地從解釋認識論進入解釋存有論，不是通過注釋學、歷史研究或精神分析的方法論要求逐漸地接近這種理解存有論，而是通過問題的突然倒轉而被帶到那裡，我們不是探問一個能動的主體在什麼條件下能理解文本或歷史，而是探問究竟什麼類型的存在才是其存在是由理解所構成，因而詮釋學問題從此在如何理解變成了對此在進行直接分析的問題。不過，按照呂格爾的看法，海氏的這種捷徑儘管引起重大意義的思想革命，但也可能成為『短路』，從而中斷了從解釋到存在的通路。正是在這裡，呂格爾認為他要走一條不同於海氏的捷徑的長路，即用開始於語言分析的長路取代此在分析的捷徑，這就是他為把詮釋學嫁接於現象學之上的路徑。」洪漢鼎：《詮釋學史》，頁284～285。

〔註213〕 張鼎國：〈經典詮釋與修辭學傳統〉，頁178。詳見前註20。

〔註214〕 〔法〕呂格爾（Paul Ricoeur）著，洪漢鼎譯：〈存在與詮釋學〉，收入《詮釋學經典文選（上）》（新北市：桂冠圖書股份有限公司，2005年），頁269。

〔註215〕 洪漢鼎：《詮釋學史》，頁285。

〔註216〕 〔法〕呂格爾（Paul Ricoeur）著，公車譯：《惡的象徵》（上海：上海人民出

也就是說，對於「象徵導致思想」一語，我們必須注意以下兩部分：

　　第一，思想是由象徵所導致的。

但是，象徵與思想間並非如此直接的連結，象徵最終會導致思想沒錯，象徵為思想的起點，〔註217〕但是「象徵」與「思想」間之所以會產生互動，則必須依靠「語言」作為媒介。正如呂格爾所言：

> 對象徵的思索要從業已發生的語言出發，而且這種語言已經按某
> 種方式去表達一切；它要以預先假定的東西去思索。為此，首要的
> 任務不是去開始，而是通過言語去記住；記住作為起始的一種觀
> 點。〔註218〕

那麼，象徵藉由語言為媒介，所導致出的「東西」（思想）實質而言又是什麼呢？呂格爾進一步析論，指出：

> 出現在某一反思階段受神話薰陶的哲學，以及，除了哲學反思外，
> 它希望對某種現代文化處境作出反應。〔註219〕

也就是說，就「象徵導致思想」的第二部分而言，呂格爾認為象徵會導致出的「東西」（思想）為——哲學反思，以及對某現代文化處境的反應。不過，這只是象徵導致思想的表層意涵，我們還必須對象徵所導致出的這個「東西」（哲學反思、文化處境反應）不斷地進行一層又一層的反思。

　　那麼，問題推導到——反思是如何進行的呢？呂格爾指出：

> 解釋是思想的工作，它在於於明顯的意義裡解讀隱蔽的意義，在於
> 展開暗含在文字意義中的意義層次。〔註220〕

也就是說，我們一方面藉由語言，在語義學的幫助下，由象徵開顯出哲學的反思、對文化處境的反應。另一方面，我們同樣藉由語義學的幫助，持續解讀（即呂格爾在上述引文中所說的「解釋」）上述文本〔註221〕，從語義學出發，藉由對語言的分析、反思的不斷進行，撥除障蔽來透顯出文本更深層的意義內涵。故呂格爾說：

　　　　　版社，2014年），頁307。

〔註217〕〔法〕呂格爾（Paul Ricoeur）著，公車譯：《惡的象徵》，頁308。

〔註218〕〔法〕呂格爾（Paul Ricoeur）著，公車譯：《惡的象徵》，頁307。

〔註219〕〔法〕呂格爾（Paul Ricoeur）著，公車譯：《惡的象徵》，頁307。

〔註220〕〔法〕呂格爾（Paul Ricoeur）著，洪漢鼎譯：〈存在與詮釋學〉，頁269。

〔註221〕此處「文本」一詞當然是沿高達美概念而來的用法，包含一切可詮釋之物，
　　　　　不光僅指文字作品。

> 象徵和解釋變成了相關的概念；凡有多種意義的地方，就存在有解
> 釋，正是在解釋裡，意義的多樣性才明顯地表現出來。〔註222〕

由於「象徵」代表著多義的表達式，故當中必須仰賴「解釋」的進行，使意義
的多樣性得以獲得展現。當然，此語是充滿著詮釋學循環的，呂格爾以「糾
纏」描述之，解釋道：「我們剛才稱做糾纏的東西——其糾纏在於，象徵是給
出的，而批判則是解釋的——出現在作為循環論證的釋義學中。這種循環論
證可以逕自被說成是：『為了相信它，應當理解它，而為了理解它，應當相信
它』。這循環論證不是謬誤的循環論證，更不是惡性的循環論證，它是活潑生
動並起推動作用的循環論證。為了理解它，應當相信它；實際上，解釋從未
接近文本所要說的東西，除非他探問意義的氣味還留在他的記憶中。」〔註223〕
「象徵」在意義上的開顯仰賴於「解釋」、「解釋」證明了「象徵」所具有的意
義，而「語言」在其中發生了很大的作用。如前所述，呂格爾的詮釋學起點由
語義學出發，故呂格爾相當重視「語言」在詮釋中的運作，對此，呂格爾特別
強調「充實語言」〔註224〕的重要，至於如何充實語言，呂格爾指出：

> 那也是我們「現代性」的一種饋贈，因為我們現代人是語言學的繼
> 承人，注釋疏證的繼承人，宗教現象學的繼承人，語言精神分析的
> 繼承人。同一時代有保留地既帶有因語言不斷回憶起最豐富、最有
> 想像力的意義——這些富有想像力的意義多半由於祭神的存在而
> 跟人密切相關——而重新得以充實的可能性。〔註225〕

也就是說，藉助於語言學、注釋學、宗教現象學、精神分析等現代學科之力，
可以使詮釋者在語義學層次對文本進行語言分析時，開顯出更豐富的內涵。
對此，洪漢鼎指出：

> 按照呂格爾的看法，詮釋學既然是一門關於理解和解釋的理論，它
> 就不可避免地要與注釋學、歷史研究和精神分析相聯繫，如果拋棄
> 這些明顯帶有方法論性質的學科，詮釋學也就不成其為詮釋的科
> 學。〔註226〕

〔註222〕〔法〕呂格爾（Paul Ricoeur）著，洪漢鼎譯：〈存在與詮釋學〉，頁269。
〔註223〕〔法〕呂格爾（Paul Ricoeur）著，公車譯：《惡的象徵》，頁309～310。
〔註224〕呂格爾指出：「我們需要再次從充實語言著手。」〔法〕呂格爾（Paul Ricoeur）
　　　　著，公車譯：《惡的象徵》，頁307。
〔註225〕〔法〕呂格爾（Paul Ricoeur）著，公車譯：《惡的象徵》，頁308。
〔註226〕洪漢鼎：《詮釋學史》，頁285。

此正如呂格爾所自言：

> 語義學觀點使詮釋者與實際實踐的諸方法學保持聯繫，並因而不致
> 於有把它的真理概念與方法概念相分開危險。……今天我們能夠掌
> 握符號邏輯、詮釋科學、人類學以及精神分析；而且很可能是史無
> 前例的，我們開始能作為單一問題實踐對人類交談的重建。〔註227〕

呂格爾強調進行詮釋時與現代方法論學科間的必要關聯，正因我們可借資於
這些現代方法論學科的幫助，故更能在語義學層次上更加豐富文本中語言的
意義，達到「充實語言」的詮釋目的。故其言：

> ……研究帶有雙重或多種意義表達式的語義學結構，是詮釋學哲學
> 必須經由的狹窄路口，假如詮釋學哲學不想使自己離開那些以它們
> 的方法轉向解釋的學科如詮釋學、歷史和精神分析的話。〔註228〕

換句話說，詮釋學哲學因為與詮釋科學、歷史、精神分析等現代學科的結合，
使其具有雙重或多重意義的表達式，在這表達式中，意義是多樣性的，正如
前述呂格爾定義「象徵」時那樣，象徵的意義透過語言分析，展現出其意義
的多樣性。

　　可是，語義學層次的意義開顯不會是詮釋的最終歸宿，呂格爾自言：「一
種具有多種意義表現的語義學並不足以使詮釋學成為哲學。」〔註229〕亦如筆
者前頭對呂格爾「象徵導致思想」此語所進行的討論，語言分析是「象徵」與
「思想」的媒介，最終的趨歸則在於「思想」。故呂格爾的詮釋學進路由語義
學層次出發，接著來到了反思層次，其指出：

> 我們再次與海德格會合：推動超越語言層次的運動的是對存在論的
> 慾望；它是這種存在論對一直作為語言囚犯的分析所做的要
> 求。……從存在方向看，它們兩者之間中介的步伐乃是反思，也就
> 是說，它是介於符號理解和自我理解之間的橋樑。正是在自我中我
> 們才有機會發現存在。〔註230〕

也就是說，即便語義學層次是詮釋時的必要途徑，經由對語言的分析，詮釋者
豐富了文本在語言層次上的意蘊，但這不會是詮釋的終點，由於存有對詮釋者

〔註227〕 〔法〕呂格爾（Paul Ricoeur）著，洪漢鼎譯：〈存在與詮釋學〉，頁271～272。
〔註228〕 〔法〕呂格爾（Paul Ricoeur）著，洪漢鼎譯：〈存在與詮釋學〉，頁272。
〔註229〕 〔法〕呂格爾（Paul Ricoeur）著，洪漢鼎譯：〈存在與詮釋學〉，頁272。
〔註230〕 〔法〕呂格爾（Paul Ricoeur）著，洪漢鼎譯：〈存在與詮釋學〉，頁272。

的召喚,使得詮釋者得以跨越語義學層次,朝存在層次邁進。然而語義學層次與存在層次間亦非可驟然可至,當中必須藉由詮釋者的層層反思,才有可能抵達存在層次。詮釋者在反思層次中,藉由解釋活動的不斷進行,進而跨出了語義學層次,解讀文字表象後更深層的意義。〔註231〕在筆者此處所引的這段呂格爾引文中,呂格爾將語義學層次的分析稱為「符號理解」,存在層次的探問稱之為「自我理解」,詮釋者面對文本,在對文本進行符號解讀後,進入透過解釋活動而來的反思層次,也是在此反思層次中,詮釋者進而對自我生命產生扣問,才有可能產生存在層次的意義開顯,故呂格爾說「正是在自我中我們才有機會發現存在」。呂格爾最終這個脈絡當然是相當海德格的,只是不同於海德格直探此在的存有論詮釋學,呂格爾藉由自語義學層次的出發,由語義學層次走向反思層次,藉由當中象徵的進行、語言的分析、解釋活動的進行等等,建構出詮釋者與文本的對談。呂格爾選擇走了一條如此蜿蜒的長路,最終才回返於海德格存有論詮釋學的探問——存在層次的開顯。〔註232〕高達美曾指出:「所有這樣的理解最終都是一個自我理解(Sichverstehen)」〔註233〕依此而下,呂格爾面對自己的詮釋學理論,同樣拉出「自我理解」在詮釋中的關鍵地位,其言:

> 在提出把象徵語言與自我理解連接起來時,我認為我實現了詮釋學的深層願望。一切解釋的目的就是征服文本所屬的過去文化時代和解釋者自身之間的距離和疏遠。由於克服了這種距離,由於使自身與文本成為同時代的,詮釋學家從而能把它的意義據為己有:他使陌生成為熟悉,也就是說他使它成為他自己的。正是由於他實現了對他人的理解,從而他得到了他所追求的他的自我理解的發展。因此每一詮釋學,明顯或不明顯的,都是經由理他人而來的自我理解。〔註234〕

〔註231〕 即前引之「解釋是思想的工作,它在於於明顯的意義裡解讀隱蔽的意義,在於展開暗含在文字意義中的意義層次。」〔法〕呂格爾(Paul Ricoeur)著,洪漢鼎譯:〈存在與詮釋學〉,頁269。

〔註232〕 洪漢鼎歸結呂格爾的「現象學的詮釋學」的方向為:「……正是這一點使呂格爾確定自己要走一條通過語義學迂迴之路達到存在問題的長路,按照他的解釋,這條長路必須經歷語義學層次、反思層次最後到達存在層次。」洪漢鼎:《詮釋學史》,頁285。關於呂格爾對此三層次的論述,請詳參〔法〕呂格爾(Paul Ricoeur)著,洪漢鼎譯:〈存在與詮釋學〉,頁259~280。

〔註233〕 〔德〕高達美(Gadamer, Hans-Georg)著,洪漢鼎譯:《真理與方法》(第1卷),頁380。

〔註234〕 〔法〕呂格爾(Paul Ricoeur)著,洪漢鼎譯:〈存在與詮釋學〉,頁273。

哲學詮釋學強調出文本與詮釋者之間無法跨越的時間間距，然而這不代表詮釋工作會因此而無法進行，詮釋者透過與文本的對話，藉由解釋活動的進行，依舊能克服文本與詮釋者間必然的時間間距，呂格爾說：「詮釋學家從而能把它的意義據為己有」，這時傳統詮釋學中所謂的原樣理解、更好的理解已不再重要，詮釋者在此將文本放入自己生命中，讓文本與自身存有進行交融與對話，呂格爾說的「據為己有」，代表的是詮釋者面對文本後，經由一連串語義學層次、反思層次的詮釋工作的進行，最終所達到的存在層次的意義開顯。此時文本不再是與詮釋者生命無涉的純然客體，而是代表著過去（文本）與現在（詮釋者）生命的交融，也是在此時，詮釋者對文本有了屬於自己的「不同的理解」，而這不同的理解是經由理解文本而來的對詮釋者自身生命的自我理解。

　　基於以上討論，我們將焦點回到中國經典詮釋上頭，正如前文一再強調的，中國哲學的建立無法離開歷來注釋者對於經典的詮釋，那麼我們是否可以藉由西方哲學詮釋學視角所帶來的文本閱讀觀點，加上呂格爾「現象的詮釋學」中由哲學詮釋學而來的一連串方法論探究，進而開出中國經典詮釋的另番風貌？

　　就哲學詮釋學的觀點而言，其相當重視詮釋者閱讀文本時對文本的傾聽，一切的詮釋來自於文本最初的「說話」。對比於中國的經典詮釋傳統，「經典」本身就在中國經典詮釋傳統中具有絕對的主導地位。筆者以為，當我們的研究堅守於哲學詮釋學對文本的立場，一方面能確保「經典」在中國傳統上的絕對主導地位，使經典與詮釋者間的主從角色有了確切的定義。另一方面，也可藉由哲學詮釋學的視角、呂格爾對詮釋學的方法論探究，逐次廓清詮釋者在面對經典時，由語言出發，繼而逐步開顯出的意義進程。此外，亦由於中國經典詮釋者對經典進行詮釋的方式主要是藉由對經典的注疏而來，由注疏工作出發，繼而開顯出經典意義，故在本論文中，由語義學層次出發的呂格爾詮釋學理論將會扮演著相當重要的核心地位。但筆者必須強調，哲學詮釋學觀點的使用，並非將西方理論如套小鞋般直接套入中國經典，而是藉由西方哲學詮釋學所帶來的視角，啟發、開創另一種看待中國經典的可能。正如西方哲學詮釋學所強調的面向過去、開創未來，以及對詮釋者在面對文本進行反思時解釋活動的不停歇、反思的不間斷，以及最終使文本與詮釋者自身存有所產生的對話等等，意義在詮釋的過程中是不斷生發的，若我們說中

國哲學是生命的學問，〔註235〕那麼，藉由西方哲學詮釋學視角的啟發，是否能對此生命的學問、存有的意義開顯有更豐富的燦發？

另一方面，亦由於「經典」在中國傳統上的絕對主導地位，故在進行相關研究時，更不可離開經典來進行後續的詮釋或研究。故本論文在進行時，除了上述哲學詮釋學的引入外，筆者亦欲針對論題採取「文獻的途徑」，〔註236〕也就是以本論文主題的王弼《周易注》本身的文獻為軸，配合王弼在《周易略例》中王弼對注《易》方法的相關討論，在扣緊文獻的前提上，進行進一步的論題探究，以確保論題開展能有所憑據。

在本論文的撰寫上，筆者欲藉由上述哲學詮釋學視角、文獻的途徑的引領，對王弼《周易注》中進行系統性地分析，希冀能對王弼《易》學思想進行概念化與整體性的探究，並試圖挖掘此探究對當代學術發展之意義。

〔註235〕牟宗三：〈中國哲學之特殊性問題〉，頁15。

〔註236〕牟宗三：〈研究中國哲學之文獻途徑〉，《牟宗三先生晚期文集》，收入《牟宗三全集》（第27冊）（臺北：聯經出版社，2003年），頁329～349。

第二章　對湯牟戴三位先生王弼詮釋之反省——以「援老入易」為討論核心

　　如第一章所述，湯用彤先生與牟宗三先生為王弼研究確立出至今研究者們仍難以跨越的典範，後之研究者們多半依循著湯牟二先生之研究成果，向前邁進，或繼而修改。無論後之研究者們是否贊同湯牟二先生對王弼之詮釋，湯牟二先生的王弼研究對於後世的典範意義均毋庸置疑。

　　其中，湯牟二先生沿用傳統說法，謂王弼藉由「援老入易」之法來注解《易經》，此說雖非湯牟二先生所創，而為歷來學者對王弼思想的基本判斷，但湯牟二先生對此亦未有所挑戰。另一方面，在湯牟二先生試圖建立王弼哲學體系的同時，「援老入易」也因此與王弼思想更加綿密相連，成為湯牟二先生定義王弼之所以成為哲學家的一個關鍵概念。

　　然而，即便歷來學者都謂王弼「援老入易」，但《周易注》中除了道家語彙外，其實論者亦無法忽略當中儒家因子的存在。故當論者認同王弼的《周易注》與《老子注》以道家思想為軸，成就起一套完整的思想時，當中卻出現了一個問題，即——關於王弼之注《易》，究竟是將儒、道說法雜揉摻合、隨意取用？抑或是王弼有意地以儒家或道家概念來注解《易經》？如第一章所述，如果王弼只是隨意雜揉摻合，我們便無法說王弼之學成一體系，可是若王弼乃是有意以儒家或道家概念來注解《易經》，使儒家或道家的概念成為王弼注《易》時的核心問題意識，那麼，王弼之學的體系便顯然成立。

　　最根本的問題就在於，當我們說王弼「援老入易」時，其根本的文獻證據為何？若湯牟二先生將「援老入易」當作王弼之所以成為一個哲學家的核

心概念，那麼王弼究竟有無「援老入易」、如何「援老入易」便值得我們進一步釐清，因為這涉及到我們今天建構王弼哲學時的軸心。

在本章中，筆者擬先針對湯牟二先生的王弼詮釋進行討論與反思，前輩先生們的研究為我們今日研究的基石，湯牟二先生對王弼研究的貢獻亦無從撼動，只是，當中是否有我們可商榷之處？另一方面，戴璉璋先生身為牟宗三先生的弟子，一方面承繼著牟宗三先生對於魏晉玄學的哲學理論，另一方面則又更自覺地將「援老入易」視為王弼哲學的主軸，建構出一套深具系統性的王弼哲學體系。故筆者在本章第三節中，特加入對戴先生王弼《易》學詮釋的討論，希冀對王弼是否「援老入易」的這個論題，有更進一步的探究。〔註1〕因此，在本章中，筆者將先後針對湯、牟、戴先生的王弼論述進行反省，思索當中可能產生的問題，而筆者以為，其關鍵點恐怕會在於「援老入易」概念之使用。

第一節　湯用彤先生王弼論述之反省——以「援老入易」為討論核心

在第一章第二節中，筆者已就湯用彤先生之王弼論述進行了大致的概述，指出湯先生的王弼研究至少具備兩個典範性意義，一是湯先生為首位將魏晉玄學視為一知識性課題，進而將其系統化的討論者，湯先生亦是藉此系統化的討論，奠定了玄學的基本架構。二是湯先生在歷史的層面拉出了王弼的學術淵源，藉由荊州學派、漢代道家的討論，指出王弼基於家學而深受荊州學派之漢代新道家的影響，故將道家思想納入其對《易經》的詮釋，一開魏晉新學的學術新風貌。

湯用彤先生為王弼思想擘畫出一個系統性的架構，此起點很明顯地是依著荊州學派之漢代新道家而來，湯先生藉由荊州學派的考證，一則彰顯漢代新道家的影響力，另一方面也藉此點出王弼的學術淵源，謂王弼便是在此荊州新學的家學淵源影響下，受漢代新道家的影響，繼而開展出魏晉新學。

我們或可以如此說，「荊州學派」、「漢代新道家」是湯用彤先生對王弼思

〔註1〕筆者必須說明的是，在第一章第二節中，筆者之所以未將戴璉璋先生如同湯、牟二先生般獨立進行概述，乃因戴先生為牟先生弟子，其王弼論述的主軸基本上是承繼牟先生而來之故。但在本章中，因戴先生對王弼《易》學之論述有其細緻的一套系統，故特另立一節進行討論，以望對「援老入易」之說作更細緻的探究。

想進行系統化論述時，在歷史層面上至關重要的說法，背後所暗藏的則是由
傳統而來的對王弼「援老入易」的認肯，筆者以下便針對湯先生此二論點做
進一步的討論。

一、王弼與荊州學派之關聯

對於王弼與荊州學派之關聯，湯先生的推論是由漢末思想蛻變的機緣起
論，其指出：

> 漢末玄風漸起，其思想蛻變之跡，一為名學，一為《易》學。名學
> 偏於人事，為東漢清議演為清談之關鍵，……。《易》學關於天道，
> 輔之以太玄，在漢末最為流行。馬、鄭而外，荊州宋衷，江東虞翻，
> 北方荀爽，各不相同。今日欲知漢代宇宙學說如何演為魏晉玄學之
> 本體論者，須先明漢魏間《易》學之變遷。漢代舊易偏於象數，率
> 以陰陽為家。魏晉新易漸趨純理，遂常以老莊解《易》。新舊《易》
> 學，思不相參，遂常有爭論。〔註2〕

在湯先生此處的論述中，我們要注意到的是湯先生描繪出了一個漢末到魏初
新舊《易》學相互爭論的學術圖像──漢代象數易與魏晉道家易間的論述角
力。湯先生認為，在這場漢魏之間《易》學詮釋的角力中，新《易》之所以產
生，主要是由於道家思想的介入，這當中與劉表、宋衷等所引領之荊州學派
有所關聯。此處筆者欲先就荊州學派的部分進行討論，道家思想的部分，則
留待下一小節進行論述。

關於荊州學派與王弼《周易注》的關聯，湯先生指出：

> 漢代儒生多宗陰陽，魏晉經學乃雜玄談。於孔門之性與天道，或釋
> 以陰陽，或合以玄理，同是駁雜不純，未見其間有可軒輊也。夫性
> 與天道為形上之學，儒經特明之者，自為《周易》。王弼之《易注》
> 出，而儒家之形上學之新義乃成。新義之生，源於漢代經學之早生
> 歧異。遠有今古學之爭，而近則有荊州章句之「後定」。王弼之學與
> 荊州蓋有密切之關係。〔註3〕

湯先生此處直接點出王弼《周易注》於當時的劃時代意義，即一個有別於漢

〔註 2〕湯用彤：〈王弼大衍義略釋〉，《魏晉玄學論稿》，收入《魏晉玄學──乙編三
　　　種》，頁63～64。
〔註 3〕湯用彤：〈王弼之周易論語新義〉，頁88。

代象數易的新《易》學於此宣告完成。此外，湯先生亦藉由此段論述，點出荊州新學對魏晉初期學術之影響。就湯先生的看法，魏晉新學之所以能夠出現，並非王弼一時的天才獨發，而是受漢代經學發展之影響──今古文之爭加上荊州劉表等的章句後定，[註4]皆造就了王弼新《易》學的產生，其中荊州學派對王弼的影響尤大。湯先生指出：

> ……而《周易》新義之興起，亦得力於輕視章句，反求諸傳。荊州「後定」蓋已開輕視章句之路，而王弼新易之一特點，則在以傳解經。蓋皆自由精神之表現也。世傳王弼用費氏「易」。《漢書‧儒林傳》，費直治《易》，亡章句（張惠言云後世所傳費氏《易注》偽托不足信）徒以彖象繫辭十篇文言解說上下經。是以費氏「易」與古文同，而其學本以傳解經，亦與今文家重訓詁章句者大異其趣。王弼用費氏「易」云者非但因其所用《易》文同於古文，而實亦因其沿襲其以經解之成規也。[註5]

即湯先生認為，王弼《易經》新義之所以產生，主要便是因於王弼之學與荊州學派的密切關聯，在荊州學派輕視章句的影響下，王弼得以承襲漢代費氏《易》以傳解經的模式，來對《易經》進行詮釋。

那麼，王弼之學何以與荊州學派有密切關聯，湯先生則是以家學一說進行勾連，其指出：

> 王弼未必曾居荊州。然其家世與荊州頗有關係。[註6]

然此關於湯先生對王弼與荊州學派間淵源的描述，其實是有些曲折的，其在〈王弼之周易論語新義〉中引蒙文通《經學抉原》之論述，指出：

> 山陽劉表受學於同郡王暢。漢末暢孫粲與族兄凱避地荊州依劉表。表以女妻凱。粲之二子與宋衷均死於魏諷之難（魏諷之難，實因清談家反曹氏而起）。魏文帝因粲子二人被誅，以凱之子業嗣粲。而王弼乃業之子，宏之弟，亦即粲之孫也（《魏志‧鍾會傳注》）。[註7]

〔註4〕關於荊州學風與章句後定，曾春海指出：「荊州太守劉表在天下鼎沸的亂局中，不但能為荊州帶來安定的局面，且大力推動文教，於是天下文士多依附歸往，各方學者聚集交流，形成一經學的反省改革力量。他們所努力者，雖然仍為改定經典章句，但是治學態度已轉向側重思想的探索，……。」曾春海：《兩漢魏晉哲學史》（臺北：五南圖書出版股份有限公司，2008年），頁147。

〔註5〕湯用彤：〈王弼之周易論語新義〉，頁91。

〔註6〕湯用彤：〈王弼之周易論語新義〉，頁90。

〔註7〕湯用彤：〈王弼之周易論語新義〉，頁90。

我們或可將其中的關係用以下簡圖說明之：

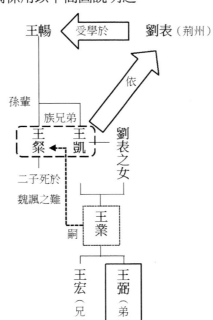

劉表時為荊州刺史，在當時紛亂的局面中，守住荊州一方之安定，並大力推
行文教，使天下文士多所依歸，《後漢書》卷74下，〈劉表傳〉中即指出：

> 劉表字景升，山陽高平人，魯恭王之後也。……與同郡張儉等俱被
> 訕議，號為「八顧」。詔書捕案黨人，表亡走得免。……初平元年，
> 長沙太守孫堅殺荊州刺史王叡，詔書以表為荊州刺史。……初，荊
> 州人情好擾，加四方駭震，寇賊相扇，處處麋沸。表招誘有方，威
> 懷兼治。……關西、袞、豫學士歸者蓋有千數。表安慰賑贍，皆得
> 資金。遂起立學校，博求儒術。綦母閣、宋衷等撰立五經章句，謂
> 之後定，愛民養士，從容自保。〔註8〕

荊州因此成為當時文教鼎盛之處。若以此處《後漢書·劉表傳》所記，再參前
之圖表，我們可以清楚發現，王氏一族於王粲、王凱時至荊州依劉表，劉表
將其女妻於王凱，後生下子王業，王弼即為王業之子、王粲之孫，在家學淵
源上確與荊州劉表有所關聯。

湯先生強調了此關聯後，又續引蒙文通言：

〔註8〕〔劉宋〕范曄撰，〔唐〕李賢等注：《後漢書》（第9冊）（北京：中華書局，
　　　1965年），頁2419。

則王弼家學，上溯荊州，出於宋氏。夫宋氏重性與天道，輔嗣好玄理，其中演變應有相當之連繫也。〔註9〕

如前引《後漢書・劉表傳》所言，宋衷當時也於荊州依劉表〔註10〕，因而受劉表之命，與綦毋闓一同編撰《五經章句》，此即後世所謂之「章句後定」。〔註11〕故我們可將上之簡圖加入宋衷對荊州學派的影響：

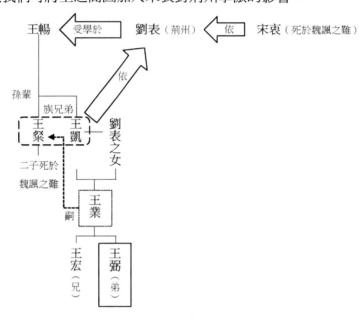

<hr />

〔註 9〕湯用彤：〈王弼之周易論語新義〉，頁 90。

〔註10〕《全後漢文》卷 86「宋衷」條指出：「衷一作忠，字仲子，南陽章陵人。劉表據荊州辟為五業從事，有《周易注》十卷、《太玄經注》九卷、《法言經》十二卷。」〔清〕嚴可均校輯：《全後漢文》，收入《全上古三代秦漢三國六朝文》（北京：中華書局，1985 年），頁 938。

〔註11〕對此，李威熊指出：「劉表本身對經學最大的貢獻，乃在令諸儒改定五經章句，現在此書以亡佚，但從各家所引，尚能揣摩該書的大概。如清張惠言易義別錄卷十敘云：『（劉）景升章句，尤闕略難考，案其義，于鄭（玄）為近。……大要……費氏《易》也。』大體上是依據漢儒的說法，但芟除了漢儒說經的繁重，使經學趨於簡化。」李威熊：《中國經學發展史論（上冊）》（臺北：文史哲出版社，1988 年），頁 205。李威熊並點出追隨劉表在荊州的學者有如宋衷、王粲、尹默、李仁、李譔、王基等，可詳參李威熊：《中國經學發展史論（上冊）》，頁 205～207。李威熊並指出：「除上述諸人外，根據文獻尚有一些學者，都曾在荊州游動過，但因無具體的經學著作可陳，故不再分別記述。不過荊州學對三國、兩晉的學術，具有相當深遠的影響。如宋衷的周易注、王粲的尚書問，對日後的王肅、王弼、虞翻、陸績等，都有直接或間接的關係。大抵說來，兩漢經學到了鄭玄已形成了大一統的局面，而荊州經學便是此大一統局面動搖的開始。」李威熊：《中國經學發展史論（上冊）》，頁 207。

對於此學派傳承，湯先生又繼言：

> 又按王肅從宋衷讀《太玄》，而更為之解。張惠言說，王弼注《易》，
> 祖述肅說，特去其比附爻象者。此推論若確，則由首稱仲子，再傳
> 子雍，終有輔嗣，可謂一脈相傳者也。〔註12〕

故我們又可將簡圖進一步加入王肅的影響，即：

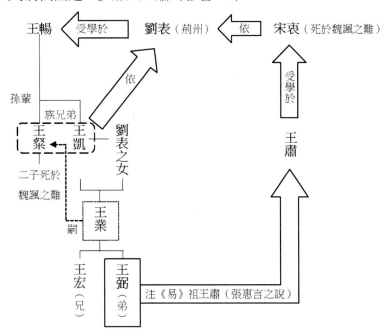

以上便可完整地說明了王弼之於荊州學派的家學淵源，以及由宋衷、王肅至
王弼的一派學術傳承。

　　然而，針對王弼學術內容乃是由荊州學派而來的家學淵源之推論，湯先
生說來其實是頗為曲折的，湯先生指出：

> 宏字正宗。張湛《列子注序》，謂正宗與弼均好文籍。……王氏蓋自
> 正宗，即好玄言。而其祖父兩輩與荊州有關係。粲、凱以及粲之子
> 與業必均熟聞宋仲子之道，「後定」之論。夫宋氏重性與天道，輔嗣
> 好玄理，其中演變應有相當之連繫也。〔註13〕

於此我們可以發現，湯先生藉由家世說聯繫起王弼與荊州學派的淵源後，又
依據張湛了《列子注序》所言，指出王弼及其兄王宏「均好文籍」。然細究

〔註12〕湯用彤：〈王弼之周易論語新義〉，頁90。
〔註13〕湯用彤：〈王弼之周易論語新義〉，頁90。

《晉書》對王宏之記載，卻可發現當中其實並無相關記述。〔註14〕我們當然可以依照王宏所處的家學淵源為湯先生此說辯護，即王宏在此家學影響下，湯先生說其「好文籍」乃可理解之推論。然湯先生之謂「王氏蓋自正宗，即好玄言」一語，則實未能在史書上有所驗證。此外，當湯先生以家世說來聯繫王氏一族與荊州學派的淵源後，其僅簡單推論「……其祖父兩輩與荊州有關係」，此後便在王暢至王粲、王凱的荊州淵源下，最後推出「粲之子（筆者按，粲之二子皆死於魏諷之難）與業必均熟聞宋仲子之道，『後定』之論」的論定，筆者以為此恐怕過於想當然爾。因若我們依據史書所載，並無法得知粲之二子與王業是否真的「熟聞宋仲子之道，『後定』之論」，故在王氏家學之說上頭，在淵源上雖可如湯先生所言「王弼之家學，上溯荊州，出於宋氏」〔註15〕，然在思想的傳承上，當湯先生繼而依此指出：「宋氏重性與天道，輔嗣好玄理，其中演變應有相當之連繫也」〔註16〕時，我們可以發現，當中湯先生是以「應有相當之連繫」述之，可見此乃為湯先生之推論，然而湯先生於此處卻未有進一步的論證陳述，以證明此推論確實有所理據。筆者以為，對於王弼與荊州學派的關聯，在王氏家學上我們僅能知道王暢、王粲、王凱乃是真的與荊州劉表等有直接關聯，也能得知王氏家學的豐厚，然而在思想內容上，卻實無確切史料能夠佐證王業、王宏與王弼之思想內容是否真的一脈直承王暢等人而來。

針對以上所論，關於王弼思想淵源之所資，我們或許可以轉個彎，從王肅來看。關於此，湯先生亦提及「又按王肅從宋衷讀《太玄》，而更為之解。張惠言說，王弼注《易》，祖述肅說，特去其比附爻象者。」〔註17〕筆者以為，

〔註14〕《晉書·列傳第六十》王宏一條僅記載：「王宏，字正宗，高平人，魏侍中粲之從孫也。魏時辟公府，累遷尚書郎，歷給事中。泰始初，為汲郡太守，撫百姓如家，耕桑樹藝，屋宇阡陌，莫不躬自教示，曲盡事宜，在郡有殊績。司隸校尉石鑒上其政術，武帝下詔稱之曰：『朕惟人食之急，而懼天時水旱之運，夙夜警戒，念在於農。雖詔書屢下，敕屬殷勤，猶恐百姓廢惰以損生植之功。而刺史、二千石、百里長吏未能盡勤，至使地有遺利而人有餘力，每思聞監司糾舉能不，將行其賞罰，以明沮勸。今司隸校尉石鑒上汲郡太守王宏勤恤百姓，導化有方，督勸開荒五千餘頃，而熟田常課頃畝不減。比年普饑，人食不足，而宏郡界獨無匱乏，可謂能矣。其賜宏穀千斛，布告天下，咸使聞知。』」〔唐〕房玄齡等撰：《晉書》（第8冊）（北京：中華書局，1974年），卷90，頁2332。
〔註15〕湯用彤：〈王弼之周易論語新義〉，頁90。
〔註16〕湯用彤：〈王弼之周易論語新義〉，頁90。
〔註17〕湯用彤：〈王弼之周易論語新義〉，頁90。張惠言此言為：「王弼祖述王肅，而並棄其比附爻象者，於是空虛不根，而道士之圖書作矣。」〔清〕張惠言：

若以王弼家族本身的家學說來謂王弼之學一脈相承於荊州學派，在論述上實過於曲折，但若從王肅這條線索來看，則較為直接，若此，湯先生所謂之「……由首稱仲子（宋衷），再傳子雍（王肅），終有輔嗣（王弼），可謂一脈相傳者也」〔註18〕，才有可能的成立機會。

對於荊州學派以及王肅、王弼之學間的關係，李威熊曾指出：

> 劉表本身對經學最大的貢獻，乃在令諸儒改定五經章句，……。荊
> 州學對三國、兩晉的學術，具有相當深遠的影響。如宋衷的周易注、
> 王粲的尚書問，對日後的王肅、王弼、虞翻、陸績等，都有直接或
> 間接的關係。大抵說來，兩漢經學到了鄭玄已形成了大一統的局面，
> 而荊州經學便是此大一統局面動搖的開始。〔註19〕

李威熊於此一方面點出了荊州學派的學術貢獻在於章句後定，另一方面也點出王肅、王弼之學與荊州學派有直接或間接的關聯。筆者以為，即便王弼之學與荊州學派有所承接，一如湯先生所謂：「……《周易》新義之興起，亦得力於輕視章句，反求諸傳。荊州『後定』蓋已開輕視章句之路，而王弼新易之一特點，則在以傳解經。蓋皆自由精神之表現也。」〔註20〕湯先生此處肯定了荊州學派章句後定下，輕章句重義理的解經風格，謂此學風啟迪了王弼之

《《易義別錄》序》，《茗柯文編》（二編），卷上，收入《續修四庫全書》（第
1488 冊）（上海：上海古籍出版社，1995 年），頁 21b。

〔註18〕湯用彤：〈王弼之周易論語新義〉，頁 90。對於宋衷之學的內容及其傳承，曾
春海指出：「宋衷不僅對儒家經典有後定之功，其最大的貢獻在於對《易》及
《太玄經》之注解成就。……雖然，宋衷著作已多佚，但是我們由李鼎祚《周
易集解》猶可見其《易》學風格乃是重義理而兼採象數；同時，宋衷解《太
玄》已捨揚雄占卜象數、禍福、吉凶之理念，亦即超越數術而直探宇宙本體
與變化之理，啟迪玄意（形上學）之探討。其後，王肅與虞翻開始注意《太
玄》皆與宋衷有關。」曾春海：《兩漢魏晉哲學史》，頁 147。又，李威熊在
《中國經學發展史論》中，分述宋衷、王肅經學內容。其指宋衷：「他在經學
的主要成就是在易經，陸德明經典釋文敘錄著錄有宋衷周易注九卷，三國志
虞翻注引虞翻別傳說：『經之大者，莫過於易。……若乃北海鄭玄、南陽宋忠
（衷），雖各立注，忠小差玄而皆未得其門，難以示世。』宋氏除作周易注外，
據侯康補後漢書藝文志尚有太玄經注九卷、法言注十三卷等。」李威熊：《中
國經學發展史論》，頁 205。謂王肅《易》學時則指出：「（王肅）著有周易注
十卷。其說平實有據，不採象數，今書王佚，馬國翰輯有佚文，其序錄云：
『肅注在魏立學，卓著盛名，文字解說，雖與康成殊異，要皆有據。珠子本
義，每稱王肅本，蓋深有索取也。』」李威熊：《中國經學發展史論》，頁 210。

〔註19〕李威熊：《中國經學發展史論（上冊）》，頁 205、207。

〔註20〕湯用彤：〈王弼之周易論語新義〉，頁 91。

新《易》注。然而筆者以為，當我們試圖將王弼之學術淵源連結上荊州學派時，其中的關係還是比較間接的，一來在王氏家學的淵源上，缺乏更明確的文獻，能夠證明其後之王業、王宏以致於王弼，在思想內容上真的是來自於其與荊州劉表等有直接接觸之祖輩者如王暢、王粲與王凱。另一方面，若我們以學術取向來看，謂宋衷、王肅至王弼學術乃有所承接，可能會是王弼與荊州學派得以連結上的一個論述角度，只是王弼與荊州宋衷間的關聯，還是跳接了一個王肅。那麼王肅又真能當作王弼與荊州宋衷之學有所承接的樞紐嗎？對於此，程元敏於〈季漢荊州經學〉一文中指出，王肅為曹魏時的經學大家，畢生致力於取代鄭玄，在其《周易注》、《論語注》中並未見其雜取老莊。此外，若將王肅《周易注》佚文與王弼《周易注》相比，二者解《易》雖都掃除象數，但是王肅注《易》是為了廓清經學，王弼則是將老莊玄理帶入《易》注，究其實質，王肅、王弼的學術傾向實有差異。〔註21〕在程元敏的研究中，割斷了湯用彤先生所預設的宋衷—王肅—王弼的學術淵源，正如本文前頭所述，在湯用彤先生的論述中，王弼與荊州學派間的關係勾連地相當曲折，王肅似乎是湯說中唯一能將王弼與荊州宋衷聯繫上的關鍵樞紐，但若正如程元敏所言，王肅與王弼間學術傾向迥異，那麼我們便再也找不到湯用彤先生所謂之王弼與荊州學派間的學術聯繫。

此外，程元敏在〈季漢荊州經學〉一文中，對湯用彤先生所謂之「荊州學派」作了一番徹底考證，全然推翻「荊州學派」成其「學派」的歷史可能性，於此，便徹底切斷了湯用彤先生所稱之王弼所有之學術淵源——無論是王氏家學或與宋衷、王肅之學術承接。程元敏指出：

（一）魏王弼輔嗣之《易》學，非淵源於其外曾祖父劉表，第自清焦循，昔賢或以為弼《易》學遞受自劉表。表易遺說不涉玄言，舊說非也。

（二）宋衷仲子著周易注、五經章句後定等，非王粲仲宣學問之所本，近人蒙文通等謂粲受業於宋衷，遺著具有玄言，非也。

（三）宋衷太玄經注佚文百零一條，無一涉及玄言，近人湯用彤等謂王肅、王弼、何晏等形上學承此而起，非也。

（四）宋衷易說殘文決不涉玄言，故與玄言滿紙之王弼易注迥異，凡論弼易注本諸宋易注者，皆非是也。

〔註21〕程元敏：《漢經學史》（臺北：臺灣商務印書館，2018年），頁736～744。

　　（五）大王肅、小王弼治易皆排象數，然大王轉以之尋求本理，小
　　　　　王則擺脫象數之糾結，而別事老莊，動納玄言，故弼易注非
　　　　　祖述肅易注，或謂弼易注取資肅易注者，非也。

　　（六）王肅治學，務反鄭玄，自早歲始，非因徒宋衷受太玄經注之
　　　　　後。蜀尹默、李仁，游學荊州，因知賈（逵）、馬（融）之學
　　　　　而宗之，異乎鄭玄，竟與王肅意趣同，蒙文通、余英時、魯
　　　　　錦寰咸謂李譔、王肅學竝出宋衷，非也。〔註22〕

也就是說，程元敏就學術內容進行考證，總結出王弼《易》學非源於劉表，王
粲、王弼各自的學問內容也與宋衷學問迥異。另一方面，程元敏亦指出王肅
之學非出於宋衷、王弼之學亦非出自王肅。

　　謝君直曾彙整程元敏先生之論荊州學風的歷史進程，總結程先生之論述：
「荊州學風（歷約七年）在劉表死後、劉琮降曹操即結束。再者，宋衷作為當
時學風之代表，其學術傾向今文經，唯兼其他經典與古文經，考其《太玄注》
（仿《周易》之作）所遺數條，只見以漢易陰陽象數解釋，《太玄》引老子思
想部份之注未見，加以所留存與宋衷相關學術文獻記載顯與道家不合，故不
能說其開創魏晉新學。再者，以王弼所生時代而論，王弼生於劉琮以荊州降
曹操後十八年，明顯未受荊州學風，亦也未曾見宋衷與其祖王粲。加上王粲
為文士，學術主儒家，今古文經兼學，思想要旨不在老莊，亦不可能傳授王
弼任何玄風義理。」〔註23〕至此我們可以發現，藉由程元敏的層層考證，湯
用彤先生所稱之王弼與「荊州學派」的關聯，以及「荊州學派」成其「學派」
的歷史圖像，於此已全然崩解。

　　除了程元敏的考證，牟潤孫亦在〈論魏晉以來之崇尚談辯及其影響〉〔註
24〕一文中，對湯先生關於荊州學派的推論作了仔細的耙梳，就湯先生對王弼
學術淵源所指出的兩條線路——王氏家學淵源與宋衷王肅王弼一脈學術源
流，牟潤孫亦有不同看法。關於宋衷王肅王弼之學術脈絡，牟潤孫同樣就學
術傾向上進行論述，以此撤除了王弼與宋衷、王肅間的關聯，其指出：

　　　今宋忠易注佚文，猶有存者，言象之處甚多，且採互體之說，自在
　　　王弼擯斥之列。……特依準賈（逵）馬（融），依然漢學舊途，宋忠

〔註22〕程元敏：《漢經學史》，頁746～792。
〔註23〕謝君直：〈王弼思想型態的再分判〉，《揭諦》9（2005年7月），頁138。
〔註24〕牟潤孫：〈論魏晉以來之崇尚談辯及其影響〉，頁303～355。

王肅皆是，蓋一時風氣所趨，而二人未必相襲。……鄭玄王肅諸人之解經，無論如何博通兼採，所重仍在訓詁名物。王弼解易乃獨言義理，象數固不言，訓詁又何嘗言之，所謂得意忘言也。……其謂肅在玄弼之間者，以肅雖反鄭（玄）猶未盡去爻象也，並無弼學出於肅之意。湯用彤以王弼祖述王肅，為宋忠再傳，一脈相傳，其失以如前論。……弼非述王肅學……。〔註25〕

就牟潤孫的看法，其既不認為王肅、王弼間有學術之相承，就王肅與宋衷間的學術相近處，其亦認為乃時風所致，未必有所相襲。

另一方面，就家學淵源方面來說，牟潤孫則有不同看法，其拉出王弼家族中最為顯著之先祖王粲，認為「粲子被誅，書入於王弼之父業，弼因得讀其書，得聞其學，頗為情理自然之事」。〔註26〕當然就當時那個書籍取得不易的年代而言，書籍的傳承乃至關重要，家學淵源便於此扮演了相當重要的角色。然而因家學所流傳下的先祖藏書是一回事，閱讀後是否定能傳承先祖遺志則又是另一回事，筆者以為此處難以「情理自然」成論。只是牟潤孫於此推論王弼之學術淵源，其認為歸於王肅，相較之下還不如歸於其祖父王粲要來得合理許多。〔註27〕然而，不管王弼是否在家學上有承王粲，問題的關鍵其實還是在荊州學派之說是否成立。如前文所述，王粲與王凱依荊州劉表、宋衷亦依劉表，劉表至此似成一最大公約數，連結起王氏一族與宋衷王肅人等。那麼，我們還是得回到這個最核心的問題——荊州學派究竟存不存在？

如前所述，程元敏以其深厚的經學底子，徹底推翻了「荊州學派」成其「學派」的歷史可能性。牟潤孫則又更進一步地指出湯用彤先生雖引南齊王僧虔《誡子書》之言，作為歷史上有荊州學派之佐證，但其實湯先生在解讀上實有所誤解。湯先生於〈王弼之周易論語新義〉中指出：

又按《南齊書》所載王僧虔《誡子書》有曰，「荊州八帙」，「言家口實」。又曰，「八帙所載，共有幾家。」據此不獨可見荊州經學家數不少，卷帙頗多，而其內容必與玄理大有契合。〔註28〕

對此，牟潤孫細考王僧虔《誡子書》全文，認為湯先生僅引「荊州八帙」、「言

〔註25〕牟潤孫：〈論魏晉以來之崇尚談辯及其影響〉，頁313。
〔註26〕牟潤孫：〈論魏晉以來之崇尚談辯及其影響〉頁314。
〔註27〕相關論述，詳參牟潤孫：〈論魏晉以來之崇尚談辯及其影響〉，頁314～315。
〔註28〕湯用彤：〈王弼之周易論語新義〉，頁89。

家口實」、「八帙所載，共有幾家」數語，便導出「可見荊州經學家數不少，卷帙頗多，而其內容必與玄理大有契合」的結論，實在過於簡略。牟潤孫在重新細考《誡子書》全文後，指出其一方面認為「荊州八帙」並非如湯先生所謂之為荊州之經學，王僧虔實應是指當時關於莊老易三玄的論注有百家之多，「荊州八帙」即是指此類注書於荊州有八秩也。〔註 29〕也就是說，牟潤孫認為湯先生乃是在對王僧虔《誡子書》斷章取義的情況下，誤導出其對荊州學派的立論。其指出：

> 自蒙文通以王肅學出於宋忠，附會張惠言王弼注《易》祖述王肅之論，湯用彤從其說以著文，更以王僧虔誡子書證宋忠注《易》影響之遠，於是荊州經學遂為魏晉玄學之祖禰，確然不可拔矣。……蒙氏（筆者按，此指蒙文通）好奇，謂肅學於忠，尚不過誣，而昧其家學，則失諸眉睫。湯氏過信蒙氏，驟見南齊書王僧虔傳，未及細審，匆匆立論。〔註 30〕

就以上所述，我們可以知道關於湯先生對荊州學派的論述，已在程元敏與牟潤孫的相關經學考證下被推翻。然而荊州學派的立論卻是湯先生對王弼學術淵源的定錨，若荊州學派被推翻，我們該如何看待王弼之學淵源，便是一個值得進一步討論的問題。

另一方面，正如本小節一開頭所論，就湯先生的看法，從漢末到魏初，實經歷了一番象數易與道家易的角力，一直到王弼，才真正將漢代象數易廓清且轉向至魏晉道家新易，且此新易之所生，又與荊州學派與漢代以來道家思想之影響有關。若荊州學派在歷史上並不存在，我們又該如何看待湯先生所謂之漢代道家之影響呢？

二、王弼與漢代道家之關聯

就湯先生的觀點，荊州學派與漢代道家間，其實有所關聯，但究其論述，則又相當隱微。湯先生指出：

〔註 29〕牟潤孫：〈論魏晉以來之崇尚談辯及其影響〉，頁 320。另一方面，牟潤孫亦推測此荊州並非指劉表時的荊州，或是指東晉庾亮至桓溫時的荊州，但此推論並無確據，牟潤孫亦言此僅為推論，未敢直下定論，故於此先暫置勿論。關於此荊州所指的時代問題，相關論述可詳參牟潤孫：〈論魏晉以來之崇尚談辯及其影響〉，頁 321～322。

〔註 30〕牟潤孫：〈論魏晉以來之崇尚談辯及其影響〉，頁 320。

荊州學風，喜張異議，要無可疑。其學之內容若何，則以難言。然據《劉鎮南碑》（《全三國文》五六）稱表改定《五經章句》，「刪剗浮辭，芟除煩重」，其精神實反今學末流之浮華，破碎之章句。又按《南齊書》所載王僧虔《誡子書》有曰，「荊州八帙」，「言家口實」。又曰，「八帙所載，共有幾家。」據此不獨可見荊州經學家數不少，卷帙頗多，而其內容必與玄理大有契合。荊州儒生之最有影響者，當推宋衷。仲子不惟治古文，且其專長似在《太玄》。……而仲子為海內所景仰，其《太玄》並特為天下所重。夫《太玄》為《易》之輔翼，仲子之「易」，言亦有名於世。……在其同時，《易》學實極盛，馬融、鄭玄、荀爽、王肅、虞翻、姚信、董遇、李譔，均治《周易》。……可見漢末，孔門惟道學，大為學士所探索。因此而《周易》見重，並及《太玄》。亦當時學風之表現。而王弼之「易」，則繼承荊州之風，而自有樹立者也。〔註31〕

在此段論述中，我們可以知道在湯先生的觀點裡，荊州學風之尚創新、革新乃是無可疑。但究其內容，湯先生也明白地說「則以難言」。也就是說，湯先生並無法確切地斷定荊州學派確切的學術內容，只能就一些文獻，猜測荊州章句後定做了「刪剗浮辭，芟除煩重」的學術革新的工作，並繼而猜測「其內容必與玄理大有契合」。由湯先生接下來的論述，我們大約可推知其之所以認為荊州新學之內容「必與玄理大有契合」，乃是由宋衷之治《太玄》而來，而揚雄之《太玄》乃是摻著道家玄理來治《易》，故湯先生以此來做為道家玄理介入荊州學風之佐證。

　　或許我們可以如此說，湯先生以一種相當曲折的方式，點出漢末學術界─特別是荊州學派─出現了傾向道家之學術風氣，再藉由王弼與荊州學派的關聯，指出王弼即是受此風氣影響，繼而將道家思想引入其經典詮釋，最後開展出一番學術新風貌。然而，筆者以為，此處湯先生的勾連實在相當隱微，他一方面說荊州學風「其學之內容若何，則以難言」；一方面又藉由宋衷與《太玄》間的關聯，拉出宋衷的影響力，來推論荊州學風「必與玄理大有契合」。最後藉由王弼與荊州學派的串連，推論出王弼受此影響摻道家玄理入其《易注》。筆者以為，湯先生此處的勾連層層疊疊，細考下卻未見進一步的理據佐證，如果我們今天直接切斷荊州學派與王弼間的關係，似也不影響我們今日

〔註31〕湯用彤：〈王弼之周易論語新義〉，頁89～90。

對王弼學術之認知。另一方面，在上一小節中筆者亦已指出，在程元敏、牟
潤孫的考證下，湯先生所謂之「荊州學派」已被推翻，那麼，進一步的問題便
落在湯先生所主張的「漢代道家」之說上頭。

　　與荊州學派相同，湯先生之所以談漢代道家與王弼間的關聯，也是為了
就王弼之學術淵源進行溯源。如果我們已藉由上述討論切斷了王弼與荊州學
派間的關係，那麼我們又該如何看待其與「漢代道家」間的關聯呢？

　　關於王弼與漢代道家的關聯，湯先生曾言：

　　　正始以後之學術兼接漢代道家（非道教或道術）之緒（由嚴遵揚雄
　　　桓譚王充蔡邕以至於王弼），老子之學影響逐漸顯著，即《人物志》
　　　已採取道家之旨。……劉邵論君德，本道家言。人君配天，自可進
　　　而對天道加以發揮。此項趨勢最顯於王弼之書，……。〔註32〕

此處乃是湯先生在《魏晉玄學論稿》中，最明確點出「漢代道家」一詞的部分。
細究湯先生此言，我們可以發現此段話給了我們三個線索：第一，湯先生試圖
拉出王弼學術所承之軸線，點出王弼學術乃是上有所承，就湯先生的看法，此
所承即是來自於其所謂之「漢代道家」。湯先生藉此論述，一方面強調出老子
之學在當時的重要性，另一方面也為了其所要論述之王弼學術內容深受老子
之學影響的這一點，埋下了伏筆。第二，湯先生特別強調此「漢代道家」並非
道教或道術，撇除了「漢代道家」中的雜質成分，將學術內容定錨於「道家」
本身。第三，指出《人物志》在內容上已採取道家之旨，乃是為了拉出漢代清
議至魏初名學之清談，再到魏晉新學之清談的學術發展軸線。〔註33〕

　　然而，當湯先生點出「漢代道家」於魏晉新學的關鍵地位時，我們必然
得先問一個問題，即──此「漢代道家」的學術內容究竟為何？此處湯先生

〔註32〕湯用彤：〈讀人物志〉，《魏晉玄學論稿》，收入《魏晉玄學──乙編三種》，頁
　　　　12～13。
〔註33〕湯先生之所以特拉出劉邵《人物志》之名學軸線，乃是因為湯先生認為，在
　　　　學術發展的實質上，《人物志》「名學」與魏晉新《易》學間乃是相互影響，
　　　　其指出：「談論既久，由具體人事已至抽象玄理，乃至學問演進之必然趨勢。
　　　　漢代清議，非議朝政，月旦當時人物。而魏初乃於論時事時，且繹尋其原理。
　　　　如《人物志》，雖非純論原理之書（故非純名學），然已是取漢代識鑒之事，
　　　　而總論其原理也。因其亦總論原理，故可稱為形名家言。漢代瑣碎之言論已
　　　　進而幾為專門之學矣。而同時因其所討論題材原理與更抽象之原理有關，乃
　　　　不得不談玄理。所謂更抽象者，玄遠而更不近人事也。」湯用彤：〈讀人物志〉，
　　　　頁12～13。

所謂之「老子之學」，指的是怎樣的「老子之學」？〔註34〕在湯先生的論述中，我們僅可知道其所定義的「漢代道家」乃是無涉於道教或道術，然細考湯先生關於「漢代道家」的相關論述，我們可以發現湯先生其實並未對其有所明確的定義，甚至對於「漢代道家」的論述，在其《魏晉玄學論稿》一書中也是相當零散的。筆者試著就湯先生之相關論述整理如下：

> 世之非毀弼「易」者，一非其援老入《易》。然漢代自嚴遵以來，兼治《老》、《易》之人固多矣。……以《老》、《莊》入《易》，不論其是否可為詬病，然在漢魏之時，此風已長，王弼用之，並非全為創舉也。〔註35〕

> 王弼為玄宗之始，然其立義實取漢代儒學陰陽家之精神，並雜以校練名理之學說。探求漢學蘊攝之原理，擴清其虛妄，而折衷之於老氏。於是漢代經學衰，而魏晉玄學起。〔註36〕

> 溯自揚子雲以後，漢代學士文人即間嘗企慕玄遠。凡抗志玄妙者，「常務道德之實，而不求當世之名。澗略秒小之禮，蕩佚人間之事。」（馮衍《顯志賦》）「逍遙一世之上，睥睨天地之間。不受當世之責，永保性命之期。」（仲長統《昌言》）則其所以寄跡宅心者，已與正始永嘉之人士無或異。而重玄之門，老子所游。談玄者必上尊老子。故桓譚謂老氏其心玄遠與道合。馮衍「抗玄妙之常操」，而「大老聃之貴玄」。傅毅言「游心于玄妙，清思于黃老」（《七激》）。仲長統「安神閨房，思老氏之玄虛」。則貴玄言，宗老氏，魏晉之時雖稱極盛，

〔註34〕謝大寧先生曾對漢代時的「道家」內容進行了此番反省：「《老子》這部格言體的書，本身的性格就是並不明確的，不只今天學界的詮釋很難理出一條清晰的脈絡，即使今天任何人想要把老子的思想完全兜攏來，成為一個首尾一貫的思想，恐怕都是一項不可能的任務。這也就是說，如果想要詮釋《老子》，其難度比諸詮釋《論語》是大得多的，任何人恐怕都不能沒有取捨，而在這取捨之間，想要求得一種共識，也幾乎是件不可能的事。另一方面，作為老子在先秦廣義上的繼承人，在對老子的詮釋上也走出了幾條根本是風馬牛不相及的道路，其間的差異和孟荀之別是不可以道里計的。孟荀固然有根本的差別，但異中之同是很顯然的。可是如果要對比莊子與黃老道家，或者甚至把韓非也算進去，那根本就是南轅北轍，簡直找不到任何關聯性。如果說把漢朝的《老子河上公注》，乃至想爾注也算進去，就更是越鳥與胡馬之別了。」謝大寧：〈再論魏晉玄學與儒道會通〉，頁7。

〔註35〕湯用彤：〈王弼之周易論語新義〉，頁94。

〔註36〕湯用彤：〈言意之辨〉，頁23。

　　而於東漢亦已見其端矣。〔註37〕

關於湯先生直接涉及漢代道家之論述，嚴格來說主要是以上三段引文。再加以前述引之「正始以後之學術兼接漢代道家（非道教或道術）之緒（由嚴遵揚雄桓譚王充蔡邕以至於王弼），老子之學影響逐漸顯著」〔註38〕一語，我們可以發現湯先生所謂「漢代道家」的內容，其實是相當雜駁的。若粗略來看，上述人物或皆有引非嚴格義界之「老子思想」於其著作，我們或可就此點來論其與王弼學術間的關聯。但若細究各人之思想內涵，恐又無法如此單純論之。嚴遵做《老子指歸》乃眾所周知，然其《指歸》乃屬黃老。〔註39〕而揚雄為嚴遵弟子，受到嚴遵影響亦融合《易》、《老》於其《太玄》，其雖質疑當時占測天意、天命之風，但他基本並未質疑「天道」這個概念，而是對天道存而不論。〔註40〕另一方面，其《太玄》基本上還是未擺脫氣化宇宙論之觀點，甚至這點湯先生自己也如此論《太玄》之謂天道為：「雖頗排斥神仙圖讖之說，而仍不免本天人感應之義，由物象之盛衰，明人事之隆污。」〔註41〕爾後桓譚、王充的確承繼了揚雄學問，但也除此之外揚雄之學並未有更大學術的影響力，且桓譚、王充亦非當時學術界所重者。後來蔡邕偶獲王充《論衡》而讀之，史載其「秘玩以為談助」〔註42〕，但也並未見蔡邕對其有所繼承。

〔註37〕湯用彤：〈魏晉玄學流別略論〉，頁 47。

〔註38〕湯用彤：〈讀人物志〉，頁 12。

〔註39〕《三國志・秦宓傳》即提及：「嚴君平見黃老，作《指歸》。」〔晉〕陳壽撰，〔南朝宋〕裴松之注：《三國志》，頁 975。

〔註40〕謝大寧先生指出：「揚雄是個邊緣人物不假，而他也是西漢少數敢對主流學界發出批判聲音的人。當時西漢的學界為五經博士所把持，除了講經典之外，一種主流思想就是『占測天命、天意』，易經在西漢的流行，就是因為這種思想。可是揚雄大概是第一個引用論語『夫子之言性與天道，不可得而聞也』來質疑這種思想的人。他的質疑當然不是質疑天道這個概念，也未必是採取天道不可知論，否則他就不必寫太玄經來模擬易經了。原則說，揚雄的意思大概是恐子也喜歡讀易，可是他並不多說天道本身的事，……這種對天道本身存而不論的態度，表現在《太玄經》裡，就是用『無』來描繪天道這樣的概念。」謝大寧：〈再論魏晉玄學與儒道會通〉，頁 11。

〔註41〕湯用彤：〈魏晉玄學流別略論〉，頁 47。

〔註42〕《論衡校釋・附編三》：「王充好論說，始詭異，終有理。乃閉門潛思，絕慶吊之禮，戶牖墻壁各置筆類，著論衡八十五篇。蔡邕入吳，始得之，秘玩以為談助。」〔東漢〕王充撰，黃暉校釋：《論衡校釋》（第 4 冊）（北京：中華書局，1990 年），頁 1240。

綜合以上所論，我們可以發現，就湯先生論「漢代道家」時，所謂之「正始以後之學術兼接漢代道家（非道教或道術）之緒（由嚴遵揚雄桓譚王充蔡邕以至於王弼），老子之學影響逐漸顯著」〔註43〕一語，如果就非嚴格定義下的學術軌跡來看，嚴遵揚雄桓譚王充蔡邕者的確有所相關，但真要細究其學問傳承的內容、力道，恐怕過於牽強。我們或許只能說他們各自知道，且程度不一地或繼承、或閱讀過彼此的著作罷了，若要以學術傳承的角度來看，由嚴遵揚雄桓譚王充蔡邕而下，實在很難說有所學統之承。另一方面，由嚴遵揚雄桓譚王充蔡邕而來的「道家」內容為何？此更值得我們深思，從以上的論述中，我們可以知道他們多半還是籠罩在漢代氣化宇宙論下的黃老之學，〔註44〕那麼，湯先生以此來論的「漢代道家」，其內容是包含著黃老之學、或者根本就是黃老嗎？前述關於湯先生對漢代道家之相關引文中提到：「然漢代自嚴遵以來，兼治《老》、《易》之人固多矣。……以《老》、《莊》入《易》，不論其是否可為詬病，然在漢魏之時，此風已長，王弼用之，並非全為創舉也。」〔註45〕如果湯

〔註43〕湯用彤：〈讀人物志〉，頁12。

〔註44〕針對「漢代道家」，陳麗桂指出：「漢代道家承繼先秦道家的傳統，也崇道、論道，卻有相當的轉化。在應用論上，他們極力推闡『道』的功能與效用，循著《老子》柔弱、無為一義，把先秦道家的『道』，轉化為一種深具彈性、高效不敗的治事之『術』，用『術』去詮釋老莊的『道』，普遍地運用於修身、治事，乃至政治、軍事之上。」陳麗桂：《漢代道家思想》（臺北：五南圖書出版股份有限公司，2013年），頁102。又指出：「漢代道家與先秦老莊道家最大的不同是，它們沿承戰國以來黃老道家的傳統，以『氣』釋『道』，大談創生，完成了氣化宇宙論的建構。」陳麗桂：《漢代道家思想》，頁85。陳麗桂於此點出「漢代道家」將先秦《老子》之「道」轉化為治事之「術」，又加之氣化論的觀點，形成一套氣化宇宙論式的「道家」形態，並用之於社會實用的層面。此外，關於漢代道家至魏晉玄學在學術內涵上的轉變，林啟彥亦指出：「關於老莊思想的再興方面。儘管漢王朝尊崇儒術，但道家黃老思想仍未至完全絕跡，在社會上仍有其一定的影響力。西漢的劉安，東漢的王充都是明顯的黃老主義者。在儒家學者中，治老子書者不乏人。據說劉向、馬融也有注解《老子》之作。後漢文士，雜取儒道思想者，亦所在多有，如張衡、揚雄等。我們可以說，魏晉南北朝道家思想藉玄學的大盛而風靡一代，不過是兩漢道家思潮的延續與轉生（即由黃老轉為研習老莊）而已。」林啟彥：《中國學術思想史》（臺北：書林出版有限公司，2006年），頁127。林啟彥於此點出黃老思想於漢代獨尊儒術的氛圍下仍有其影響力，因此魏晉玄風之談道家，林啟彥認為是「兩漢道家思潮的延續與轉生」。筆者以為，林啟彥此語點出了兩漢至魏晉學術風氣轉化之現象，可惜林啟彥並未就此其所謂之「延續與轉生」有進一步的論述。

〔註45〕湯用彤：〈言意之辨〉，頁23。

先生僅是以論題材料的相近作為區分的標的，那麼只要是談到道家，即可不論內容地直接歸屬一類成「漢代道家」嗎？更有甚者，在另一段關於湯先生漢代道家的引文中所指之馮衍、仲長統之相關文句，其實也只是或為抒己懷、或為表達人事為本，天道為末的近似於道家的說法罷了。〔註46〕

　　若以此來看，當湯先生以漢代道家建構出王弼之學術淵源，謂其上有所資：「……（王弼）立義實取漢代儒學陰陽家之精神，並雜以校練名理之學說。探求漢學蘊攝之原理，擴清其虛妄，而折衷之於老氏。」〔註47〕也就是說，湯先生認為王弼之學乃是肇起於漢代氣化宇宙論下的黃老之學，加之魏初《人物志》之名理之說、老子思想的養分，最後才能使「漢代經學衰，而魏晉玄學起」〔註48〕，成就了魏晉新學之開端。或許在學術的流變過程上，我們可以如此以時間軸式的說法來陳述王弼學術所處的歷史點，但我們得進一步問，如果湯先生將漢代道家視為王弼學術的養分，那麼，王弼學術與漢代道家之間的思想關聯性究竟何在？若漢代道家屬氣化論下的黃老之學，那麼何以取資於此的王弼會有另一番學術風貌的轉向？在湯先生的相關論述中，我們僅見此「轉向」的結果，〔註49〕很可惜地並未見湯先生對此轉向之深層哲學原因提出解釋。

〔註46〕關於此處湯先生所舉之馮衍、仲長統之文句討論，筆者曾於碩論中略為表述，可詳見拙作：《王弼思想體系的反思與建構》，嘉義：國立中正大學碩士論文，2009年6月，頁24。

〔註47〕湯用彤：〈言意之辨〉，頁23。

〔註48〕湯用彤：〈言意之辨〉，頁23。

〔註49〕如湯先生指出：「然談玄者，東漢之與魏晉，固有根本之不同。桓譚曰：『揚雄作《玄書》，以為玄者天也，道也。言聖賢著法作事，皆引天道以為本統。而因附屬萬類王政人事法度。』亦此所謂天道，雖頗斥神仙圖讖之說，而仍不免本天人感應之義，由物象之盛衰，名人事之隆污。稽察自然之理，符之於政事法度。其所游心，未超於象數。其所言求，常在乎吉凶（揚雄《太玄賦》曰：『觀大《易》之損益兮，覽老氏之倚伏。』張衡因『吉凶倚伏，幽微難明』乃作《思玄賦》）。魏晉之玄學則不然。已不復拘拘於宇宙運行之外用，進而論天地萬物之本體。漢代寓天道于物理。魏晉黜天道而究本體，以寡御眾，而歸于玄極（王弼《易略例・明象章》）；忘象得意，而游于物外（《易略例・明象章》）。於是脫離漢代宇宙之論（Cosmology or Cosmogony）而留連於存存本之真（Ontology or theory of being）。漢代之又一談玄者曰：『玄者，無形之類，自然之根。作於太始，莫之與先。』（張衡《玄圖》）此則其所謂玄，不過依時間言，萬物始於精妙幽深之狀，太初太素之階。其所探究不過談宇宙之構造，推萬物之孕成。及至魏晉乃常能棄物理之尋求，進而為本體之體會。舍物象，超時空，而研究天地萬物之真際。以萬有為末，以虛無為本。……漢代偏重天地運行之物理（按揚雄張衡之玄，亦有不同，茲不詳析），

三、小結

我們或許可以如此說，不管是「荊州學派」還是「漢代道家」之推論，湯先生皆是為了替王弼之學術淵源尋找源頭。也就是說，湯先生在不否定前人所定論之王弼為玄學起源的論斷下，進一步想為王弼學術進行溯源的工作。於是他給出了兩個答案，一是荊州學派，一為漢代道家。且在湯先生的論述裡，荊州學派與漢代道家間乃是有所關聯。於此，湯先生便得出了一個結論，即王弼身受荊州學派影響，又深炙漢代以來傾向道家之學風，繼而在這些學術淵源下，也將道家玄理納入其經典詮釋，並一轉學術之風，開啟魏晉新學。也就是說，湯先生藉由建構荊州學派、漢代新道家的歷史圖像，來試圖為王弼新易找出背後的學術脈絡，並以之來使自古以來所定論之王弼援老入易的說法有所立論。我們或許可以更簡白地說，湯先生是在有了王弼為玄學之首、援老入易的「果」後，再返而向前尋找此「果」可能之「因」。〔註50〕只是在以上的層層論證中，我們可以知道不管是在荊州學派的提出，或漢代道家的內容，在湯先生的論述中皆有許多可質疑甚至推翻之處。於是，湯先生對王弼學術所給出的歷史圖像也就於焉消失，因為我們無法從湯先生所給出的這幅歷史圖像中，確切地找出王弼思想的學術史憑藉。然而，即便如此，我們

魏晉貴談有無之玄致。二者雖均嘗托始於老子，然前者常不免依物象數理之消息盈虛，言天道，合人事；後者建言大道之遠玄無朕，而不執著於實物，凡陰陽五行以及象數之談，遂均廢置不用。因乃進於純玄學之討論。漢代思想與魏晉清言之別，要在斯矣。」湯用彤：〈魏晉玄學流別略論〉，頁47～48。又如對新舊《易》學的差異，湯先生曾如此說：「然漢代最盛行之學說，則為《三統歷》、《緯書》，京房、馬融、虞翻等所用，均根據漢代之宇宙論，如取與王弼之玄理比較，極可表現學術變遷前後之不同。」湯用彤：〈王弼大衍義略釋〉，頁66。湯先生於此皆僅陳述漢代到魏晉學術變遷的現象，未進一步論其變遷之內在理路。

〔註50〕正如謝大寧先生指出：「……他（此指湯用彤先生）認為整個兩漢到魏晉的思想過渡，就是從兩漢的『宇宙論』取向轉向魏晉的『本體論』取向，這個轉向是以道家對『有無』的討論作為主要代表的。他還在這裡補充上了荊州學派的論證，這就為整個玄學的出現，以及其所顯示的所有意義完整起了整個學理上的論證，成為了一個『鐵證如山』的判斷。這也就是為什麼湯用彤先生在玄學領域裡迄今都還具有典範意義的原因。當然，他這樣的論證架構，也同樣為儒道會通提供了『堅強』的證據，因為只要以此架構來詮釋王弼，就可以把上述證據完全貫起來，將整個玄學放進儒道會通的脈絡裡，而且看起來真是個完美的斷案，也為當代中國哲學史的學科化，提供了一個美麗的案例。」謝大寧：〈再論魏晉玄學與儒道會通〉，頁8。

仍不能就此說湯先生繼而給出的王弼哲學詮釋是錯誤的、王弼援老入易是不存在的，湯先生於此只是建構錯了王弼學術的歷史圖像罷了，至於王弼哲學內涵的細部討論、援老入易是否可進一步商榷，筆者欲待後續章節進行詳細論述。

第二節　牟宗三先生王弼論述之反省──以「援老入易」為討論核心

　　在第一章中，筆者略述了牟先生之王弼研究，指出牟先生一方面接受傳統說法，謂王弼承襲了費氏《易》以傳解經之成規，進而在其《周易注》中導入老子思想，「援老入易」。〔註51〕另一方面，牟先生亦接受了湯用彤先生對王弼有關荊州學派、漢代新道家的歷史判斷，〔註52〕以此歷史判斷為前提，繼而進行其對王弼的哲學詮釋。〔註53〕

　　若以「援老入易」為討論核心，筆者認為在牟先生此處的論述中，可拉出兩條脈絡進行討論：

　　第一，義理層面上，牟先生接受了傳統上王弼承費氏《易》「以傳解經」
　　　　　的說法，謂王弼一方面以此法解《易》，一方面引入老子思想入

〔註51〕如牟先生指出：「王弼用費氏《易》，非但因其所用易文同於古文，而實亦因其沿襲其『以傳解經』之成規也。」牟宗三：〈魏晉名士及其玄學名理〉，頁87。「王弼祖費氏『以傳解經』之成規。此為可取之途徑。……十翼之傳即是說明易經之意義。吾人欲了易義，只有通過孔門之十翼。此為解經之最原始的定本。費氏『以傳解經』，如文解義，不過是根據孔門十翼以解經文。但其如何解法，則不得知。王弼沿其成規，以傳解經，而有章句。」牟宗三：〈王弼玄理之易學〉，頁100。又：「漢代舊易偏於象數，率以陰陽為家。魏晉新易，則漸趨純理，遂常以老莊解易。又沿費氏以傳解經之途徑，故重義理之發揮。」牟宗三：〈魏晉名士及其玄學名理〉，頁87。

〔註52〕此可詳見牟宗三：〈魏晉名士及其玄學名理〉，頁84〜89。

〔註53〕對於牟先生的王弼詮釋，謝大寧先生曾指出：「……牟先生上述的說法其實乃是奠基在幾個詮釋的前理解之上，一是他並沒有挑戰玄學的傳統分期，他仍將玄學這三期視為脈絡一貫前後銜接的完整哲學思想，此外他也沒有挑戰傳統對玄學之回歸先秦道家的常識性判斷，更細部一些說，他也完全接受了諸如王弼乃以老子思想為主，而且總是『援老入易』之類的常識性判斷。對此，他是全無批判的，他基本上只求在這幾個基礎上，如何能哲學地貫通它們，而並未考慮到這幾個前理解會不會有什麼問題。」謝大寧：〈試論玄學的分期問題〉，頁305。

其《易》注，援老入易。

第二，歷史層面上，牟先生接受了湯用彤先生荊州學派、漢代新道家之
　　判斷，在此判斷下，接續而談王弼之「援老入易」。

也就是說，牟先生是在此二大前提下，接續而論王弼《易》注之援老入易。

就第一點而論，筆者以為此處關於「以傳解經」的定義，是我們可以進
一步細究之處。關於「以傳解經」，歷來對此實無明確定義，牟宗三先生曾對
此指出：

> 費氏「以傳解經」，如文解義，不過是根據孔門十翼以解經文。但其
> 如何解法，則不得知。〔註54〕

也就是說，我們已無法確知費直「以傳解經」的實際內容與方法為何，那麼
此處便產生一個問題，即是我們又該如何看待王弼之承費氏《易》之「以傳
解經」呢？若我們依照牟先生的語脈，其指出：

> 所謂「以傳解經」，實即通過孔門十翼之義理以了解易經也。是以
> 對於易經了解如何，但視其對於孔門十翼之義理之了解如何而定。
> 〔註55〕

就牟先生的哲學體系來看，他對儒家最重要的詮釋出自於他對《易傳》的詮
釋，因為對於牟先生而言，「《易傳》成一套儒家的玄思」，〔註56〕「十翼之傳
即是說明易經之意義」〔註57〕，故所謂「以傳解經」，就牟先生而言乃是以《易
傳》思想為基礎，進而去理解《易經》，且這也是理解《易經》義理最核心的
孔鑰。

回到本論文主題之王弼，牟先生一方面肯定王弼依照費氏《易》「以傳解
經」的模式，在《易經》的詮釋上掃除了漢易之繁瑣；但另一方面，他卻也認
為王弼雖於形式上回歸《易傳》，但實際上卻是在不瞭解《易傳》的情況下，
將道家哲理帶入《易傳》，故對於《易》之哲理在詮釋上實是有所歧出。正如
牟先生言：

> 王弼是按照道家的玄理來解釋易經的，他的解釋也是玄理，但你能
> 說那是儒家的玄思嗎？王弼依據道家的玄理註《易》，他那個註就不

〔註54〕牟宗三：〈王弼玄理之易學〉，頁100。
〔註55〕牟宗三：〈王弼玄理之易學〉，頁101。
〔註56〕牟宗三：《周易哲學演講錄》（臺北：聯經出版事業股份有限公司，2005年），
　　　　頁7。
〔註57〕牟宗三：〈王弼玄理之易學〉，頁100。

對了，不相應嘛。王弼的頭腦根本是老子《道德經》的頭腦，他註
乾卦彖、象、文言，統統不對，……。〔註58〕

筆者以為，王弼在注《易》時的確有所謂的「以傳解經」，但我們該如何定義
「以傳解經」，則可進一步深究。也就是說，此「以傳解經」的定義，究竟是
依照牟先生所認定的，以《易傳》的思想為基礎，進而去理解《易經》？還是
所謂的「以傳解經」其實指的是詮釋者回歸於寫《易傳》的人當初讀《易經》
的模式，並以此模式來解釋《易經》？對於此兩種定義，筆者以為是值得細
究的，因為這涉及到王弼如何詮釋《易經》的問題，針對此，筆者欲於其後章
節進行討論，於此先暫置勿論。

　　針對第二點，即牟先生是在接受了湯先生對魏晉玄學起源的歷史判斷後，
繼而論王弼《易》注之「援老入易」這點上來看，我們或可說牟先生對王弼的
關心實際上也並非在歷史層面而是在哲學層面。故牟先生在歷史判斷上直接
接受了湯先生有關荊州學派、漢代新道家的論述，接下來牟先生的重點則是
針對王弼如何「陽儒陰道」、「援老入易」進行了一番哲學討論上的深化，並
將王弼定義為扭轉漢代象數易而為魏晉道家易的關鍵人物。〔註59〕此哲學層
面的討論其實才是牟先生真正關注的焦點，若我們細讀《才性與玄理》，便可
發現牟先生花了相當大的篇幅，論述王弼哲學對於先秦道家的復興，在第一
章中，筆者亦指出此即為牟先生對王弼哲學的基本定調。〔註60〕

　　針對本論文主題之王弼注《易》，我們或可由牟先生此言見其定錨所在：
　　王、韓之《易》學，要在廢象數。至於義理，則未能握住孔門之管

〔註58〕牟宗三：《周易哲學演講錄》，頁 8。關於牟先生這套由《易傳》所建構出的
　　　　儒家哲學體系，可詳參牟宗三：《周易哲學演講錄》一書。此外，牟先生亦於
　　　　《才性與玄理》中指出：「王、韓之《易》學，要在廢象數。至於義理，則未
　　　　能握住孔門之管鑰，而是以道家之有無玄義而解經也。……王韓之《易》學
　　　　是以道家玄義附會孔門義理。」牟宗三：〈王弼玄理之易學〉，頁 101。
〔註59〕牟先生指出：「王弼之功績即在扭轉此質實之心靈而為虛靈之玄思，扭轉畫圖
　　　　式的氣化宇宙論而為純玄理之形上學。此在思想上為大進步也。而經過四百
　　　　年之漢易傳統而躍起，則尤見殊特。故云其能復活先秦儒道兩家固有之精微
　　　　義理也。」牟宗三：〈王弼玄理之易學〉，頁 114。
〔註60〕在論文第一章中，筆者曾指出牟先生於魏晉玄學的基本定調即為：「玄學的
　　　　內容就是道家的玄理；進一步發揮道家的玄理，就是魏晉玄學的貢獻。」牟
　　　　宗三：《才性與玄理·序》，頁 1、「玄學的內容就是道家的玄理；進一步發揮
　　　　道家的玄理，就是魏晉玄學的貢獻。」牟宗三：〈魏晉玄學的主要課題以及玄
　　　　理之內容與價值〉，頁 234。

鑰，而是以道家之有無玄義而解經也。〔註61〕

然而，如果「援老入易」為王弼道家易的一個歷來的核心概念，此亦為牟先生所首肯，那筆者想先問一個問題，即在牟先生的相關論述中，是否有將「援老入易」視為王弼注《易》時的原則？若無，我們又該如何將王弼思想如牟先生所論之「先秦道家的復興」，將其當成道家思想的延伸？

關於此問題，筆者以為，我們必須先把梳牟宗三先生是如何詮解王弼之注《易》。牟先生論王弼注《易》的部分，主要集中在《才性與玄理》的第四章〈王弼玄理中的易學〉，然細讀此章，我們可以發現牟先生對王弼《易》學的論述方式實有別於本書第五章〈王弼之老學〉。在〈王弼之老學〉一章中，牟先生可說是針對王弼《老子注》做了鉅細靡遺的疏解，牟先生在此章中，直接羅列《道德經》經文與王弼注文，繼而細緻陳述當中的哲學理路。當然，就牟先生的觀點來說，復興了先秦道家哲思的王弼，其《老子注》乃是密切貼於《道德經》原意的。也就是說，牟先生在視王弼為先秦道家復興的這個前提下，其藉由詮解王弼《老子注》的同時，進而建構出一套完整的老子哲學架構。〔註62〕

然而，很有趣的是，牟先生並未以同等規格來詮解王弼《周易注》。面對王弼《易》學內容的建構，牟先生改用提綱挈領的方式進行論述，其先指出：

> 王弼論易之中心觀念見之於「周易略例」。略例有四段最為重要：
> 一、明象；二、明爻通變；三、明卦適變通爻；四、明象。此四段
> 中，又以「明象」與「明象」最為特顯。由明象而至一多、體用
> 之觀念；由明象而至「立象以盡意」，「得意而忘象」之觀念。前
> 者為本體論，後者為方法論。皆極見王弼之玄悟，而於當時之清

〔註61〕牟宗三：〈王弼玄理之易學〉，頁101。

〔註62〕關於牟先生對王弼老學之論述，可詳參牟宗三：〈王弼之老學〉，頁128～167。
對於牟先生有意地將王弼《老子注》等同於《老子》原意此舉，莊耀郎認為，
牟先生並非不知王弼與老子思想上的差距，只是牟先生想藉由王弼注來發揮
《老子》思想，「有意彌縫《王注》和《老子》之間的差異，而將《王注》納
入《老子》系統中作解，而以《老子》為主，模糊了《王注》和《老子》的
不同。」莊耀郎：〈牟宗三先生與魏晉玄學——《才性與玄理》讀後誌疑〉，
《牟宗三先生與中國哲學之重建》（臺北：文津出版社，1996年），頁319。
關於王弼《老子注》是否等同與《老子》之哲學體系、牟先生如此處理之源
由等等問題，實可進行一連串更深入的討論，然因本論文重在王弼《易注》
之研究，故對於此須先暫置勿論，容筆者日後再撰文深究之。

言亦極有影響者。〔註63〕

也就是說，牟先生先以《周易略例》為核心，拉出其所認為的王弼《易》學之
基本架構，即以《略例》中〈明象〉之：「夫象者何也？統論一卦之體，明其
所由之生也。」〔註64〕拉出以下其對於王弼《易》學的主要判斷：

> 通常解象者斷也。判斷一卦之體性也。一卦之體性必由一主爻而
> 見。是由一特點而統攝眾象也。象之本義如此，王弼之界說亦不
> 背此。〔註65〕

牟先生藉此引出其詮釋王弼《易》學的核心觀點──由「一」為宗，進而統攝
眾「多」，牟先生認為，〈明象〉主要即是要點出此由一統多的核心概念。〔註
66〕更有甚者，由此「一」、「多」還要更進一步推至「體」與「用」的關聯，
對此，牟先生指出：

> ……此一非數目之一，乃「統之有宗，會之有元」之一也，故此一
> 即「本」。……故客觀地說，一治多，靜治動。主觀地說，能至寡而
> 相應乎一者治多，能至靜而貞夫一者治動。客觀地說，是從理說。
> 主觀地說，是從體現「一」之人說。此一是本是靜，是宗是元。一
> 能治多，亦能成多。……由一成動成多，是即由體以成用也。用即
> 現象，一即本體。一之為體是成用之體，非隔離之體也。……由一
> 以統之運之，則紛然之動多皆得其理，而非虛妄之幻象。〔註67〕

也就是說，此由一至多的概念，可推及本體與現象之關聯，可是此本體、現
象之關係論，並非道家或儒家所特有，〔註68〕只是道家與儒家對於「體」的
定義、「用」的發揮有所不同罷了。〔註69〕那麼，王弼《周易注》中一、多至
於體、用的關係，在實際內涵上究竟為何，牟先生給了以下關鍵論斷：

〔註63〕牟宗三：〈王弼玄理之易學〉，頁101。

〔註64〕〔魏〕王弼注，樓宇烈校釋：《周易略例·明象》，頁591。

〔註65〕牟宗三：〈王弼玄理之易學〉，頁101。

〔註66〕此亦可見於牟宗三：《周易的自然哲學與道德函義》（臺北：文津出版社，1998
　　　　年），頁106。

〔註67〕牟宗三：〈王弼玄理之易學〉，頁102。

〔註68〕如牟先生指出：「此體用之關係，儒道兩家皆然。」牟宗三：〈王弼玄理之易
　　　　學〉，頁102。

〔註69〕對此，牟先生指出：「惟一般言之，儒道（筆者按，此指上述所言之體用關係
　　　　而言）雖同，而體之所以為體，則儒道不同。」相關論述，可見牟宗三先生
　　　　對於儒家「實有形態形而上學」與道家「境界形態形而上學」之論述，詳參
　　　　牟宗三：《中國哲學十九講》，頁69～156。

　　王弼說此一為體為本，是以道家之無、自然為背景。〔註70〕
這裡我們可以看到，牟先生此處乃是很清楚地將王弼哲學中的「一」、「體」、
「本」，以道家之「無」、「自然」來定義之。然而筆者以為，牟先生此處的論
斷相當值得深究，在前幾節筆者論述湯用彤先生對於王弼的定調時，提及湯
先生基本上是接受了傳統認為之王弼為玄學之首、援老入易的看法後，再繼
而追索王弼的學術淵源，而後湯先生才給出了「荊州學派」、「漢代道家」的
這個典範性的論斷。我們或可以如此說，湯先生基於他的前理解，試圖為王
弼學術找出淵源、為魏晉新學之誕生給出答案。對比於此，牟先生其實也是
在認肯了王弼為玄學之首、援老入易的這個前提下，接受了湯先生所給出的
「荊州學派」、「漢代道家」的這個歷史性判斷（這當然是因為一方面牟先生
對於魏晉玄學以至於王弼的興趣實非在歷史層面），並在此歷史判斷的基準
下，繼而給出了不同於湯用彤先生之哲學判斷，即牟先生以他對道家義理形
態的判準，即以「境界形態形而上學」的立場，進而論述王弼哲學體系中所
蘊含的道家式的無的內涵，以之駁斥湯先生論王弼之學時，所指出的無為形
上實體的說法。〔註71〕

〔註70〕牟宗三：〈王弼玄理之易學〉，頁 102。關於王弼《易》學深受老莊影響之相關
　　　　論述，亦可參牟宗三：《周易的自然哲學與道德函義》，頁 103～117。
〔註71〕湯先生對魏晉玄學乃至於王弼哲學有一個很具典範性的哲學判斷，論玄學，
　　　　湯先生定義其為「夫玄學者，謂玄遠之學。學貫玄遠，則略於具體事物而究
　　　　心抽象原理。論天道則不拘於構成質料（Cosmology），而進探本體存在
　　　　（Ontology），論人事則輕忽有形之粗跡，而專期神理之妙用。」湯用彤：〈言
　　　　意之辨〉，頁 23～24。並比較漢代學術與魏晉玄學為：「溯自揚子雲以後，漢
　　　　代學士文人皆間嘗企慕玄遠。……然談玄者，東漢之與魏晉，固有根本之不
　　　　同。……亦此所謂天道，雖頗排斥神仙圖讖之說，而仍不免本天人感應之義，
　　　　由物象之盛衰，明人事之隆污。稽察自然之理，符之於政事法度。其所游心，
　　　　未超於象數。其所研求，常在乎吉凶……魏晉之玄學則不然。已不復拘拘
　　　　於宇宙運行之外用，進而論天地萬物之本體。漢代寓天道於物理。魏晉黜天
　　　　道而究本體，以寡御眾，而歸于玄極（王弼《易略例·明象章》）；忘象得意，
　　　　而游于物外（《易略例·明象章》）。於是脫離漢代宇宙之論（Cosmology or
　　　　Cosmogony）而留連於存存本本之真（Ontology or theory of being）。」湯用
　　　　彤：〈魏晉玄學流別略論〉，頁 47～48。簡而言之，湯先生乃是借用西方哲學
　　　　語彙中宇宙論（Cosmology）、本體論（Ontology）的概念，將漢代學術定義
　　　　為宇宙論、魏晉玄學則為本體論，謂兩漢至魏晉之學術轉向即是由宇宙論跨
　　　　至本體論。而王弼以「得意忘言」之法，徹底完成了當中的轉向：「王弼首唱
　　　　得意忘言。雖以意解，然實則無論天道人事之任何方面，悉以之為權衡，故
　　　　能建樹有系統之玄學。」湯用彤：〈言意之辨〉，頁 24。並指出：「其（筆者

　　此處我們必須留意，當牟先生在談魏晉玄學以至於王弼時，他的一貫立場是在「魏晉玄學為先秦道家的復興」上頭，牟先生以此為出發點，去談王弼各個著作。所以當我們看牟先生詮解王弼《老子注》的同時，其實也就是看牟先生藉由王弼《老子注》來進一步的詳述了其所認為的道家哲學體系。〔註72〕那麼回到本節一開始的提問，若牟先生將王弼哲學也視為先秦道家的復興，在〈王弼之老學〉一章，牟先生也確實落實論述了他的此番論斷，那麼對於傳統上被視為儒家經典的《易經》，牟先生又是如何談王弼之「援老入易」？對此，我們可以發現，牟先生除了一再地以上述提綱挈領式的概念式論述，將道家義的「道」的概念（無、自然）納入王弼之《易經》詮解外，其實並未明確地將「援老入易」以一種方法論的方式，更明確地對王弼之《周易注》進行細解。可是筆者想問的是，如果牟先生並未將「援老入易」視為王弼注《易》時的原則，我們究竟又該如何將王弼思想如牟先生所認定的那樣，視為先秦道家的復興？筆者於此有一大膽的推論，即牟先生是在先認肯了王弼「援老入易」的這個大前提下，而嘗試將王弼解《易》時的種種論句與先秦道家進行勾連，也就是說，牟先生實是將道家思想置入了王弼之《易》注。但

按，此指王弼）形上之學在以無為體。其人生之學以反本為鵠。」湯用形：〈魏晉玄學流別略論〉，頁49。湯先生於此導入了道家之「無」的概念，謂王弼之本體論哲學乃是以道家之「無」為本，此「無」為「道」且為一形而上的本體。在工夫論上，湯先生則主張以回到無的本體（反本為鵠）為工夫實踐之原則。關於湯先生此論點，牟先生並不認同，牟先生藉由境界形態形而上學的提出，駁斥了將「無」視為形上實體的說法，牟先生指出：「此沖虛玄德之為萬物之宗主，亦非客觀地置定一存有型之實體名曰沖虛玄德，以為宗主。若如此解，則又實物化而為不虛不玄矣。是又名以定之者矣。此沖虛玄德之為宗主實非『存有型』，而乃『境界型』者。蓋必本於主觀修證，（致虛守靜之修證），所證之沖虛之境界，即由此沖虛境界，而起沖虛之觀照。此為主觀修證而證實。非是客觀地對於一實體之理論的觀想。故其無外之客觀的廣被，絕對的廣被，乃即以此所親切證實之沖虛而虛靈一切，明通一切，即如此說為萬物之宗主。此為境界形態之宗主，境界形態之體，非存有形態之宗主，存有形態之體也。」牟宗三：〈王弼之老學〉，頁141。此處牟先生乃釋玄學與先秦道家──牟先生將二者等同視之──之基本核心為此道家之「道」，且此為一透過精神修養所達成的境界、為主觀境界的體悟，此存在是以生命實踐而成就的境界形態來存之，而非客觀實有之存在。此相關論述，可詳參牟宗三：〈王弼之老學〉，頁141～143。又筆者曾於碩士論文對湯牟二家之王弼哲學論述進行了初步反思，可詳參拙作：《王弼思想體系的反思與建構》，頁31～40、頁50～57。

〔註72〕相關論述，請詳參牟宗三：〈王弼之老學〉，頁128～167。

很有趣的一點在於，牟先生卻沒有對此下定性之判斷，即牟先生並未明確地將「援老入易」視為王弼注《易》時的方法論原則。牟先生此種論述方式相當值得我們深思，如果牟先生明確地要將王弼《易》注與先秦道家緊密相連，那麼為何不像其詮解王弼《老子注》般，去細解王弼《易》注時對每個卦象的詮釋，並將「援老入易」下更明確的定性判斷？因此，我們究竟該以何種態度來看待所謂的「援老入易」？關於「援老入易」這個傳統上對王弼思想的根本定調，謝大寧先生曾做了如此反思：

> 我以為更值得追問的乃是王弼究竟是不是援老入易？就文獻上來看，王弼還留下的作品，大篇幅的包括《周易注》、《老子注》、《論語釋疑》等等，其他則如〈周易略例〉和〈老子指略〉等論文式的作品，其中主要的當然是對周易和老子的註解。那什麼叫做援老入易呢？歷來的詮釋者一般都把這個概念當成是理解王弼的基本原則，但似乎並沒有人給這概念一個比較清楚的界義。如果我們以一種最輕鬆的方式看，也就是說王弼在給周易乃至論語作注時，某些地方和老子注有重疊的情況，那這大概是誰也否認不了的事。但這包不包括他也曾把周易注用在老子注中呢？很顯然的這也是事實，比如說「以復而視，則天地之心見」（三十八章注），「夫天地設位，聖人成能，人謀鬼謀，百姓與能者，能者與之，資者取之，能大則大，資貴則貴。物有其宗，事有其主」（四十九章注），「與天地合德，乃能包之如天之道」「自然，然後乃能與天地合德」（七十七章注）等等皆是明證，那我們可不可以說王弼乃是援易入老呢？如果是在這樣的寬鬆理解下，我們不說援易入老，而只說援老入易，這意思很可能只是說畢竟是以注《易》為核心，只是在注《易》時，有些地方援用了在注《老》時所使用的看法而已。這也就是說，此一理解模式並不是將「援老入易」視為是一個詮釋原則，或者我們說這是將「援老入易」視作一個可以使用的詮釋方法，但不是一套「方法論」，這個差別是非常重要的。當然，我們事實上看到，歷來的詮釋者有很多人並不採取上述寬鬆模式來看待援老入易這個概念，換句話說，他們是將這概念當成一個方法論來使用的，這意思就是說王弼根本就在心中存著一套完整的老子哲學，他只是將周易視為他發揮這套哲學的場域，所以當我們看到王弼周易注和老子注有重疊

　　的情形時，我們必須將這一重疊的現象視為是必然的，而不是一種
　　偶合的情形；更進一步說，在那些並無明顯重疊現象的註解裡，撇
　　開那些訓詁的部分，我們也必須將它們視為是老子思想的發揮。就
　　上述這兩種可能的援老入易的界義來看，它們其實是不容許有模糊
　　的，我們必須在這兩個理解的態度中，選擇其一，當然，怎麼選擇
　　便一定會有它的理論效果。然則哪一種理解態度較能接近王弼的想
　　法呢？這也就是說，我們不是要問王弼有沒有援老入易，因為照上
　　述寬鬆的理解，王弼援老入易乃是事實，所以我們只是要問王弼到
　　底是用什麼方式援老入易的？〔註73〕

謝先生於此點出一個大問題，也就是我們該以何種方式來看待「援老入易」？
的確，若我們以寬鬆的方式來看，在王弼的《易經》詮釋裡的確有著道家式
的語彙，然而若牟先生要王弼哲學整個等同於先秦道家的話，我們還能用此
般寬鬆的方式，以提綱挈領式的概念陳述來看待王弼的注《易》，然後便可說
王弼《易》注亦勾連起先秦道家嗎？如果我們換個角度來看，會不會王弼的
《易》注事實上並無法符合嚴格意義下的「援老入易」？若此，我們又該如
何將其思想視為先秦道家思想的延伸？關於此問題，筆者將在接下來的章節
中，從王弼《周易注》文獻出發，進行討論、反省，以下先略論戴璉璋先生之
王弼論述。

第三節　戴璉璋先生王弼論述之反省——以「援老入易」為討論核心

　　對於「援老入易」這個概念，湯用彤先生與牟宗三先生乃是在接受此傳
統說法的前理解中，繼而對王弼哲學體系進行進一步的論述。其中，牟宗三
先生雖未反駁此概念，但在其建構哲學體系時，並未將此視為上下一貫的最
高原則。也就是說，在牟先生的前理解中，王弼的確是將道家帶入其《易》
注，牟先生也在此前理解的前提下，繼而開展其對王弼《易》注之論述。然
而，王弼《易》注中究竟帶了多少道家的成分、王弼是否有將老子思想系統
性、方法論式的帶入其《易》注，牟宗三先生則未明言。

　　戴璉璋先生身為牟宗三先生的弟子，他一方面承繼著牟宗三先生對於魏

〔註73〕謝大寧：〈試論玄學的分期問題〉，頁307～308。

晉玄學的哲學理論——這在其書名為《玄智、玄理與文化發展》上可見端倪，因為熟悉牟先生魏晉玄學論述者可以清楚知道，此「玄智」、「玄理」之語其實是來自於牟先生，所謂「玄理」指的是魏晉玄學之理論、「玄智」則是由「玄理」（理論）所引發之生命智慧的實踐〔註74〕。另一方面，當牟宗三先生將玄學定調為「先秦道家的復興」，將魏晉玄學整個切合至以老莊為核心的先秦道家、藉玄學來談道家，戴璉璋先生則是站在牟先生所建構的理論基礎上，欲進一步架構出道家思想從先秦到魏晉的發展狀況，進而對魏晉玄學之哲學義理進行進一步的深化討論，試圖更細緻地架構起魏晉玄學的理論規模，以及其在哲學史上的意義。〔註75〕值得我們注意的是，戴璉璋先生於此是非常有意識地論述著道家思想對於玄學之影響。有別於牟宗三先生只是將王弼的「援老入易」視為一傳統上的共識進行論述，戴璉璋先生則是將「援老入易」視

〔註74〕 此如戴璉璋先生所言：「……所謂『真智』，是『無知之知』，是由『即心無心』而呈現的玄智。……通過玄學自我超越的途徑，道家思想作為一種生命的學問、實踐的智慧學，其特色乃朗然彰著。……玄智觀照玄理。」戴璉璋：《玄智、玄理與文化發展》，頁23。關於「道家思想作為一種生命的學問、實踐的智慧學」一語，戴璉璋先生明言是出自於牟宗三先生。此可參牟宗三：〈哲學智慧的開發〉，頁18～20；牟宗三：〈道家玄理之性格〉，頁87～109。

〔註75〕 戴璉璋先生指出：「新道家之所以為『道家』，理據何在？總不能說只在於注釋道家經典或引述老、莊言論如此而已吧！道家思想經由老、莊的闡述，雖已揭示了精神方向，奠定了義理規模，但是作為中國傳統思想主流之一，其內涵當非一人一時所能窮盡，後人的繼承與發展，一方面彰顯出其一以貫之的義理特質，另一方面也呈現出其多方發用的思想功能，這是傳統之所以為傳統的關鍵所在。傳統思想就是要在歷史中不斷地彰著它自己、發展它自己的，道家思想並不例外。看清楚它從先秦到魏晉的發展實況，有助於我們了解玄學之所以為玄學、道家之所以為道家，理由在此。」戴璉璋：《玄智、玄理與文化發展》，頁1。又言：「從老、莊到王弼、阮籍、嵇康，再到郭象、僧肇、成玄英，道家思想隱隱然有一條傳承不絕的義理脈絡。這脈絡，發端於《老子》的『有之以為利，無之以為用』——有無玄合，『玄之又玄，眾妙之門』。調適於《莊子》的『俄而有無矣，而未知有無之果孰有孰無也』。然後結穴於王弼的『返無全有』『因無明有』，以及郭象的『非無非有』『即有即無』。經由人們廣泛的實踐體證，它發用於多樣的人文領域，更深入於佛教、道教而拓展其辯證思維。僧肇把它接上『處中莫二』的般若智照、涅槃無為；成玄英又把它植入雙遣皆忘的重玄之域。」戴璉璋：《玄智、玄理與文化發展》，頁22。於此我們可以看到，戴璉璋先生將先秦道家至魏晉玄學、隋唐佛學的哲學史脈絡，藉由道家哲理的貫穿與發展，清楚地連成一氣，完成了道家在先秦至隋唐在哲學史層面的發展。正如戴先生所言：「這一玄學的自我超越途徑，經由王弼、阮籍、嵇康、郭象、僧肇以及成玄英諸人的體證，而逐趨明朗，成為道家傳統的一大主流。」戴璉璋：《玄智、玄理與文化發展》，頁23。

為一方法，將其完整地貫穿於王弼思想中，並以此支撐起王弼《易》學思想的基本骨幹。〔註76〕我們在《玄智、玄理與文化發展》一書中可以看到，戴璉璋先生將王弼《易》學分為兩部分進行論述，一是講王弼《易》學中的重要觀念：「卦以存時、爻以示變、彖以明體、象以盡意」；二講其《易》注中的玄理：「無陽而陽以之成、無陰而陰以之生、無應而應以之大、無知而知以之明」。在戴璉璋先生的論述中，我們可見第二部分之「玄理」處即是在論述王弼《易》學體系的理論，第一部份的「觀念」則遍於理論（「玄理」）當中，兩者相映，密不可分，構成了王弼「玄思」的主要內容，而「玄思」於生命中的具體實踐化即為「玄智」。於此我們可以看到，戴璉璋先生之王弼論述深具系統，「觀念」含於「玄理」（理論）中，進而構成王弼《易》學之「玄思」，當這套玄思應用於生命，實踐化後即成為「玄智」。於此，有本體有工夫，即本體即工夫，成就了一套完整的王弼《易》學體系，且這套體系是與其老學緊密相連，皆是以道家思想為主軸，支撐起王弼的哲學體系。

　　然而筆者以為，在戴璉璋先生所建構起的這套王弼哲學體系中，儒、道間的張力與影響乃至關重要，因為這關涉到我們該以何種角度看待王弼哲學的問題。承前所論，戴璉璋先生身為牟先生的弟子，其論述王弼哲學時，主要便是站在牟先生的基礎上往前邁進。而戴璉璋先生有鑑於研究者們的討論多半重在王弼的老學體系，故特別將關注的重心放在王弼《易》學體系的建構上頭。〔註77〕此中值得注意的是，面對王弼《易》學體系，自來的常識性看法為王弼「以傳解經」、「援老入易」，且這兩者間是息息相關、彼此影響。在前面幾節的討論中，我們可以知道不管是湯用彤先生或牟宗三先生，根本

〔註76〕就戴璉璋先生的看法，老子思想不僅為王弼思想的主幹，也是魏晉思想的主綱，其指出：「王氏『全有必返於無』、『明無必因於有』的說法，為《老子》有無玄合，『玄之又玄，眾妙之門』作出創造性詮釋，而這也就成為魏晉玄學思想的主綱。阮籍、嵇康所謂『越名教而任自然』、郭象所謂『獨化於玄冥之境』，都不外於『全有必返於無』的思理；而當時文化界流行的一些熱門話題，如養生論、樂論、形神論、畫論等等，也都可看到因有明無的印記。」戴璉璋：《玄智、玄理與文化發展》，頁 5～6。故其認為：「王弼在玄學發展上居於關鍵性地位，是無庸置疑的。」戴璉璋：《玄智、玄理與文化發展》，6。
〔註77〕戴璉璋先生在《玄智、玄理與文化發展》一書中指出：「一般來說，研究王弼玄學思想的人，總偏重於他的老學著作，而注意到王氏《易注》義理的，則又往往秉持儒門大義指責他的援《老》入《易》。這當然容易造成誤會，影響人們對於王弼思想的全面理解。本文的寫作，希望能彌補上述的這種缺失。」戴璉璋：《玄智、玄理與文化發展》，頁 31。

上都不否認這兩項常識性判斷。戴璉璋先生身為牟先生的弟子，在其試圖建構王弼《易》學體系時，戴先生之於王弼《易》學的前理解亦同樣為「以傳解經」、「援老入易」，正如戴璉璋先生指出：

> 王弼一方面據傳解經，一方面又援《老》入《易》。據傳解經，使他在《易》學史上取得重要的地位，因為他根據《易傳》滌除了漢儒象數之學的流弊，而重建了《周易》義理之學的殿堂。《周易》經、傳，一向重視卦爻象、位及義理。王弼在卦爻象、位方面，繼承經、傳傳統而稍有修正與發揮；在義理方面則有意會通儒、道兩家思想。其中儒家思想部分大體本於《易傳》，……。至於道家思想則根源於《老子》，……。〔註78〕

此段可視為戴璉璋先生對王弼哲學的基本定調，他於此拉起「老學」與「玄學」間的緊密關聯，並指出「……『崇本以舉末』、『貴無以全有』，這些觀念都來自他的老學著作」〔註79〕。但戴璉璋先生亦強調：「根據王氏老學著作來探討他的玄學思想，是比較容易掌握到綱領而獲致系統的理解的。……但是若要根據王氏的《易》學著作來探討他的玄學思想，則相對地就會顯得比較困難。因為老學與玄學是一脈相通的，而《易》學則自有經傳傳統。」〔註80〕正由於《易》學有別於老學，且自有其經傳傳統，故「《易》學」是如何與「玄學」產生關係，便值得進行討論。於此，戴璉璋先生便是試圖透過「以傳解經」、「援老入易」，來進行玄學與《易》學、老學間勾連。

如前所述，此處的「以傳解經」、「援老入易」之說乃是出自於傳統說法，我們當然可以輕鬆地將其視為傳統以來的權威看法，並繼而想當然爾地將王弼詮釋放入這兩個脈絡中揉合。然而戴先生的處理更為細緻，其試圖將「援老入易」當成王弼注《易》時的一個基本原則，以方法論的方式視「援老入易」為王弼《易》學的主幹，支撐起王弼《易》學的架構。然而，筆者以為，在他的王弼詮釋中，究其內涵，其實是存在著儒、道兩家間理論上的張力，二家究竟孰重孰輕，儒、道兩家於王弼哲學中勢力如何消長，筆者以為這是我們在面對戴璉璋先生的王弼詮釋時所必須釐清之處。

在上述引文中我們可以發現，戴璉璋先生強調出王弼因著「以傳解經」，

〔註78〕戴璉璋：《玄智、玄理與文化發展》，頁29～30。
〔註79〕戴璉璋：《玄智、玄理與文化發展》，頁29～30。
〔註80〕戴璉璋：《玄智、玄理與文化發展》，頁29～30。

建立起他在《易》學史上的地位。故筆者欲先將討論焦點放在戴璉璋先生是
如何看待「以傳解經」上頭。

　　在戴璉璋先生的《易》學論述中，曾經針對《易傳》內容有以下論述：

　　　所謂《易》學，本以占筮為主，占筮的目的在探問吉凶禍福，這與
　　　儒家反求諸己的成德之教不合。孔子雖然「五十以學《易》」（論語、
　　　述而），但他只是藉卦爻辭發揮義理，孔門師生及孟子的言談記錄
　　　中，都沒有涉及占筮。荀子則有「善為《易》者不占」（荀子、大略）
　　　的說法。《易傳》作者在這樣的儒學傳統中面對《易》書，自然都不
　　　會沉迷於筮法；他們注意的焦點是《易》學傳統中由筮法與人文精
　　　神相結合而形成的卦爻象位與義理。……《易傳》義理的建立，當
　　　然是以《易》學與儒學兩方面的深邃學養為基礎的。……《易傳》
　　　作者，成功地會通了《易》學與儒學……。〔註81〕

由此可見，對於《易傳》，戴璉璋先生乃是承接牟先生的看法，認為《易傳》
是儒家哲學體系的發微，當中當然談筮法，但重點並非在占筮，而是在儒學
的傳統中發揚義理，並且也是透過這番對於儒學義理的發揮，「《易傳》作者，
成功地會通了《易》學與儒學」。

　　正由於《易傳》在《易》學史上的重要性，故戴璉璋先生強調：

　　　秦漢以來，《易傳》在《易》學與儒學傳統中一直居於關鍵性地位。
　　　《周易》的研究者，必據《傳》解《經》，無論是取象數的觀點，抑
　　　或義理的觀點，立論的根據都離不開《易傳》。孟喜、京房的說解，
　　　王弼、康伯的注釋，可為例證。〔註82〕

戴璉璋先生指出，「以傳解經」是秦漢以來《易經》研究者詮釋《易經》時的
必然方式，王弼亦然。那麼，王弼是如何「以傳解經」的呢？即便都是「以傳
解經」，但義理派的王弼與象數派的孟喜、京房必有所差異，戴先生指出：「他
（筆者按，此指王弼）根據《易傳》滌除了漢儒象數之學的流弊，而重建了
《易經》義理之學的殿堂。」〔註83〕也就是說，王弼藉由「以傳解經」之法，
進行掃象，掃除了漢易的繁瑣，將《易》學帶回義理的世界。那麼，王弼所回

〔註81〕戴璉璋：《易傳之形成及其思想》（臺北：文津出版社，1997 年），頁 229～
　　　　230。
〔註82〕戴璉璋：《易傳之形成及其思想》，頁 1。
〔註83〕戴璉璋：《玄智、玄理與文化發展》，頁 30。

歸的「義理」，內容為何呢？此處戴先生的論述有些曲折，筆者以為必須進行進一步的釐清。

若說《易傳》發揮了儒學的義理，那麼我們是否能想當然爾地將王弼的「以傳解經」直接視為儒學義理的發微，即認為王弼掃除了漢易的繁瑣後，將《易》學內涵回歸到儒家哲理的發揚？對此，我們需先回到前述的這段引文：

> 《周易》經、傳，一向重視卦爻象、位及義理。王弼在卦爻象、位方面，繼承經、傳傳統而稍有修正與發揮；在義理方面則有意會通儒、道兩家思想。其中儒家思想部分大體本於《易傳》，……。至於道家思想則根源於《老子》，……。〔註84〕

戴先生此處論述，首先點出《易經》有其經傳傳統，而此傳統向來重視卦爻象、位與義理的發揮。基於此，王弼的「以傳解經」則可分兩層面說起：

第一，在形式表現方面，王弼在取象上繼承了《易經》的經傳傳統，回歸到傳統的取象模式。

第二，在內容闡述方面，當王弼在形式上回歸到傳統取象模式的同時，在繼承的過程中對《易》有進一步的發揮與修正。即其一方面繼承了《易傳》的儒家基礎，另一方面則又不單單是拿發揚儒學哲理的《易傳》來進行其對《易經》的詮釋，而是有所創新的在「以傳解經」的這個《易傳》基礎上進而加入了《老子》哲思，援老入易，「有意會通儒、道兩家思想」。

此處我們可以發現，關於王弼「以傳解經」的內涵，相較於牟先生專注於義理內容的闡釋，戴璉璋先生則是更細緻地將王弼的「以傳解經」區分為形式與內容兩個層面。且有別於牟宗三先生站在儒學本位的立場，認為王弼《易》學的「以傳解經」在因其「援老入易」的影響下，是種對於儒家義理的歧出，給予王弼較為負面的評價。〔註85〕戴璉璋先生則稍稍轉換角度，對王弼抱持正面看法，認為王弼注《易》時對儒、道兩家義理的取用、融合，是他對經典的創造性詮釋，為《易經》研究開拓了新視野，並因此豐富了《易》學

〔註84〕戴璉璋：《玄智、玄理與文化發展》，頁30。

〔註85〕在牟宗三先生的看法裡，其認為王弼雖在形式上「以傳解經」，實際上卻是在不瞭解《易傳》的情況下「援老入易」，將道家哲理帶入其《易》學詮釋，故是種歧出、錯誤的詮釋。此可參牟宗三：《周易哲學演講錄》，頁8。

的義理內涵。〔註86〕然而，正如本章第二節中，筆者針對「以傳解經」概念
的提問，筆者以為我們如何去定義王弼的「以傳解經」，將會影響到我們該以
何種角度看待王弼注《易》、以及其展現了何種《易》學風貌，此必須直接進
入王弼《易》注文獻，進行通盤的檢視，才能進行後續的討論，故筆者將在接
下來的幾章，對此進行相關討論，此處先暫置勿論。

　　回到戴璉璋先生的王弼詮釋，既然戴先生點出王弼在《易》注時融用了
儒、道兩家的義理，那麼戴璉璋先生又如何看待當中儒、道兩家勢力的消長？
筆者以為戴先生的此中的論述值得我們細思。在戴先生的論述中，其一方面
強調：「秦漢以來，《易傳》在《易》學與儒學傳統中一直居於關鍵性地位。」
〔註87〕拉出了《易傳》與儒學間的關聯，以及在《易》學上的重要性。又強
調：「《周易》的研究者，必據《傳》解《經》……。」〔註88〕，正因為《易
傳》在《易》學與儒學上的重要，故「以傳解經」便為後世《易》學研究者的
根本觀點。針對王弼，戴先生直指：

> 他（筆者按，此指王弼）在《易傳》那裏，取資最多的是〈象〉、〈彖〉
> 兩傳；其次是〈文言〉、〈繫辭〉及〈說卦〉。這五傳中，關於卦爻象、
> 位與義理方面的觀念，王弼大體都有所繼承。此外〈序卦〉所說的
> 卦序、〈雜卦〉所說的卦義，王氏也間或引用。來自《易傳》的觀念，
> 當然可以說是王氏《易》學的基礎。〔註89〕

戴先生此處明確點出王弼注《易》時，從《易傳》中取用了哪些觀念──在卦
爻象、位上的取資，是王弼對於取象方式上對《易傳》的繼承；義理方面則指
的是王弼對《易傳》中儒家哲理的發揚。故戴璉璋先生如此定調：「來自《易
傳》的觀念，當然可以說是王氏《易》學的基礎」。

　　若就此而論，在戴先生的論述中，王弼《易》學的根基應是奠基於儒家，
但仔細來看卻又並非如此簡單，深究戴璉璋先生的論述，我們可以發現戴先
生繼而指出王弼其實是在此儒家基礎上，又揉合了道家哲理，「如自然無為，
清靜無累，謙退不爭，惡華藏明等等，也常見於《周易注》中。」〔註90〕但
似乎有所扞格的是，戴先生又自言「崇本以舉末，貴無以全有當是王弼玄學

〔註86〕戴璉璋：《玄智、玄理與文化發展》，頁80。
〔註87〕戴璉璋：《易傳之形成及其思想》，頁1。
〔註88〕戴璉璋：《易傳之形成及其思想》，頁1。
〔註89〕戴璉璋：《玄智、玄理與文化發展》，頁31～32。
〔註90〕戴璉璋：《玄智、玄理與文化發展》，頁30。

思想的特色」〔註91〕，並指出：「根據王氏老學著作來探討他的玄學思想，是比較容易掌握到綱領而獲致系統的理解的。如上文所說的『崇本以舉末』、『貴無以全有』，這些觀念都來自他的老學著作。但是若要根據王氏的《易》學著作來探討他的玄學思想，則相對地就會顯得比較困難。因為老學與玄學是一脈相通，而《易》學則自有經傳傳統。王弼一方面據傳解經，一方面又援《老》入《易》。」〔註92〕由此可知，戴先生乃是以道家本位的立場來看待王弼玄學體系，但當他談王弼《易》學時，又明指王弼的《易》學基礎來自於《易傳》。那麼，回到同樣的問題——我們該如何看待儒、道兩家於王弼《易》注中所產生的張力？即若戴先生認為王弼《易》注的基礎概念來自闡述儒家哲理的《易傳》，那麼我們又該如何看待其所一再強調的，王弼的「一方面據傳解經，一方面又援《老》入《易》」〔註93〕？另一方面，戴璉璋先生又很明確地將老學中「崇本以舉末，貴無以全有」視為王弼玄學的特色，並直指老學與玄學乃是一脈相承，認為玄學為以老莊為核心的先秦道家後續的發展，〔註94〕將玄學置於道家道統，〔註95〕並且以是否具備玄思作為檢核一人是否為道家人物的準則。〔註96〕在戴璉璋先生此番的標準中，王弼無疑地是一名道家人物，這是戴璉璋先生為王弼所下的一個定錨性判斷。可是這麼一名道家人物，卻又一方面站在《易傳》這個基礎上，將《易傳》的觀念視為其注《易》時的基

〔註91〕戴璉璋：《玄智、玄理與文化發展》，頁29。

〔註92〕戴璉璋：《玄智、玄理與文化發展》，頁29～30。

〔註93〕戴璉璋：《玄智、玄理與文化發展》，頁30。

〔註94〕戴璉璋先生指出：「玄學當然並非道家發展的唯一途徑。老、莊以後，道家思想發用多方，刑名法術之士、韜略權謀之徒、以及養生求仙之輩，都在這裏各有所資取，有所引申。魏晉玄學興起，則儼然標示了道家思想主流在此而不在彼。經由玄學家的體證，道家之所以為道家有了本質上的決定。通過玄學自我超越的途徑，道家思想作為一種生命的學問、實踐的智慧學，其特色乃朗然彰著。」戴璉璋：《玄智、玄理與文化發展》，頁23。

〔註95〕戴璉璋先生指出：「這一玄學的自我超越途徑，經由王弼、阮籍、嵇康、郭象、僧肇以及成玄英諸人的體證，而漸趨明朗，成為道家傳統的一大主流。」戴璉璋：《玄智、玄理與文化發展》，頁23。

〔註96〕戴璉璋先生指出：「如果玄學作為道家之所以為道家的關鍵，那麼是否具有無知之知的玄思就是簡別道家人物的準則。王弼、阮籍、嵇康，以及郭象、僧肇、成玄英，不但具備這樣的玄思，而且在工夫進路與精神境界的體證上都各有獨到的造詣。他們證明了所謂實踐智慧學的繼承之道，是在實踐中繼承，在繼承中創新。諸賢的成就，也標識了玄學之所以為玄學的特質，玄學的歷史定位當可據此而有所論衡。」戴璉璋：《玄智、玄理與文化發展》，頁23～24。

本概念；另一方面又試圖「援老入易」，將《老子》概念抽換到《易經》中，作為其《易》學體系的主軸，這當中究竟是如何做到的呢？

於此我們可以發現，在戴璉璋先生的王弼論述中，其實是隱含著一股儒家與道家間的張力。然而作為道家人物的王弼，當其「援老入易」，以道家思想來呈現其《易》注的同時，又如何去呈現出另一套儒家思想來，是一個使人疑惑的問題。戴璉璋先生雖以「會通儒道」的角度視之，〔註97〕可是哲學理路各異的儒道兩家的間要如何「會通」，本身就有其難處。對此，戴璉璋先生並非沒發現兩家思想如何進行「會通」時所產生的困難，其指出：

> 基本精神並不相同的儒、道兩家思想，王弼是怎麼把它們會通起來
> 的呢？有人看出他用雜揉攪合的手法，也有人指出他用有無本末的
> 方法。假如王弼只用雜揉攪合的手法，當然不能真正會通儒、道，
> 我們著眼於他的雜揉攪合上，實在也看不出他在《易》學中的玄學
> 思想有什麼體系。〔註98〕

如果王弼以雜揉攪合的方法會通儒道，當中卻沒有一套原則性的方法，我們當然就不能稱其思想有所「體系」，那麼王弼會通儒道的那套方法為何，便成為其《易》學體系是否能成其架構的骨幹問題。針對此原則性的方法，戴璉璋先生將其歸結至「援老入易」上頭：

> 有無本末原來就是王弼玄學思想的重點，而認為儒家所重視的德業
> 教化應該歸本於道家所強調的自然無為，這也是何晏、王弼他們的
> 共識。〔註99〕

戴璉璋先生於此，先點出王弼玄學思想的重點在道家的「有無本末」，戴先生此說乃是根據於王弼的老學而來。〔註100〕因為就戴璉璋先生而言，玄學歸結於道家，王弼處於此以老莊為核心的先秦道家傳統中，同歸於道家人物，這是戴璉璋先生對王弼的基本定調，〔註101〕這定調也符合於傳統常識性看法上，認為王弼思想貼合於老子思想的說法。另一方面，若我們從思想體系性的角度來看，若王弼思想具有體系性，那麼便不可能在他的《老子注》中呈

〔註97〕如戴璉璋先生指出：「（王弼）在義理方面則有意會通儒、道兩家思想。」戴
　　　　璉璋：《玄智、玄理與文化發展》，頁30。
〔註98〕戴璉璋：《玄智、玄理與文化發展》，頁30。
〔註99〕戴璉璋：《玄智、玄理與文化發展》，頁30～31。
〔註100〕此可參戴璉璋：《玄智、玄理與文化發展》，頁4～6、26、29～30。
〔註101〕戴璉璋：《玄智、玄理與文化發展》，頁22～24。

現一套思想、在《周易注》中又呈現另一套思想。若其《老子注》理所當然地呈現出老子思想，那麼在其體系規範下，其《周易注》必也是以老子思想為綱領，以此進行儒道間的會通。若此，王弼的思想才具有一貫性。故戴璉璋先生指出：

> 可是王弼是怎樣通過《周易》卦爻結構來說明有無本末關係的呢？所謂「易者，象也。」《周易》卦爻都具有豐富的象徵意義，每一卦都可表示一種具體的情境，王弼落在這上面談有無本末，是在具體的情境中指證玄理，不可避免的會有一些辯證的思維。假如我們不能相應於這種思維，而在卦爻象、位的脈絡中去探索玄理，對於王弼在《易》學中的玄思實難獲得相應的了解。〔註102〕

王弼是如何在其《易》注中會通儒道呢？戴璉璋先生於此先強調出「象徵」的重要性。卦象藉由象徵呈現出具體情境，繼而產生意義的繁衍。針對此過程，戴先生指出「王弼落在這上面談有無本末」，即王弼在這個透過象徵而發的具體情境中加入了有無本末，「是在具體的情境中指證玄理」，將道家思想放入《易經》，完成了儒道的會通。故戴璉璋先生指出，此為「王氏對於《易傳》傳統加以修正或發揮之後所形成的一些見解」。〔註103〕此處的「修正或發揮」即是指透過上述的操作手法，王弼在注《易》的同時，納入了道家思想來「援老入易」，而對《易》有了一些新的理解。

　　無可諱言地，戴璉璋先生為了建構出王弼的這套《易》學體系，下了相當大的工夫，其試著將王弼的《易》學內容先概念化，再進而將之系統化，當中最高的指導原則就在於「援老入易」。當他在討論王弼《易》學中的重要觀念前，他便開宗明義地說道：

> 王弼據傳解經，而又援《老》入《易》。……來自《易傳》的觀念，當然可說是王氏《易》學的基礎，不過本文所要討論的不限於這些。本文所謂的重要觀念，是指王氏對於《易傳》傳統加以修正或發揮之後所形成的一些見解，以及他在援《老》入《易》時所秉持的一些觀念。換句話說，下文所討論的，大體上是認識王弼《易》學的關鍵，也是把握王弼《易》學特色的重點。〔註104〕

〔註102〕戴璉璋：《玄智、玄理與文化發展》，頁31。
〔註103〕戴璉璋：《玄智、玄理與文化發展》，頁32。
〔註104〕戴璉璋：《玄智、玄理與文化發展》，頁31～32。

在「據傳解經」下，《易傳》似乎成為王弼《易》注中的最高指導原則，但戴璉璋先生認為這只是王弼《周易注》之表象。就其實質，戴璉璋先生認為王弼《易》注中的重要觀念，乃是來自於：

1. 王氏對於《易傳》傳統加以修正或發揮之後所形成的一些見解
2. 他在援《老》入《易》時所秉持的一些觀念

戴璉璋先生認為此見解與觀念正是王弼《易》學的關鍵與特色，然而我們若細究就此二點之實質，便可發現其實最核心的原則其實就是來自於「援老入易」──正因著王弼的「援老入易」，故其對《易傳》傳統才會有後續的修正、發揮進而形成新見解。另一方面，在戴璉璋先生所謂之王弼「在援《老》入《易》時所秉持的一些觀念」裡，則又是在儒道間彼此會通、互為表裡的情況下，以道家思想為主軸，來進行對《易》的進一步詮釋。戴璉璋先生指出：

> 王弼《易》學中的重要觀念有卦以存時、爻以示變、彖以明體、象
> 以盡意四項。其中涉及卦、爻的兩項，大體是王氏據傳解經發展出
> 來的洞見；而涉及〈彖〉、〈象〉的兩項，則有他援《老》入《易》
> 發展出來的卓識。〔註105〕

戴璉璋先生將王弼《易》學的重要觀念分述為：「卦以存時、爻以示變、彖以明體、象以盡意」，前兩者大體論述王弼基於「以傳解經」的基礎上，繼而又有所發揮，此發揮來自於王弼所秉持的道家哲思。後兩者則是針對王弼的「援老入易」做核心的論述。〔註106〕但無論如何，當中道家思想的主軸成分，都是顯而易見的。

　　如前所述，戴璉璋先生將魏晉發展出的「玄學」視為先秦道家後續發展的主流，撇除了黃老刑名等的雜質，純化成哲學的討論。故一人是否具備「玄思」就成了檢核其是否可稱為道家哲學家的關鍵。故在《玄智、玄理與文化發展》一書中，以「玄思」為主軸，細緻論述王弼《易》注中的道家玄思。戴璉璋先生藉此種分析，論道家思想於王弼《易》學中的核心地位，將「援老入易」以一種方法論的層次，架構起王弼《易》學內容，相當清楚地建構出王弼的《易》學系統。〔註107〕針對「援老入易」，牟宗三先生只是將其視為一傳統說法，是其論述王弼《易》學時的前理解，但牟宗三先生並未繼而將「援老入

〔註105〕戴璉璋：《玄智、玄理與文化發展》，頁57～58。
〔註106〕可詳參戴璉璋：《玄智、玄理與文化發展》，頁32～57。
〔註107〕相關論述，可詳參戴璉璋：《玄智、玄理與文化發展》，頁26～80。

易」視為一個方法而將之原則化。但戴璉璋先生不然,其用力於將「援老入易」此一常識性看法原則化,將「援老入易」由一個常識性命題,通過層層論證,進而證實此常識性命題為真,使之成為一個真實的命題,這也正是戴璉璋先生論述王弼《易》學時的精細所在。我們可以如此說,戴璉璋先生將「援老入易」以一方法論的層次帶入了王弼《易》學,以此建構起一套有系統的王弼《易》學體系,此正是戴璉璋先生的用力之處。

然而,當戴璉璋先生試圖將「援老入易」視為王弼注《易》時的方法論原則的同時,我們必須留意到一點,即──「原則」需具有普遍性。當「援老入易」成為王弼注《易》時的原則時,我們必須得問──我們真的可以將「援老入易」視為王弼注《易》時的普遍性原則嗎?

在戴璉璋先生的王弼《易》學論述中,提出了「王弼易注中的玄理」一詞,並以「明『無』必因於『有』,全『有』必返於『無』」為核心綱領,指出「他(筆者按,此指王弼)在《周易注》中,也是以這兩個觀念為準則來指點玄理的」。〔註108〕也就是說,戴璉璋認為「明『無』必因於『有』,全『有』必返於『無』」是王弼《易》注時的總原則,依此原則而下,王弼《易注》中的玄理在內容上則可再分以下四點:

1. 無陽而陽以之成
2. 無陰而陰以之生
3. 無應而應以之大
4. 無知而知以之明〔註109〕

那麼,戴璉璋先生是從何處導出「明『無』必因於『有』,全『有』必返於『無』」此一王弼玄理的總原則的呢?就戴先生的說法,此原則出自於王弼對《老子》第四十章:「天下萬物生於有,有生於無」〔註110〕的注文:

> 天下之物,皆以有為生。有之所始,以無為本。將欲全有,必反於
> 無也。〔註111〕

相應於此,戴璉璋先生亦從王弼《周易注》之有關〈復〉卦的注文中取資,

〔註108〕戴璉璋:《玄智、玄理與文化發展》,頁62。

〔註109〕可詳參戴璉璋:《玄智、玄理與文化發展》,頁63~77。

〔註110〕〔魏〕王弼注,樓宇烈校釋:《老子道德經注(下篇)‧四十章》,收入《王弼集校釋》,頁110。

〔註111〕〔魏〕王弼注,樓宇烈校釋:《老子道德經注(下篇)‧四十章》,頁110。

〈復卦・彖傳〉:「復,其見天地之心乎!」〔註112〕,王弼注之:

> 復者反本之謂也,天地以本為心者也。凡動息則靜,靜非對動者也;
> 語息則默,默非對語者也。然則天地雖大,富有萬物,雷動風行,
> 運化萬變,寂然至無是其本矣。故動息地中,乃天地之心見也。若
> 其以有為心,則異類未獲具存矣。〔註113〕

針對王弼《老子》第四十章與〈復〉卦注文,戴璉璋先生做出以下勾連:

> 在這裡,王弼指出「寂然至無」是天地之本。這就是說:「無」是天
> 地萬物所以能夠俱存俱化的根據。「有」具有特定的內容,對於異類
> 有排斥性,所以不能作天地之本。「無」超越「有」,揚棄了「有」
> 的特定性、限制性,也化除了排斥性,所以它能夠使廣大的天地「富
> 有萬物,雷動風行,運化萬變」。這就是「無」以全「有」,這是王
> 弼玄學中非常重要的觀念。〔註114〕

顯而易見的,戴先生將王弼的《老子》第四十章注文與〈復〉卦的注文相互對
比,故導出「『無』以全『有』」這個戴先生認為的王弼玄學中的重要觀念,就
戴先生的看法,此道家式的概念乃是貫穿於王弼的整個玄學體系。

對於戴先生的此番定調,若我們以王弼對《老子》第四十章與〈復〉卦
的注文來看,《老子》第四十章注文談有無、〈復〉卦注文謂「寂然至無是其本
矣」,當中就語句論的確有所關聯。然而,筆者想進一步提問的是,我們是否
可以直接就此語句上的關聯,輕易地推出王弼「援老入易」的這個結論?表
面上來看,〈復〉卦注文似在講「有、無」,但我們就可以直接說這是把道家玄
思視作原則嗎?即便當中王弼真的運用了道家,但究竟是哲學觀點的取用,
抑或如戴先生所言是為其注《易》時的方法原則,則需要進一步釐清。

當然,在戴璉璋先生的論述中,無疑認為王弼乃是「援老入易」,並將道
家思想視為一方法原則來注解《易經》,因為「援老入易」是戴璉璋先生理解
王弼《易》學時的關鍵性前理解。在此前理解下,戴先生抓出王弼在〈復〉卦
注文中的「寂然至無是其本矣」一語,認為這就是王弼「援老入易」的鐵證。
然而,這是戴先生在先接受了歷來傳統說法後所給予王弼的基本定調,而非
依照合理的論證模式,先依據王弼的《易》注,一一論證後所得出的結果。筆

〔註112〕 〔魏〕王弼注,樓宇烈校釋:《周易注(上經)・復》,頁336。
〔註113〕 〔魏〕王弼注,樓宇烈校釋:《周易注(上經)・復》,頁336~337。
〔註114〕 戴璉璋:《玄智、玄理與文化發展》,頁59。

者以為，若我們最終要導出王弼《易》學乃是「援老入易」的道家易，那麼須先對王弼《易》注進行句句論證，而非以歷來傳統的看法為先，以此想當然爾地規範住王弼《易》學。也就是說，若「援老入易」成為王弼注《易》時的準則，那麼「援老入易」就必須嚴絲合縫地整個貫通在王弼《易》學，且必須能通過句句論證的嚴格檢驗。否則，我們又怎麼能說王弼《易》學乃是「援老入易」呢？如前文一再強調地，戴璉璋先生的王弼《易》學論述中，實際上存有儒、道理論間的張力，故筆者對此必須提問，即便戴先生以「援老入易」為王弼《易》學體系的核心，細緻地成就起王弼《易》學的架構，然而若我們先撇開歷來對王弼的傳統說法，實際去檢視王弼《易》注，那麼我們是否可以看出一番王弼《易》學的不同風景？當中《易》、《老》間究竟是以誰為核心？是「援老入易」？抑或「援易入老」？筆者以為這是我們在論述王弼《易》學時，所必須先做的工夫。故筆者將在皆下來的幾章，直接進入王弼《易》注，對此做進一步的討論，此處先暫置勿論。

回到戴璉璋先生的王弼《易》學論述，在戴先生所建構的王弼《易》學體系中，「援老入易」是戴先生基於其前理解而設定出的基本假定。在戴先生所論述的王弼《易》學體系中，論述邏輯是他先假定了王弼是道家人物這個前提，當中他以一人是否具備無知之知的「玄思」作為其是否可歸入道家人物的檢核標準。〔註 115〕對此，戴先生認為王弼的「玄思」即是體現在他的《老子注》中，並也應用在其《周易注》中。當中戴先生之所以能串連起王弼的《老子注》與《周易注》，靠的即是「有無本末」這樣的概念。因為戴先生認為，王弼乃是藉著「有無本末」的概念來「援老入易」，將道家思想貫入《易經》，繼而會通儒道。所以在戴先生的這套王弼《易》學體系中，以「有無本末」來「援老入易」的這個論述必須被當成一個原則來看，那麼這個誕生於《老子注》的原則，要如何放到《周易注》中進行操作，便成為戴先生關心的一個議題。故戴先生在「明『無』必因於『有』，全『有』必返於『無』」的這個「有無本末」式的核心綱領下，繼而提出了以「無陽而陽以之成、無陰而陰以之生、無應而應以之大、無知而知以之明」四句分項，以此陳述在「有無本末」的總原則下，王弼《易》注中玄理內容的具體表現。其指出：

> 這玄思（筆者按，此指王弼玄思），可以用兩句話來概括，即：明「無」

〔註 115〕戴璉璋：《玄智、玄理與文化發展》，頁 24。

　　必因於「有」，全「有」必返於「無」。明「無」必因於「有」，揭示
　　了一種玄學的方法論。這裏是一條由事象體證玄理的進路。在《周
　　易》中，這事象是由陰、陽以及爻位、爻應等等來表示的。在陽無
　　陽、在陰為無陰，以及無位之位、無應之應，都可以印證玄理。這
　　裏固然須有一種辯證的思維，但真實的意義卻須經由道家形態的實
　　踐來證成。因此上述這種玄學的方法論，其實就蘊涵著一種工夫論，
　　並可開出一種本體論。〔註116〕

這裏戴先生明確點出，他將「明『無』必因於『有』，全『有』必返於『無』」
的這套道家有無本末式的概念視為王弼《易》學中的方法論，也就是將「援
老入易」視為成就王弼玄思的一套方法，以此方法得以印證玄理。當中戴先
生所謂「這裏是一條由事象以體證玄理的進路」，指的即是將《易經》中的事
象視為有為末、玄理視為無為本，而在《易經》中，事象即是由「陰、陽、爻
位、爻應」來指稱。但戴先生認為，在王弼《易》注中，這些「陰、陽、爻位、
爻應」都是為了透顯玄理而生，終為末端，在道家玄理的脈絡下，並無須執
著於現實事象之有，故戴先生將王弼《易》注中「援老入易」的具體表現落到
「無陽而陽以之成、無陰而陰以之生、無應而應以之大、無知而知以之明」
上頭。對於此，戴先生指出當中有著一套辯證的思維，一如牟宗三先生講先
秦老莊式的道家時，透過由正言若反、詭辭辯證透顯出道家曲折、玄之又玄
的玄理，〔註117〕戴先生亦藉由此種辯證的思維模式，來看待玄理的具體內容
——「無陽而陽以之成、無陰而陰以之生、無應而應以之大、無知而知以之
明」，即玄理在有無本末透顯出的辯證的思維中顯，並在生命實踐中獲得實現。
故戴先生作結：「上述這種玄學的方法論，其實就蘊涵一種工夫論，並可開出
一種本體論」。於此我們可以發現，戴先生完滿地將王弼《易》學以「有無本
末」這個「玄學的方法論」，帶入生命實踐工夫論上頭，並依此理論的方法、
實踐的工夫，成就了一套本體論哲學——即王弼《易》學以「援老入易」這個
方法論原則，進行生命的實踐，最終完足地架構出一套會通儒道的道家易（玄
理）來。

　　戴先生的論述相當精彩且深具系統性，藉由上述論述，在「援老入易」
這個方法的帶領下，完美地建構起王弼道家易的理論模式，及其哲學體系。

〔註116〕戴璉璋：《玄智、玄理與文化發展》，頁78。
〔註117〕牟宗三：《才性與玄理》，頁135～137。

然而此處筆者想進而提出幾個問題：第一，王弼是否真的將「有無本末」視為一套「玄學的方法論」，以此貫穿於整個《周易注》？第二，藉由「有無本末」這樣的「方法論」，何以必然導出一套道家玄思？第三，我們是否可以將「無陽而陽以之成、無陰而陰以之生、無應而應以之大、無知而知以之明」四句，視為王弼注《易》時「援老入易」原則的具體表現？

　　針對第一點，謝大寧先生曾提出以下反思：

> ……有無本末的確是王弼在注《老》時所採取的一個重要原則，但有無和本末是兩個層次的概念，無為本，有為末，這是王弼說的，但有末無本在這裡表示的是一個具體的哲學論點，而不是一個方法論的觀點，這和本末之說，也就是王弼經常說的「天下同歸而殊途，一致而百慮」以及「物有其宗，事有其主」的說法，它之為一個普遍的方法論觀點，乃是必須有所區別的，我們不能泛泛地把有無本末連在一起說，以為王弼一講到本末，便意指有無，如果這當中不加區分，便可能會落入方法上的盲點。〔註118〕

謝先生於此分判出哲學概念與方法原則間的差別，其指出王弼的確在《周易注》中談及「有無本末」的這些概念，但這些概念在使用時實屬於哲學概念的運用，然而哲學概念是否能直接歸於方法原則，則有待進一步討論。然而戴璉璋先生在「援老入易」的基本假定下，直接將王弼《易》注中談及「有無本末」的話語視為一方法原則，這導因於他自始自終都先將王弼定錨為一道家人物，才會導出其一旦用了「有無本末」之語，便是「援老入易」方法的使用。然而，哲學概念的使用並不等於方法原則的橫貫，我們無法一看到「有無本末」便直接將其視為一種方法原則。筆者以為，我們必須先將以上的基本假定拿掉，先對王弼注文進行整體的檢視，才能推導出後續結論，即──王弼究竟有沒有將「有無本末」、「援老入易」視為一原則性的方法？對此，蔡月禎亦有相關論述，其認為王弼雖用了「體用玄理」來解《易》，但也不能因此將其等同於「以老解易」，並指出王弼解《易》時強調之「德位相符」、「適時而變」，謂王弼對於《易經》義理的掌握與闡發其實也並不違背儒家的義理精神。〔註119〕筆者以為，蔡月禎此處討論有其啟發性，也就是我們到底

〔註118〕 謝大寧：〈試論玄學的分期問題〉，頁310。

〔註119〕 相關討論詳見蔡月禎：《王弼易學研究》，中壢：國立中央大學碩士論文，1999年。

該用何種方式、態度來定調王弼《易》學？如筆者前頭所論，若王弼只是以一種雜揉攙合的方式援用儒、道思想入《易》，那麼王弼的《易》學也就不成其一個系統。只是蔡月禛主要著眼於王弼解《易》時儒、道的相雜，謂論者無法簡單定言王弼就是「援老入易」，但其仍是將有無本末之體用說直接連結至道家思想，謂此為一「體用玄理」，然而，會不會連這樣的勾連也有其問題呢？

對此，謝大寧先生曾言：

> ……光是談到本末這個方法論的概念，並不必然表示一種玄思，中庸不也曾說「物有本末，事有終始」嗎？但是即使談到「有末無本」就一定表示是玄思嗎？或者說，如果它可以稱之為是一種玄思，而這種玄思的意思和自然無為這樣一個道家工夫論的概念之為一種玄思，它的意思是不是一樣的？在我看來這可能還得好好地作一些區分。〔註120〕

誠如謝先生所言，即便王弼在《周易注》中有使用「有無本末」這樣近似於道家式的語彙，然而我們何以能一看到「有無本末」之語，即勾連至先秦老莊式的道家？在王弼為道家人物、玄學為道家義理的傳統說法下，如此的勾連似乎就成為一個不證自明的推論，然而若我們先撤除傳統說法的籠罩，重新回歸於王弼《易經》注文，那麼，我們還能如此理所當然地將「有無本末」直接勾連至道家義理嗎？

針對第三點，戴璉璋先生所謂「無陽而陽以之成、無陰而陰以之生、無應而應以之大、無知而知以之明」，乃源自於韓康伯注〈繫辭傳〉「一陰一陽之謂道」：

> 道者何？无之稱也。无不通也，无不由也。況之曰道，寂然无體，不可為象。必有之用極，而无之功顯，故至乎神无方而易无體，而道可見矣。故窮變以盡神，因神以明道，陰陽雖殊，无一以待之。在陰為无陰，陰以之生；在陽為无陽，陽以之成。故曰：「一陰一陽」也。〔註121〕

然而戴璉璋先生並未說明其何以使用韓康伯此言，以及由此進而延伸成「無

〔註120〕謝大寧：〈試論玄學的分期問題〉，頁310。

〔註121〕〔魏〕王弼注，樓宇烈校釋：《周易注·附·繫辭上（韓康伯注）》，收入《王弼集校釋》，頁541。

陽而陽以之成、無陰而陰以之生、無應而應以之大、無知而知以之明」之所謂的玄理的具體表現的原因。或許戴先生認為韓康伯此言對於玄理的展現深具代表性，可是這樣的陳述是否能必然連結至玄理的具體表現，則值得我們進一步思索。正如謝大寧先生所言：

> 韓康伯所謂的「在陽而無陽，陽以之成」，的確可以視為一種哲學觀點的展現，但他未必有意將這一觀點當成一個解卦的原則，而今天戴老師認為其中含著王弼解卦的原則，並且以之為其玄思的系統性展現方式，這樣的說法所可能遭遇的第一個挑戰，便是這一原則的不具普遍性。……我也擔心我們可以依據這樣的詮釋方式，而說象象傳在會通儒道。比如說坤文言說「坤至柔而動也剛，至靜而德方」這話是不是並不需要王弼來解釋，它本身就已經含著對「柔的一種超越，一步轉化，是在陰而無陰」了呢？蒙六五象傳說「童蒙之吉，順以巽也」這也是一個陰爻而處陽位的例子，所以也是不當位，而象傳說它是吉，因為順以巽，那我們可不可以說這也是柔得尊位，而能以順以巽的方式自我超越，故能得吉呢？若是如此的話，那就真的到處都有玄思在了，因為這樣的例子在象象傳中實在舉不勝舉，甚至在其他的註解中也隨處可見，如此一來，這樣的詮釋不就失去意義了嗎？〔註122〕

謝先生於此同樣先分判出哲學觀點與解卦原則間必須有所區別，如前所述，即便王弼在其《易》注中有著近似於道家觀點的使用，也無法直接導出王弼以此為解卦原則的結論。從另一方面來說，若《易傳》的解經是反映出時人的生活智慧，那麼這套生活智慧，究竟是儒家脈絡下的一家之言，抑或是本身也含著類似於道家的哲思呢？若為後者，那麼我們又該如何看待《易傳》裡相關語彙的使用？除了上述謝先生所舉的〈坤〉卦〈文言〉、〈蒙〉卦六五〈象傳〉之例外，類似的例子在《易傳》中其實隨處可見，如〈小畜〉卦〈象傳〉：「小畜，柔得位而上下應之，曰小畜。」〔註123〕、〈履〉卦〈彖傳〉：「履，柔履剛也。」〔註124〕、〈大有〉卦〈彖傳〉：「大有，柔得尊位大中，而上下應

〔註122〕謝大寧：〈試論玄學的分期問題〉，頁312～313。
〔註123〕〔魏〕王弼注，樓宇烈校釋：《周易注（上經）‧小畜》，收入《王弼集校釋》，頁265。
〔註124〕〔魏〕王弼注，樓宇烈校釋：《周易注（上經）‧履》，收入《王弼集校釋》，頁272。

之，曰大有。」〔註125〕、〈升〉卦〈彖傳〉：「柔以時升。」〔註126〕……等等
皆然。難道我們可以輕易地將其比配到道家，而說《易傳》也是援老入易嗎？
就這點而言，恐怕是難以如此簡而視之的。另一方面，在戴先生僅為援用韓
康伯〈繫辭傳〉注文，而未說明其為何引用的情況下，若先撇除王弼為道家
人物、《周易注》為「援老入易」方法下呈現出的道家易這樣的前理解，我們
該如何解釋戴先生要拿此〈繫辭傳〉注文，作為所謂「玄理」的具體呈現的原
因呢？即便戴先生試圖取王弼注文中的相關語彙進行佐證，然而難道使用了
「柔」、「靜」等語，便能勾連至道家玄理的呈現嗎？行文於此，筆者同樣想
問一個問題，如果拿掉王弼是道家人物，以及王弼以「援老入易」為一方法
原則，進而使《易經》成為道家易的這兩個大前提，以上戴先生的種種推論
是否還能成立？

　　筆者以為，若我們要證明王弼哲學等於道家哲學，我們必須先證明王弼
的《老子注》等於道家哲學，接著再證明〈復〉卦注文裡講的有無本末真的就
是道家哲學之援用，因為我們無法一看到有無本末的提法，便直接勾連至道
家。從另一個角度來想，即便講有無本末，實際上也可以無涉家派的哲學觀
點，而只是講有無本末罷了。另一方面，即便《周易注》對〈復〉卦之解真的
是道家思想的援用，但若我們要定義王弼哲學等同於道家哲學，也不能僅以
〈復〉卦為例，而必須藉由《周易注》文獻整體的耙梳，才能對其做出通盤的
審視，繼而看出王弼的這套系統究竟是何風貌。

　　除此之外，面對戴璉璋先生將有無本末這樣的哲學概念視為王弼注《易》
時的方法原則，正如前文所述，哲學概念是否能直接歸於方法原則，便值得
我們進一步探究。因為哲學概念與方法原則之間，其實有著論題層次的不同。
若以方法原則來看，當中並無分所謂儒、道，哲學概念才有分儒、道，然而戴
先生在這兩個論域裡不斷跳轉。他先將王弼注文中的有無本末拉至方法論層
次，然後將其視為通過王弼《周易注》的方法原則，再具體化成「無陽而陽以
之成、無陰而陰以之生、無應而應以之大、無知而知以之明」四句，作為方法
論原則的具體展現，最後再將其還原回哲學概念。在上述跳轉的同時，其實

〔註125〕〔魏〕王弼注，樓宇烈校釋：《周易注（上經）·大有》，收入《王弼集校釋》，
　　　　頁289。
〔註126〕〔魏〕王弼注，樓宇烈校釋：《周易注（上經）·升》，收入《王弼集校釋》，
　　　　頁450。

也發生論域之間的滑轉,這樣的做法嚴格而論是否合理,值得我們細思。

第四節　結論

　　根據本章一到三節的討論,我們可以發現,針對王弼《易》學體系與內容的探究,經由湯用彤、牟宗三、戴璉璋三位先生的逐步討論,一步步地產生深化。在深化的同時,道家玄思也逐次緊密地進入《周易注》,使王弼的《周易注》成為依據道家思想而成的一套體系。以下,筆者針對前三節的論述,略作小結。

　　如前所論,湯用彤先生在王弼研究上具備了兩大典範性意義,一是湯先生是首位將魏晉玄學視作一個知識性課題的論者,湯先生也在此基點上進而將魏晉玄學系統化,奠定魏晉玄學的基本架構。二是湯先生在歷史層面上,藉由對荊州學派、漢代道家的討論,拉出了王弼的學術淵源,認為王弼是基於家學而深受荊州學派的漢代新道家影響,使道家思想進入了其對《易經》的詮釋。也因此,湯先生更加穩固了王弼之於魏晉玄學的地位,即在荊州新學風的影響下,王弼「援老入易」,開啟魏晉新學的新頁。

　　湯先生此說當然深具學術里程碑意義,其後許多論者如王葆玹、余敦康等多依湯先生的論點為基礎,續而進行討論。然而,湯先生的說法中有個問題,即不管是「荊州學派」還是「漢代道家」,其實都隱含著湯先生對於王弼之預設──湯先生在不否定前人謂王弼為玄宗之首的這個論斷下,進而替王弼學術進行溯源,最終給出了王弼在家學淵源上深受荊州學派的漢代新道家影響,故「援老入易」,一開魏晉玄風。也就是說,湯先生是在王弼為玄宗之首、王弼注《易》時援老入易的這個前提下,再回返尋找此前提之「因」,然而正如筆者在本章第一節所論,在湯先生所擘畫出的這個歷史圖像中,其實是有著許多曲折且論據不足之處的。更有甚者,在程元敏先生的考證下,我們發現湯先生所謂的「荊州學派」一說,其實也是經不起文獻的檢驗的。於是,湯先生為王弼所建構的這番歷史圖像,其實是有問題的。然而,歷史圖像建構失效,其實也不代表湯先生其後給出的王弼哲學詮釋有誤,也不能因此推翻王弼「援老入易」之說,只能說湯先生溯源失敗罷了。

　　從這個角度來看,即便牟宗三先生是在首肯了湯用彤先生對王弼「荊州學派」、「漢代新道家」之歷史判斷的前提下,接續在哲學層面談王弼的「援

老入易」，但其實也不會因為湯先生的歷史論斷被推翻，一併使得牟先生對王弼的哲學論斷也因此失效，王弼的哲學圖像為何，終究還是得回到文獻本身來進行細部的討論。況且牟先生對王弼的興趣恐怕也不在歷史層面上頭，其只是一方面在歷史層面上接受了湯先生的說法，另一方面又在義理層面上接受了傳統之謂王弼承費氏《易》「以傳解經」的說法，以此二層面為基點，進一步去談王弼的「援老入易」，究其論述，牟先生關注的重點其實還是在王弼的哲學圖像上頭。

　　但值得我們注意的一點在於，相較於牟先生在《才性與玄理》第五章〈王弼之老學〉中對王弼《老子注》所做的鉅細靡遺的說解，在第四章〈王弼玄理中的易學〉中，牟先生一改論述方式，而以提綱挈領的方式來論述王弼《易》學中玄理的發揮。然而，若我們細究牟先生的王弼《易》學論述，則會發現牟先生其實並未明確地將「援老入易」視作王弼注《易》時的方法論——其未明確地指出王弼《周易注》中究竟帶有多少的道家成分，也未論及王弼是否有將老子思想系統性地帶入其《周易注》。牟先生只是以一種大原則的方式，來論王弼之「援老入易」。這裡便產生了一個問題，若牟先生未將「援老入易」視作王弼注《易》時的方法論，那麼我們該如何去談王弼之為「先秦道家的復興」〔註127〕？對於牟先生的王弼《易》學論述，筆者有一個大膽的推斷，即牟先生其實是在先首肯了王弼「援老入易」的這個大前提之後，再繼而嘗試著將王弼《周易注》中的句子和先秦道家進行勾連，也就是說，其實並非王弼自己去「援老入易」，而是牟先生將道家思想放入了王弼《周易注》。既然如此，問題則又回到原點——王弼的哲學圖像究竟為何？

　　針對王弼的哲學圖像，戴璉璋先生身為牟先生的弟子，在哲學討論上基本繼承了牟先生的論點，並在此基礎上試圖做出更具系統性的王弼《易》學論述。因此，有別於牟宗三先生只是將王弼的「援老入易」視為傳統共識進行其《易》學論述，戴先生則是更嚴密地將「援老入易」視為王弼注《易》時的方法論原則，將此概念完整地貫穿於王弼《易》學，撐架出一番對王弼《易》學之系統性論述。

　　另一方面，相較於牟宗三先生站在儒家本位的觀點，認為王弼注《易》是種歧出，戴璉璋先生則是以一種更寬容的態度，謂王弼注《易》時試圖取

〔註127〕此為牟宗三先生對王弼的定調，見牟宗三：《才性與玄理‧序》，頁1。

捨、揉合儒道──王弼在形式上以「取象」的方式繼承了《易傳》與《易經》間的經傳傳統，在內容上則對《易經》義理進行對儒道兩家之取用、融合，有自己進一步的發揮與修正，將《周易注》視為王弼對經典的創造性詮釋。然而，筆者以為，在戴璉璋先生的王弼《易》學論述中，其實是存在著儒、道間的張力的，其一方面指出《易傳》對王弼《周易注》的影響──除對《易傳》取象方式的沿用外，義理上戴先生亦指出王弼「發揮《易傳》觀點，闡述卦爻的人文意涵」〔註128〕。但究其論述，戴先生仍舊試圖彌合王弼《周易注》中的儒、道因子。最後，戴先生終以道家本位的立場，謂王弼將老子玄思帶入《周易注》，會通儒道。就牟先生的說法，其謂王弼哲學為「先秦道家的復興」，到了戴先生，則直接將王弼定調為一名道家人物。

此外，針對「援老入易」此說，就牟先生而言，「援老入易」是其詮釋王弼時所承繼的傳統說法，但牟先生並未將其視為一方法論原則貫通於王弼的《周易注》。但戴璉璋先生不然，在其王弼論述中，基本上是將「援老入易」這麼一個常識性看法原則化，經由層層論證來證明此常識性看法為真，使其成為一個真實的命題。戴璉璋先生也藉由此中的層層論證，將「援老入易」以方法論的層次帶入了王弼《易》學，建構起一套更具系統性的王弼《易》學體系，這也正是戴先生王弼論述的精細所在。然而，若我們翻看戴先生的王弼論述，卻可發現戴先生與牟先生相同，亦是以一種提綱挈領的方式，概念性地闡述王弼《周易注》中的「玄理」，而未對《周易注》文獻進行嚴密地文句耙梳。這裡同樣產生了一個問題，那就是如果我們說牟先生是在認肯了王弼「援老入易」的前提下，繼而嘗試將道家思想與《周易注》產生勾連，將道家思想置入王弼的《周易注》。那麼，戴先生是否也是在認肯「援老入易」，以及牟先生王弼《易》學論述的前提下，同樣地將道家思想置入了《周易注》當中了呢？其實，不管是湯用彤先生、牟宗三先生或戴璉璋先生，即便其對王弼學術風貌各有其不同側重點的闡述與論證，但其論述的基點都是在王弼「援老入易」的這個常識性看法上頭，他們根本上沒有懷疑這麼一個常識性看法的可信度，也因此，「援老入易」成為此三先生定義王弼之所以成為一哲學家時的關鍵概念。可是，如果我們先將「援老入易」這麼一個傳統的常識性看法拿掉，重新回到王弼的《周易注》文獻本身，就《周易注》來看《周易注》，

〔註128〕戴璉璋：《玄智、玄理與文化發展》，頁77。

那麼，「援老入易」還會成為王弼《易》學基本支撐嗎？若王弼《易》學不必然是「援老入易」，那麼我們又該如何看待王弼《易》學？另一方面，若依照上述三節所論，湯、牟、戴三先生的王弼論述皆有其問題，那麼我們該如何面對這些問題？筆者以為對於王弼《易》學風貌的釐清，這些問題都是必然面對的。故筆者在接下來幾章，將直接進入王弼注《易》的相關文獻，來對這些問題進行進一步的廓清。

第三章 從《易經》意義的開顯到王弼《周易注》的詮釋方法

第一節 《易經》意義開顯的理論探討

基本上，對於湯用彤、牟宗三與戴璉璋三位先生而言，「意義」是透過邏輯的方法獲得展現，這也是今日學界在進行論題論述時所慣用的一種方式——自詮釋者這個主體出發，透過知識與法則，對論題進行邏輯式的推衍，繼而開展出各項研究。此種論證方式，優點是極具邏輯性、理論性、系統性，且符合科學化影響下我們對於學科的定義——人文學科亦需模仿科學模式，建立所謂的人文科學。

關於《易經》的研究亦如是。然而，除了上述透過邏輯推衍的方式來開顯出《易經》外，〔註1〕是否還可以有另一種開顯《易經》意義的模式？正如第一章所論，在中國學術傳統中，經典佔有絕對的優先性，那麼，我們是否該更加重視《易經》之於詮釋者的絕對主導地位？如果詮釋開始於文本對詮釋者的言說，再因著詮釋者對文本的傾聽、對談而產生後續更豐富的意義，那麼，我們是否可以不再透過邏輯推衍的方式來開顯出《易經》的意義，改以經典為主、詮釋者為從的方式，藉由經典與詮釋者間對話的往復進行，開顯出《易經》的意義呢？

〔註1〕當然，此種以邏輯推衍進行意義開顯的模式為《易》學義理研究帶來了豐沛的能量，廖名春將民國初年以來的現代《易》學按治《易》方法分為：義理派、象數派、考據派三派，針對現代義理派《易》學，廖名春指出：「現代易學中的義理派，雖然不乏囿於傳統者，但主流是用歐風東漸以來的新思想、新學說為工具去闡發《易》理，因而在《周易》的哲理探討上達到了前所未有的深度。」廖名春：〈現代易學通論〉，《《周易》經傳與易學史新論》（濟南：齊魯書社，2001年），頁259。

若上述論述是可以嘗試的，那麼問題就在於——我們該怎麼做？

一、《易經》詮釋的難題

《易經》在中國經典中是部相當特殊的著作，其原初為卜筮之書，〔註2〕但這部古老的經典，從作者、成書過程、成書年代、義理與象數內容等，學界皆有許多爭論，〔註3〕這些爭論使得後代詮釋者在對其進行理解、嘗試

〔註2〕朱熹指出：「《易》本卜筮之書。……今人須以卜筮之書看之方得，不然不可看《易》。」〔宋〕朱熹撰，鄭明等校點，莊輝明審讀：《朱子語類（三）》卷66，收入朱傑人、嚴佐之、劉永翔主編：《朱子全書（修訂本）》（第16冊）（上海：上海古籍出版社、合肥：安徽教育出版社，2010年），頁2181～2182。屈萬里在《讀易三種》中指出：「周禮春官太卜之屬，有龜人、菙氏、占人、筮人等。」屈萬里：《讀易三種》（臺北：聯經出版事業有限公司，1983年），頁604。並舉《儀禮》、《周禮》、《易緯·乾鑿度》、《日知錄》等古籍文獻為證，詳參屈萬里：《讀易三種》，頁603～605。針對朱熹之言，朱伯崑認為朱熹此一論斷是可信的，並指出《易》的編纂乃出於當時的史官多次整理而成。朱伯崑：《易學哲學史》（第1卷）（臺北：藍燈文化事業股份有限公司，1991年），頁13。楊自平指出：「學界對《易》為卜筮之書已有共識，但對於《易》是怎樣的卜筮之書卻有不同看法。」楊自平：〈論古史辨易學之後的易學開展〉，《經學文獻研究集刊》2017年第2期（第18輯），頁223。

〔註3〕廖名春曾就民國初年以來的現代《易》學研究做了一番析論，詳見廖名春：〈現代易學通論〉，頁260～273。其中，廖名春認為從20年代末、30年代初開始，現代《易》學研究經歷了四次熱潮，其中，因新史學而來的第一次熱潮—古史辨派研究—與因出土文獻而來的第四次熱潮—考古派研究—對《易》學溯源問題皆有相當大的貢獻。廖名春：〈現代易學通論〉，頁260～262、268～269。針對《易經》是怎樣的一本卜筮之書這個問題，楊自平則對顧頡剛、朱伯崑、劉大鈞、戴君仁、李鏡池等人的相關說法有所析論，並在以上基礎中總結：「《易經》的成書可區分為原始材料、初步編纂本、傳世的編纂定本。至於原初卦畫及卦、爻辭是由誰創作，如作合理的推斷，雖然不必如《繫辭傳》所說，卦畫定是伏羲所畫，卦辭定為文王所作，爻辭定出於周公，但恐非遠古一般平民百姓所能完成，出於聖人之手未必全不可能。其原始材料包含相當豐富的撰著及古事紀錄，之後一段時間內，經多人努力，透過編纂者整理，成為《易》的初步編纂本。朱伯崑所稱卦畫為撰著結果，卦名及卦、爻辭乃所占問之事，二者並必然關聯，此應為初步編纂本的樣貌。其後到西周末年，再次經過儒者編纂，六十四卦間的關係更密切，卦畫、卦名與卦、爻辭關聯性更強，此可由卦爻辭的重出現象及《易傳》釋經見出。傳世的編纂定本雖較初步編纂本完成，但仍不是體系嚴密的著作。無論是初步編纂本還是傳世的編纂定本，《周易》作為卜筮之書是無疑義的。」楊自平：〈論古史辨易學之後的易學開展〉，頁226～227。相關論述請詳參楊自平：〈論古史辨易學之後的易學開展〉，頁223～227。

開顯其意義時，因受到《易經》上述先天因素的限制，必然要面對種種難題。

　　就《易經》本身而言，其原為占卜時的一種判斷，故原有其占卜時所處的情境、語境，然而就現存的《易經》文本僅留存卦爻辭的狀況下，原占卜時的情境、語境事實上可以說是幾近消失的。即便我們可以就甲骨片的出土，從卜辭的研究中對一些卦的占卜背景資料有進一步的了解，〔註4〕例如顧頡剛即在〈周易卦爻辭中的故事〉一文中，由卜辭「乙未帚妹」、「貞妹其至在二月」之語，輔之以《詩‧大雅‧大明篇》，考出《易經》〈泰〉六五爻辭「帝乙歸妹，以祉，元吉」〔註5〕與〈歸妹〉六五爻辭「帝乙歸妹，其君之袂，不如其娣之袂良。月幾望，吉」〔註6〕其實指的就是《詩經》中「文王親迎」一事。〔註7〕這些研究使得我們可以約略得知〈泰〉與〈歸妹〉背後的占卜情境，進而使該卦的語境得以獲得一些恢復，但若想得其全貌，恐怕依舊會遭逢文獻資料上的侷限。不過，我們倒是可以藉此推知《易經》的每一卦在當初占卜時應皆有其所處的情境，只不過就現存資料而言，我們難以確知罷了。

　　除了借助卜辭中「乙未帚妹」、「貞妹其至在二月」之語，推導出〈泰〉與〈歸妹〉背後的占卜情境，顧頡剛在〈周易卦爻辭中的故事〉一文中，亦在王靜安對甲骨卜辭研究的基礎上，謂其「發見了商的先祖王亥和王恒，都是已在漢以來的史書裡失傳了的。他加以考核，竟在《楚辭》，《山海經》，《竹書紀年》中尋出他們的事實來，於是這個久以失傳的故事又復顯現於世。」〔註8〕顧頡剛並由王靜安此處的發見，回過頭去看《易經》裡〈大壯〉

〔註4〕屈萬里指出：「龜卜為殷人占卜之具，易筮則周人所發明，蓋因龜卜之習，而更趨於簡易也。故書所記龜之產處，為江淮流域，黃河流域則甚少。殷人致龜，似已不甚易；周人蓋得之尤難，此用蓍之便一也。龜卜無定辭，周易則有定辭，此用蓍之便二也。」屈萬里：《讀易三種》，頁603。

〔註5〕〔魏〕王弼注，樓宇烈校釋：《周易注（上經）‧泰》，收入《王弼集校釋》，頁278。

〔註6〕〔魏〕王弼注，樓宇烈校釋：《周易注（下經）‧歸妹》，收入《王弼集校釋》，頁489。

〔註7〕顧頡剛：〈周易卦爻辭中的故事〉，《古史辨》（第3冊）（上海：上海古籍出版社，1981年），頁11～15。

〔註8〕顧頡剛：〈周易卦爻辭中的故事〉，頁6。關於卜辭中王亥、王恒的考察，亦可見於王國維：〈殷卜辭中所見先公先王考〉，《觀堂集林》卷第9，收入謝維揚、房鑫亮主編：《王國維全集》（第8卷）（杭州：浙江教育出版社，2009年），頁263～301。

與〈旅〉的爻辭，謂〈大壯〉六五爻辭「喪羊于易，无悔」〔註9〕、〈旅〉上九爻辭「鳥焚其巢，旅人先笑後號咷。喪牛于易，凶」〔註10〕中說的「易」是地名「有易」，「旅人」則就是王亥，指出：「想來他初到有易的時候曾經過著很安樂的日子，後來家破人亡，一齊失掉了，所以〈爻辭〉中有『先笑後號咷』的話。如果〈爻辭〉的作者加上『无悔』和『凶』對於本項故事為有意義的，那麼可以說，王亥在喪羊時尚無大損失，直到喪牛時纔碰著危險的。」〔註11〕顧頡剛努力藉由甲骨卜辭與古籍文獻的相互比對，以思建構出〈大壯〉、〈旅〉的占卜背景。此外，亦利用了《尚書》、《詩經》、《竹書紀年》等古籍文獻，細考了與《易經》中高宗伐鬼方〔註12〕、箕子明夷〔註13〕、康侯用錫馬蕃庶〔註14〕有關的相關文獻資料，試圖建構出相關各卦的背景故事。〔註15〕

在顧頡剛之後，李學勤也對《易經》卦爻辭中的王亥、鬼方、帝乙、箕子、康侯做了進一步的人物與事蹟考證，〔註16〕最後認同顧頡剛的觀點，指出《易經》經文的形成很可能在周初，不會晚於西周中葉。〔註17〕然而，當我們審視前輩學者的研究時可以發現，面對《易經》如此古老且資料不全的文本，即便前輩學者們藉由出土文獻等新材料的幫助，極力想還原出《易經》的相關背景，但其實還是得靠各種文獻的相互拼湊，才能稍稍得到一些線索得以一窺其可能的端倪。

〔註9〕〔魏〕王弼注，樓宇烈校釋：《周易注（下經）·大壯》，收入《王弼集校釋》，頁388。

〔註10〕〔魏〕王弼注，樓宇烈校釋：《周易注（下經）·旅》，收入《王弼集校釋》，頁498。

〔註11〕顧頡剛：〈周易卦爻辭中的故事〉，頁8。

〔註12〕〈既濟〉九三爻辭：「高宗伐鬼方，三年克之，小人勿用。」〔魏〕王弼注，樓宇烈校釋：《周易注（下經）·既濟》，收入《王弼集校釋》，頁527。〈未濟〉九四爻辭：「震用伐鬼方，三年有賞于大國。」〔魏〕王弼注，樓宇烈校釋：《周易注（下經）·未濟》，收入《王弼集校釋》，頁532。

〔註13〕〈明夷〉六五爻辭：「箕子之明夷，利貞。」〔魏〕王弼注，樓宇烈校釋：《周易注（下經）·明夷》，收入《王弼集校釋》，頁398。

〔註14〕〈晉〉卦辭：「是以康侯用錫馬蕃庶，晝日三接也。」〔魏〕王弼注，樓宇烈校釋：《周易注（下經）·晉》，收入《王弼集校釋》，頁391。

〔註15〕詳見顧頡剛：〈周易卦爻辭中的故事〉，頁9～11、15～23。

〔註16〕詳見李學勤：《周易經傳溯源》（北京：中國社會科學出版社，2007年），頁2～14。

〔註17〕李學勤：《周易經傳溯源》，頁14。

事實上，即便今日有出土文獻等新材料的幫助，我們還是無法確知寫《易經》卦爻辭者當初寫下這些文句時的原因與語境，這是詮釋者詮釋《易經》時所遇到的第一個難題。另一方面，當詮釋者閱讀《易經》，試圖從文句中找出文脈線索時，卻常常也會遭逢到卦爻辭文句語脈斷裂不成文章的狀況，這是詮釋者詮釋《易經》時所會遇到的第二個難題。以上難題，使得《易經》的字詞實為難解，如同天書，筆者之所以做此論，乃因「語境」是我們進行理解時非常重要的一環，然而《易經》的語境基本上是消失的。

對此，筆者想先討論所謂「語境」的定義及其重要性。

二、「語境」的定義及其重要性──兼論《易經》的語境問題

在第一章第三節中，筆者曾論及呂格爾由語義學出發，經由反思最後達至對自我存有的理解的詮釋學路徑。在其語義學路徑的詮釋學理論中，結合語言學、注釋學、宗教現象學、精神分析等帶有方法論性質的現代學科，著重對語言的分析，以此連結「象徵」與「思想」間的關聯與深化。〔註18〕就呂格爾而言，象徵為「任何表意（signification）結構，其中直接的最初的文字的意義附加地指稱另一種間接的引申的比喻的意義，這後一種意義只有通過前一種意義才能被理解。」〔註19〕因此，在呂格爾的定義中，「象徵」本來就蘊含著多重的意義在其中，詮釋者要做的工作，即是藉由「解釋」的進行，開顯出「象徵」的多義性。呂格爾指出：

> 解釋是思想的工作，它在於於明顯的意義裡解讀隱蔽的意義，在於
> 展開暗含在文字意義中的意義層次。〔註20〕

詮釋者藉由思想活動的進行，試著去解釋「象徵」所隱含的多重意義，透過語言的分析，逐次挖掘文字表象下更深層的意義，而這個意義最終是指向自身存有的。

那麼，要如何挖掘文字表象下更深層的意義呢？面對解釋活動的進行，呂格爾強調出「語境」的概念。對於「語境」，呂格爾分兩個層次進行討論。首先，其指出：

> 在說話時，談話者不僅出現在另一個人面前，而且出現在那個情境

〔註18〕詳見筆者第一章第三節中對「象徵導致思想」的討論。
〔註19〕〔法〕呂格爾（Paul Ricoeur）著，洪漢鼎譯：〈存在與詮釋學〉，頁269。
〔註20〕〔法〕呂格爾（Paul Ricoeur）著，洪漢鼎譯：〈存在與詮釋學〉，頁269。

中，即話語的環境和氛圍中。正是在對於這種氛圍的關係中話語才
是完全有意義的。〔註21〕

第一層次的語境來自於人們的對談，即在人們談話的當下，就著當時的情境，
加上彼此說話時的語氣、外在環境等的輔佐，對談者得以對彼此的言談產生
理解。這是實質意義的「語境」，和人們的說話密切相關，為了論文討論的方
便，筆者直接稱此語境為「第一層語境」。

　　在說話之後，作者將飄忽無形的「話語」轉化為「文字」，一方面將無形
的「話語」得以藉由有形的「文字」獲得固定，產生出「文本」，使得後續讀
者可以跨越時空，對此文本進行閱讀，這當然是「文本」產生的好處。然而，
當話語轉化為文字、文本的同時，作者在談話時所產生的第一層語境也同時
解消，因為當話語轉化為文字的當下，也同時遠離了作者在言談時當下的語
境（即前謂的「第一層語境」）。故呂格爾指出：

　　指稱向著顯示行為的運動被截斷了，同時對話被本文（筆者按，此
　　指我們所謂之「文本」，以下引文同）打斷了。〔註22〕

若以此觀點來看，詮釋者又該如何進行對文本的理解呢？如果理解必須依靠
語境，難道至此理解就變成為不可能的狀況嗎？其實並非如此。針對話語到
文字文本間的跨越，呂格爾進一步陳述：

　　本文不是沒有指稱的；閱讀的任務，作為解釋，將會準確地實現指
　　稱。那種延緩指稱的不確定狀態只是「在空中」，在語境之外或沒有
　　語境時存在。因為消滅了與語境的關係，每一篇本文都可以自由地
　　進入到和其他本文（它們終於取代了生動的談話所指的環境實在）
　　的關係中。這種本文對於本文的關係，由於我們所說的語境的消除，
　　產生了本文或文學的準語境。〔註23〕

詮釋者閱讀的任務就在於對文本進行解釋，透過解釋活動的進行，去「實現
指稱」。值得注意的是，這裡的「實現指稱」必須依靠詮釋者的解釋才能成其

〔註21〕〔法〕呂格爾（Paul Ricoeur）著，陶運華、袁耀東、馮俊、郝翔等譯：〈第二
　　　　編：解釋學理論的研究〉，《解釋學與人文科學》（石家莊：河北人民出版社，
　　　　1987年），頁151。
〔註22〕〔法〕呂格爾（Paul Ricoeur）著，陶運華、袁耀東、馮俊、郝翔等譯：〈第二
　　　　編：解釋學理論的研究〉，頁151。
〔註23〕〔法〕呂格爾（Paul Ricoeur）著，陶運華、袁耀東、馮俊、郝翔等譯：〈第二
　　　　編：解釋學理論的研究〉，頁152。

可能，作者對其作品的控制，到文本產生之後，其實也就消失了，詮釋者與文本的關係至此已去除掉作者上帝般的角色，單單成為詮釋者與文本間彼此純粹的對談。〔註24〕也就是說，詮釋者此時必須面對的只有眼前的文本。而在這個時候，藉由詮釋者對文本的閱讀，會產生另一層次的語境，即是在呂格爾上述引文中所所言之「產生了本文或文學的準語境」。

「準語境」所指為何呢？呂格爾指出：

> ……在書寫的文明中，語境本身再也不是能夠在說話中顯示的東西了，而被歸結為一種書面著作展開的「氛圍」。……這個語境，在它被書寫重現出來以代替談話表現的語境的意義，我們可以把它叫作「想像的」語境，但是這種想像的語境本身是一種文學的創造。〔註25〕

意即當話語被文字書寫成文本的同時，第一層語境（人們在對談當下的語境）雖然解消，但也同時藉由文本的寫成，在文字書寫中產生出「一種書面著作展開的『氛圍』」，即作品氛圍。接著在詮釋者閱讀文本的同時，產生了詮釋者與文本間的互動，在此互動間，詮釋者透過文本所給予的作品氛圍，在閱讀的過程產生出一種藉由詮釋者對文本的想像而獲得的另一種虛構式的語境，也就是前述呂格爾所言的「『想像的』語境」、「準語境」。正因為此時的「語境」是依靠著文本所提供的氛圍而來，是在詮釋者對文本閱讀中所產生，故呂格爾說「這種想像的語境本身是一種文學的創造」，即透過詮釋者對文本的閱讀、解釋活動的進行，進一步對文本進行了一次屬於詮釋者的文學創造。

為了論文後續討論的方便，筆者將此「準語境」、「想像的語境」簡稱為「第二層語境」，相較於「第一層語境」（人們在對談當下的語境）是實質的語境，此「第二層語境」則因詮釋者對文本的閱讀、解釋，在詮釋者的思想中虛構而生。值得注意的是，第二層語境並沒有因為第一層語境在對談結束後

〔註24〕呂格爾指出：「有時我想說，讀一本書就是把它的作者看作已經死了，是死後發表的書。因為當作者死了時，對於書的關係就變成了完全的，並且實際上就是完整的。作者不再回答了，只剩下閱讀他的著作了。」〔法〕呂格爾（Paul Ricoeur）著，陶運華、袁耀東、馮俊、郝翔等譯：〈第二編：解釋學理論的研究〉，頁150。

〔註25〕〔法〕呂格爾（Paul Ricoeur）著，陶運華、袁耀東、馮俊、郝翔等譯：〈第二編：解釋學理論的研究〉，頁152。

的消失，而使得文本的意義產生破損，反而因擺脫了第一層語境中作者言談對其作品的控制，解放出詮釋者在閱讀、解釋過程中對文本理解的各種可能、文本意義的再創造。

回到呂格爾對語境的闡述，在呂格爾的闡述中，我們其實可以看到哲學詮釋學所主張的原意的不可知、所有的理解都是不同的理解的觀點，只是呂格爾更細膩地分析了「語境」在不同狀態下層次的轉變。當呂格爾說：「這種想像的語境本身是一種文學的創造」，便是強調出我們進行文本詮釋時必然走向「不同的理解」，文本本身無法框限住詮釋，詮釋者面對文本，是自由的──當然，此「自由」是相對自由而非絕對自由，詮釋者還是得遵守文本所給出的詮釋的界限。

在呂格爾對語境的闡述中，我們可以知道當話語藉由文字寫成文本，第一層語境解消的同時，也就跨入了由文本脈絡所形成的文本氛圍中，在此氛圍裡，文本與詮釋者產生互動─即第一章中筆者一再強調的「傾聽」與「交談」的動態循環─進而產生了詮釋者面對文本時的第二層語境。在這個第二層語境中，詮釋者進而理解文本、詮釋文本，文本的意義也在此獲得開顯。這個「意義」是不斷藉由詮釋者的反思而層層深入、引發的，解釋活動在此中不斷進行著，故詮釋是屬於詮釋者的一種創新，而非回返於作者原意的純然守舊，詮釋者在文本脈絡所形成的詮釋界限中，一面往前走、一面被文本拉回，詮釋者在與文本來回往復的互動中，逐步開顯、深化出文本的意義，最終將文本與詮釋者的對談放回詮釋者自身、回返於自身存有，正如高達美之言：「所有這樣的理解最終都是一個自我理解（Sichverstehen）」〔註26〕、呂格爾所謂的：「據為己有」〔註27〕。

透過以上呂格爾對語境問題的討論，我們便能更清楚的明白「語境」在

〔註26〕〔德〕高達美（Gadamer, Hans-Georg）著，洪漢鼎譯：《真理與方法》（第 1 卷），頁 380。

〔註27〕〔法〕呂格爾（Paul Ricoeur）著，洪漢鼎譯：〈存在與詮釋學〉，頁 273。呂格爾指出：「一切解釋的目的就是征服文本所屬的過去文化時代和解釋者自身之間的距離和疏遠。由於克服了這種距離，由於使自身與文本成為同時代的，詮釋學家從而能把它的意義據為己有：他使陌生成為熟悉，也就是說他使它成為他自己的。正是由於他實現了對他人的理解，從而他得到了他所追求的他的自我理解的發展。因此每一詮釋學，明顯或不明顯的，都是經由理解他人而來的自我理解。」〔法〕呂格爾（Paul Ricoeur）著，洪漢鼎譯：〈存在與詮釋學〉，頁 273。

我們進行理解、開創文本意義時所佔的重要角色。〔註28〕回到本論文主題的
《易經》上，如前所論，就現存的資料來看，我們實難以得知當時的占卜者
是根據何種原因做出對卦爻辭的判斷，即便《易經》的第一層語境在寫定的
當下因話語至文字的跨越而自然解消，但由於背景資料的闕如，使我們更加
難以還原其寫定時可能的背景脈絡。除此之外，今天我們所見的「卦」，只是
一種檔案紀錄，不知名的紀錄者在眾多檔案中抽出了六十四卦，成為了我們
今日所見的《易經》，〔註29〕但為何選擇這六十四卦、當中是隨機還是各卦間
有所關聯、各卦之取名是否有其原因等等，在文獻材料的缺乏下實是眾說紛
紜。〔註30〕面對卦象與卦爻辭之間有無邏輯關聯的這個問題，亦是有著正反
兩面的看法。〔註31〕至於卦爻辭的文句間是否有其邏輯，我們雖可從《易經》
中看出其大概，例如朱伯崑即認為《易經》中有些卦爻辭的文句是經由文學
家的修飾而成，並非原本的筮辭；有些卦的辭句安排也因編者的意圖而呈現
出中心思想，並非單純的筮辭堆積。但即便如此，就《易經》全書而言，大部
分的內容依舊屬於筮辭的堆積，多數卦爻辭之間缺乏邏輯關聯。〔註32〕基本
上，對於卦爻辭的文句究竟是如何而來的這個問題，事實上實難以得知。

　　正由於《易經》這部古老的經典，因文獻材料的缺乏而使許多問題無法
獲得廓清，故《易經》不光是在其從語言跨越到文字的同時，使其第一層語
境自然地被解消，在其書寫脈絡幾乎全然丟失的狀況下，詮釋者面對《易經》
詮釋時，詮釋的界限幾乎可說是徹底消失了。另一方面，就《易經》文本本身

〔註28〕謝大寧先生在〈何謂「易經的意義」？〉中曾在呂格爾的基礎上進一步指出：
　　　　「如果說針對文本的詮釋經驗其目標即是通過間距性以生產新意義的話，則
　　　　按照上述說法，這新意義產生的空間其實便建立在『文本的語境』上。」謝
　　　　大寧：〈何謂「易經的意義」？〉，收入《第六屆漢代文學與思想學術研討會
　　　　論文集》（臺北：國立政治大中國文學系，2008年），頁273。謝先生此言亦
　　　　強調出「語境」在文本詮釋上的重要性。
〔註29〕朱伯崑指出：「《周易》六十四卦卦辭和三百八十四爻爻辭，皆來于筮辭。筮
　　　　辭並非某一人的創造，而是長期積累的結果。筮辭積累多了，需要整理，作
　　　　為以後占筮時的參考或依據。……依《周禮》所說，《周易》中的卦爻辭，就
　　　　其素材說，是從大量的筮辭中挑選出來的。」朱伯崑：《易學哲學史》（第1
　　　　卷），頁10。
〔註30〕《易經》六十四卦的卦序問題，可參朱伯崑：《易學哲學史》（第1卷），頁16
　　　　～18。
〔註31〕朱伯崑：《易學哲學史》（第1卷），頁12～13。
〔註32〕詳參朱伯崑：《易學哲學史》（第1卷），頁11～12。

來看，今日所留存的卦爻辭本身多半不成文章，故建構第二層語境時所必須憑藉的文章氛圍亦是消失。因此，《易經》成為一個非常特殊的文本，在第一、第二層語境皆解消的狀況下，使得理解《易經》成為一個非常難解的難題，造成我們今日理解《易經》時有本質上的障礙，我們可以如此說──《易經》的意義在本質上幾乎可以說是不可解的。然而，面對《易經》這麼一部對中國文化體的意義發展深具影響力的經典，我們仍舊要試著去理解《易經》，關鍵問題就在於──《易經》的意義究竟如何被引發出的？

三、如何引發《易經》的意義

　　如前所論，在現今學界的研究中，討論《易經》意義的方式是通過邏輯，藉由理則的推衍，將概念、命題以邏輯的方式推導出《易經》的意義。可是在《易經》的文辭不成文章的情況下，當我們以此種理則的方式，先抓出一個哲學概念，進而邏輯推導出所謂的《易經》的意義時，當中可不可能出現問題？面對本論文主題的王弼《易》學，前述的湯用彤、牟宗三與戴璉璋三位先生即是如此進行操作，即通過了道家理則來講王弼《易》注。當然，在此之前，歷來許多學者即提出了王弼以道家來解《易》的看法，如北宋程頤言：

　　　　王弼注《易》，元不見道，但卻以老莊之意解說而已。〔註33〕
南宋朱熹云：

　　　　《易》本卜筮之書。後人以為止於卜筮；至於王弼用老、莊解後，

　　　　人便只以為理，而不已為卜筮，亦非。〔註34〕
《四庫全書總目提要》亦言：

　　　　王弼盡黜象數，說以老、莊⋯⋯。〔註35〕
此皆明指王弼以《老》、《莊》思想解《易》。即便古亦有學者對此有所質疑，如北宋歐陽修言：

　　　　嗚呼！文王無孔子，《易》其淪於卜筮乎！《易》無王弼，其淪於異

　　　　端之說乎！因孔子而求文王之用心，因弼而求孔子之意，因予言而

〔註33〕〔宋〕程顥、程頤：《河南程氏遺書》，卷1，收入《二程集》（第3冊）（北京：中華書局，1981年），頁8。

〔註34〕〔宋〕朱熹撰，鄭明等校點，莊輝明審讀：《朱子語類（三）》卷66，收入朱傑人、嚴佐之、劉永翔主編：《朱子全書（修訂本）》（第16冊），頁2181。

〔註35〕〔清〕紀昀等：《欽定四庫全書總目·經部·易類》（北京：中華書局，1997年），頁3。

求弼之得失，可也。〔註36〕

謂王弼承孔子思想，以儒家思想解《易》。又或如黃宗羲指出：

> 有魏王輔嗣出而注《易》，得意忘象，得象忘言；日時歲月，五氣
> 相推，悉皆擯落，多所不關，庶幾潦水盡而寒潭清矣。故論者謂其
> 以《老》、《莊》解《易》，試讀其注，簡當而無浮意，何曾籠落玄
> 旨？〔註37〕

當中肯定了王弼的掃象，並認為王弼注《易》簡要，當中並無《老》、《莊》之
意。〔註38〕然而，認為王弼注《易》與道家無涉的觀點畢竟是少數，王弼「援
老入易」的這個說法一直以一種「共識」的模糊面貌傳承著，直至湯先生時
才真正系統性地建構起玄學、王弼學術的風貌。〔註39〕此後牟先生接著以其
深厚的哲學底子，用哲學概念的討論方式，討論了王弼《易》學中的道家因
子。到了戴璉璋先生，在其討論王弼《易》學體系時，同樣以概念出發，試圖
將其系統化，歸納出王弼《易》學的基本原則，以此建構出王弼的《易》學風
貌。然而，筆者想問的是——意義的展現只能是此種邏輯式的推衍嗎？洪漢
鼎曾如此說明高達美哲學詮釋學的主張：

> 當伽達默爾劃分了「科學之內」和「科學之外」這兩種對真理的
> 認識或經驗方式，這也使我們處於這樣一種不能對精神科學的真
> 理進行證明的處境，因為所謂證明必然是在科學之內並受方法論
> 指導。當伽達默爾提出精神科學是與那種處於科學之外的經驗方
> 式相聯繫時，他也同時承認了精神科學這種經驗方式是不可以通
> 過科學方法論所檢驗的。這也就是說，要對藝術、歷史或哲學中
> 的真理要求進行證明，或要證明這部作品或那個作品「在科學上」
> 是真的，將是自我矛盾或自我失敗的，因為這將等於說藝術、歷
> 史或哲學的真理是依賴於外在於它們的或超出它們的科學認識方

〔註36〕〔宋〕歐陽修：〈易或問〉，《居士集》卷18，收入《歐陽修全集》（上冊）（北
　　　　京：中國書店，1986年，據世界書局1936年版影印），頁130。

〔註37〕〔清〕黃宗羲：《易學象數論・自序》，收入《黃宗羲全集》（第9冊）（杭州：
　　　　浙江古籍出版社，1993年），頁1。

〔註38〕楊自平：《清初至中葉《易》學十家之類型研究》（臺北：國立臺灣大學出版
　　　　中心，2017年），頁33。

〔註39〕馬行誼指出「援老入易」、「儒道會通」的觀點，乃是起自於湯用彤先生的《魏
　　　　晉玄學論稿》一書，馬行誼：〈試論王弼《老子注》的思想脈絡〉，《臺中教育
　　　　大學學報：人文藝術類》19卷2期（2005年12月），頁55，註腳1。

式。伽達默爾承認藝術、歷史或哲學具有真理，但他認為這種真理卻是不能證明的。精神科學之所以不需要為它們的真理找尋證明，是因為它們本身就是一種先於證明或外在於證明的經驗方式。……但我們可以通過深入研究理解現象對這種經驗方式的合理性進行確認，而這正是詮釋學現象的現實意義。……《真理與方法》並不是想建立一門關於理解的技藝學，而是想指明一種我們如何理解的詮釋學實踐。按照伽達默爾的看法，詮釋學的宇宙不同於自然科學的宇宙，它不僅包括我們所探究的歷史傳承物和自然的生活秩序，而且也包括我們怎樣彼此經驗的方式，我們怎樣經驗歷史傳承物的方式，我們怎樣經驗我們自己的存在和我們世界的自然給予性的方式。由於詮釋學宇宙是這樣一個無限開放的宇宙，「在此宇宙中我們不像是被封閉在一個無法攀越的柵欄中，而是開放地面對這個宇宙」，因此作為闡明詮釋學理解實踐的《真理與方法》只是走在理解之途中，正如海德格爾的書名「走向語言之途」一樣。既然是走在理解之中，我們就不能希望它能到達最後的終點。〔註40〕

此處的「精神科學」指的就是「人文科學」，高達美指出了人文科學無法模仿自然科學的範式而以邏輯推導的方式來證明其真理，因為人文科學是先於邏輯證明或外在於邏輯證明的一種特殊的經驗方式，但這並不代表人文科學不具有真理，而是這真理並非由邏輯推導所能得到。因此，哲學詮釋學探究「如何理解」的這個問題，但其並非提出要一種技藝式的方法告訴我們如何按部就班地獲得對文本的理解，而是想藉由對「理解」問題的探究，去挖掘出人文科學之於人所蘊含的意義、人文科學的真理。所以哲學詮釋學強調「不同的理解」，而此「不同的理解」代表的就是詮釋者（人）面對文本時，無限的意義開創。那麼，若就此觀點回到本論文主題的王弼《周易注》，當前輩學者依循歷來共識而下，更嚴謹地通過道家理則講王弼《易》注，以此成就其哲學系統的同時，會不會反而使王弼對《易經》的詮釋被這樣仿自然科學的邏輯推導範式所封閉？〔註41〕的確，當代中國哲學界對《易經》的這種處理方

〔註40〕洪漢鼎：《《真理與方法》解讀》（北京：商務印書館，2018年），頁5～6。
〔註41〕面對此問題，謝大寧先生曾做以下反思：「今天的中國哲學界對於易經的意義，採取的態度乃是完全反傳統的。不管是誰，也不管哲學立場是否相同，

式當然是深合於今日學界對於學科研究的規範，然而當《易經》的意義成為理則的推衍時，產生的另一個問題即是導致《易經》這部原本藉由占卜、取象進而應用於人事，與生活世界緊密相連的卜筮之書，脫離了生活世界。也就是說，當我們著眼於《易經》的理則，那個原本與生活世界緊密相連的《易經》，便顯得面目模糊。對此，筆者想問的是──我們是否在服膺於現代學科研究方法的同時，反而在無意間丟失了經典原本提取意義的模式，進而離經典意義越來越遠了呢？

除此之外，又如前一章所論，如果湯、牟、戴三位先生之於王弼《易》學的權威性看法皆有其各自的問題，「援老入易」根本不必然是王弼《易》學的前提與核心，那麼我們又該如何看待王弼的《易》學？簡單來說，即是如果我們拿掉「援老入易」這個前提、也不再以模仿自然科學的範式而以邏輯推導的方式來建構出王弼《易》學，而是改以哲學詮釋學的視角看待王弼《周易注》時，我們會看到怎樣的《周易注》風貌？

在本節前頭曾指出，《易經》本身由於第一層、第二層語境皆被拆解的緣故，使得其意義的澡取又顯得更加困難。〔註42〕所以，若我們要談王弼《周易注》的詮釋風貌，首要的問題會在──詮釋者要如何開顯《易經》的意義呢？

他們都不再理會傳統講易經的人都會提到的句法問題，他們也完全不再談取象的問題。基本上，他們對意義問題其實根本有另外一種認定方式。簡單說，他們認為什麼才會構成一個真正的意義世界呢？那就是知識、法則，以及法則所從出的主體，而邏輯才是構成意義世界的最內在與最基本的形式。於是，在他們看來，所謂易經的意義其實就只是一套原始的對世界秩序、理則的知識，這知識是否從出於某一主體的概念姑且不論，但它是否是依據法則，或是依據什麼樣的法則而構成，則是他們最關切的重點所在。」謝大寧：〈何謂「易經的意義」？〉，頁269。謝先生於此點出了當代中國哲學界對於《易經》意義的普遍提取模式──邏輯，即透過概念、命題的層層推衍，引出《易經》的意義。對此，謝先生點出在當代學界所普遍使用的這種詮釋方式中，意義展開的源頭其實是來自於詮釋者，即以詮釋者為主體，藉由邏輯推衍的方式，繼而推導出《易經》的意義。

〔註42〕當然，面對這樣的一部經典，即便其在詮釋上有其難題，但詮釋者們依舊勉力為之，做了各種嘗試。關於漢代到清代《易》學詮釋傳統的發展與內容，可詳參謝大寧：〈何謂「易經的意義」？〉，頁261～268。對於近代《易》學發展與內容，則可詳參廖名春：〈現代易學通論〉，頁260～273、鄭吉雄：〈從經典詮釋傳統論二十世紀《易》詮釋的分期與類型〉，《易圖象與易詮釋》（臺北：國立臺灣大學出版中心，2014年），頁13～82。

　　筆者以為，面對《易經》意義如何開顯的這個問題，或可自《易傳》中尋求幫助。即便《易傳》在作者、成書上多有爭議，〔註43〕但對於《易經》的詮釋，《易傳》依舊有其地位，歷來有許多詮釋者，亦是透過《易傳》往回看，以此去論《易經》的意義。值得注意的是，即便筆者肯定《易傳》在《易經》詮釋上的重要性，但有兩個問題仍須釐清：

　　第一，《易傳》之於《易經》，並不因其為目前所留存的《易經》詮釋著作中，在時代上最為接近《易經》，而使其具有詮釋上的壟斷性、優先性。詮釋者與文本間必然存在著時間間距，這使得使詮釋者無法全然回返於文本。更何況，《易傳》這個時代上最為接近《易經》的詮釋著作，實際上也離《易經》約有六、七百年的距離，〔註44〕我們究竟該如何忽略這六、七百年的時間間距所造成的詮釋差異呢？

〔註43〕戴璉璋先生於《易傳之形成及其思想》一書，對《易傳》作者、成書等問題，曾做過相關討論，詳見戴璉璋：《易傳之形成及其思想》，頁1～70。關於《易傳》歷來的作者爭論，亦可詳參鄭吉雄、傅凱瑄：〈《易傳》作者問題檢討〉（上），《船山學刊》2005年第3期，頁62～76；鄭吉雄、傅凱瑄：〈《易傳》作者問題檢討〉（下），《船山學刊》2005年第5期，頁76～87。

〔註44〕關於《易經》、《易傳》的成書時代，戴璉璋先生指出：「《周易》有經有傳，經指六十四卦及其卦辭、爻辭。學界公認成書於西周初年（約在西元前1122至1113年）。傳有七種：〈彖傳〉、〈象傳〉、〈文言傳〉、〈繫辭傳〉、〈說卦傳〉、〈序卦傳〉、〈雜卦傳〉，著成時期不一，當在戰國中葉至西漢文、景之際（約為西元前372年至107年）。」戴璉璋：《周易經傳疏解》（臺北：中央研究院中國文哲研究所，2021年），頁viii。又：「《彖》、《象》兩傳早於《文言》、《繫辭》，而《文言》、《繫辭》兩傳則可能先後同時。因此我們可以推斷《彖》、《象》、《文言》、《繫辭》四傳在西漢以前已經寫成。戴君仁與高亨兩位認為作者是戰國後期的南方儒者，大致是是可信的。至於《說卦傳》，它的前三章已出現在帛書《繫辭》中，至少這一部份與《繫辭》是同時作品。其餘部分，主要特徵是八卦方位說，秦漢之際所流行的陰陽家方位配四時的說法已可以作為它的根據。這就是說《說卦傳》後八章有可能寫於秦漢之際，《史記‧孔子世家》既已提到它，那麼最遲也當成篇於武帝時代。《序卦》、《雜卦》兩傳的時代比較難以推斷，高亨認為是作於戰國時代，沒有確證；李鏡池說是昭、宣以後才寫成，也沒有證據。這兩傳或許正如歐陽修所說，是『筮人之占書』，不過其中卦象及對偶感應的觀念都與其它五傳類似，寫成的時代大概也不會與其他五傳相差太遠。……在淮南王時代，即使還沒有《序卦傳》，也已有了與《序卦傳》類似的《易》說。它可能就是《序卦傳》的藍本，而在漢初已經流通了。」戴璉璋：《易傳之形成及其思想》，頁13～14。相關論證，詳參戴璉璋：《易傳之形成及其思想》，頁10～14。

第二,《易傳》對《易經》的詮釋亦不因時代近於《易經》而就想當然爾地認定其比其他的詮釋更好、更具正確性。各種不同的詮釋著作間,代表的是不同詮釋者對文本各自的「不同的理解」,詮釋是開放的,不會定於一尊。〔註45〕

筆者以為,面對《易經》與《易傳》之間的關係,我們或許可以如此看,即我們一方面必須留意《易經》與《易傳》之間存在著的文本與詮釋者間的互動與聯繫;另一方面,我們亦要時時警醒自己,《易傳》對《易經》的詮釋,不會是權威式的原樣理解,或一種後見之明的更好的理解,而是處在《易傳》本身的時間間距中,對《易經》進行視域融合下所產生的不同的理解。

因此,即便我們能藉由《易傳》透顯出的意義世界,倒反回去看《易經》,但我們必須意識到這是「由《易傳》所開顯出的《易經》的意義」,這與《易經》本身的意義世界之間,必然會有著因時間間距所產生差距。〔註46〕

〔註45〕例如,謝大寧先生曾針對《易》學傳統的走向做了以下析論:「在久遠的易學傳統中,大約形成了三個走向,也就是漢儒的象數之學,魏晉、宋明的義理之學、與由宋開始興盛的圖書之學。這三個走向匯聚到清代,大約有了一種比較綜合性的看法。清學基本上是反宋學的,但他們反宋學的作法,並非全然不談義理,而是以回歸聖經賢傳,研求本義的方式來講義理,也因此,乃漸有以訓詁的方式取代純義理——或用現代的話說,即以哲學方式——討論的方式,換言之,他們認為只要找到了經典文句的確解,便是呈現了經典的義理。對清學這樣的作法,形式上整體地說,確實是比較接近漢學的作法的,因此我們通常將之說為是漢學的復興,可是分開各經來看,就易學言,卻又不全然如此。……清代的易學不只是在目的上有一種想直追易經初始之義理的想法,而且在手段上亦復如是,這和其他的經學討論之大量借重漢代訓詁的方式,是有一些本質之不同的。於是,清代的易學乃有了某種比較新穎的風貌,他們習慣上傾向於將易經視為是一個有意義的整體,並通過訓詁的方式,試著為易經尋找出可以通貫全經的義例,同時即將此一義例當作是易經的義理所在。」謝大寧:〈何謂「易經的意義」?〉,頁261~262。

〔註46〕正如鄭吉雄所言:「《周易》『經、傳』的關係就像父母和子女。它們屬於不同年代,有各自背景,也有各自獨立的生命。……我們的確需要適度地維持警覺,注意『經、傳』之間可能存在差異,不要將『經、傳』看成毫無分別,同時,我們也要注意『經、傳』之間內在基因的傳承關係。」鄭吉雄:《周易問答》,頁33。戴璉璋先生亦言:「《周易》經、傳著成時代相差七百多年,有些甚或超過千年。時間這麼長,思想的背景、詞語的使用都會有所變遷。《易傳》解經,難免主觀、客觀的侷限。因此我們讀《易》,當從兩方面看待傳文。一方面它對經文簡約的詞句確能提出適當的解說,有些還有『探賾索隱,鉤深致遠』的貢獻;另一方面,也會有逾越本義的偏差。」戴璉璋:《周易經傳疏解》,頁xvii。以上二先生皆點出了《易經》與《易傳》間既親近又疏離的關係。

　　然而，即便《易傳》不具備對《易經》詮釋的優先性、壟斷性，也不能簡單視作最好《易經》詮釋著作，但筆者以為，《易傳》在《易經》詮釋上的重要性，依舊有二：

　　第一，《易傳》所開顯出的這個「《易經》的意義」仍舊值得後人參考，這裡顯示出《易傳》在與《易經》對話與互動後所產生的意義世界。

　　第二，《易傳》提供了一個後人可參照且模仿的《易經》詮釋模式。

　　針對第二點，我們同樣必須警醒的是，即便《易傳》提供了一個後人可參照且模仿的《易經》詮釋模式，但這也不代表其他詮釋模式──如漢易──是錯的，這只是彼此對《易經》進行詮釋時所使用的模式有所不同罷了。我們或可如此說，相較於漢易的繁瑣，《易傳》提供了一個相對簡單的解經模式，而王弼也就選擇了這個模式，藉此試圖開顯出《易經》的意義。當我們說王弼「掃象」、「據傳解經」時，其實並不是指王弼全然摒棄漢易，而是指王弼在掃除了漢易的繁瑣後，回歸到《易傳》讀經的模式，進而讀出自己的《易經》詮釋。其「據傳解經」也並非是指王弼將《易傳》義理帶入《易經》，而是指王弼根據《易傳》的解經模式來詮釋《易經》。

　　另一方面，按照呂格爾的說法，後人對文本的詮釋是在第二層語境中，擺脫了作者對文本的限制，產生了更自由的理解活動，意義便就在此理解活動中開顯。就此觀點出發，我們也可以說《易傳》就是在其所處的第二層語境的脈絡中，進而對《易經》進行詮釋。就此來看王弼《周易注》的「據傳解經」，其實也就是在《易傳》所提供的解經模式中，王弼承接了《易傳》中〈彖傳〉、〈象傳〉的解經模式，然後在王弼自身所處的第二層語境裡，藉由自身與《易經》間解釋活動的進行，開顯出屬於王弼的「《易經》的意義」。

　　在第一章第三節中，筆者論及呂格爾由語義學路徑出發的詮釋學理論，即面對文本，詮釋者由語義學層次出發，經由解釋活動的進行，逐次推展到反思層次，再透過層層的反思，最終到達存在層次。在這樣的進程中，詮釋者即是在其所處的第二層語境裡，反覆地對文本進行解釋、反思，最終才能將文本「據為己有」〔註47〕，即放入自身存有中，達至存在層次，產生詮釋者對自身存在處境的理解。

　　那麼，就《易經》的詮釋而言，又該如何進行上述的詮釋工作的呢？筆

〔註47〕此為呂格爾之言，見〔法〕呂格爾（Paul Ricoeur）著，洪漢鼎譯：〈存在與詮釋學〉，頁273。

者以為，我們可以從「象徵」著手。

　　呂格爾指出：「象徵導致思想」〔註48〕，正如第一章第三節所論，呂格爾將「象徵」定義為一種「多義的表達式」，簡單來說，所謂「象徵導致思想」即是透過解釋活動的進行，不斷地闡發此多義的表達式之內涵，並在解釋活動的進行中，導致思想的產生，這當中是充滿著詮釋學循環的──解釋活動的進行必須依靠語言，並亦是藉由的解釋活動的進行，去闡發語言所具的意涵。

　　另一方面，無論詮釋實際上如何進行，「象徵導致思想」皆是詮釋得以進行的幕後主軸，也是詮釋者最終得以達至存在層次的基石，就《易經》的詮釋而言亦是如此。就《易經》而言，「象徵」本就在其中佔有著重要地位，如〈繫辭上〉指出：

> 聖人設卦觀象。〔註49〕

> 君子居則觀其象而玩其辭，……。〔註50〕

> 〈象〉者，言乎象者也。〔註51〕

> 見乃謂之象，……。〔註52〕

> 是故，夫象，聖人有以見天下之賾，而擬諸其形象，象其物宜，是故謂之象。〔註53〕

〈繫辭下〉亦言：

> 八卦成列，象在其中矣。〔註54〕

在在顯示出《易經》中由「象」所透顯出的象徵意涵。對於《易經》中象徵的重要性，前輩學者亦多有論述，如徐復觀指出：

> ……而「─」「--」則只是象徵兩種性質不同的東西，並不是固定指的是什麼，所以它可以聽人自然安排運用，以解釋許多事物。……

〔註48〕〔法〕呂格爾（Paul Ricoeur）著，公車譯：《惡的象徵》，頁306～315。相關討論，可詳見本論文第一章第三節。

〔註49〕〔魏〕王弼注，樓宇烈校釋：《周易注‧附‧繫辭上》，收入《王弼集校釋》，頁537。

〔註50〕〔魏〕王弼注，樓宇烈校釋：《周易注‧附‧繫辭上》，頁538。

〔註51〕〔魏〕王弼注，樓宇烈校釋：《周易注‧附‧繫辭上》，頁538。

〔註52〕〔魏〕王弼注，樓宇烈校釋：《周易注‧附‧繫辭上》，頁553。

〔註53〕〔魏〕王弼注，樓宇烈校釋：《周易注‧附‧繫辭上》，頁555。

〔註54〕〔魏〕王弼注，樓宇烈校釋：《周易注‧附‧繫辭下》，收入《王弼集校釋》，頁556。

而易由兩個基本符號衍變為六十四卦，都是象徵的性質，這即是一
般所說的「象」。古人大概是以這六十四卦，六百八十四爻的相互衍
變，來象徵，甚至是反映宇宙人生的變化；……。〔註55〕

於此，徐復觀很明白地說明《易經》中由陰陽符號及六十四卦皆帶有象徵性
質，且這個象徵是著多義性格的。

此外，高亨則將《易經》卦爻辭分為記事之辭、取象之辭、說事之辭、斷
占之辭四類，〔註56〕戴璉璋先生繼而說明之：

其中以斷占之辭最為直白，多用「利」、「吉」、「吝」、「厲」、「悔」、
「咎」、「凶」等字指示狀況。其餘三類都有詩歌比興的作用，言在
此而意在彼，讀者須自加引申、類推來揣摩含意。……這三類筮辭，
都具有象徵作用，讀者可依據自己的處境，配合當前事件，靈活地
解讀。〔註57〕

也就是說，戴璉璋先生認為，《易經》的卦爻辭中，除了斷占之辭是明確地指
出一事的吉凶悔吝外，其餘的記事之辭、取象之辭、說事之辭皆帶有豐富的
象徵意涵，可讓詮釋者依據自身處境及事件，靈活地開展其意義的多樣性，
進行詮釋。

又如鄭吉雄指出：

《周易》六十四卦、三百八十四爻已經具有高度系統性。但它是一
部以「象」為教的經典，原本就是利用「抽象」與「具象」將經典
的意義以及教誨，引申到人生界、自然界各個層面。它的文字內容，
不能不創造出某種模糊的空間，讓讀者容易通過聯想，讓思維跳躍，
擴大它「取象」的應用範圍。〔註58〕

在此，鄭吉雄則是點出《易經》藉由「象」所引出的象徵，以此代表抽象或具
象物事，繼而藉由聯想，引申至各層面。而這個由「象」所引出的象徵，就鄭
吉雄的闡述裡，同樣也是多義性的。

基由以上討論，我們都可看出由「象」所引發的這個具有多義性格的象

〔註55〕徐復觀：〈陰陽觀念的介入──易傳中的性命思想〉，《中國人性論史（先秦
篇）》（臺北：臺灣商務印書館，2003 年），頁 202。

〔註56〕高亨：《周易古經通說·周易筮辭分類表》（臺北：樂天出版社，1972 年），頁
38～86。

〔註57〕戴璉璋：《周易經傳疏解》，頁 x～xi。

〔註58〕鄭吉雄：《周易問答》，頁 84。

徵在《易經》中所具有的重要地位，那麼，我們是否可以從卦象符號所帶來的象徵著手，對《易經》意義如何開顯這個問題，做出有別於以概念式邏輯推導的另一種意義產生的模式呢？

正如第一章第三節所論，在呂格爾「象徵導致思想」的脈絡中，「語言」扮演著相當重要的角色，也就是藉由對語言的分析、解釋活動的進行，來開顯出象徵的多義性。對於語義學層次上語言的分析，除了本節前頭討論之「語境」至關重要外，「隱喻」也起了很大的作用。正如呂格爾解釋「象徵」時所言：「『象徵』為任何表意（signification）結構，其中直接的最初的文字的意義附加地指稱另一種間接的引申的比喻的意義，這後一種意義只有通過前一種意義才能被理解。」〔註59〕在呂格爾的脈絡中，「象徵」為一種表意結構，象徵意義的開顯則必須附加於「另一種間接的引申的比喻的意義」，即由該象徵出發，藉由隱喻活動的進行，使前一種意義與後一種意義產生連結，彼此的意義開顯也在詮釋學循環中彼此交互作用著。而前後意義的開顯則必須在語境中進行。

針對「隱喻」，呂格爾有以下論述：

> 一個詞在特定語境中獲得一種隱喻的意義，在特定的語境中，隱喻與其他具有字面的意義的詞相對立。意義中的變化最初起源於字面意義之間的衝突，這種衝突排斥這些我們正在討論的詞的字面用法，並提供一些線索來發現一種能和句子的語境相一致，並使句子在其中有意義的新意義。〔註60〕

如前所論，意義的開顯必須在語境中展現，故「語境」是意義得以展現的必要條件。正如呂格爾所言：「詞義只有通過轉換特殊語境關聯動作（在一個特定句子中，它是潛在語義學的一部分）來實現，並獲得我們所說的確定意義。」〔註61〕即詞語是在文本所營造、詮釋者藉由閱讀文本、與文本產生互動而進而給出的這個特定語境中，藉由隱喻的作用來進一步透顯出意義。呂格爾指出文本中意義的變化來自於「字面意義之間的衝突」，例如「人是一只狼」這個句子，首要的主語是「人」，這句話將「人」與「狼」這個看似衝突的詞語

〔註59〕〔法〕呂格爾（Paul Ricoeur）著，洪漢鼎譯：〈存在與詮釋學〉，頁269。
〔註60〕〔法〕呂格爾（Paul Ricoeur）著，陶運華、袁耀東、馮俊、郝翔等譯：〈第二編：解釋學理論的研究〉，頁174～175。
〔註61〕〔法〕呂格爾（Paul Ricoeur）著，陶運華、袁耀東、馮俊、郝翔等譯：〈第二編：解釋學理論的研究〉，頁173～174。

並置，但實際卻是藉由「狼」這個動物特徵來形容人的某種特質。〔註62〕呂格爾分別出詞語的字面意義與隱喻意義，因為若光看兩個併陳詞語的字面意義（如「人」與「狼」），這兩個詞語的字面意義乍看之下是有所矛盾甚至衝突的，但也因為這矛盾或衝突，使我們得以跳出詞語的字面意義，從中找出線索來與其所處的語境相互回應之，進而拉出了由隱喻所產生的新意義。此即呂格爾所說的：「完成這種辯護的唯一方法是構造一種意義它能使我們理解作為整體的句子」〔註63〕，反過來說，我們之所以可以藉由新意義的誕生，勾連起字面上有所矛盾、衝突的兩個詞語，當中靠得即是隱喻的作用。針對呂格爾對「隱喻」的定義，廖炳惠指出：

> ……隱喻是創造新語意、新見地的活動，不只是一般所謂的「比擬」，而是想像、認知上的同化、吸收、轉生活動，這種見解推翻了傳統的看法——隱喻只是局部的比擬，僅為借甲去比喻乙的方便設計，不可能改變整個視野的看法。隱喻的同化及改變視野的作用一方面很像詮釋活動，以讀者的經驗及知識去吸收、融入作品的世界，另一方面則類似創造意義、虛構情節的活動，是以敘事體的方式來重新組構作品、對象的「故事」。因此，隱喻在里柯的文學、文化理論之中具有中介的地位，一方面總結了他的詮釋學（1976年，他推出《詮釋理論》），另一方面則開啟了他最近的研究方向，《時間與敘事》便是其巨著。〔註64〕

面對「隱喻」，呂格爾跳脫了修辭學借甲喻乙的脈絡，成為由甲這個象徵出發，藉由聯想、引申的進行，去繼而擴大成乙1、乙2、乙3……的多義性的意義延展。此中的延展必須在語境中進行，且不僅僅依靠甲而發，而是將甲納入詮釋者的視野，做進一步的聯想、引申，以此去開創出由象徵所發出的意義的多樣性。廖炳蕙指出，也就是藉由上述對象徵多義式意義的延展，甲和乙1、乙2、乙3……間藉著隱喻，拉出了其各自的敘事脈絡。不可遺忘的是，以上的解釋活動必須納入詮釋者本身的視野，即詮釋者面對文本時，必須在自身所處的視域中，傾聽文本的話語，進而與之對話，藉由隱喻的進行，拉

〔註62〕〔法〕呂格爾（Paul Ricoeur）著，陶運華、袁耀東、馮俊、郝翔等譯：〈第二編：解釋學理論的研究〉，頁177。

〔註63〕〔法〕呂格爾（Paul Ricoeur）著，陶運華、袁耀東、馮俊、郝翔等譯：〈第二編：解釋學理論的研究〉，頁177。

〔註64〕廖炳蕙：《里柯》（臺北：東大圖書公司，1993年），頁7～8。

出文本因象徵而發所蘊含的意義開顯。

謝大寧先生在呂格爾隱喻理論的基礎上進而指出：

……隱喻和文本乃構成了某種詮釋的循環，我們通過文本每一部份的隱喻而理解了文本的含義，復由文本的語境而理解了隱喻的指涉。〔註65〕

謝先生藉由隱喻、文本、語境之間的循環交融，點出意義生發的可能途徑，回到本節主題的《易經》意義而言，面對這麼一個富含象徵的文本，其實我們也可以藉由隱喻、文本、語境間的循環交融試著開顯出《易經》的意義。正如沈清松所言：

大體說來，相對於西洋哲學喜歡運用「概念」（concept），中國哲學文本喜用「隱喻」（metaphor）；相對於西洋哲學喜用「論證」（argumentation），中國哲學喜用「敘事」（narrative）。不過，中國哲學文本中的「隱喻」和「敘事」也是在說、寫和讀的行動或語用過程中創造並展示意義的運作，為此也必須要放在動態的過程中予以了解。中國哲學文本與題材不一定都會落入項退結所說的主導題材之中，也不一定會形成概念與論證，其中常表達的更是「隱喻」和「敘事」，並藉喻以言義，借事以理。〔註66〕

沈清松點出了「隱喻」、「敘事」在中國哲學中的重要性，值得注意的是，此種「隱喻」與「敘事」「是在說、寫和讀的行動或語用過程中創造並展示意義的運作」，也就是藉由解釋活動的進行，使文本的意義得以展現，而解釋活動也是必然是種詮釋者與文本間的動態互動。

然而，就《易經》的詮釋而言，筆者於本節前頭便指出了《易經》因其本身性質的緣故，使得其語境幾乎都是消失的。如果以上的解釋活動必然得在語境中進行，那麼我們又該如何處理《易經》語境近乎闕如的狀況呢？

值得留意的是，面對呂格爾所提出的兩層語境（即前論之實質的對談時的語境，筆者稱之為第一層語境；以及虛構的藉由文本脈絡而來的想像的準語境，筆者稱之為第二層語境），就一般文本而言，即便在話語轉化為文本時，對談當下的第一層語境解消，使文本從作者的話語權中獲得解放，詮釋者因

〔註65〕謝大寧：〈何謂「易經的意義」？〉，頁279。

〔註66〕沈清松：〈從「方法」到「路」——項退結與中國哲學的方法論問題〉，《哲學與文化》第32卷第9期，2005年9月，頁70。

此可以更直接地面對文本，不受作者話語權所宰制，〔註67〕但文本產生時的背景資料、脈絡等依舊是客觀存在著的，這使得詮釋者在進行詮釋時，某種程度上還是會受著第一層語境的制約。再加上第二層語境中文本脈絡對詮釋者所給出的制約，使得詮釋者在進行詮釋時，有了詮釋的界限，幫助詮釋者不會漫無目的或天馬行空的恣意、過度詮釋。我們可以說，語境一方面是詮釋者進行文本詮釋時的場域，使詮釋得以成為可能，另一方面，語境也為詮釋者畫出詮釋的疆界，使詮釋不流於任意妄為。也就是說，詮釋者詮釋文本的自由是相對的，不是絕對的，面對詮釋，絕對的自由反而容易帶來沒有目的的莫衷一是，造成詮釋的難題。

可是，就《易經》而言，上述的兩層語境幾乎可說是都不存在的，為了使詮釋得以可能，我們必須為《易經》建構出語境。

如前所述，《易經》帶有強烈的象徵意涵，正如呂格爾所言，「象徵導致思想」，筆者第一個想法是：我們是否可以藉由《易經》中的象徵，拉出隱喻聯想，最後使《易經》的意義獲得開顯呢？就呂格爾的詮釋學脈絡，以上的企圖當然是可以達成的。但是面對《易經》這麼一個特殊的文本，我們無法直接去處理象徵，而是必須先處理象徵之前的東西，也就是在《易經》中象徵是靠何者引發出的？正如前頭所論，《易經》的第一層語境不僅在話語轉化為文字時解消，其背後的背景脈絡也是幾近消失的，這使得我們在進行《易經》詮釋時，失去詮釋的疆界，故我們必先得為《易經》建構出詮釋的疆界。

在前頭的討論中，我們可以看出不管是在《易傳》本文，或諸位前輩學者的研究中，都點出《易經》中由「象」所帶來的象徵性質。故面對《易經》所闕如的第一層語境，謝大寧先生認為可以由「取象」入手，〔註68〕也就是說，對於《易經》而言，其象徵之所以成為象徵的起點在於「象」，換言之，我們可以藉由「取象」來固定出象徵的起點，以此來劃定《易經》的詮釋背景、疆界，建構出《易經》的第一層語境。謝先生之所以會強調出「取象」在《易經》詮釋中的重要性，乃是因為歷來《易經》詮釋者在建構《易經》意義

〔註67〕此可詳參〔法〕呂格爾（Paul Ricoeur）著，陶運華、袁耀東、馮俊、郝翔等譯：《解釋學與人文科學》，頁150。

〔註68〕面對《易經》一、二層語境如何建構的這個問題，乃是筆者在與謝大寧先生討論〈何謂「易經的意義」？〉一文時，謝先生在此文的基礎上，所進一步提出的對《易經》詮釋的論點。對此，筆者獲益匪淺，亦不敢掠美，於此特別加註說明，並對謝先生深表謝忱。

時，「取象」是提取《易經》意義時的一種約定俗成的傳統，即詮釋者在讀《易經》，首先必須先「取象」，才會有後續各種的意義闡發。因此，在《易經》意義的建構上，「取象」具有相當程度的重要性。但是值得注意的是，即便「取象」是《易經》詮釋時的第一步，但「取象」本身該如何進行，就其模式而言，嚴格來說是沒有一定的標準的。例如〈彖傳〉、〈象傳〉、漢易在取象模式上就有所不同，但各種取象模式間並沒有高下之分，也沒有詮釋的壟斷性，只是詮釋者們各自有其不同的取象模式罷了。不過，也正因為詮釋者必然先透過「取象」來讀《易經》，故在《易經》第一層語境闕如的狀況下，「取象」便成為固定《易經》詮釋疆界的一個重要步驟。

此外，面對《易經》的不成文章，使其本身缺乏第二層語境建構時所需的文本脈絡、氛圍的這個問題，如前所論，鑑於《易傳》提供了一個後人可參照且模仿的《易經》的詮釋模式，故我們可以將《易傳》視為範本，藉著對《易傳》句法的分析，從而建構出《易傳》詮釋《易經》時所處的第二層語境。至於本論文主題的王弼《周易注》而言，因王弼解《易》的「以傳解經」，即是在回歸於《易傳》對《易經》的詮釋模式上，再繼而對《易經》有了屬於王弼的詮釋，故我們更可以藉由《易傳》詮釋模式的幫助，來看王弼是如何進行《易經》詮釋。

四、《易經》意義的進一步分殊

如果我們可以依照上述方式，引發出《易經》的意義，那麼我們又該如何看待《易經》所透顯出的意義呢？謝大寧先生曾在〈何謂「易經的意義」？〉一文中，藉〈比卦〉為例，分析了〈彖傳〉、〈象傳〉、王弼彖傳注、朱子彖象傳注、王念孫父子的詮釋。謝先生先藉由彖象傳出發，初步規範出取義的模式，之後再兼採王弼等人的注解，〔註69〕統整出詮釋者們對《易經》的取義為以下三個層次：

1. 句法層次：即通過訓詁與卦爻象、爻位等句法層次的分析，以此取得《易經》的意義。
2. 義理層次：通過「聯想」的進行，以此獲得《易經》的意義。
3. 生活應用層次：即讓卦象成為生活的指導，如藉由卦象結合養生的煉丹之術，說明如何藉由卦象來調整丹爐內的火候等等，就生活應用的

〔註69〕相關論述，詳參謝大寧：〈何謂「易經的意義」？〉，頁262～269。

層面獲得《易經》的意義。〔註70〕

我們當然可以說這三個層次都代表著《易經》的意義，但是很顯然此三種「意義」在內涵上是有所差異的。此外，我們也可以將此三層次視為《易經》意義發展的進程，即由第一層次的句法層次，到第二層次的義理層次，最後再到第三層次的生活應用層次，此三層次層層相依。然而需留意的是，從句法到義理的層次的發揮，雖有著各個詮釋者側重點的不同，但在《易經》意義的發展上，幾乎是必然出現的，〔註71〕但生活應用層次則不一定。另一方面，此第三層的生活應用層次，基本上也已經脫離了《易經》原本的脈絡，進一步擴展到日常生活的應用上頭。在本論文主題的王弼《周易注》中，王弼在注《易》時也是面對著經文本身去作注，進而開展句法與義理層次的意義，王弼並未涉及到生活應用層次的部分，故關於第三層次的生活應用，筆者先暫置勿論。針對本論文，我們需注意的是前兩層次的部分，謝先生對此闡述：「這兩個層次當然都可以說是易經的意義，但其為『意義』的意思顯然是不相同的。」〔註72〕當然，謝先生以上概念的提出有其脈絡，其自西方語義學的概念出發，類比至歷代對《易經》的詮釋上頭，之後再加入了呂格爾詮釋學中的「語境」概念，〔註73〕擴大論之。最後，謝先生針對「文本的意義」做了更進一步的分殊：

〔註70〕關於此三層次的具體內容，詳參謝大寧：〈何謂「易經的意義」？〉，頁264～267。

〔註71〕針對第一至第二層次的《易經》取義，謝大寧先生指出：「基本上說，彖象傳的說法固然素樸，但它其實已經可以把握易經各層面的意義，就這點而言，王弼和朱夫子等的詮釋，也具備了同樣的完整性。至於漢儒，他們在把握易經的涵義面上，其實是用功頗深的，對不對？有沒有穿鑿？這是一回事，但他們相當程度地為易經『句法』提供了更多可能性，則也是事實。另一方面，他們也並未完全忽略易經文本的另一面意義，只是看來漢儒解易最大的問題，其實是在他們只企圖把易經的經傳文字講通而已，這就讓他們掉進了『原意』的陷阱，從而使他們無法進入易經的第二序指涉之中，也因此，他們乃在解經中逐步遠離了經義，這當然是件可惜的事。在我看來，其實清儒儘管反對漢儒的象數，可是他們卻同樣步入了漢儒後塵。儘可他們對發明易經義例頗有貢獻，但對經義同樣是轉說轉遠了，這真是讓人徒喚奈何啊！」謝大寧：〈何謂「易經的意義」？〉，頁276。相關論證，請詳參謝大寧：〈何謂「易經的意義」？〉，收入《第六屆漢代文學與思想學術研討會論文集》，頁265～268。

〔註72〕謝大寧：〈何謂「易經的意義」？〉，頁264。

〔註73〕詳參謝大寧：〈何謂「易經的意義」？〉，頁271～280。

　　上述的討論，簡單的說，也就是如果我們要說文本的意義，則這意
義其實是有著多重意思的。其第一重意思，乃是就著文本的語言本
身而說，它自有其語言的結構面，這一面當然有其自律性，這也構
成一個所謂的結構性的意義。而其第二重意思，則是就著文本的語
境而說。文本固然有其某一歷史時空之來源，但文本的語境卻並不
是由此一特定的歷史時空，或者說是由某依作者所規定，相反的，
由特定作者或時空所規定的語境之指涉，其實在文本完成時，它便
已經消滅，而真正的文本語境，乃是由其第二序的指涉所完成的，
而後人作為一個文本的閱讀者，乃能在這一第二序的指涉上，去獲
取或創造自己的詮釋，同時亦以此而重新認識了自己，也認識了自
己與神聖性相交會的瞬刻。而若所謂文本的意義乃是如此，則我們
回頭來看一下所謂易經之意義。其意思也就豁然開朗了。從一個很
簡單的比對來看，我們前述所謂易經之第一層意義，亦即句法層次
的意義，其實正是文本之結構性意義，換言之，它就是易經這一文
本的「涵義」。而第二層——也就是義理層——的意義，則正是易經
這一文本的「指涉」，也就是這一文本真正的語意性意義。〔註74〕

此處，謝先生將「文本的意義」分為兩層次：

1. 「結構性的意義」：從文本的語言來說。此處看的是語言的結構面，若
   對照前頭謝先生所論之詮釋者對《易經》的取義，指的就是由句法層
   次所獲得的《易經》意義。對此，謝先生亦借用語義學的語彙，稱此
   為《易經》文本的「涵義」。

2. 「語意性的意義」：從文本的語境來說。此處謝先生由呂格爾對語境論
   述出發，指出詮釋者在呂格爾所說的「想像的準語境」中，與文本產
   生互動，藉此開顯出文本的語意性意義。若對照前頭謝先生所論之詮
   釋者對《易經》的取義，指的就是由義理層次所獲得的《易經》意義。
   對此，謝先生亦借用語義學的語彙，稱此為《易經》文本的「指涉」。
   不同的是，語義學原本只是單純地談語言本身的意義，但在謝先生此
   處的援用中，實擴大了語義學中「指涉」的概念，在其中加入了詮釋
   學的「語境」概念，以此而論其所謂之「指涉」、「語意性的意義」。

　　總結以上論述，我們可以如此說——關於「《易經》的意義」，詮釋者在

〔註74〕謝大寧：〈何謂「易經的意義」？〉，頁275～276。

進行詮釋時,是由第一層次的「句法層次」開出其文本的「結構性意義」;再由第二層次的「義理層次」,開出其文本的「語意性意義」。藉由此二層次的進程,詮釋者便能逐步開顯、深化《易經》的意義。另一方面,若結合筆者前頭對語境的討論,我們便可知道,當詮釋者完足了文本句法層次的結構性意義後,便能藉由文本脈絡而透顯出文本氛圍,就此產生詮釋者面對文本時的第二層語境。也正是在此第二層語境中,藉由詮釋者與文本間的對話、視域融合,使詮釋進入義理層次,詮釋者便能進而開顯出文本的語意性意義。

本論文第一章第三節中,筆者曾對呂格爾語義學路徑的詮釋學理論進行討論,指出呂格爾從語義學層次出發,藉由解釋活動的進行,進入反思層次,在層層的反思中,最終到達存在層次。若我們以此來看上述《易經》意義開顯進程的討論,第一層次的「句法層次」所開顯出的文本的「結構性意義」基本上還處在呂格爾所謂的「語義學層次」中,是針對文本本身的內在結構來進行討論。但到了第二層次的「義理層次」時,基本上就跨出了語義學層次,而邁向反思層次。在義理層次的語意性意義的開顯中,詮釋者面對著文本,在文本脈絡、氛圍所帶來的第二層語境中,此時詮釋者就不僅是對文本做字詞意義上的探究,而是進一步就著自身視域去與文本進行視域融合。在詮釋者與文本不斷進行對話的過程中,反思是不斷進行著的,藉由反思的層層深入,詮釋者才有機會將文本「據為己有」,將文本放入自身存有中做進一步生命的對話,到達呂格爾所說的存在層次。也是在此時,我們便可以看出詮釋者本身的思想風貌。

五、《易經》意義的開顯——以〈象傳〉解〈乾卦〉為例

基於以上論述,筆者此處欲舉〈象傳〉解〈乾卦〉之卦畫與卦辭為例,進行說解:

　　䷀(乾下乾上)

　　乾　元亨利貞。

　　〈象〉曰:天行健,君子以自強不息。

在〈乾卦〉中,卦畫為䷀,卦辭為「元亨利貞」,若單就此經文內容,其實我們無從得知〈乾卦〉在當時占卜時的語境,及其文章語脈。正如同前頭一再提及的——《易經》本身的第一層語境與第二層語境幾乎可說是已然闕如,這造成詮釋者面對《易經》時,有其詮解上的困難,即我們很難光靠卦畫、卦

辭，就能進而理解《易經》句法甚或義理層次上成現出怎樣的內涵。因此〈象傳〉面對〈乾卦〉，其先從「取象」入手，藉由「取象」先固定出〈乾卦〉的詮釋疆界，並藉此建構出〈乾卦〉的第一層語境。

　　〈象傳〉的取象方式是以八卦取象，以「乾」象「天」，這是基於卦象本身本身象徵符號，藉由聯想的方式引出「天」的概念，即透過聯想固定卦象的象徵，以此來劃定卦象的詮釋範圍。就此處的〈乾卦〉為例，從「乾」中取出「天」之象，「天」在此即是〈象傳〉解乾卦時透過取象所產生的象徵，詮釋者可藉此將後續的詮釋固定在「天」這個象徵的範圍裡。於此，「天」成為詮釋〈乾卦〉的背景資料，並也因此建構出〈乾卦〉的第一層語境。另一方面，詮釋者也可以藉由象徵的固定，從中獲取詮釋的材料，以此材料進行後續隱喻的聯想，如由〈乾〉取出的「天」的象徵，將「天」視為後續詮釋進行時的材料，從「天」出發進行一連串的聯想。故我們或可如此說，藉由「取象」的進行，詮釋者一方面劃定了詮釋的疆界，一方面也獲得了後續詮釋進行時所需要的背景材料，這是詮釋者所建構出的《易經》的第一層語境。

　　在固定住「天」這個象徵後，〈象傳〉說：「天行健」，此處則開始進入了文本句法層次的詮釋。在〈乾卦〉的卦辭中，僅簡單言之為：「元亨利貞。」白話解釋只為：「最亨通，利於所貞問的事。」〔註75〕單就這句「元亨利貞」而言，其實我們無法看出其文章脈絡，即便我們可將卦辭中「亨」字詮解為「亨通」，但其所指的究竟為何呢？因此處文句脈絡的消失，詮釋者便可以有無限的詮解。但〈象傳〉由「天」這個象徵出發，一方面劃定詮釋疆界為「天」，另一方面也由「天」出發，對〈乾卦〉做了進一步的聯想，即勾連到天的運行為「健」，〔註76〕轉換為白話文句則為：「天的運行是剛健不已的」〔註77〕。此處的「健」即為〈象傳〉解〈乾卦〉時，透過「天」這個象徵進行聯想，進而產生的第一層隱喻。此處的隱喻是單純在句法層次中進行的，也就是在句法的層次裡，去聯想「天」運行的狀態，做字義上的擴展。於此，〈象傳〉便

〔註75〕戴璉璋先生針對《易經》、《易傳》做了逐字逐句的梳理、解釋，此處即援用戴璉璋先生之解，見戴璉璋：《周易經傳疏解》，頁1。

〔註76〕朱伯崑指出：「春秋時期的人解易，已認為坤☷有順義，順同柔是相聯係。春秋時期已有『天為剛德』說，解易者如以乾卦為天，同坤卦相反的乾卦☰象，自然會引申出剛健之義。」朱伯崑：《易學哲學史》（第1卷），頁64。

〔註77〕此處戴先生即解為：「天的運行，剛健不已」。戴璉璋：《周易經傳疏解》，頁4。

藉由對「天」的聯想，進一步補足了原卦辭中「元亨利貞」這句話在文章脈絡上的簡略。也就是說，當〈象傳〉藉由八卦取象固定住「天」這個〈乾卦〉的象徵後，便能憑藉著「天」的意象，進一步聯想到「天的運行是剛健不已的」。在此脈絡下，我們便可以解釋為什麼〈乾卦〉是「元亨利貞」呢？因為其就如同天一般，天的運行既然是剛健不已，那麼當然能亨通無礙。此處《易傳》即是在句法層次中，試圖將原本不成文章的《易經》經文建構出文句語脈，因為當文句語脈建立起來之後，才能夠進一步產生文本氛圍，而詮釋者便是在與文本氛圍互動、對話的過程中，給出第二層語境。也是在此第二層語境中，當詮釋者與文本的互動、對話，將文本之言說放在自身的存有中加以實踐、交融，進而給出「不同的理解」，開顯出文本的意義。

由此觀點出發，我們回到〈象傳〉對〈乾卦〉的詮釋，可以看到其繼而論之：「君子以自強不息」。此處有兩個值得我們注意的地方，一是此處詮釋者又從上一句的「健」，引發了另一層聯想，勾連至「自強不息」上頭，這是詮釋者面對文本所進行的第二層隱喻。二是此處所言的「君子」，其實就是寫〈象傳〉者的自我期許〔註78〕。故當其謂「君子以自強不息」時，就不是如前一句「天行健」般，還停留在句法的層次上，而是進一步對自我提問，即如果天的運行是剛健不已的「健」，那麼「健」對於我作為一個君子，會有怎樣的啟示？也就是說，此處詮釋者將「健」聯想至君子行事時的「自強不息」，翻成白話即是「君子行事奮發不懈」〔註79〕。詮釋的意義便是在此處的這個第二層隱喻中產生，因為在此第二層隱喻中，詮釋者可以進一步勾連到自己本身，也就是放到君子之德的脈絡中對〈乾卦〉做進一步詮釋。也就是說，詮釋者可以透過此處「自強不息」的第二層隱喻，進一步對自身產生意義的啟發，再將其實踐到平日的立身處世之中。故此處的「自強不息」便是〈易傳〉作者對〈乾卦〉所燦發出的意義內容，〈易傳〉作者的思想便可由此而見。

以上以〈象傳〉解〈乾卦〉為例，我們可以看出〈象傳〉開顯《易經》意義的方式為：基於卦象本身的符號特質，藉由聯想的方式，將卦象的意義先通過取象來固定住象徵，繼而產生隱喻——當然，此處筆者是採用呂格爾定

〔註78〕寫〈象傳〉者亦自許為有德君子。
〔註79〕戴璉璋先生對此解道：「君子因而奮發自強，從不懈怠。」戴璉璋：《周易經傳疏解》，頁4。

義下的「象徵」、「隱喻」。接著再通過隱喻的不斷擴大，進一步開顯出《易經》的意義，且此意義是與自身存有息息相關的。也就是說，《易傳》在進行《易經》的詮釋時，第一步是把《易經》的符號藉由象徵，建構出《易經》的背景氛圍——即第一層語境，以此劃定詮釋的範圍，也同時獲得詮釋的材料。第二步則是在句法層次上，藉由字義上的聯想，引申出第一層隱喻，建構出〈象傳〉之於《易經》的文本氛圍，並在此文本氛圍中，從而產生第二層語境。第三步則是藉由與文本氛圍的互動、對話，在詮釋者所處的第二層語境中，將文本放於自身存有做進一步的聯想，在後續的第二層隱喻中開顯出文本的意義。以上便是〈象傳〉作者解《易經》的模式。如前所述，「取象」是使《易經》意義建構得以進行的第一步，這是歷來約定俗成的傳統。〈彖傳〉作者同樣也藉由「取象」來提取《易經》的意義，但與〈象傳〉的八卦取象模式並不同，〈彖傳〉還用了取卦德、卦名等方式進行取象。不過無論如何，我們都可以發現，《易傳》作者皆是藉由「取象」出發，接著在一連串的象徵、聯想、隱喻的作用中，進而開顯出他們所讀出的《易經》的意義。回到本論文主題的王弼，王弼的「掃象」、「以傳解經」，便是在漢易取象模式過於繁瑣的情況下，王弼掃除了漢易解《易經》時的繁瑣，回到《易傳》傳統的解經模式（但這不代表王弼全然不用象數），並以此出發，進一步開顯《易經》的意義，王弼的思想便在他所開顯的《易經》的意義中展現。若此，我們是否可以借用《易傳》解《易經》的模式，以此來看王弼對《易經》的注解？故筆者接下來想將《易傳》對《易經》的象徵、聯想、隱喻的種種詮釋模式當作範本，以此來看王弼在「以傳解經」的模式下，燦發出何種《易經》的意義。

值得注意的是，關於詮釋活動的進行，呂格爾曾說：

> 和我思的傳統、通過瞬間的直觀來認識自己的主體之要求相對照，
> 應該說，我們只有通過積澱在文化作品中的人文標記的漫長彎路才
> 能認識我們自己。〔註80〕

即詮釋者理解活動的進行、文本意義的開顯終將是向著詮釋者本身的，哲學詮釋學裡所謂的「視域融合」，不是 A、B 的重疊，而是 A、B 融合後的擴大，即所謂「不同的理解」。在理解活動中，因時間間距所產生的差距是必然的，當中的巧妙點在於詮釋者在以文本為出發點，傾聽文本說話的同時，產生了

〔註80〕〔法〕呂格爾（Paul Ricoeur）著，陶遠華、袁耀東、馮俊、郝翔等譯：《解釋學與人文科學》，頁 146～147。

與文本之間的種種對話,但理解的終點不在於回歸文本原意,而在詮釋者本身藉由理解活動的進行,進而對自身存有狀態有所理解。〔註81〕故理解不光是文辭性的,更是生命實踐性的,一如呂格爾從語義學層次、反思層次到存在層次的意義開顯。

就此來看王弼《周易注》,其對《易經》的詮釋活動也是如此,如前所述,詮釋者各自在自己與文本所交融的第二層語境中,與文本對話、進行理解,最終將回到對自我存有狀態的理解。王弼《周易注》亦如此,其思想面貌、生命存有的狀態,也將由其所開顯出的《易經》意義中獲得展現。然而,在正式進入王弼《周易注》文本內涵討論之前,筆者以為,我們必須先就王弼詮釋《易經》的方法進行討論,故在下一節中,筆者將以本節的討論為基礎,進一步探究王弼是以何種方式進行其對《周易注》的詮釋。

第二節　王弼《周易注》的詮釋方法——由《周易略例》見王弼解《易》之基本方針

在前一節中,筆者討論了《易傳》在詮釋《易經》時,是如何開顯出《易經》的意義。為使接下來討論更為方便,筆者將《易傳》對《易經》的詮釋總結為以下進程:

第一,將《易經》的符號藉由取象拉出象徵,建構出《易經》原本闕如的第一層語境——背景氛圍,以此劃定詮釋的範圍,並藉此獲得詮釋的材料。

第二,在句法層次上,藉由字義的聯想,引申出第一層隱喻,以此建構出《易傳》作者在面對《易經》時所感受到的文本氛圍。也是在此文本氛圍中,進一步產生出《易傳》作者之於《易經》的第二層語境。

第三,《易傳》作者藉由與文本氛圍的互動、對話,在其所處的第二層語境中,將文本放於自身存有中做進一步的聯想,在後續的隱喻中開顯出文本的意義,詮釋者的思想亦在此處展現。

〔註81〕謝大寧先生指出:「文本的語境是文本這一存有的揭示,揭示而為我們的生活世界,我們即由此理解隱喻的指涉。」謝大寧:〈何謂「易經的意義」?〉,頁 279。

若以此來看本論文主題的王弼《周易注》，我們或可如此說——王弼以「掃象」掃除了漢易取象上的繁瑣，繼而「以傳解經」，回歸到《易傳》傳統的取象模式，故我們可以將上述《易傳》的解經模式視為王弼解《易》時的範式，看王弼在其自身所處的第二層語境中開顯出了何種專屬於王弼的《易經》的意義，〔註82〕王弼的思想風貌也就在此意義的開顯中顯現。

可是，在我們正式進入王弼《周易注》文本的討論前，筆者認為我們仍有必要先就王弼《周易注》的詮釋方式進行更細緻的討論。正如《易傳》對《易經》意義的開顯有其方法、進程，我們在進行王弼《周易注》文本討論之前，也必先得問——王弼在面對《易經》時，是以何種方法來進行詮釋？關於這個問題，筆者以為我們可從王弼的《周易略例》中一窺端倪。我們或可如此說，前述的詮釋三進程乃是以純形式的方式論述王弼對《易經》的詮釋進程，具體的操作方式則清楚地展示在王弼的《周易略例》當中。

《易傳》在規格上分〈彖傳〉、〈象傳〉、〈繫辭傳〉、〈文言傳〉、〈說卦傳〉、〈序卦傳〉、〈雜卦傳〉七種，王弼的《周易略例》也同樣分〈明彖〉、〈明爻通變〉、〈明卦適變通爻〉、〈明象〉、〈辯位〉、〈略例下〉、〈卦略〉七部分。《易傳》作者藉由《易傳》的撰寫，在內容上進一步發揮《易經》的意義；王弼的《周易略例》，則是就方法層面進行說明，論如何依循《易傳》解經模式來進一步地詮解《易經》。究其內容，筆者先簡述如下：

1. 〈明彖〉：「夫〈彖〉者，何也？統論一卦之體，明其所由之主者也。」〔註83〕此處「彖」指的是〈彖傳〉。此章為論述〈彖傳〉的作用與意義，〔註84〕並藉由「彖」明解卦時尋求主爻的重要性。

〔註82〕針對《易經》意義的開顯，謝大寧先生指出：「第一個步驟是建構文本的含義，這是通過文本的線索去建構，甚至是去猜測其隱喻所在，也就是把整個文本先視為是一整個隱喻，這工作就像王弼他們再解一個卦時，先通過此卦的特殊句法，以找出其卦象所在，並即以此象為此卦文本之含義，而這含義即是整個新意義生產過程的出發點。其次，第二個步驟則是以上說的隱喻為中心，而將整個卦爻辭視為是一個完整的文本，並將隱喻與文本的每一句話構成一種指涉性的關聯，而此一關聯即顯現而為此一文本的語境，我們看王弼他們的說法，不正是將整個卦爻辭乃至象象傳視為是卦象的指涉，從而將它發展為符合自己的生活世界以及自己的存在感的文本語境嗎？而易經的意義也就在這樣的詮釋中，不斷發展出新的意義，……。」謝大寧：〈何謂「易經的意義」〉，收入《第六屆漢代文學與思想學術研討會論文集》，頁279～280。
〔註83〕〔魏〕王弼注，樓宇烈校釋：《周易略例·明象》，頁591。
〔註84〕〔魏〕王弼注，樓宇烈校釋：《周易略例·明象》，注1，頁592。

2. 〈明爻通變〉:「夫爻者,何也?言乎變者也。」〔註85〕此章主論陰陽六
   爻的意義在於「變化」。〔註86〕

3. 〈明卦適變通爻〉:「夫卦者,時也;爻者,適時之變者也。」〔註87〕王
   弼於此章點出「時」在解經時的重要性,並依著「時」談各爻的隨時
   而變,說明卦與爻之間相互變化的關係。〔註88〕

4. 〈明象〉:「夫象者,出意者也。言者,明象者也。」〔註89〕「象」指的
   是「卦象」,「言」指的是語言、文字,如卦辭、爻辭。〔註90〕此章討
   論卦象與卦爻辭之間的關聯,以及象、言與意義間的互動:「盡意莫若
   象,盡象莫若言。……得意在忘象,得象在忘言」。〔註91〕後世常就此
   章討論王弼對「言意之辨」的看法。

5. 〈辯位〉:闡明卦象中各爻的陰陽地位,並舉例解釋為何「初上无陰陽
   定位」。〔註92〕

6. 〈略例下〉:除重新闡明「彖」、「象」的意義外,亦分別說明了《易經》
   中元亨利貞四德、應位說與无咎等的解讀方式及在解卦時可能有的例
   外狀況。〔註93〕

7. 〈卦略〉:直接舉例,以此略論卦中陰陽、剛柔相互感應與消長的關係,
   以及一卦的根本意義。〔註94〕

從以上的整理中,我們可以發現王弼相當重視解《易經》卦時的種種方法、
步驟,堅實地站在《易經》經文的基礎來詮釋《易經》。傳統上我們都說王弼

〔註85〕 〔魏〕王弼注,樓宇烈校釋:《周易略例·明爻通變》,收入《王弼集校釋》,
頁597。

〔註86〕 〔魏〕王弼注,樓宇烈校釋:《周易略例·明爻通變》,注1,頁598。

〔註87〕 〔魏〕王弼注,樓宇烈校釋:《周易略例·明卦適變通爻》,收入《王弼集校
釋》,頁604。

〔註88〕 〔魏〕王弼注,樓宇烈校釋:《周易略例·明卦適變通爻》,注1、2,頁610。

〔註89〕 〔魏〕王弼注,樓宇烈校釋:《周易略例·明象》,收入《王弼集校釋》,頁609。

〔註90〕 〔魏〕王弼注,樓宇烈校釋:《周易略例·明象》,注1、2,頁610。

〔註91〕 〔魏〕王弼注,樓宇烈校釋:《周易略例·明象》,頁609。

〔註92〕 〔魏〕王弼注,樓宇烈校釋:《周易略例·辯位》,收入《王弼集校釋》,注1,
頁614。

〔註93〕 〔魏〕王弼注,樓宇烈校釋:《周易略例·略例下》,收入《王弼集校釋》,頁
615~616。

〔註94〕 〔魏〕王弼注,樓宇烈校釋:《周易略例·卦略》,收入《王弼集校釋》,注1,
頁619。

《周易注》「以傳解經」，但這當中常有一個誤解，即是認為王弼的「以傳解經」乃是將《易傳》的義理內容帶入《易經》。然而，究其《周易略例》，我們可以發現王弼的「以傳解經」其實是指王弼在詮釋《易經》時，參考、借用了《易傳》的解經模式，而非將《易傳》義理直接帶入其《易經》詮釋。當然，王弼解《易》時除了對《易傳》的解經方法有所援用外，《周易注》裡的一些內容也是在《易傳》對《易經》的詮釋基礎上繼而有所發展，但我們仍舊無法直接地說王弼的「以傳解經」就是將《易傳》內容帶入《易經》。筆者以為，王弼其實是在《易傳》解經的基礎上，進一步發揮《易經》意義，產生面對《易經》時屬於王弼的「不同的理解」。當我們細究王弼的《周易注》，便可以發現即便王弼有時援引了《易傳》對《易經》的說解，但也可能往下開出不同的詮釋內容與方向。關於王弼對《易傳》方法或內容的援引及其發展，筆者將在第四章中有更細緻的說解，此處先略下不表，先就《周易略例》進行討論。

　　細究《周易略例》，我們可以發現前四章〈明彖〉、〈明爻通變〉、〈明卦適變通爻〉、〈明象〉為《周易略例》的重點，王弼由代表一卦卦體的〈彖辭〉起論，再由卦體延伸至各爻的變化，以此談各爻在卦象中所面臨的處境問題。接下來再由處境談時機、機遇的重要性，以及占卦者在面對時機時所需的適時而變。從前四章裡，我們可看到王弼解經的基本方法，後三章〈辯位〉、〈略例下〉、〈卦略〉則是依前四章而發，做進一步的舉例與補充說明。對於《周易略例》的內容及其所談的解經方式，筆者論述如下。

一、由〈明彖〉見「一卦之主」在王弼解《易》時的引領地位

　　《周易略例》中，首章〈明彖〉具有一定錨的地位，在此章中，王弼開宗明義指出：

　　　　夫〈彖〉者，何也？統論一卦之體，明其所由之主者也。〔註95〕

〈明彖〉章的「彖」所指為何，必須需要進一步的說明，筆者以為，究其實質，可分為形式與內容兩方面說起。

　　若按〈明彖〉此句，王弼定義「彖」為「統論一卦之體，明其所由之主者也」，筆者以為，這是先就形式上定義何謂「彖」，即王弼認為〈彖傳〉的內容

〔註95〕〔魏〕王弼注，樓宇烈校釋：《周易略例·明彖》，頁591。

就在講述出一卦的「體」、「主」，也就是一卦的中心主旨。〔註96〕

然而，筆者以為《周易略例》〈明彖〉章實要分形式與內容兩方面進行說解，從形式上面來看，所謂「明彖」所明的即是《易傳》中〈彖傳〉的解經要旨——「統論一卦之體，明其所由之主也」，即王弼認為《易傳》藉由〈彖傳〉的撰寫，闡明出一卦的中心主旨。可是，就內容上來說，〈明彖〉章的重點其實並非在〈彖傳〉上頭，而是要藉由對〈彖傳〉的定義，進一步闡述解卦時對「卦義」的取得該從何著手。也就是說，王弼在〈明彖〉章中，乃是在對〈彖傳〉解經要旨進行定義後，繼而將討論的重心放在「一」、「一卦之體」、「主」上頭。〔註97〕就王弼的觀點，他認為詮釋者必須以此「一」、「一卦之體」、「主」出發，才能進而開顯、掌握出《易經》的意義。

就字義而言，「彖」有斷、決斷之意，在〈明彖〉中，王弼認為解卦首務是要先找出可「統論一卦之體」的「主爻」，〔註98〕以主爻來決斷出該卦的一個基本定調，再以此進行後續的詮釋。王弼在此明確點出主爻在卦中的主導地位，認為主爻點明了一卦的中心主旨，可主導一卦的詮釋方向。正如樓宇烈指出：

〔註96〕關於「彖」字之義，〈繫辭下〉指出：「彖者，材也」〔魏〕王弼注，樓宇烈校釋：《周易注·附·繫辭下》，頁560。韓康伯對此注曰：「材，才德也。彖，言成卦之材，以統卦義也。」〔魏〕王弼注，樓宇烈校釋：《周易注·附·繫辭下》，頁561。此處「材」指的「成卦之才德」，也就是指一卦的中心主旨，藉此中心主旨的闡釋，便可明一卦卦義。另一方面，〈繫辭下〉亦言：「觀其〈彖辭〉，則思過半矣」〔魏〕王弼注，樓宇烈校釋：《周易注·附·繫辭下》，頁570。孔穎達疏謂此處「彖辭」指的是「卦辭」。〔魏〕王弼、〔晉〕韓康伯注，〔唐〕孔穎達等正義：〈繫辭下〉，《周易正義》，收入《十三經注疏》（臺北：藝文印書館，2001年），頁8b，總頁174。對此，筆者以為孔穎達此處並非指「彖辭」就是等於「卦辭」，而是指《易傳》作者藉由〈彖辭〉說解出一卦卦辭的意涵。另一方面，韓康伯對〈繫辭下〉此言則注：「〈彖〉之為義，存乎一也；一之為用，同乎道矣。」〔魏〕王弼注，樓宇烈校釋：《周易注·附·繫辭下》，頁571。韓康伯此處對〈繫辭下〉的注文，其實就呼應出王弼〈明彖〉章之謂〈彖〉「統論一卦之體，明其所由之主者也」的定義，即〈彖〉在內容上言明了一卦的中心主旨。

〔註97〕朱伯崑指出：「一爻為主說，始見，于《彖》傳解經。……王弼的一爻為主說，即來于此。但他作了發揮和理論上的闡述。其在《周易注》中，經常依《彖》傳義，解釋一卦的卦義，主于一爻。」朱伯崑：《易學哲學史》（第1卷），頁287。

〔註98〕樓宇烈釋王弼〈明彖〉章之「彖」為「彖辭」，其指出所謂「彖辭」乃是「總論一卦」，作用則是「通過對一卦中起主導作用的一爻的分析，辯明這一卦的主旨所在。」〔魏〕王弼注，樓宇烈校釋：《周易略例·明彖》，注2，頁592。

王弼認為，一卦雖有眾多之爻，但其中只有一爻起主導作用，是這一卦的中心主旨所在。即下文所謂「六爻相錯，可舉一以明也」。〔註99〕我們或可如此說，就王弼而言，主爻就好像是風箏的線，即便六爻間相互交錯、爻象有陰陽剛柔，但始終有一主爻作為此卦意義的定錨、詮釋的核心。

故王弼於〈明彖〉中再三申明此理：

> 夫眾不能治眾，治眾者，至寡者也。夫動不能制動，制天下之動者，貞夫一者也。故眾之所以得咸存者，主必致一也；動之所以得咸運者，原必无二也。〔註100〕

以寡治眾、以一制動，皆是為了闡明一卦中主爻所具的核心地位，各爻有其變化，但主爻相對於各爻有其主導作用，故主爻亦可視為一卦之「理」、「宗」、「元」：

> 物无妄然，必由其理。統之有宗，會之有元，故繁而不亂，眾而不惑。〔註101〕

此即萬物的變化不會盲目無秩序，變化中必有其條理、秩序，有其必然遵循的「理」，在此「理」的運作下，物有宗主，故能「繁而不亂，眾而不惑」。

此處王弼是就解卦引申論至萬物之理上頭，但究其實質，〈明彖〉章中王弼的重點還是在解卦的方法論，故其言：

> 品制萬變，宗主存焉；〈彖〉之所尚，斯為盛矣。〔註102〕

即不管萬物有再多的變化，其根源、宗主則是根本不變，解卦時只要找到可做為決斷的彖辭，那麼也就掌握了一卦的核心所在。也就是說，解卦首重於對一卦之主爻的掌握，就著主爻而下，才能進一步對《易經》進行後續的意義開顯。王弼此種解卦首重主爻的方法，正來自於〈彖傳〉，〔註103〕當然〈彖

〔註99〕〔魏〕王弼注，樓宇烈校釋：《周易略例‧明象》，注2，頁592。
〔註100〕〔魏〕王弼注，樓宇烈校釋：《周易略例‧明象》，頁591。
〔註101〕〔魏〕王弼注，樓宇烈校釋：《周易略例‧明象》，頁591。
〔註102〕〔魏〕王弼注，樓宇烈校釋：《周易略例‧明象》，頁591。
〔註103〕針對〈彖傳〉解經時重主爻這點，高齡芬曾指出：「堪稱彖辭之詮釋特色的，是專以一爻或二爻統論一卦，這也正是王弼論『主爻』的重要根據。」高齡芬：〈王弼《周易注》之主爻論述〉，《北臺國文學報》2期（2005年6月），頁49。高齡芬繼而指出：「其實《彖傳》從未言及『主爻』、『卦主』云云，然而王弼卻主張《彖傳》的《易》學方法以主爻為重心。……把梳各卦的彖辭，其中單獨提出一爻或兩爻，來論斷全卦的義理趨向的例子，六十四卦之中就有三十餘卦，可見王弼的論斷並非沒有根據。至於這三十餘卦又可分兩類典型。其一是論一爻之特性來解釋卦辭義涵，並分析此卦所得吉、凶占辭

傳〉解卦的方式不僅僅限於取主爻為宗，〔註104〕但王弼《周易注》在實際進行解卦時，卻是特別重視此主爻的概念，或取一卦之中爻〔註105〕、或取一卦之獨爻〔註106〕為一卦之主，抓出主軸後，在對此主軸的掌握下，繼而

的原由。其二是以一爻的特質來說明其卦的卦德（卦名取義）。」高齡芬：〈王弼《周易注》之主爻論述〉，頁49。在高齡芬的論述中，完全將王弼〈明象〉之所謂「象」解為〈象傳〉之意，筆者以為此處有可商榷之處，因如筆者前頭所述，王弼〈明象〉中對「象」的定義，應進一步細分為形式與內容兩部分，並非就形式而指〈象傳〉而言。但筆者以為，高齡芬此處關於主爻的論述，仍有其意義。對此高齡芬進一步對〈象傳〉進行整理，指出：「筆者耙梳《象傳》原文，以一爻或兩爻論釋卦義者有三十三例：蒙、需、訟、師、比、小畜、履、同人、大有、豫、臨、觀、噬嗑、無妄、大過、坎、離、遯、晉、家人、睽、益、萃、升、困、井、鼎、漸、旅、節、渙、既濟、未濟。其餘有以內外兩卦之卦象合而為義（例如：屯、隨），有以各爻位之特殊排列而論（例如：未濟、既濟），有以卦之形狀為說（例如：小過、頤、噬嗑）。」高齡芬：〈王弼《周易注》之主爻論述〉，注11，頁49。相關例證與論述，可詳參高齡芬：〈王弼《周易注》之主爻論述〉，頁49～50。

〔註104〕 如高齡芬指出：「考之《象傳》詮釋卦義，除了取一爻或兩爻為釋者，也有完全依內、外兩卦會義而顯的，亦有依六爻的相互關聯而見者。」高齡芬：〈王弼《周易注》之主爻論述〉，注17，頁50。

〔註105〕 王弼言：「是故雜物撰德，辯是與非，則非其中爻，莫之備矣。」〔魏〕王弼注，樓宇烈校釋：《周易略例·明象》，頁591。王弼此語出自〈繫辭下〉：「是故雜物撰德，辯是與非，則非其中爻，莫之備矣。」〔魏〕王弼注，樓宇烈校釋：《周易注·附·繫辭下》，頁570。對此，韓康伯注：「夫〈象〉者，舉立象之統，論中爻之義。約以存博，簡以兼眾，雜物撰德，而一以貫之。形之所宗者道，眾之所歸者一。其事彌繁，則愈滯乎形；其理彌約，則轉近乎道。〈象〉之為義，存乎一也；一之為用，同乎道矣。」〔魏〕王弼注，樓宇烈校釋：《周易注·附·繫辭下》，頁571。由上述引文得知，不管是〈繫辭下〉、王弼、韓康伯，皆點出「中爻」在一卦中的重要性。至於「中爻」所指為何，焦循的《易章句》中指出：「中爻謂二、五也」。〔清〕焦循著，陳居淵校點：《易章句》卷8，收入《雕菰樓《易》學》（北京：北京大學出版社，2012年），頁129。關於此中爻的運用，主要出自於〈象傳〉。高齡芬指出：「考之《象傳》三十餘例以一爻為論者，十之八九為中爻。」高齡芬：〈王弼《周易注》之主爻論述〉，頁53。相關例證，可詳參高齡芬：〈王弼《周易注》之主爻論述〉，頁53～55。由此，我們可見王弼以傳解經之具體展現。

〔註106〕 高齡芬指出，王弼相當重視「獨爻」，即王弼認為「一卦中單獨的陰爻或陽爻，也是一卦的主爻所在。」高齡芬：〈王弼《周易注》之主爻論述〉，頁55。然「獨爻」在〈象傳〉中的使用，高齡芬指出此相較於「中爻」，略不明顯，但仍有之，相關論述與例證，請詳參高齡芬：〈王弼《周易注》之主爻論述〉，頁56～57。此外，關於王弼解經時對主爻的取用，高齡芬亦指出當中亦有少數既非取中爻，亦非取獨爻的例子，此請詳參高齡芬：〈王弼《周易注》之主爻論述〉，頁57。

進行後續的意義詮釋。

值得注意的是，〈明象〉中之所謂主爻，乃是就一卦而論，在一卦中找出當中主爻，作為一卦方向的主導，〈明象〉中並未針對個別的爻去談各爻的觀解。我們或可說，王弼先在《周易略例》的首章〈明象〉中，論述解卦的第一要點、大方向的掌握，到了〈明爻通變〉，才進一步落實到如何觀解各爻上頭。以下便就〈明爻通變〉進行討論。

二、由〈明爻通變〉見王弼解卦時對六爻變化的重視

如前所述，王弼在《周易略例》中，〈明象〉講述解卦的大方向、要點在於詮釋者在解卦時要先找出「主爻」。到了〈明爻通變〉，則進入詮釋者該如何觀解各爻上，故〈明爻通變〉開宗明義指出：

> 夫爻者，何也？言乎變者也。〔註107〕

各爻到底在講什麼呢？一言以蔽之，爻代表著「變」，即爻呈現的意義為「變化」。就表面上看，此所謂「變化」包括爻象，以及爻位的陰陽、剛柔變化，〔註108〕這是就爻的形式層面而言。也就是說所謂爻的變化，形式意義上指的是卦與主爻間、主爻與各爻間的相互變化。

另一方面，就內容層面而言，所謂的「變」，指的是由爻象、爻位配合人事的各種處境情狀，以此產生各種「變」。故王弼繼而言之：

> 變者何也？情偽之所為也。〔註109〕

王弼於此指出，所謂的「變」指的就是人在種種情欲、智慧巧詐等行為舉止下所造成的種種現實處境。〔註110〕即人生而為人，有其各自的欲望、性格與特質，這「情偽」蘊含在我們的人性中。然而即便我們有種種情欲、智慧巧詐等等的欲想與所求，但在現實上，我們所遭逢的境況卻往往與我們的期望、欲望相違背，即王弼所謂：「形躁好靜，質柔愛剛，體與情反，質與願違」〔註111〕。王弼於此點出了人生的艱難，因為我們的期望與面臨的境況往往無法如己所願，但我們依舊會因著人性中情偽的驅動，而不斷產生各種的躁動變化，

〔註107〕〔魏〕王弼注，樓宇烈校釋：《周易略例·明爻通變》，頁597。

〔註108〕〔魏〕王弼注，樓宇烈校釋：《周易略例·明爻通變》，注1，頁598。

〔註109〕〔魏〕王弼注，樓宇烈校釋：《周易略例·明爻通變》，頁597。

〔註110〕樓宇烈將「情偽」解為情欲、智慧巧詐。〔魏〕王弼注，樓宇烈校釋：《周易略例·明爻通變》，注2，頁598。

〔註111〕〔魏〕王弼注，樓宇烈校釋：《周易略例·明爻通變》，頁597。

也會不斷有事與願違的狀況產生，這種種狀況都不是能用公式、法度對其做具體的衡量或規範，故王弼指出：「巧歷不能定其算數，聖明不能為之典要，法制所不能齊，度量所不能均也」〔註112〕。如果人生的境況就必然會如此，那麼人又該如何對應與自處呢？

在〈明爻通變〉一章，王弼即講述了人在種種情偽之變的處境中，該如何應對處事。故其所謂：

> 近不必比，遠不必乖。同聲相應，高下不必均也；同氣相求，體質不必齊也。召雲者龍，命呂者律。故二女相違，而剛柔合體。隆墀永歎，遠壑必盈。投戈散地，則六親不能相保；同舟而濟，則胡越何患乎異心。故苟識其情，不憂乖遠；苟明其趣，不煩強武。能說諸心，能研諸慮，睽而知其類，異而知其通，其唯明爻者乎？故有善邇而遠至，命宮而商應；修下而高者降，與彼而取此者服矣！〔註113〕

此處王弼用種種隱喻的方式，舉例說明人在面對種種不同的處境時該如何應對。王弼此處是將卦象比配人事，於是各爻的爻象、爻位於此便是隱喻著人事發展所要面臨的種種處境，值得注意的是，這是一個隨著人的行事、思慮，加上現實境況的交互作用下，進而產生各種變化發展的動態歷程。因解卦時第一要面對的就是卦象形式問題，即卦象該如何解？針對此，王弼首先告訴我們，當我們在面對一卦中的各爻時，具體方法上該如何進行詮解，例如「近不必比，遠不必乖」講的是爻與爻間的關係與互動不因爻位距離的遠近而有絕對的影響，而是要就各爻在一卦中的發展、對應而論。〔註114〕又如王弼之謂「同聲相應，高下不必均也」，即各爻間相應與否，不受爻位高低的限制，如初與四、二與五、三與上，在爻位上各為相應，為應位。但彼此間有應或無應亦非靠爻位高低來決定，而是要就其各自的陰陽來看，陽爻遇陰爻為有應、陽爻遇陽爻或陰爻遇陰爻則為無應。〔註115〕又，「同氣相求，體質不必齊也」，

〔註112〕〔魏〕王弼注，樓宇烈校釋：《周易略例·明爻通變》，頁597。

〔註113〕〔魏〕王弼注，樓宇烈校釋：《周易略例·明爻通變》，頁597。

〔註114〕對此，邢璹注：「近爻不必親比，遠爻不必乖離。〈屯〉六二、初九爻雖相近，守貞不從；九五雖遠，十年乃字，此例是也。」〔魏〕王弼注，樓宇烈校釋：《周易略例·明爻通變》，注8，頁599。

〔註115〕朱伯崑：《易學哲學史》（第1卷），頁65。〔魏〕王弼注，樓宇烈校釋：《周易略例·明爻通變》，注8，頁599。

則是指出各爻間彼此位置不同，但也可以相互呼應。〔註116〕王弼至此，是先概括性地、形式性地講述解卦時該如何看爻與爻之間的關聯，接下來的「召雲者龍，命呂者律。故二女相違，而剛柔合體。隆墀永歎，遠壑必盈。投戈散地，則六親不能相保；同舟而濟，則胡越何患乎異心。故苟識其情，不憂乖遠；苟明其趣，不煩強武。」則是將卦象與具體人事、情狀相結合，由形式層面進一步跨越到解卦的內容層面，並以具體情狀來喻解卦爻之法。於此我們可以發現，王弼將卦爻與人事間做了密切相連。因此，今天我們在解卦時，除了必須找出一卦之主爻外，解各爻時，也必須關聯著主爻，以變化的角度來看爻在各爻位上的進程，以上這是就解卦的形式層面而言。另一方面，在內容層面上，解卦更是要關聯著人本身的情偽處事，以及事件的進行發展，整體地就整個處境而論的。故王弼繼而指出「能說諸心，能研諸慮，睽而知其類，異而知其通，其唯明爻者乎？」也就是說，若我們可以明白爻之精神在「變」，談的是人事發展的種種處境變化，那麼我們便能藉由解卦來明白事情的發展險阻，進而對當下處境做出合理的回應。

　　至此，我們可以發現，王弼〈明爻通變〉乃是由形式與內容二層面著手，一方面就形式上談解卦時爻象、爻位等等的變化問題。另一方面則是就內容層面，進一步談爻所隱喻的人事歷程變化，以及人在此歷程變化中所面對的處境問題。因此，進一步的問題就在於——人在當前所面臨的處境中，究竟該如何趨吉避凶？故在〈明爻通變〉最後，王弼點出了解卦時一個非常關鍵的概念，即：

　　　　卦以存時，爻以示變。〔註117〕

王弼此言要順著下章〈明卦適變通爻〉來看。就《周易略例》的章節發展而言，王弼從首章〈明象〉講解卦需先自主爻入手，至〈明爻通變〉則由一卦邁入了六爻，談爻之表示變化、人所面臨的處境。〈明爻通變〉結尾首次點出了「時」的概念，將以上關於六爻變化的討論又收歸到卦的整體，點出我們在看待卦體時，必須留意「時」的概念。當論述來到了第三章〈明卦適變通爻〉，王弼便更深入、專門地探討「卦以存時」的意涵，以下就〈明卦適變通爻〉進行討論。

〔註116〕邢璹注：「同氣相求，不必齊形質。」〔魏〕王弼注，樓宇烈校釋：《周易略例‧明爻通變》，注9，頁600。

〔註117〕〔魏〕王弼注，樓宇烈校釋：《周易略例‧明爻通變》，頁598。

三、由〈明卦適變通爻〉見王弼在解卦時對「時」的重視——適時 而變的必然

在〈明卦適變通爻〉中，王弼指出：

> 夫卦者，時也；爻者，適時之變者也。〔註118〕

我們該如何看待王弼此處所謂之「時」呢？筆者以為，此處的「時」，代表的是時機、機遇、趨勢，也就是說「卦」代表著一個大的時機、趨勢脈絡。

就此而論，一卦之發展必處於一個大的趨勢脈絡當中，故王弼繼而指出：「爻者，適時之變者也」，也就是說，相較於「卦」所代表的整體趨勢脈絡，所謂的「爻」則是要落在一卦的各個時機點來看。〔註119〕這是先就形式層面概括性地談解卦方法，即詮釋者解卦時如何看待卦與爻。另一方面，落實到解卦的內容層面，當人處在各爻所面臨的各個時機點時，人們又該如何行事？我們或可如此說，所謂「卦以存時」，是就整體趨勢而論，一卦必在其所處的大趨勢脈絡中。而「爻以示變」，則是由整體趨勢落到各爻所處的小時機、小趨勢、時機點上說。以上是筆者就王弼「卦以存時，爻以示變」此語分解地談。

另一方面，所謂「卦以存時，爻以示變」也得綜合地看，因為卦爻間彼此是有著互動的關係，因此，在卦、爻所展現的大趨勢與時機點中，卦與爻間到底是彼此呼應？抑或是相互矛盾？在解卦時詮釋者必須留意到卦與爻間的互動關聯，因為若單就解卦的形式面來看，此處卦爻間的互動也會影響到解卦時的吉凶。當我們由解卦的形式層面來看卦與爻之間的關係後，亦可進一步落到內容層面，將卦爻間的互動比配至人事的進行，以此論占卦者面對當前狀況又該如何行事的問題。因此，〈明爻通變〉與〈明卦適變通爻〉也得合在一起看，因王弼是為了對爻、卦的內涵做更清晰的說明，才分別從六爻變化與一卦之時這兩部分來說明如何解卦與卦的特質，但卦與爻、時與變實際上其實是緊密相連、相互影響的。正如王弼之注〈乾·彖〉中所謂的「六位時成」，其言：

> 故六位不失其時而成。升降无常，隨時而用。〔註120〕

〔註118〕〔魏〕王弼注，樓宇烈校釋：《周易略例·明卦適變通爻》，頁 604。

〔註119〕朱伯崑將此解《易》方法稱之為「適時說」：「此說是對爻變說的進一步發揮。爻義所以變動不居，難以推度，是由于其所處的時機不同，因而其吉凶之義也就不一樣。此即適時而變說。」朱伯崑：《易學哲學史》（第 1 卷），頁 303。

〔註120〕〔魏〕王弼注，樓宇烈校釋：《周易注（上經）·乾》，收入《王弼集校釋》，頁 213。

樓宇烈針對王弼此注做進一步說解：「六爻之地位隨其所遇之時而形成，又隨地位之變化而發揮其作用。」〔註121〕各爻處在卦的時間序列中，爻位的變化有如時序的推移，隨著時序的推移，各爻會有其各自的機遇，故必須就著當前的機遇而有不同的回應，此正如〈明卦適變通爻〉之所謂「爻者，適時之變者也」。

　　至此，我們可以發現王弼解卦時，相當重視「時」的概念，戴璉璋先生曾就此做出考證，指出王弼之所以如此重視卦爻中「時」的概念，乃是受到經傳傳統的影響。〔註122〕如上述所引的〈乾·彖〉之「六位時成」一語，便明確提及「時」概念之於六爻的影響。此外，戴璉璋先生細考〈彖傳〉，謂〈彖傳〉作者在六十四卦中明確點出卦爻具有適時性的，便有〈乾〉、〈蒙〉、〈大有〉、〈豫〉、〈隨〉、〈頤〉、〈大過〉、〈坎〉、〈遯〉、〈睽〉、〈蹇〉、〈解〉、〈損〉、〈益〉、〈姤〉、〈升〉、〈革〉、〈艮〉、〈豐〉、〈旅〉、〈小過〉二十一卦。〔註123〕且其中有十二卦特別用「……大矣哉」的句式來強調「時」在該卦中的重要性。〔註124〕除了〈彖傳〉的影響，戴璉璋先生亦認為〈繫辭傳〉中所謂：「變

〔註121〕〔魏〕王弼注，樓宇烈校釋：《周易注（上經）·乾》，頁221～222。

〔註122〕戴璉璋：《玄智、玄理與文化發展》，頁34。朱伯崑亦認為：「適時說本于《彖》《象》。東漢荀爽解易，亦講趨時說。」朱伯崑：《易學哲學史》（第1卷），頁303。

〔註123〕戴璉璋：《玄智、玄理與文化發展》，注22，頁34。

〔註124〕戴璉璋：《玄智、玄理與文化發展》，頁34。戴先生將此類「……大矣哉」的句式又分為三組：（1）「……（某卦）之時大矣哉！」：見於〈頤〉、〈大過〉、〈解〉、〈革〉四卦。（2）「……（某卦）之時義大矣哉！」：見於〈豫〉、〈隨〉、〈遯〉、〈姤〉、〈旅〉五卦。（3）「……（某卦）之時用大矣哉！」：見於〈坎〉、〈睽〉、〈蹇〉三卦。相關論述，請詳參戴璉璋：《玄智、玄理與文化發展》，頁34～35。值得注意的是，戴璉璋先生對王弼所謂的「卦以存時」之「時」，是直接理解為「時間」，然筆者以為，若直接以「時間」解，恐會在無意間將王弼之所謂「時」導向抽象且客觀的時間序列、時間流的陳述中，然而中國古代其實並無此種抽象式的時間概念，如林麗真曾指出：「中國人講時間與空間，一向很少作抽象的運思，而習慣於扣緊現實的人事界說話。……往往把人的主客觀才質條件一併納入考慮，並以尋索『如何應時守位』為其目標。故與『時間』相關的觀念，有指四時、節氣、時辰，更有指時機、時會、時用、時宜等；與『空間』有關的觀念，則多偏指『人之所立』的處所、場合、位置，或地位、位階、位分等，而未嘗涉及點、線、面、體的關係討論。此一思維走向，實與西方數學或物理學對『時、空』觀念的思考路數大異其趣。《周易》不言『時、空』，而言『時、位』，即最足以代表此一特質。」林麗真：《義理易學鈎玄》，頁3。中國古代理解「時」，多半是具體而論，故

通莫大乎四時」〔註125〕、「變通者，趣時者也」〔註126〕的說法，對於王弼解卦時重視適時而變的思想亦是有所影響。〔註127〕

其實，王弼借用《易傳》解經之重時概念，將之帶入其《周易注》的這種解經方法上的取用，在其〈明卦適變通爻〉中便能相當清楚的看到。王弼在〈明卦適變通爻〉便針對「時」做了更深入的討論，其曰：

夫時有否泰，故用有行藏；卦有小大，故辭有險易。〔註128〕

時有否時，在否時便不可輕言妄動，行動需藏。時亦有泰時，遇泰時便能有所行動。〔註129〕唯有依時而行，才能趨吉避凶。又，王弼以〈繫辭上〉：「齊小大者存乎卦，辯吉凶者存乎辭。……是故卦有小大，辭有險易」〔註130〕一語出發，謂「卦有小大，故辭有險易」，韓康伯對此注：「其道光明曰大，君子道消曰小」，〔註131〕即以卦的大小來喻君子之道的消長。這裡其實也是以卦之時遇出發，當君子之道光明廣大之時，才是泰時，如此則是易卦。君子之道消小之時，便是否時，如此則是險卦。〔註132〕

值得注意的是，由於趨勢、時機不會是靜止不動，必有其推移，故王弼也強調趨勢推移後吉凶用藏的轉化，其指出：

一時之制，可反而用也；一時之吉，可反而凶也。故卦以反對，而爻亦皆變。〔註133〕

也就是說，事情發展到一定的時候，制、用、吉、凶都會相互轉化，沒有恆常不變的制用吉凶。此外，卦以陰陽相反者為對，如〈乾〉☰與〈坤〉☷對、〈泰〉

筆者以為用「時機」、「機遇」解王弼之所謂「時」，或許較為貼切。然而，此處戴先生對王弼《周易注》中與「時」相關的考察，仍是相當精細且值得我們參考，故筆者仍舊引用戴先生所考之例，以為佐證之用。

〔註125〕〔魏〕王弼注，樓宇烈校釋：《周易注·附·繫辭上》，頁554。

〔註126〕〔魏〕王弼注，樓宇烈校釋：《周易注·附·繫辭下》，頁556。

〔註127〕戴璉璋：《玄智、玄理與文化發展》，頁36。

〔註128〕〔魏〕王弼注，樓宇烈校釋：《周易略例·明卦適變通爻》，頁604。

〔註129〕邢璹注：「泰時用行，否時用藏。」〔魏〕王弼注，樓宇烈校釋：《周易略例·明卦適變通爻》，注2，頁605。

〔註130〕〔魏〕王弼注，樓宇烈校釋：《周易注·附·繫辭上》，頁539。

〔註131〕〔魏〕王弼注，樓宇烈校釋：《周易略例·明卦適變通爻》，注3，頁605。

〔註132〕韓康伯注：「之泰則其辭易，之否則其辭險。」又，邢璹注：「陰長則小，陽生則大。〈否卦〉辭險，〈泰卦〉辭易。」以上皆見〔魏〕王弼注，樓宇烈校釋：《周易略例·明卦適變通爻》，注3，頁605。

〔註133〕〔魏〕王弼注，樓宇烈校釋：《周易略例·明卦適變通爻》，頁604。

☷與〈否〉☶對，爻亦會隨著卦體的變化而有所變化。〔註134〕從這裡我們可以發現，王弼一方面強調「時」的重要，即我們必須隨時而行。另一方面，他也強調時的推移性，事件因著這個時的推移性而有所進展，發展到一定的狀況時，也會有所轉化，不會永遠皆是如此。於此，王弼又再次將卦時與爻變結合在一起，以此談當我們身處在一處境之中，究竟該如何就著自身所面臨的處境，因著時機、時遇而行這個議題。故王弼言：

　　　是故用无常道，事无軌度，動靜屈伸，唯變所適。〔註135〕

因卦永遠處在趨勢、時機的推移變動之中，故我們與之對應而行的行動，也必須跟著卦的推移、情況的轉變而有所調整，此之所以王弼何以說「唯變所適」的原因，因為唯有適時而變，才能趨吉避凶。

　　〈明卦適變通爻〉至此論述完本章的核心概念，即卦時的重要性，及其與六爻間的相互變化與互動。接下來王弼便就此核心概念，進一步具體的講述解經的原則，其指出：

　　　夫應者，同志之象也；位者，爻所處之象也。承乘者，逆順之象
　　　也；遠近者，險易之象也。內外者，出處之象也；初上者，終始
　　　之象也。〔註136〕

這裡王弼同樣借用了《易傳》解經的傳統方法，從應位、承乘……等爻位說的方式來進行解經，〔註137〕實際的結合爻位與卦時，來談卦的出處動靜、吉凶悔吝，故王弼曰：「吉凶有時，不可犯也；動靜有適，不可過也。犯時之忌，罪不在大；失其所適，過不在深。」〔註138〕王弼於此再次強調出「時」的重要性，一旦人在行事時犯了「時」，不管行事之罪是否深大，都會遭受凶咎。另一方面，王弼在〈明卦適變通爻〉最後，則又回到六爻變化上頭，言：「觀爻思變，變斯盡矣」〔註139〕，徹底結合卦體之時與六爻變化，再次將〈明爻通變〉與〈明卦適變通爻〉的解卦原則融合起來。

　　我們或可如此看，《易經》講陰陽卦象的種種循環，人的行事也要符合於

〔註134〕〔魏〕王弼注，樓宇烈校釋：《周易略例‧明卦適變通爻》，注5，頁605。
〔註135〕〔魏〕王弼注，樓宇烈校釋：《周易略例‧明卦適變通爻》，頁604。
〔註136〕〔魏〕王弼注，樓宇烈校釋：《周易略例‧明卦適變通爻》，頁604。
〔註137〕關於《易傳》解經的原則，可詳參朱伯崑：《易學哲學史》（第1卷），頁63～69。
〔註138〕〔魏〕王弼注，樓宇烈校釋：《周易略例‧明卦適變通爻》，頁604。
〔註139〕〔魏〕王弼注，樓宇烈校釋：《周易略例‧明卦適變通爻》，頁604。

這當中的循環，故解卦亦必須符合這循環之理。又正如前述王弼之所謂「一時之制，可反而用也；一時之吉，可反而凶也。故卦以反對，而爻亦皆變」〔註140〕，在在的講述都是合於《易經》的循環之道。觀〈明爻通變〉與〈明卦適變通爻〉這二章，也可發現〈明爻通變〉以爻之變化起論，最後以「卦以存時，爻以適變」〔註141〕作結，之後〈明卦適變通爻〉接續著〈明爻通變〉的結尾起論，曰：「夫卦者，時也；爻者，適時之變者也。」〔註142〕最後又回到六爻變化的概念，以「觀爻思變，變斯盡矣」〔註143〕作結。以上論述使〈明爻通變〉與〈明卦適變通爻〉完整地結合成一整體，因為卦與爻原本就該融合於一而解之。另方面，此種論述方式亦同於《易經》顯示出的循環之道，彼此呼應，可見王弼解經之精妙。

以上，筆者論述了王弼《周易略例》中的前三章，我們可以發現，〈明象〉、〈明爻通變〉與〈明卦適變通爻〉主要都是就著卦體而論，即解述如何詮解一卦的基本方針。但是卦的內容不光光是表象上的卦體與六爻，還包含著卦爻辭的種種內涵。那麼，我們該如何對卦爻辭進行詮解呢？王弼在接下來的〈明象〉章中，有清楚的說明。

四、由〈明象〉見「言」與「意」間的互動——卦爻意義的產生

〈明象〉章主要討論的問題是——「卦爻辭的意義該如何提取」？故在文章一開頭，王弼指出：

> 夫象者，出意者也。言者，明象者也。〔註144〕

王弼於此，先基本地定義出「象」與「意」的內涵，即卦象指稱出意義，語言文字則是為了展明、闡述卦象的意義內容。可是問題就在於「象」與「意」、「言」與「象」間究竟是何種關係？論者又該如何看待「象」、「言」與「意」？故王弼指出：

> 盡意莫若象，盡象莫若言。……故言者所以明象，得象而忘言；象者，所以存意，得意而忘象。……得意在忘象，得象在忘言。〔註145〕

〔註140〕〔魏〕王弼注，樓宇烈校釋：《周易略例・明卦適變通爻》，頁604。

〔註141〕〔魏〕王弼注，樓宇烈校釋：《周易略例・明爻通變》，頁598。

〔註142〕〔魏〕王弼注，樓宇烈校釋：《周易略例・明卦適變通爻》，頁604。

〔註143〕〔魏〕王弼注，樓宇烈校釋：《周易略例・明卦適變通爻》，頁604。

〔註144〕〔魏〕王弼注，樓宇烈校釋：《周易略例・明象》，頁609。

〔註145〕〔魏〕王弼注，樓宇烈校釋：《周易略例・明象》，頁609。

後之學者相當重視王弼此段文字，亦是由此，湯用彤先生導出了一個對於
魏晉玄學的研究而言，相當重要的一個論題。在第一章第二節中，筆者曾略
述的湯先生對王弼以及魏晉玄學的基本定調，即湯先生認為王弼在對「言
意之辨」這個問題進行討論時，帶入了道家思想，因而提出「得象忘言」、
「得意忘象」，以此方式來進行掃象，掃除了漢代學術之災異論成分。湯先
生認為，王弼此說成功地使漢代學術轉入了魏晉玄學，〔註146〕故將王弼視
為「玄宗之首」，奠定了王弼在魏晉玄學中的祖師爺地位。另一方面，當湯
先生在對王弼「言意之辨」問題進行討論的同時，他也是有意識地以現代學
術之概念，將玄學之起源做了一番系統性的論述，繼而經過一連串的討論，
將魏晉玄學系統化，成為一現代學科。〔註147〕湯先生對王弼的此番論述與
定調，影響後世學者深遠，「言意之辨」也成為學界今日在討論王弼學術時
的核心概念。

　　的確，王弼在〈明象〉章中非常精彩地論述了關於「言」、「象」、「意」之
間的關聯，以及意義提取的方式。然而筆者以為，王弼此章的討論，其實焦
點並不在「言」、「象」、「意」之間意義的糾纏、彼此的取捨，而是站在解卦的
立場上，試圖清楚地對讀者闡述該如何看待《易經》中的「言」、「象」、「意」，
以及如何從中提取意義。也就是說，王弼〈明象〉章的討論重點不在言意之
辨，而是如何解卦。

　　「如何解卦」是《周易略例》中的核心問題意識，從〈明象〉開始，王弼
即是以一清楚的進程，分析式地對讀者闡述其是如何看待、詮解《易經》。我
們可將《周易略例》視為讀王弼《周易注》時的使用手冊，因為王弼基本的解
經方針皆簡潔清楚地概括於《周易略例》當中。

　　基於此，我們亦可思考王弼究竟要藉由〈明象〉章傳遞出何種訊息？筆

〔註146〕如前幾章所述，湯先生認為這是玄學之所以能成為玄學的一種有別於漢代學
　　　　術之新眼光、新方法，岑溢成對此則進一步指出：「這種新眼光、新方法是
　　　　以『言不盡意論』為前提的。肯定這種新眼光、新方法，就預先設定了『言
　　　　不盡意論』。所以，湯用彤說『言不盡意，則為推求名理應有之結論』，而『言
　　　　意之辨』的實質內容，自然而然以『言不盡意論』作為核心。……這種對『言
　　　　意之辨』的內容的判斷，雖然湯用彤沒有明說，卻是他的分析所隱含著的觀
　　　　點。」岑溢成：〈魏晉言意之辨的兩個層面〉，《鵝湖學誌》第11期（1993年
　　　　12月），頁19～20。
〔註147〕湯用彤：〈言意之辨〉，頁23～45。

者以為，王弼於此是站在解經的立場，去思考究竟該如何處理《易經》中那看似簡單卻又意蘊豐富且實際上複雜難解的「言」、「象」、「意」。也就是說，王弼要問的是——如果解經的終點是要提取經典的意義，我們到底該如何看待《易經》中的「言」與「象」？

故當王弼以《莊子・外物》之「筌」、「蹄」概念出發，〔註148〕引出「猶蹄者所以在兔，得兔而忘蹄；筌者所以在魚，得魚而忘筌也」〔註149〕的結論時，重點便在於王弼認為我們在面對《易經》時，固然需要取象，但千萬不要過於執著於象，〔註150〕因為象如同「筌」、「蹄」，只是達到目的時的一種工具性手段。既然閱讀《易經》的目的在於提取經典的意義，那麼我們便可透過取象這個工具性手段，進一步提取、開顯《易經》的意義。

就如本章第一節論《易經》意義開顯時的討論，《易經》呈現在詮釋者面前的，就只是很簡略的卦、卦名、卦爻辭，那麼詮釋者該如何讀？第一步會是關鍵。即我們究竟要如何在這本充滿符號、經文本身又不成文句脈絡的典籍中讀出意義？第一步該如何入手？

如前所述，王弼在《周易略例》的前三章，乃是針對卦、爻進行討論，即面對卦爻，我們必須先找出主爻，接著再以主爻拉出六爻的變化，而六爻之變化又是得和卦體本身所代表的時間序列密切結合的。以上這些討論，都是就一卦中讀者可見的符號文字而來。但到了第四章〈明象〉，王弼則是要告訴我們，除了符號文字之外，詮解《易經》最重要的部分其實是對經典意義的提取與開顯。符號文字固然重要，若沒有符號文字，我們根本無法進入《易經》的世界，但符號文字只是一把鑰匙，當我們藉由這把鑰匙打開了《易經》之門，那麼這把鑰匙也就可以先捨去了。同樣的，我們在試圖解經的時候，首先看到的就只

〔註148〕《莊子・外物》：「筌者所以在魚，得魚而忘筌；蹄者所以在兔，得兔而忘蹄；言者所以在得意，得意而忘言。」〔清〕郭慶藩撰，王孝魚點校：《莊子集釋》（新北市：頂淵文化事業有限公司，2005 年），頁 944。

〔註149〕〔魏〕王弼注，樓宇烈校釋：《周易略例・明象》，頁 609。

〔註150〕當然，後之學者也因王弼此處用《莊子・外物》典，而有後續王弼援道家思想入《易》的討論，然筆者以為光是「用典」並不能代表王弼就是援道家思想入《易》，他也可能是為了說明上的方便而用典。若我們要為王弼究竟有無援道家思想入《易》做出一番論證，就必須找出王弼在解《易》時是否有將道家概念視為其解《易》的原理原則，若有，我們才能說王弼《周易注》為道家《易》。對此，筆者將在後續章節進行論述，此處先暫置勿論。

是簡略的卦、卦名與卦爻辭，這樣的有字天書到底該如何詮解？在前一節中，筆者提及「取象」是詮釋者解《易經》時的傳統，即我們必須先在《易經》簡略的符號文字中，藉由「取象」劃定出詮釋的範圍，繼而由取象再拉出由此象所引出的象徵，以此作為進行詮釋時可供取資的背景材料，繼而建構出我們閱讀《易經》時的第一層語境。當第一層語境建構出來後，同樣藉由取象所帶來的資源，逐漸補足《易經》經文本身原本不成文句的部分。也就是說，詮釋者可從「取象」出發，補足《易經》闕如的第一層語境，再由第一層語境取資，逐步豐富《易經》的文句脈絡，進一步建構出第二層語境。至此，即是藉著取象對卦劃定範圍後，再進而藉由卦中符號文字與取象之間的層層聯想，以此壯大、補全《易經》的文脈。當文脈建立之後，才會逐漸產生文章氛圍，詮釋者便是在這個以象、言建構出的文章氛圍中，建立起閱讀《易經》時的第二層語境，這也就是王弼所說的：「盡意莫若象，盡象莫若言」〔註151〕。

　　值得詮釋者留意的是，意義的開顯不會只停留在句法層次的「言」、「象」上頭，最終的終點是要提取意義。因此，詮釋者在身處與《易經》間互動時所產生的第二層語境的同時，也必須知道自己對《易經》的理解不能光停留在句法層次的「言」與「象」上頭，因「言」、「象」是詮釋者瞭解《易經》經文的第一步，如果今天連「言」、「象」這句法層次的意義都無法進入，要如何進一步去談意涵層次的意義？所以，當詮釋者已掌握《易經》句法層次的「言」與「象」，他就必須提醒自己必須做另一層翻躍，即由句法層次往上翻，翻入《易經》的涵義層次。值得注意的是，當詮釋者進行此番翻躍時，他必須清楚地意識到自己不能過於執著於「言」與「象」，因為「意」的提取才是閱讀經典時真正的重點。故王弼強調：「得意在忘象，得象在忘言」〔註152〕。詮釋者必須在其面對《易經》時所處的第二層語境中，持續地與《易經》進行互動與對話，將文本放在自己的生命處境中放入文本，以生命對話的模式，開顯出屬於自己的《易經》的意義。

　　因此，當《周易略例》進展到〈明象〉，王弼已展示出其所認為的閱讀、詮解《易經》的種種方法、步驟，以及詮釋時必須注意的要點。正如前頭所述，我們可將《周易略例》視為讀王弼《周易注》之前的使用手冊，王弼藉由《周易略例》前四章，講述了解《易》的基本方向與詮釋重點，後三章則是加

〔註151〕〔魏〕王弼注，樓宇烈校釋：《周易略例・明象》，頁609。
〔註152〕〔魏〕王弼注，樓宇烈校釋：《周易略例・明象》，頁609。

強論述前四章的要義，並具體舉例說明，幫助讀者更清楚地明白解經之法。

第三節　王弼《周易注》的詮釋方法──由《周易略例》見王弼解《易》時的應用與例外

如前一節所論，王弼在《周易略例》前四章中，闡明了其解《易》時的種種基本方針，故《周易略例》後三章便以前四章為基礎，一方面展示解經時對基本方針的應用，另一方面，王弼也藉此後三章點明詮釋者在實際進行解經時其實是充滿著例外。筆者略論如下。

一、由〈辯位〉明爻位說裡的例外──「初上无陰陽定位」

雖然在〈明爻通變〉、〈明卦適變通爻中〉，王弼已藉由對卦時爻變的說解，指出了爻位在一卦中的作用。但到了《周易略例》的第五章〈辯位〉，王弼則又再次申說了其對爻位的觀點，王弼一方面對爻位進行更清楚的定義，另一方面則主要是想藉此章試圖解釋解卦時爻位運用上的一種例外現象──「初上无陰陽定位」。對此，王弼借用了〈象傳〉、〈繫辭〉、〈文言〉對各爻陰陽地位的相關論述，再以〈乾〉、〈需〉為例，[註153] 進一步闡明卦象中各爻的陰陽地位如何界定的問題。筆者略述如下。

在進入「初上无陰陽定位」的討論之前，筆者想先討論「爻位」的定義問題。王弼在〈辯位〉中，對「爻位」所指為何，給予了更清楚的定義，其指出：「爻之所處則謂之位」[註154] 即一爻在卦體中所處的位置、地位即所謂的「爻位」，一卦有六爻，「爻位」代表的即是一爻於該卦中因時所處之位。於此，王弼援用《乾·象》：「雲行雨施，品物流形，大明終始，六位時成，時乘六龍以御天」[註155] 之說，指出：「卦以六爻為成，則不得不謂之六位時成

〔註153〕王弼云：「案：象无初上得位失位之文。又，繫辭但論三五，二四同功異位，亦不及初上，何乎？唯乾上九文言云，貴而无位；需上六云，雖不當位。若以上為陰位邪？則需上六不得云不當位也；若以上為陽位邪？則乾上九不得云貴而无位也。陰陽處之，皆云非位，而初亦不說當位失位也。然則，初上者是事之終始，无陰陽定位也。故乾初謂之潛，過五謂之无位。未有處其位而云潛，上有位而云无者也。歷觀眾卦，盡亦如之，初上无陰陽定位，亦以明矣。」〔魏〕王弼注，樓宇烈校釋：《周易略例·辯位》，頁613。
〔註154〕〔魏〕王弼注，樓宇烈校釋：《周易略例·辯位》，頁613。
〔註155〕〔魏〕王弼注，樓宇烈校釋：《周易注（上經）·乾》，頁213。

也」，〔註156〕將爻位與「時」結合，再次強調出前頭〈明爻通變〉、〈明卦適變通爻〉中對卦時爻變之論述。

　　那麼，我們又該如何看待爻位的性質呢？筆者以為，此處可分兩部分來說，一是一般所謂的「當位說」，二是王弼於〈辯位〉章中欲闡明的「初上无陰陽定位」之說。

　　所謂「當位說」，乃出自〈象傳〉，對此，朱伯崑指出：

　　　　《象》認為一卦六爻，各有其位，二四六。屬于偶數，為陰位；
　　　　一三五為奇數，為陽位。凡陽爻居陽位或陰爻居陰位，稱為當位
　　　　或得位；相反，陽爻居陰位或陰爻居陽位，稱為不當位或失位。
　　　　一般的情況下，當位的則吉，不當位的則凶，以此解釋卦爻辭中
　　　　的吉凶。〔註157〕

若以〈象傳〉「當位說」的立場來看，我們可將六爻分成兩組：

　　（1）陽位：六爻位中的初、三、五

　　（2）陰位：六爻位中的二、四、上

朱伯崑指出，在「當位說」中，只要是陰爻居陰位或陽爻居陽位，那麼即是當位，反之若陰陽相雜則不當位。「當位說」是〈象傳〉解卦的一種方法，爻的當位與否，將會影響到解釋卦爻辭時的吉或凶，即當位則吉、不當位則凶。當位說其實是解卦時一個常見的方法，在第四章中，筆者針對王弼《周易注》文獻進行細部說解時，便可見此當位說的運用，此處先暫置勿論。

　　然而，除了一般解卦時最常用的「當位說」之外，其實《易傳》中還有著其他種看待爻位性質的方法，此即王弼之所謂「初上无陰陽定位」〔註158〕。故在〈辯位〉章中，王弼除了明確定義「爻位」的概念之外，其實主要談的便是這個有別於〈象傳〉「當位說」的「初上无陰陽定位說」。

　　對於王弼如何推論「初上无陰陽定位說」，筆者略述如下。

　　王弼於〈辯位〉指出，〈象傳〉、〈繫辭〉在論一卦中各爻的陰陽地位時，其實有著一個很特殊的解法，即：

　　（1）「〈象〉无初上得位失位之文」〔註159〕：樓宇烈解此句為「『初』與

〔註156〕〔魏〕王弼注，樓宇烈校釋：《周易略例・辯位》，頁613。
〔註157〕相關論述，可詳參朱伯崑：《易學哲學史》（第1卷），頁64～65。
〔註158〕〔魏〕王弼注，樓宇烈校釋：《周易略例・辯位》，頁613。
〔註159〕〔魏〕王弼注，樓宇烈校釋：《周易略例・辯位》，頁613。

『上』兩爻，沒有陰陽得失之位」，[註160] 簡而言之，即王弼指出了〈象傳〉解經時，其對於初上二爻的地位定義並無關乎陰陽。

（2）「〈繫辭〉但論三五、二四同功異位，亦不及初上，何乎？」[註161]：此句語出〈繫辭下〉之謂「二與四，同功異位。……三與五，同功而異位。」[註162]，即〈繫辭〉將二四歸為一類、三五歸為一類。所謂「同功異位」指的便是爻的性質相同，但爻位有別。

以上為王弼對「初上无陰陽定位說」的概括性說明。

接著，王弼直接舉〈乾·文言·上九〉與〈需·象·上六〉為例，進一步論述「初上无陰陽定位說」。王弼此處的論述有些微妙，他先將〈象〉、〈繫辭〉對爻位性質的看法放到一邊，而改由〈文言〉解〈乾·上九〉及〈象傳〉解〈需·上六〉為例，進行推論。

〈文言〉解〈乾·上九〉時，謂其為「貴而无位」[註163]。〈象傳〉解〈需·上六〉時，則謂其「雖不當位」[註164]。王弼對此二例提出疑問：

> 若以上為陰位邪？則〈需·上六〉不得云不當位也；若以上為陽位邪？則〈乾·上九〉不得云貴而无位也。[註165]

此處「上」指的是「上爻」，其實王弼於此要點出的，就是以上爻為例，我們該如何看待爻位的性質？先撇除〈象傳〉當位說對上爻性質的看法，若單就上爻究竟算陰位還是陽位這個問題來看，我們可順著王弼此說進行以下推論：

（1）如果上爻為陰位：那麼〈乾·上九〉即為不當位、〈需·上六〉則為當位。

（2）如果上爻為陽位，那麼〈乾·上九〉即為當位、〈需·上六〉則為不當位。

可是，〈文言〉解〈乾·上九〉時，謂其「貴而无位」，故可知〈文言〉將上爻視為陰位。但另一方面，〈象傳〉解〈需·上六〉時，謂其「雖不當位」，故可知〈象傳〉將上爻視為陽位。如此看來，〈文言〉和〈象傳〉之間，對於上爻

〔註160〕〔魏〕王弼注，樓宇烈校釋：《周易略例·辯位》，注2，頁614。

〔註161〕〔魏〕王弼注，樓宇烈校釋：《周易略例·辯位》，頁613。

〔註162〕〔魏〕王弼注，樓宇烈校釋：《周易注·附·繫辭下》，頁571。

〔註163〕〔魏〕王弼注，樓宇烈校釋：《周易注（上經）·乾·文言》，收入《王弼集校釋》，頁215。

〔註164〕〔魏〕王弼注，樓宇烈校釋：《周易注（上經）·需·象》，收入《王弼集校釋》，頁247。

〔註165〕〔魏〕王弼注，樓宇烈校釋：《周易略例·辯位》，頁613。

的性質究竟屬陽位還是陰位，便有了衝突。

　　面對這樣的衝突，王弼試著提出他的看法，即：

　　　　初上者是事之終始，无陰陽定位也。〔註166〕

也就是說，王弼認為初、上兩爻因居於卦體的開端與結束，故沒有什麼在誰之上或之下的問題，基於此論，初上兩爻即「非可以陰陽定也」〔註167〕。但二、三、四、五爻就不同了，王弼在〈辯位〉中指出，六爻中「三五各在一卦之上」〔註168〕，即三、五爻在二、四爻之上，故可謂之陽位。相反的，「二四各在一卦之下」〔註169〕，即二、四爻在三、五爻之下，即屬陰位。因此，二、三、四、五爻各有其分屬的陰位或陽位，但初、上兩爻則無分陰陽得失之位。也就是說，有別於〈象傳〉的當位說將六爻皆賦予各自的陰陽定位，王弼指出《易傳》中亦有此種有別於〈象傳〉當位說解卦的「初上无陰陽定位說」，此可視為解卦時的一種例外。

二、由〈略例下〉見王弼在解卦上的彈性與變動

　　相較於《周易略例》的前五章各有其所要討論的核心，第六章〈略例下〉的內容較為紛雜，但究其實質，我們仍可發現其是緊扣著前五章所論之概念而來，在此章中，王弼一方面闡述了解卦相關的概念與方法，另一方面則是要藉由此章的說解，強調出不拘泥於方法的解卦方針。筆者試述如下。

　　王弼在〈略例下〉一開始，先談詮釋者該如何看待「元亨利貞」這卦體中的四德的問題。王弼言：

　　　　凡體具四德者，則轉以勝者為先，故曰元亨利貞也。〔註170〕

所謂「元亨利貞」，可見於〈乾・文言〉：

　　　　元者，善之長也；亨者，嘉之會也；利者，義之和也；貞者，事之
　　　　幹也。君子，體仁足以長人，嘉會足以合禮，利物足以和義，貞固
　　　　足以幹事。君子行此四德者，故曰：〈乾〉，元亨利貞。〔註171〕

邢璹注：

〔註166〕〔魏〕王弼注，樓宇烈校釋：《周易略例・辯位》，頁613。
〔註167〕〔魏〕王弼注，樓宇烈校釋：《周易略例・辯位》，頁613。
〔註168〕〔魏〕王弼注，樓宇烈校釋：《周易略例・辯位》，頁613。
〔註169〕〔魏〕王弼注，樓宇烈校釋：《周易略例・辯位》，頁613。
〔註170〕〔魏〕王弼注，樓宇烈校釋：《周易略例・略例下》，頁615。
〔註171〕〔魏〕王弼注，樓宇烈校釋：《周易注（上經）・乾》，頁214。

　　〈乾〉用此四德，以成君子大人之法也。〔註172〕

故可知，「元亨利貞」為君子對己行事的期許，在王弼的〈略例下〉中，指出若一卦體具有此四德〔註173〕，那麼此四德的先後排序，就得看此四德以誰為勝。此可參上述引文中，〈乾・文言〉之所謂：「元者，善之長也」一語。由於「元」是「善之長」，故「元」為四德之勝，居四德的首位。此外，對於此四德，邢璹亦注：

　　元為生物之始，春也；亨為會聚之物，夏也；利為和諧品物，秋也；

　　貞能幹濟於物，冬也。〔註174〕

此處邢璹將元亨利貞喻為春夏秋冬，因春夏秋冬為四季的進程，故藉由邢璹此注，我們便可更清楚地看出元、亨、利、貞四德的先後順序。

　　但是，王弼在〈略例下〉中除了略述一般狀況外，其更欲藉由此章，告訴讀者解卦時的一些例外狀況。針對「元亨利貞」四德，一般而言是以「元」為首位，四德的順序則為「元」、「亨」、「利」、「貞」。但是，六十四卦中亦有例外之卦。王弼指出六十四卦中有「先貞而後亨者」〔註175〕，也就是「亨」之所以而來是由於「貞」之故。此處王弼指的是〈離〉卦。細究〈離〉的卦辭為：「利貞，亨」〔註176〕，「利貞」在此有違於四德的先後順序，優先於「亨」，這是為什麼呢？

　　此原因可由王弼注〈離〉卦辭時見之。王弼注：

　　離之為卦，以柔為正，故必貞而後乃亨，故曰「利貞，亨」也。

　　〔註177〕

〈離〉之卦畫為☲，依照〈明象〉章之所論，解卦需先取主爻，主爻則多取中爻或獨爻。在〈離〉中，其主爻取的是即中爻──〈六二〉與〈六五〉。也因為〈離〉之中爻皆為陰爻，故王弼曰「以柔為正」。也因為〈離〉卦主柔之故，故在四德的優先性上，〈離〉才會破例，先貞而後亨。

　　在講完四德與四德先後排序時的例外後，接下來王弼則在〈略例下〉中

〔註172〕〔魏〕王弼注，樓宇烈校釋：《周易略例・略例下》，注1，頁616。

〔註173〕具四德者，有〈乾〉、〈屯〉、〈隨〉、〈臨〉、〈无妄〉、〈革〉等卦。

〔註174〕〔魏〕王弼注，樓宇烈校釋：《周易略例・略例下》，注1，頁616。

〔註175〕〔魏〕王弼注，樓宇烈校釋：《周易略例・略例下》，頁615。

〔註176〕〔魏〕王弼注，樓宇烈校釋：《周易注（上經）・離》，收入《王弼集校釋》，頁368。

〔註177〕〔魏〕王弼注，樓宇烈校釋：《周易注（上經）・離》，頁368。

繼而談到了「應位說」。

在〈明爻通變〉裡，王弼藉「同聲相應，高下不必均也」〔註178〕，對應位說有了初步的解釋，即王弼指出六爻間各爻是否相應，並不受爻位高低的限制，而是就上下卦之間相應的各爻來看的。也就是說，初與四、二與五、三與上在爻位上皆屬相應，為應位。另一方面，由於解卦時必須進一步解吉凶，故應位的兩爻間，還分「有應」與「無應」，此就必須以各自的陰陽來看，當陽爻遇陰爻為有應、陽爻遇陽爻或陰爻遇陰爻則為無應。在解卦上，有應為吉、無應則凶。〔註179〕

如果按照應位說，陰陽爻相遇為有應，那麼「陰」、「陽」間似乎透顯出一個很特別的關係。基於此，王弼在〈略例下〉中指出：

> 凡陰陽者，相求之物也，〔註180〕

就文句上而言，王弼此處指出了陰與陽之間的特殊吸引力，也因為陰陽間有著此種特殊吸引力，故陰與陽之間會彼此追求。

可是，王弼馬上又說：

> 近而不相得者，志各有所存也。〔註181〕

此處王弼話鋒一轉，又指出陰、陽之間也可能出現「相近卻不相得」的狀況。若此，問題便產生了，如果「凡陰陽者，相求之物也」，陰與陽之間明明是該互相吸引，那麼又為何會出現「相近卻不相得」的狀況呢？王弼解釋當中的原因為：「志各有所存也」，若以文句解，就是指他們各有其志向。也就是說，陰陽間本來會相互吸引，但卻也可能因為他們各自志向不同，產生「相近卻不相得」的狀況。

筆者以為，此處的「志」所指為何，其實是值得我們細思的。對此，我們或可以〈既濟‧六二〉為例進行思索，王弼注〈既濟‧六二〉為：

> 居中履正，處文明之盛，而應乎五，陰之光盛者也。然居初三之間，
> 而近不相得，……。〔註182〕

〈既濟〉卦畫為䷾，其〈六二〉居中爻，且〈六二〉為陰爻居陰位，故為當位，因此王弼言「居中履正」。另外，此〈六二〉與〈九五〉為應位，並有應，故

〔註178〕〔魏〕王弼注，樓宇烈校釋：《周易略例‧明爻通變》，頁597。

〔註179〕關於「應位說」，可詳參朱伯崑：《易學哲學史》（第1卷），頁65。

〔註180〕〔魏〕王弼注，樓宇烈校釋：《周易略例‧略例下》，頁615。

〔註181〕〔魏〕王弼注，樓宇烈校釋：《周易略例‧略例下》，頁615。

〔註182〕〔魏〕王弼注，樓宇烈校釋：《周易注（下經）‧既濟》，頁526。

曰「應乎五」。但是若觀〈六二〉與鄰近的〈初九〉、〈九三〉間的關係，王弼卻說「近不相得」，此處該如何解？按王弼〈略例下〉前述之「凡陰陽者，相求之物也」一語來看，〈既濟〉的〈六二〉位於〈初九〉、〈九三〉之間，按理說應為陰陽相求，但王弼卻言「近不相得」。對此，我們對照〈略例下〉前之引文，可以發現王弼言「近而不相得」的原因為「志各有所存也」。故邢璹對〈既濟・六二〉王弼注便做了以下解釋：

〈既濟〉六二與初、三相近而不相得，是志各有所存也。〔註183〕

那麼，問題同樣導向此處的「志」所指為何？筆者以為，或許可如此看，即王弼此處是要詮釋者在進行解卦的同時也必須留意應位說的重要，即原本當陰爻遇上陽爻，陰陽之間理應為彼此相求，但陰爻、陽爻之間的關係，不能僅就陰陽屬性而論，必須先視其二爻是否應位。因為若以應位說的觀點來看，所謂「有應」或「無應」是要以上下兩卦中相對應的二爻（即應位者）來論的。也就是說，若二爻間彼此不相應，那麼就沒有接下來的「有應」或「無應」的討論。因此，卦中相鄰的二爻本來就非應位，所以不管他們各自的陰陽為何，都也不討論他們間究竟是有應或無應。

我們可就此處所論應位說的觀點，來看〈略例下〉接下來的討論：

故凡陰陽二爻，率相比而无應，則近而不相得；有應，則雖遠而相得。〔註184〕

所謂「相比」，指的是二爻相鄰，即便陰陽二爻相鄰，但以應位說的觀點來看，他們實際上是不相應。在二爻彼此間不相應的前提下，即便他們在爻位上距離很近，但仍視為「不相得」。但是，若他們為相應的二爻，雖然他們爻位距離很遠，但仍視為「相得」。此處王弼強調了應位說在解卦上的重要性，他是優先於陰陽相求這個爻的特質的。

在講述完應位說之後，〈略例下〉繼言：

時有險易，卦有小大。〔註185〕

此概念其實在〈明卦適變通爻〉中已被提及，當時王弼說：

卦有小大，故辭有險易。〔註186〕

〔註183〕〔魏〕王弼注，樓宇烈校釋：《周易略例・略例下》，注3，頁616。
〔註184〕〔魏〕王弼注，樓宇烈校釋：《周易略例・略例下》，頁615。
〔註185〕〔魏〕王弼注，樓宇烈校釋：《周易略例・略例下》，頁615。
〔註186〕〔魏〕王弼注，樓宇烈校釋：《周易略例・明卦適變通爻》，頁604。

筆者在論述〈明卦適變通爻〉章時，已指出以上引文實皆來自〈繫辭上〉：「齊小大者存乎卦，辯吉凶者存乎辭。……是故卦有小大，辭有險易」〔註187〕，根據韓康伯對〈繫辭上〉此處的注：「其道光明曰大，君子道消曰小」，〔註188〕我們可以知道此處乃是以卦的大小來喻君子之道的消長。另一方面，面對〈繫辭上〉的「辭有險易」，韓康伯注：「之泰則其辭易，之否則其辭險。」〔註189〕又，邢璹注：「陰長則小，陽生則大。〈否卦〉辭險，〈泰卦〉辭易。」〔註190〕我們若將以上相關注文，結合此處〈略例下〉「時有險易，卦有小大」來看，便可知此處王弼又再次重申了〈明卦適變通爻〉中對「時」的重視，即我們要由「時」的概念，即由時機、時遇的角度，來進行解卦。

但是，〈略例下〉除了重申「時」在一卦中的重要性，則又更進一步地將卦時的概念，比之於應位說。王弼在〈略例下〉中指出：

> 同救以相親，同辟以相疏。〔註191〕

邢璹對此進一步作注：

> 〈睽〉之初九、九四，陰陽非應，俱是孤睽。同處體下，交孚相救，
> 而得悔亡，是同救相親。〈困〉之初六，有應於四，潛身幽谷，九四
> 有應於初，來徐徐，志意懷疑，同避金車，兩相疏遠也。〔註192〕

關於〈略例下〉「同救以相親」一語，邢璹是以〈睽〉為例進行說解。即〈睽〉的〈初九〉、〈九四〉雖在爻位上彼此相應，但為陽爻遇陽爻，故為無應。又，王弼在〈睽・九四〉注中指出：

> 无應獨處，五自應二，三與己睽，故曰「遇孤」也。〔註193〕

〈睽〉的卦畫為☲☱，〈睽〉中應位的初與四、二與五、三與上當中，僅〈初九〉與〈九四〉為無應。其餘〈九二〉與〈六五〉、〈六三〉與〈上九〉皆為有應，所以王弼才說〈睽〉的〈初九〉、〈九四〉為無應獨處的「遇孤」。此外，〈睽〉的〈初九〉處一卦下體之下、〈九四〉處一卦上體之下，故邢璹才會說此二爻

〔註187〕〔魏〕王弼注，樓宇烈校釋：《周易注・附・繫辭下》，頁539。

〔註188〕〔魏〕王弼注，樓宇烈校釋：《周易略例・明卦適變通爻》，注3，頁605。

〔註189〕〔魏〕王弼注，樓宇烈校釋：《周易略例・明卦適變通爻》，注3，頁605。

〔註190〕〔魏〕王弼注，樓宇烈校釋：《周易略例・明卦適變通爻》，注3，頁605。

〔註191〕〔魏〕王弼注，樓宇烈校釋：《周易略例・略例下》，頁615。

〔註192〕〔魏〕王弼注，樓宇烈校釋：《周易略例・略例下》，注7，頁617。

〔註193〕〔魏〕王弼注，樓宇烈校釋：《周易注（下經）・睽》，收入《王弼集校釋》，頁406。

「同處體下」。但是，在「同處體下」的這二爻中，〈睽〉的〈九四〉處境更為艱難，因〈睽‧九四〉為陽爻居陰位，失位。以此和鄰近的三爻、五爻相比，〈睽〉的〈六三〉、〈六五〉皆陰爻居陽位，當位。〈睽‧九四〉因此「處无所安」〔註194〕，「故求疇類而自託焉」〔註195〕，只能去找與己爻位相應的〈初九〉。因此，王弼繼而言之：「同志相得而无疑焉，故曰『交孚』也。」〔註196〕所以邢璹才會針對〈略例下〉的「同救以相親」一語，作注為：「同處體下，交孚相救」。可是，如果說相應的二爻為無應，那麼卦象應為凶，但偏偏〈睽〉的〈初九〉與〈九四〉最後卻又都為「无咎」〔註197〕，此該如何解？王弼於此，點出了〈睽〉的〈初九〉與〈九四〉間「同救以相親」的這個特殊狀況，因〈睽〉的〈初九〉與〈九四〉間乃是「同救以相親」，故即便此二爻無應，最後還是能夠无咎。

　　另外，針對〈略例下〉的「同辟以相疏」一語，邢璹則是以〈困〉為例進行說明。〈困〉卦畫䷮，在相應的爻位中，〈初六〉與〈九四〉明明為陰爻遇陽爻，為有應、吉，但是〈困‧初六〉講的是「最處底下，沉滯卑困，居无所安……。欲之其應，二隔其路；居則困于株木，進不獲拯，必隱遯也，……。」〔註198〕的「入于幽谷」〔註199〕的卑困狀態。〈九四〉則是以徐徐疑懼之貌，「棄之則不能，欲往則畏二」。〔註200〕由此我們可以知道，正因〈九四〉的狀態為有所疑懼，故此處才會終得「有應而不能濟之」〔註201〕的結果。

　　由以上〈睽〉、〈困〉二卦之例，我們可以發現到「時」在解卦時的重要地位。也就是說，卦中的時機、機遇會影響到一卦發展的方向、結果。例如〈睽〉的〈初九〉、〈九四〉明明為無應，但時機、機遇卻使得此處無應的二爻能夠「同救以相親」。此外，即便如〈困〉一般，明明〈初六〉、〈九四〉有應，但也同樣因著卦本身的時機問題，導致「有應而不能濟之」。在此，王弼是要點出另一個解卦時的例外，即：

〔註194〕〔魏〕王弼注，樓宇烈校釋：《周易注（下經）‧睽》，頁406。

〔註195〕〔魏〕王弼注，樓宇烈校釋：《周易注（下經）‧睽》，頁406。

〔註196〕〔魏〕王弼注，樓宇烈校釋：《周易注（下經）‧睽》，頁406。

〔註197〕分別見〔魏〕王弼注，樓宇烈校釋：《周易注（下經）‧睽》，頁405、406。

〔註198〕〔魏〕王弼注，樓宇烈校釋：《周易注（下經）‧困》，收入《王弼集校釋》，頁455。

〔註199〕〔魏〕王弼注，樓宇烈校釋：《周易注（下經）‧困》，頁455。

〔註200〕〔魏〕王弼注，樓宇烈校釋：《周易注（下經）‧困》，頁456。

〔註201〕〔魏〕王弼注，樓宇烈校釋：《周易注（下經）‧困》，頁456。

故或有違斯例者也，然存時以考之，義可得也。〔註202〕

也就是說，即便解卦時，詮釋者在考量爻之陰陽是否相求之前，必須先看二爻間是否相應，即在應位說的基礎上，進而談爻在陰陽上的有應或無應。然而有應不一定全代表吉，無應也不一定全是凶，當我們發現當中有所例外時，我們或可從卦本身的時機這方面來加以考量，便可發現當中的奧義。

當〈略例下〉行文至此，我們可以發現在陰陽、應位之外，王弼更是非常重視一卦中「時」的概念。此外，他同時也是提醒了詮釋者，在解卦時不要太拘泥於卦象及其文字，而是要對一卦整體觀之。正如前頭〈明象〉所論，「得意在忘象，得象在忘言」，解卦最終要求的是「意」，卦中的「象」、「言」都只是求取「意」的工具、手段罷了。〈略例下〉中列舉了一些解卦中的例外，不管是〈離〉的「利貞亨」，還是前述的〈暌〉與〈困〉，其實都在告訴我們，即便解卦有其方法，但這個方法不會是唯一準則，詮釋者必須以卦的整體觀之，以此對一卦進行詮釋，提取意義。

〈略例下〉還有個值得論者留意之處，即是此章對「彖」、「象」做了另一番討論。《周易略例》首章即以〈明象〉開頭，我們可將本章視為《周易略例》論解經方法論時的核心，即解卦時必先尋求一卦之主，以此才能對卦有更進一步的討論、意義的開顯。另一方面，又如筆者論〈明象〉章時所指，王弼亦藉由〈明象〉章對〈彖傳〉進行定義，謂其是就一卦的卦體進行說解，論明一卦的中心主旨，總述了一卦卦義。在〈明象〉章的基礎下，在〈略例下〉中，王弼又進一步對「彖」做了再次申說，並具體舉例言之。筆者分述如下：

1.「凡〈彖〉者，統論一卦之體也。」〔註203〕：此對比著〈明象〉章之謂「（〈彖〉者）統論一卦之體」〔註204〕，是就形式層面上重申〈彖傳〉透過解卦辭而闡明出一卦的中心主旨。王弼在〈略例下〉中，以〈明象〉為基礎，更進一步舉〈小象傳〉為例，謂「〈象〉者，各辯一爻之義者也」〔註205〕，將〈小象傳〉對爻辭的說明，對比〈彖傳〉對卦辭的說解，以此突顯出〈彖傳〉與〈小象傳〉解卦時側重點的不同。

〔註202〕〔魏〕王弼注，樓宇烈校釋：《周易略例・略例下》，頁615。
〔註203〕〔魏〕王弼注，樓宇烈校釋：《周易略例・略例下》，頁615。
〔註204〕〔魏〕王弼注，樓宇烈校釋：《周易略例・明象》，頁591。
〔註205〕〔魏〕王弼注，樓宇烈校釋：《周易略例・略例下》，頁615。值得注意的是，與「凡〈彖〉者，統論一卦之體也」中「彖」指的是〈彖傳〉對比，此處的「象」並非指〈明象〉章中的取象之象，而是特指〈小象傳〉。

2.「凡〈象〉者，通論一卦之體也。」〔註206〕：此對比〈明象〉章之謂
　「（象者）明其所由之主者也」〔註207〕，即是在內容層面出發，再次
　重申「主爻」在解卦時的重要性，謂「一卦之體必由一爻為主，則指
　明一爻之美以統一卦之義」〔註208〕，此即王弼在〈明象〉章所指出的
　解卦時必須先找出主爻，以一主爻做為一卦的領導，繼而開顯出一卦
　的卦義的解卦基本方針。可是，王弼在此一則重申主爻在解卦時的重
　要性，一則亦提出一種例外：「卦體不由乎一爻，則全以二體之義明之」
　〔註209〕，即解卦時有時也會遇到不取主爻，而取內外二體進行會義的
　這種例外情況。

對於此兩點，筆者就王弼於〈略例下〉所舉之例做更清楚的說明。

就上述第一點，王弼主舉〈履〉為例：

　　故〈履卦〉六三，為〈兌〉之主，以應於〈乾〉；成卦之體，在斯
　　一爻，故〈象〉敘其應，雖危而亨也。〈象〉則各言六爻之義，明
　　其吉凶之行。去六三成卦之體，而指說一爻之德，故危不獲亨而見
　　咥也。〔註210〕

〈履〉卦畫為☲，分解言之即〈乾〉☰上〈兌〉☱下。王弼解〈履〉時之所以
特別點出〈六三〉，乃因為王弼解〈履〉時是取當中的獨爻為主爻。其實這種
解法是來自於〈象傳〉，〈履·象〉中指出：「凡〈彖〉者，言乎一卦之所以為
主也」〔註211〕，即〈象傳〉解卦，乃先取主爻，就一卦的核心出發，繼而對
卦進行說解。就此處的〈履〉卦而言，「成卦之體，在六三也」〔註212〕，故王
弼亦同於〈象傳〉，取〈履〉的獨爻〈六三〉為主爻。

　針對〈履〉，王弼進一步說解：「〈履卦〉六三，為〈兌〉之主，以應於〈乾〉」，
這是因為〈履〉的主爻〈六三〉與他相應的〈上九〉間，乃是有應之故。就
〈履〉的主爻〈六三〉來看，他與〈上九〉有應，因〈象傳〉主以一卦之主爻
觀卦，故就〈象傳〉的觀點來說，即便〈六三〉下為〈九二〉，此為陰承陽的

〔註206〕〔魏〕王弼注，樓宇烈校釋：《周易略例·略例下》，頁615。
〔註207〕〔魏〕王弼注，樓宇烈校釋：《周易略例·明象》，頁591。
〔註208〕〔魏〕王弼注，樓宇烈校釋：《周易略例·略例下》，頁615。
〔註209〕〔魏〕王弼注，樓宇烈校釋：《周易略例·略例下》，頁615。
〔註210〕〔魏〕王弼注，樓宇烈校釋：《周易略例·略例下》，頁615。
〔註211〕〔魏〕王弼注，樓宇烈校釋：《周易注（上經）·履》，頁272。
〔註212〕〔魏〕王弼注，樓宇烈校釋：《周易注（上經）·履》，頁272。

「以柔履剛」〔註213〕。若就承乘說的觀點來看，這應該是凶才對，故〈彖傳〉說：「履危者也」〔註214〕，指出情況有危。但重點是〈彖傳〉解卦重主爻，若以主爻觀之，則主爻〈六三〉有應於〈上九〉，按應位說的觀點，此則為吉，故〈彖傳〉才會對〈履〉做此定調：

> 乾，剛正之德者也。不以說行夫邪佞，而以說應乎乾，宜其履虎尾
> 不見咥而亨。〔註215〕

故王弼才會說：「〈彖〉敘其應，雖危而亨也」。王弼於此，便是以〈履〉卦為例，明〈彖傳〉解卦時之特重主爻。

但是〈小象傳〉則不同，王弼指出：

> 〈象〉則各言六爻之義，明其吉凶之行。去六三成卦之體，而指說
> 一爻之德，故危不獲亨而見咥也。〔註216〕

因為相對於〈彖傳〉說解卦辭，〈小象傳〉說解的是爻辭，以此明各爻的吉凶。所以〈小象傳〉不若〈彖傳〉那樣，以主爻角度來說解〈六三〉，而直接就其爻位的狀況而論。就〈履・六三〉而言，該爻為陰爻居陽位，不當位，為凶，故〈小象傳〉解之為：

> 眇能視，不足以有明也；跛能履，不足以與行也；咥人之凶，位不
> 當也；武人為于大君，志剛也。〔註217〕

眼盲跛行，行事上必然不夠靈活。踩到老虎尾巴後，老虎就會咬人。這些狀況就好像一介武夫想當君王，在在都顯示出凶象。

如果我們光看〈彖傳〉與〈小象傳〉之解〈履・六三〉，難免會對他們對同一爻卻有不同解而感到疑惑。故王弼在〈略例下〉中，即以〈履・六三〉為例，說明〈彖傳〉與〈小象傳〉之所以說解不同，乃是因其側重點不同的緣故。也就是〈彖傳〉以主爻的角度解之、〈小象傳〉則是就該爻爻位本身言之。

王弼藉此又再次點出〈彖傳〉解卦時對主爻的重視，故其進而指出：「凡〈彖〉者，通論一卦之體者也」〔註218〕，再次強調解卦時主爻的重要性。但解卦時除了以主爻為宗之外，王弼在此也點出了解卦時可能的例外狀況，即

〔註213〕〔魏〕王弼注，樓宇烈校釋：《周易注（上經）・履》，頁272。
〔註214〕〔魏〕王弼注，樓宇烈校釋：《周易注（上經）・履》，頁272。
〔註215〕〔魏〕王弼注，樓宇烈校釋：《周易注（上經）・履》，頁272。
〔註216〕〔魏〕王弼注，樓宇烈校釋：《周易略例・略例下》，頁615。
〔註217〕〔魏〕王弼注，樓宇烈校釋：《周易注（上經）・履》，頁273。
〔註218〕〔魏〕王弼注，樓宇烈校釋：《周易略例・略例下》，頁615。

面對卦義的提取，除了取主爻外，解卦時有時也會有不取主爻，而取內外二體進行會義的例外情況。王弼曰：

> 一卦之體必由一爻為主，則指明一爻之美以統一卦之義，〈大有〉之類是也。卦體不由乎一爻，則全以二體之義明之，〈豐卦〉之類是也。〔註219〕

如筆者在〈明象〉章之所論，一卦的主爻或取中爻、或取獨爻，若以〈大有〉為例，〈大有〉卦畫☲，當中即是取獨爻〈六五〉為主爻。故〈大有·彖〉指出：「大有，柔得尊位大中……。」〔註220〕王弼注之：「處尊以柔，居中以大……。」〔註221〕即是以居中獨爻做為一卦之主。

另一方面，即便主爻在一卦中相當重要，但實際進行解卦時，也有不取主爻，而改取內外二體進行會義的例外情況，如解〈豐〉☲時，便是以內外二體進行會義，以此解卦。

當我們綜觀〈略例下〉，可以發現王弼除了講述如四德、陰陽、應位、象象……等解卦時常會遇到的一些基本方法外。亦可發現王弼在講述的同時，也述明了這些基本方法在使用上可能遇到的例外，以及運用時各方法間的靈活搭配。其實這便在在呼應了〈明象〉章中王弼「得意在忘象，得象在忘言」的說法。正如前頭筆者曾述，王弼在〈略例下〉中之所以要特別闡明這些解卦時的例外，其實也就是要告訴我們，解卦固然有其基本的方法，但這也不會是唯一的、至高無上的準則。如果說「意」（意義）才是詮釋者與經典對話時真正要提取的東西，那麼我們在進行詮釋時，便不可過度拘泥於方法上頭。也就是說，方法是死的、解卦是活的，詮釋者必須在自身的第二層語境中，與經典一再地進行對話與交融。在方法的基礎上，將方法融會於實際的解卦上頭，與經典做具生命力的對話，如此才能開顯出經典的意義。

也由於解卦時會因著實際的狀況而有方法上的調整，故解一卦是否能「无咎」，也無法單純言之，會依著實際狀況而有所變動。故〈略例下〉最後，王弼講述了「无咎」的幾個狀況，例如：

1. 凡言无咎者，本皆有咎者也，防得其道，故得无咎也。
2. 吉，无咎者，本亦有咎，由吉故得免也。

〔註219〕〔魏〕王弼注，樓宇烈校釋：《周易略例·略例下》，頁615。
〔註220〕〔魏〕王弼注，樓宇烈校釋：《周易注（上經）·大有》，頁289。
〔註221〕〔魏〕王弼注，樓宇烈校釋：《周易注（上經）·大有》，頁290。

3. 无咎，吉者，先免於咎，而後吉從之也。

4. 亦處得其時，吉不待功，不犯於咎，則獲吉也。

5. 有罪自己招，无所怨咎，亦曰无咎。〔註222〕

　　如果占卦是為了要預測吉凶，王弼在此則是提醒我們，重點不在於卜出的一卦表面上看來是吉是凶。之所以能「无咎」，其實是人因著自身所處的處境，循著時機、機遇而行。筆者在論述〈明爻通變〉一章時，曾指出各爻的爻象、爻位其實就是隱喻著人事發展所要面臨的種種處境，而這是會一個隨著人的行事、思慮，加上現實境況的交互作用下，進而產生各種變化發展的動態歷程。也就是說，人與卦之間永遠處在一個動態的互動中。若占卦者內心都想要「无咎」，那麼无咎的重點並不在於占出吉卦或凶卦，而是面對吉卦或凶卦的我們，該怎麼做才能達到无咎。

　　至此，我們可以發現〈略例下〉一再要告訴我們的，其實不光是解卦的方法原則，更重要的是在這些方法原則外的解卦的變動性。就方法層次上看，解卦有其方法上的例外，〈略例下〉在說明方法時一併闡述了這些可能的例外。但就內容層次上，筆者以為王弼意在言外的是，他藉由〈略例下〉所述及的這些例外，告訴我們解卦本該因著卦、因著時，彈性地進行調整。〈略例下〉看似紛雜，表面上龐雜地說明了四德、陰陽、應位、卦時、象象以及無咎，但這些概念都是層層相因，並且一再地呼應著前頭幾章的要點。最後以無咎作結，將方法原則拉到生命實踐，即討論我們到底該如何做，才能使事件的情況、生命的境況最終得以「无咎」。

三、由〈卦略〉見王弼對解卦方法的具體演示

　　〈卦略〉為《周易略例》的最終章，此章在前六章的基礎上，舉十一卦為例，略論卦中陰陽、剛柔相互感應與消長的關係，以及卦中所蘊含的根本意義。〔註223〕筆者以下將以〈卦略〉解卦內容為主，輔以《周易注》，對王弼在〈卦略〉中所舉之例進行略論。

1.〈屯〉䷂（震下坎上）

　　此卦〈初九〉為陽爻居一卦之下，故王弼曰：

〔註222〕〔魏〕王弼注，樓宇烈校釋：《周易略例‧略例下》，頁615～616。

〔註223〕〔魏〕王弼注，樓宇烈校釋：《周易略例‧卦略》，注1，頁619。

初體陽爻，處首居下，應民所求，合其所望，故大得民也。〔註224〕

在此，王弼由陰陽的觀點出發，將陽爻居下，聯想至君王地位雖尊卻身段處下，故能如容納百川般得其民意。〔註225〕除此之外，面對〈屯〉卦各爻，王弼亦以應位說觀點，謂此卦「皆陰爻求陽也」〔註226〕。因在此卦，陰爻為〈六二〉、〈六四〉、〈上六〉三爻，當中除了〈上六〉和其相應的〈六三〉無應之外，其餘的〈六二〉與〈六四〉皆與各自相應之〈九五〉、〈初九〉相應且有應。故王弼由此卦中陰爻有應於陽爻的爻位情況，聯想到「弱者不能自濟，必依於彊」，即弱者必須依於強者，在此情況下，便使〈屯〉卦中的〈六二〉、〈六四〉爻能在此卦所處的屯難之時中，反而往好的方向發展。

2.〈蒙〉䷃（坎下艮上）

面對〈蒙〉卦，王弼同樣由陰陽出發，再合以應位說進行說解。〈卦略〉之解〈蒙〉卦時，王弼之所謂「陰爻亦先求陽」〔註227〕，乃是針對〈蒙·六三〉而來。因為在〈蒙〉卦中，〈六三〉之於〈上九〉，為應位且有應，故王弼注〈蒙·六三〉時，便特別指出其為：

童蒙之時，陰求於陽，晦求於明，各求發其昧者也。〔註228〕

此相應於〈卦略〉解〈蒙〉時，王弼之所謂：

夫陰昧而陽明，陰困童蒙，陽能發之。〔註229〕

此乃因〈蒙〉卦表蒙昧之時，故「凡不識者求問識者，識者不求所告；暗者求明，明者不諮於暗。」〔註230〕即蒙昧者需求助於有識者才能解蒙昧，陰需求於明才能見其光。故王弼之言：「故童蒙求我，匪我求童蒙也」〔註231〕即為此理。基於此，我們綜觀〈蒙〉卦，〈六三〉之於〈上九〉即為王弼之所謂陰求陽者，所以王弼指出：

〔註224〕〔魏〕王弼注，樓宇烈校釋：《周易略例·卦略》，頁618。

〔註225〕對此，邢璹注：「江海處下，百川歸之；君能下物，萬人歸之。」〔魏〕王弼注，樓宇烈校釋：《周易略例·略例下》，注2，頁620。

〔註226〕〔魏〕王弼注，樓宇烈校釋：《周易略例·卦略》，頁618。

〔註227〕〔魏〕王弼注，樓宇烈校釋：《周易略例·卦略》，頁618。

〔註228〕〔魏〕王弼注，樓宇烈校釋：《周易注（上經）·蒙》，收入《王弼集校釋》，頁241。

〔註229〕〔魏〕王弼注，樓宇烈校釋：《周易略例·卦略》，頁618。

〔註230〕〔魏〕王弼注，樓宇烈校釋：《周易略例·卦略》，頁618。

〔註231〕〔魏〕王弼注，樓宇烈校釋：《周易略例·卦略》，頁618。

故六三先唱，則犯於為女。〔註232〕

此因陰為蒙昧之時，一如晦必須求明，女亦須求男，此即王弼在注〈蒙·六三〉時所謂的：「六三在下卦之上，上九在上卦之上，男女之義也。上不求三而三求上，女先求男者也。」〔註233〕

在〈蒙〉卦中，王弼將〈六三〉喻為女子、〈上九〉喻為男子，在陰須求陽的前提下，〈蒙·六三〉的重點便在求陽，即有應於〈上九〉，因此王弼在〈蒙·六三〉注中才會說：「施之於女，行在不順，故勿用取女，而无攸利。」〔註234〕

此外，在〈卦略〉中，王弼亦略以爻位的角度，再加上陰陽觀點，略提〈蒙〉的〈六四〉與〈初六〉。因與〈六四〉相近的爻位皆為陰爻，「遠於陽」，〔註235〕故〈六四〉困於蒙吝。〈初六〉之上為〈九二〉，故〈初六〉鄰近於陽，為發蒙之時。〔註236〕

3.〈履〉䷉（兌下乾上）

由於〈履〉卦尚謙，〔註237〕而〈履〉的二、四、六爻皆為陽爻居陰位，王弼將此聯想至「謙」的意象，進而指出：「故此一卦，皆以陽處陰為美也」〔註238〕故〈履〉的〈二九〉、〈四九〉、〈上九〉皆為吉。

4.〈臨〉䷒（兌下坤上）

〈臨·彖傳〉：

臨，剛浸而長，說而順，剛中而應，大亨以正，天之道也。〔註239〕

王弼對此注曰：

陽轉進長，陰道日消。君子日長，小人日憂。大亨以正之義。〔註240〕

此處王弼特別拉出〈臨·彖〉是由〈臨〉卦「臨，剛浸而長」之說，由〈臨〉

〔註232〕〔魏〕王弼注，樓宇烈校釋：《周易略例·卦略》，頁618。
〔註233〕〔魏〕王弼注，樓宇烈校釋：《周易注（上經）·蒙》，頁241。
〔註234〕〔魏〕王弼注，樓宇烈校釋：《周易注（上經）·蒙》，頁241。
〔註235〕〔魏〕王弼注，樓宇烈校釋：《周易略例·卦略》，頁618。
〔註236〕即王弼所謂：「四遠於陽，則困蒙吝；初比於陽，則發蒙也。」〔魏〕王弼注，樓宇烈校釋：《周易略例·卦略》，頁618。
〔註237〕如〈履·九二〉王弼注：「履道尚謙。」〔魏〕王弼注，樓宇烈校釋：《周易注（上經）履》，頁273。
〔註238〕〔魏〕王弼注，樓宇烈校釋：《周易略例·卦略》，頁618。
〔註239〕〔魏〕王弼注，樓宇烈校釋：《周易注（上經）·臨》，收入《王弼集校釋》，頁311。
〔註240〕〔魏〕王弼注，樓宇烈校釋：《周易注（上經）·臨》，頁311。

卦的內卦〈兌〉☱聯想至「陽轉進長，陰道日消」的剛強之氣漸盛的狀態，再由此陽漸盛、陰漸衰，聯想至「君子日長，小人日憂」。也因此，〈卦略〉解〈臨〉卦時，王弼才會說：「此剛長之卦也」。〔註241〕由此可知，〈臨〉卦中，剛柔的消長情形為：「剛勝則柔危矣」。〔註242〕也正因剛柔彼此為消長的關係，故剛勝時柔必漸危。那麼，在這樣的狀況下，「柔」需如何做，才能達到免咎呢？對此，王弼認為：

> 柔有其德，乃得免咎。〔註243〕

即〈臨〉卦的陰爻〈六三〉、〈六四〉、〈六五〉、〈上六〉皆必須在行事上行正道，如此一來才能免咎，如〈六三〉：「若能盡憂其危，改脩其道，剛不害正，故咎不長。」〔註244〕〈六四〉：「柔不失正，乃得无咎也。」〔註245〕〈六五〉：「能納剛以禮，用建其正，不忌剛長，而能任之。委物以能，而不犯焉，則聰明者竭其視聽，知力者盡其謀能，不為而成，不行而至矣！」〔註246〕〈上六〉：「志在助賢，以敦為德，雖在剛長，剛不害厚，故无咎也。」〔註247〕也就是說，正因〈臨〉主剛長，故陰爻在此剛長之時行事就必須更加小心謹慎，這樣一來才能使事情的發展達到无咎、免咎。

5.〈觀〉☴（坤下巽上）

所謂「觀」，字面解為「見」。王弼對〈觀〉卦下了一個綜合性的評論：

> 故以近尊為尚，遠之為吝。〔註248〕

其實若以〈觀〉的卦畫來看，是由陰爻漸變成陽爻，正如王弼注〈觀·彖傳〉「大觀在上」〔註249〕時所謂：「下見而上貴也」〔註250〕，〈觀〉卦由〈初六〉

〔註241〕〔魏〕王弼注，樓宇烈校釋：《周易略例·卦略》，頁618。針對〈臨〉卦，筆者將在下一章中有進一步討論，此處僅先略做論述，詳論請見本論文第四章第二節。

〔註242〕〔魏〕王弼注，樓宇烈校釋：《周易略例·卦略》，頁618。

〔註243〕〔魏〕王弼注，樓宇烈校釋：《周易略例·卦略》，頁618。

〔註244〕〔魏〕王弼注，樓宇烈校釋：《周易注（上經）·臨》，頁312。

〔註245〕〔魏〕王弼注，樓宇烈校釋：《周易注（上經）·臨》，頁312。

〔註246〕〔魏〕王弼注，樓宇烈校釋：《周易注（上經）·臨》，頁313。

〔註247〕〔魏〕王弼注，樓宇烈校釋：《周易注（上經）·臨》，頁313。

〔註248〕〔魏〕王弼注，樓宇烈校釋：《周易略例·卦略》，頁618。

〔註249〕〔魏〕王弼注，樓宇烈校釋：《周易注（上經）·觀》，收入《王弼集校釋》，頁315。

〔註250〕〔魏〕王弼注，樓宇烈校釋：《周易注（上經）·觀》，頁315。

到〈上九〉的進展，就如同由鄙狹的童觀到君子大觀的進程，故王弼才言：「以近尊為尚，遠之為吝」，此意可參邢璹注：「遠為童觀，近則觀國」〔註251〕，若此，我們便可知道〈觀〉一方面藉由爻的陰陽變化，喻君子小人之見。另一方面，王弼也藉此指出〈觀〉卦要強調的重點即是在其〈九五〉、〈上九〉的君子之觀上頭。

6.〈大過〉䷛（巽下兌上）

至於〈大過〉，王弼同樣以陰陽解之。其所謂「本末皆弱，棟已橈矣」〔註252〕，正是由〈大過〉的〈初六〉、〈上六〉皆為陰爻而來。王弼藉由〈大過〉中〈初六〉、〈上六〉之陰爻，聯想至弱、柔的特質，故在〈大過〉中，是以陽爻居陰位為好，主因此處王弼乃是取以強濟弱的聯想。相反地，〈九三〉、〈九五〉為以陽處陽，當位，本應為吉，但王弼卻由此處的陽爻居陽位，聯想至未能振危。當中〈九五〉因處尊位，尚能无咎，但〈九三〉則因「自守其居」〔註253〕、「係心在一」〔註254〕即心態偏狹故不能拯救衰危，故「宜其淹弱而凶衰」〔註255〕，是為凶。此外，王弼亦指出〈九四〉為陽爻居陰位，認為其雖不當位，但合於〈大過〉中強濟弱的聯想，且〈九四〉與〈初六〉間陰陽有應，故〈九四〉為吉。但也因〈九四〉乃是有應於柔弱的〈初六〉，故也要慎防意外所造成的悔恨，即「有它吝」〔註256〕。另一方面，面對〈九二〉，王弼指出〈九二〉雖與〈九五〉無應。但因〈九二〉亦為陽爻居陰位，取其同樣取「濟弱」的聯想，故能「无不利」〔註257〕。

7.〈遯〉䷠（艮下乾上）

對於〈遯〉卦，王弼〈卦略〉指出：

> 小人浸長。難在於內，亨在於外，與臨卦相對者也。臨剛長則柔危，遯柔長故剛遯也。〔註258〕

〔註251〕〔魏〕王弼注，樓宇烈校釋：《周易略例‧卦略》，頁620。
〔註252〕〔魏〕王弼注，樓宇烈校釋：《周易略例‧卦略》，頁619。
〔註253〕〔魏〕王弼注，樓宇烈校釋：《周易注（上經）‧大過》，收入《王弼集校釋》，頁358。
〔註254〕〔魏〕王弼注，樓宇烈校釋：《周易注（上經）‧大過》，頁358。
〔註255〕〔魏〕王弼注，樓宇烈校釋：《周易注（上經）‧大過》，頁358。
〔註256〕〔魏〕王弼注，樓宇烈校釋：《周易略例‧卦略》，頁619。
〔註257〕〔魏〕王弼注，樓宇烈校釋：《周易略例‧卦略》，頁619。
〔註258〕〔魏〕王弼注，樓宇烈校釋：《周易略例‧卦略》，頁619。

所謂「小人浸長」，可參於王弼注〈遯‧彖〉時謂：「陰道欲浸而長」〔註259〕。當中「浸」意為漸進，樓宇烈對此注為：「指初六、六二兩陰爻浸長」〔註260〕。也就是說，王弼此處以〈遯〉卦畫☶中的〈初六〉、〈六二〉二爻，由〈遯〉始於陰爻，聯想至小人漸長。就〈遯〉的卦畫來看，〈遯〉由〈初六〉、〈六二〉，之後才轉為陽爻，故王弼在〈卦略〉指出：「難在於內，亨在於外」。此對照王弼注〈遯‧初六〉之所謂：「遯之為義，辟內而之外者也」〔註261〕，當中的「辟」即為「避」，故綜觀〈卦略〉與《周易注》，可知王弼認為〈遯〉主重於躲避、逃避，即在內有小人的狀況下，君子必須懂得明哲保身之道，遠離小人才能逃於難。

另一方面，王弼將〈遯〉☶與〈臨〉☷相比，因為就爻辭而論，〈遯〉與〈臨〉兩相對反。王弼注〈臨‧彖〉時指出〈臨〉為：「陽轉進長，陰道日消。君子日長，小人日憂。大亨以正之義。」〔註262〕即由〈臨〉卦由〈初九〉、〈九二〉，始於陽爻，故〈臨〉主剛長，故當陽剛之氣漸盛，陰則就轉衰。在〈臨〉中，剛強君子之道終勝過陰柔小人之道，故王弼在〈卦略〉才會說：「臨，剛長而柔危」〔註263〕為：「此剛長之卦也」〔註264〕。但〈遯〉則剛好相反，因小人之道盛，在小人當道的狀況下，君子就必須遠離以避難，故王弼才在〈卦略〉中指出：「遯，柔長故剛遯也」〔註265〕。由此可知，王弼在〈遯〉中，是以陰陽剛柔的消長，談君子的明哲保身之道。

8. 〈大壯〉☳（乾下震上）

王弼在〈卦略〉中如此解〈大壯〉主旨：

> 未有違謙越禮能全其壯者也，故陽爻皆以處陰位為美。用壯處謙，
> 壯乃全也；用壯處壯，則觸藩矣。〔註266〕

所謂「大」，指的是陽爻，「大壯」指的是「小道將滅，大者獲正」〔註267〕之

〔註259〕〔魏〕王弼注，樓宇烈校釋：《周易注（下經）‧遯》，收入《王弼集校釋》，頁383。
〔註260〕〔魏〕王弼注，樓宇烈校釋：《周易注（下經）‧遯》，注3，頁385。
〔註261〕〔魏〕王弼注，樓宇烈校釋：《周易注（下經）‧遯》，頁383。
〔註262〕〔魏〕王弼注，樓宇烈校釋：《周易注（上經）‧臨》，頁311。
〔註263〕〔魏〕王弼注，樓宇烈校釋：《周易略例‧卦略》，頁619。
〔註264〕〔魏〕王弼注，樓宇烈校釋：《周易略例‧卦略》，頁618。
〔註265〕〔魏〕王弼注，樓宇烈校釋：《周易略例‧卦略》，頁619。
〔註266〕〔魏〕王弼注，樓宇烈校釋：《周易略例‧卦略》，頁619。
〔註267〕〔魏〕王弼注，樓宇烈校釋：《周易注（下經）‧大壯》，頁387。

時。若表面來看，「大壯」之時似乎是大道盛行之時，若此，是否一切就能順利無礙呢？其實並非如此簡單。因為在此時，行事處事更必須要謹言慎行，這也是王弼解〈大壯・象〉之「君子以非禮弗履」〔註268〕時所指出的：

> 壯而違禮則凶，凶則失壯也，故君子以大壯而順禮也。〔註269〕

即此時行事更應該要順禮而行，一旦「違禮則凶」，反而會導致失壯。

所以，王弼才會在〈卦略〉中指出「陽爻皆以處陰位為美」，即〈大壯〉的〈九二〉、〈九四〉皆為陽爻處陰位，不當位。若以一般當位說的看法，不當位則凶，但因〈大壯〉重在以禮行事，故此處的不當位反而不會導致凶吝。故〈大壯・九二〉經文中言：「九二，貞吉」〔註270〕，王弼注之：「居得中位，以陽居陰，履謙不亢，是為貞吉。」〔註271〕此處王弼同樣以陰陽解卦，藉由〈大壯・九二〉的以陽處陰，聯想至行大道者的以謙行事，即一人即便行的是正道，也不能過於理直氣壯，反而要「履謙不亢」，以謙和的態度處事，如此才能貞吉。所以王弼在〈卦略〉中才會說：「用壯處謙，壯乃全也；用壯處壯，則觸藩矣」，即以〈大壯〉中的陽喻壯、正道，以陰喻謙和，以明謙和處事之理。

9.〈明夷〉䷷（離下坤上）

〈卦略〉中，王弼藉由爻位的陰陽，來比喻時機點的明、暗，並且特別重視各爻位間彼此的關係，筆者分論如下。

關於〈明夷〉主旨，〈象傳〉清楚注之：

> 明入地中，明夷。〔註272〕

所謂「明入地中」，可知〈明夷〉卦主明晦暗之道。〈卦略〉基於此主旨，其解〈明夷〉時便率先指出：

> 為暗之主，在於上六。〔註273〕

〈卦略〉此語，可參王弼《周易注》之注〈明夷・初九〉：

> 明夷之主，在於上六，上六為至暗者也。〔註274〕

即〈明夷〉講的是晦暗之理，其主爻為〈上六〉。值得注意的是，在筆者前頭論

〔註268〕〔魏〕王弼注，樓宇烈校釋：《周易注（下經）・大壯》，頁387。
〔註269〕〔魏〕王弼注，樓宇烈校釋：《周易注（下經）・大壯》，頁387。
〔註270〕〔魏〕王弼注，樓宇烈校釋：《周易注（下經）・大壯》，頁387。
〔註271〕〔魏〕王弼注，樓宇烈校釋：《周易注（下經）・大壯》，頁388。
〔註272〕〔魏〕王弼注，樓宇烈校釋：《周易注（下經）・明夷》，頁396。
〔註273〕〔魏〕王弼注，樓宇烈校釋：《周易略例・卦略》，頁619。
〔註274〕〔魏〕王弼注，樓宇烈校釋：《周易注（下經）・明夷》，頁397。

述〈明象〉章時，便曾提及王弼解卦時首重主爻，關於主爻的取用，或取中爻、或取獨爻，但當中亦有少數的例外。〔註275〕〈明夷〉以〈上六〉為主爻，便是少數的例外之一。王弼在此主取〈明夷〉卦義，再依照爻位，將處一卦之極且為陰爻處陰為的〈上六〉，視為〈明夷〉的主爻。此處王弼解卦，一方面藉由〈上六〉的陰爻居陰位，聯想至〈明夷〉中晦暗的意象，並藉由〈上六〉處一卦之極的這個位置，進而聯想〈上六〉為表晦暗之理的〈明夷〉卦當中最深的黑暗。

　　〈卦略〉中由〈上六〉出發，繼續由爻位的概念，講述〈明夷〉之理：

　　　　初最遠之，故曰「君子于行」。〔註276〕

因〈明夷〉中的〈初九〉，在位置上離〈上六〉最遠，故王弼在《周易注》注〈明夷・初九〉時，便指出：「初處卦之始，最遠於難也」〔註277〕在象徵晦暗、光明殞落的〈明夷〉中，〈初九〉一方面為陽爻居陽位，當位，另一方面也由於離至晦之〈上六〉，故還能最遠於難。然而，〈初九〉遠難之道，不能只是光靠爻位距離的遠近，另一方面，個人的行事作為也將對其是否真能遠難而有所影響，故王弼在〈卦略〉中才說：「君子于行」。此言其實是出自〈上六〉爻辭，王弼在《周易注》中謂此為「尚義而行」〔註278〕即處〈初九〉之時，除了爻位上離至晦的〈上六〉最遠，故更有機會得以遠南之外，在行事上也需依照其陽爻居陽位的特質，由此處陽的意象，聯想至行事的「尚義」，如此才能真正免於難。

　　也因此，相對於〈初九〉，〈明夷〉的〈六五〉在爻位上最近於至晦的〈上六〉，故〈卦略〉既言：「五最近之而難不能溺」〔註279〕。此正如王弼在《周易注》中對〈明夷・六五〉之注：「最近於晦，與難為比，險莫如茲」〔註280〕，同樣是以爻位的遠近，由〈六五〉最靠近〈上六〉來進行聯想，謂〈六五〉處境艱難且危險。然而，即便〈六五〉的處境甚危，但仍舊不能因此沈淪，即所謂「難不能溺」。要如何「難不能溺」呢？王弼在《周易注》中對〈明夷・六五〉做了如此提醒：

〔註275〕高齡芬曾細究這些例外釋例，指出〈明夷〉的主爻是由卦義而立。相關例證，可參高齡芬：〈王弼《周易注》之主爻論述〉，頁57。

〔註276〕〔魏〕王弼注，樓宇烈校釋：《周易略例・卦略》，頁619。

〔註277〕〔魏〕王弼注，樓宇烈校釋：《周易注（下經）・明夷》，頁396。

〔註278〕〔魏〕王弼注，樓宇烈校釋：《周易注（下經）・明夷》，頁396。

〔註279〕〔魏〕王弼注，樓宇烈校釋：《周易略例・卦略》，頁619。

〔註280〕〔魏〕王弼注，樓宇烈校釋：《周易注（下經）・明夷》，頁398。

而在斯中，猶暗不能沒，明不可息，正不憂危，故利貞也。〔註281〕
〈明夷‧六五〉為陰爻處陽位，此猶如居暗但不可忘明，故行事上需正直，如此才能「不憂危」而「利貞」。

　　同樣的，〈明夷‧九三〉「處下體之上，居文明之極」〔註282〕，此處王弼強調〈明夷〉下卦的〈離〉卦所代表的光明、文明之意，亦代表南方之地，〔註283〕由〈明夷〉處於下卦最上之爻位，聯想至〈九三〉的「居文明之極」。因此，〈卦略〉中王弼才會指出〈明夷‧九三〉：「三處明極而征至暗」〔註284〕，因為依照〈九三〉所處的爻位來看，他的確是處在光明之極而即將邁入〈明夷〉的上卦〈坤〉。〈坤〉的卦畫為☷，三爻皆陰爻，王弼將此聯想到至晦之地，故言〈明夷‧九三〉將「征至暗」而「南狩獲其大首」〔註285〕，即向南方征伐獲〈明夷〉的主爻〈上六〉（即此處所謂的「大首」）。

10.〈睽〉☲（兌下離上）

　　王弼在〈卦略〉中如此闡述〈睽〉之主旨：

　　　睽者，睽而通也。〔註286〕

然而，〈睽〉為〈兌〉下〈離〉上，〈兌〉為澤、〈離〉為火，在水火無法相容的聯想下，〈睽〉的卦義即為乖離、分離之意。〔註287〕但〈卦略〉此處王弼卻又言「睽而通也」，與〈睽〉卦義似有違，該如何解？

　　此於〈卦略〉下文便可知其源由：

　　　於兩卦之極觀之，義最見矣。〔註288〕

王弼此處點出〈睽〉之義理需由其上下兩卦的卦義來看，即〈兌〉下〈離〉上原為水火原本不容，但當彼此的乖異走到極致時，便又能「極睽而合，極異而通」〔註289〕，即物極必反，基於此理，王弼才會解〈睽〉為「睽者，睽而通也」。

〔註281〕〔魏〕王弼注，樓宇烈校釋：《周易注（下經）‧明夷》，頁398。
〔註282〕〔魏〕王弼注，樓宇烈校釋：《周易注（下經）‧明夷》，頁397。
〔註283〕樓宇烈指出：「〈離〉象明。」、「〈離〉為南方之卦，又為文明之象」〔魏〕王弼注，樓宇烈校釋：《周易注（下經）‧明夷》，注10、注11，頁400。
〔註284〕〔魏〕王弼注，樓宇烈校釋：《周易略例‧卦略》，頁619。
〔註285〕〔魏〕王弼注，樓宇烈校釋：《周易略例‧卦略》，頁619。
〔註286〕〔魏〕王弼注，樓宇烈校釋：《周易略例‧卦略》，頁619。
〔註287〕〔魏〕王弼注，樓宇烈校釋：《周易注（下經）‧睽》，注1，頁407。
〔註288〕〔魏〕王弼注，樓宇烈校釋：《周易略例‧卦略》，頁619。
〔註289〕〔魏〕王弼注，樓宇烈校釋：《周易略例‧卦略》，頁619。

11.〈豐〉䷶（離下震上）

關於〈豐〉卦，王弼點明其主旨為：

此一卦明以動之卦也。尚於光顯，宣揚發暢者也。〔註290〕

此可參王弼《周易注》注〈豐〉卦辭時指出的：

豐之為義，闡弘微細，通夫隱滯者也。〔註291〕

「豐」在字面上為豐富、盛大之意，王弼指出〈豐〉卦的意義在於使微小者能夠發揚光大、使隱而不通者得以通達。〔註292〕故在〈卦略〉中，王弼繼而對爻本身及其爻位的陰陽做進一步的聯想，其指出：

故爻皆以居陽位又不應陰為美，其統在於惡暗而已矣。〔註293〕

正因為〈豐〉卦「尚於光顯，宣揚發暢」，故在此卦中，一爻居陽位且不應陰反而為好。例如〈豐〉的〈初九〉為陽爻居陽位，相應於〈九四〉。按照應位說的觀點，相應二爻必須有應才為吉，但〈豐〉的〈初九〉與〈九四〉間為無應，此應本為凶。但此處但因為〈豐〉卦「尚於光顯，宣揚發暢」的特質，因此在此卦中，卻反而因〈初九〉、〈九四〉的無應為吉。之所以會有這種例外於解卦方法的狀況，原因便在於〈豐〉的主旨在於光顯、發揚，以反面而言便是「惡暗」，〔註294〕王弼在此前提下解〈初九〉，故言：「其配在四，以陽適陽，以明之動，能相光大者也。」〔註295〕即王弼在〈豐〉卦尚光顯的前提下，認為〈初九〉配〈九四〉為「以陽適陽」，更能壯大光明。王弼在此即是以卦中之爻在特性、爻位上的「陽」，聯想至光明、光顯之意。也以「以陽適陽」進一步發想，聯想至壯大光明的意涵。而這一切都必須要配合著〈豐〉的卦義而論。

以上，筆者花了一些篇幅，對王弼〈卦略〉所舉之例做了進一步的說解。我們可以發現，正因〈卦略〉為《周易略例》的最終章，故王弼藉由例證，直接證成前六章所論的解卦方法。值得注意的是，在〈卦略〉中並非將所有解

〔註290〕〔魏〕王弼注，樓宇烈校釋：《周易略例‧卦略》，頁619。

〔註291〕〔魏〕王弼注，樓宇烈校釋：《周易注（下經）‧豐》，收入《王弼集校釋》，頁491。

〔註292〕〔魏〕王弼注，樓宇烈校釋：《周易注（下經）‧豐》，注1，頁494。

〔註293〕〔魏〕王弼注，樓宇烈校釋：《周易略例‧卦略》，頁619。

〔註294〕又如邢璹注：「〈豐〉之為義，貴在光大，惡於暗昧也。」〔魏〕王弼注，樓宇烈校釋：《周易略例‧卦略》，注9，頁620。

〔註295〕〔魏〕王弼注，樓宇烈校釋：《周易注（下經）‧豐》，頁492。

卦方法一視同仁，而是特別重視卦中的陰陽、剛柔相互感應消長的關係。也就是說，王弼在〈卦略〉對各卦的說解，乃是站在陰陽、剛柔的基礎上，再進一步結合應位、爻位等等的概念，對卦進行說解，以此明一卦的基本意義。由此我們亦可發現，王弼解卦時相當重視陰陽剛柔在一卦中的作用。

值得注意的是，在〈卦略〉中特別除了重視卦中的陰陽、剛柔相互感應消長的關係，以此解卦之外，此章也具體表現出解卦時基於基本方法卻又不囿於方法的通達之道。從〈卦略〉所舉的例子中，例如〈大過〉、〈大壯〉、〈豐〉等卦在王弼的說解中，皆因其各自的特質等因素，而有諸如不當位卻吉、無應卻吉等例外於解卦基本方法的狀況。正如〈略例下〉中，王弼除闡述解卦的一些基本方法外，同時也點明解卦時會有種種例外，這些「例外」都可使我們瞭解王弼在〈明象〉章中所謂的「得意在忘象，得象在忘言」的寄言出意之道，也就是說，如果解卦的最終目的在於得意，那麼在通往意義的道路上，言、象也都只是詮釋者所藉助的工具罷了。面對工具，我們必須使用工具，但卻不能拘泥於工具，王弼於《周易略例》中在在點出此理，提醒詮釋者對此必須格外留意。

第四節　結論

在本章中，主要欲探究的問題核心在於──如果按第二章的討論，我們發現對王弼研究深具重要性的湯用彤、牟宗三與戴璉璋三位先生，其所擘畫出的王弼圖像皆各有其問題，且「援老入易」不必然是王弼《易》學的前提與核心，那麼，王弼究竟是以何種方法進行《易經》詮釋？

然而，在正式進入王弼《易》學的討論之前，筆者以為有必要先對《易經》意義的提取做一番討論。故在第一節中，筆者先討論了《易經》意義如何產生的問題，指出現今學界討論《易經》意義的方式是通過邏輯，即藉由理則的推衍，將概念、命題以邏輯的方式進行推導，以此推衍出《易經》的意義。然而，筆者想問的是──《易經》的意義只能以邏輯推衍的方式獲得提取嗎？在本章第一節中，筆者指出當代中國哲學界試圖運用邏輯法則，建構出中國哲學的意義世界，此方法的確建構出中國哲學的系統性，但卻也在無意間顛倒了經典文本與詮釋者之間的主從關係，經典在此種運作下悄然交出了其本具的話語權，成為一個被詮釋的平台，詮釋者在此平台中進行邏輯推

衍，繼而建構出經典的思想。可是，這裡產生了一個問題，即當我們建構出一套經典思想的同時，我們亦得警醒地審視此處的建構是否真的能服膺於經典本身？筆者藉由本論文第二章的討論，點出了傳統學界對王弼的基本假定一援老入易一實際上是出了問題，那麼基於此基本假定而來的種種邏輯推論、系統的建立是否合法，便值得我們再次審思。基於以上討論，筆者想問的是——我們是否可以試著跳脫傳統學界意義提取的方式，試著用另一種角度來看待王弼《易》學、看待王弼藉由《周易注》所開顯出的意義世界？

基於上述的提問，筆者以為，我們或可採西方哲學詮釋學的角度，重新看待經典意義如何開顯的問題。故在本章第一節中，筆者借用了呂格爾對「語境」的討論，點出「語境」在詮釋者進行詮釋時，所扮演的重要角色。面對本論文主題的《易經》而言，我們亦可以藉由《易經》本身的符號特質出發，由符號帶來象徵、象徵帶來聯想、聯想帶來隱喻，逐次開顯出《易經》的意義。然而，以上的這些詮釋都必須在「語境」中產生，但因《易經》這本書本身樣態上的特殊性—背景資料的缺乏，以及內容本身的不成文章—使得詮釋者在進行《易經》詮釋時，首先遇到的問題便是第一與第二層語境的闕如。值得我們注意的是，語境的闕如帶來的並不是詮釋上的全然自由，因為即便哲學詮釋學提出了「不同的理解」這個概念，然而實際進行詮釋時，詮釋本身也必然有所邊界。也就是說，「不同的理解」並非以詮釋者為主的恣意詮釋，他是相對自由而非絕對自由，詮釋者始終得認清自己與文本間的關係並非喧賓奪主，而是在傾聽文本說話的狀態下，與文本進行進一步的對話與交融。因此，即便詮釋最終的導向是「不同的理解」，但仍舊有詮釋者在進行詮釋工作時所必須遵守的疆界。這個詮釋的疆界是文本所給予，故詮釋者面對文本，必得先退一步，傾聽文本的話語，在文本給出的話語中與文本對話、進行理解、開顯出意義。所謂「不同的理解」，彰顯出的其實就是各個詮釋者在與文本對話之後，所開顯出的屬於該詮釋者本身、且與詮釋者存有息息相關的不同的意義展顯。而這一切意義的開顯，則必然依賴著語境。

因此，本章第一節要處理的重要問題便在於——如果就現實而言，《易經》因其本身文本的特殊性，第一層與第二層語境在我們目前看來是全然解消，那麼詮釋者又該如何進行《易經》詮釋？

對此，筆者借用了謝大寧先生的論述，面對《易經》意義的開顯問題，他一方面在語義學的基礎上，將《易經》的意義分為兩部分，一是句法層次

的結構性意義，二是義理層次的語意性意義。值得注意的是，面對義理層次的語意性意義，謝先生擴大了語義學中「指涉」的概念，在此中加入了詮釋學的「語境」概念，以此統而論其所謂之「義理層次的語意性意義」。

　　若以此來看，我們可將《易經》意義的開顯分為兩個進程，即由第一層次的「句法層次」開出文本的結構性意義，再由第二層次的「義理層次」開出文本的「語意性意義」。所謂《易經》的意義，便是在此二進程中逐步展現。當然，詮釋者不必然得進入第二層次的語意性意義，他大可在第一層次的結構性意義中打轉，一如清儒所重的章句訓詁之學，〔註296〕但此種做法是否能開顯出《易經》的全部意義，筆者以為尚有討論的空間，只是這不在本論文討論的範圍中，故先暫置勿論。

　　就本論文主題的王弼《易》學而言，我們又該如何看待王弼對於《易經》意義的開顯呢？正如前頭一再強調的，王弼以傳解經，將《易傳》的解經模式帶入了其《周易注》，故在本章第一節中，筆者藉由對《易傳》解經模式的討論入手，作為之後論王弼解《易》時的範式。在此，筆者同樣借用了謝大寧先生的看法，即面對《易經》語境的闕如，謝先生認為我們在進行詮釋時，勢必得使用一些方式，來為《易經》創造出可供詮釋者使用的語境。有鑑於《易經》的第一、第二層語境皆已解消，故謝先生認為，第一步需先從「取象」著手，藉由「取象」創造出《易經》的第一層語境，因為「取象」是歷來解《易》時約定俗成的傳統。如〈象傳〉解〈乾〉卦時由八卦取象，由「乾」象「天」劃定解〈乾〉卦時的第一層語境，一方面劃定詮釋的範圍在「天」，也從「天」所形成的第一層語境中取資，為後續的詮釋提供材料。當第一層語境建構出後，有鑑於《易傳》為後人提供了一個可供參照與模仿的解經模式，加上王弼解《易》亦是以傳解經，故第二步則是借用對《易傳》句法的分析，倒反回去建構出《易傳》解《易經》時其所處的第二層語境。

〔註296〕針對清儒是否涉及第二層次語意性意義的開顯，謝大寧先生認為：「他們企圖為易經的經傳文字尋找某種可以統貫全經的義例，在比卦中，亦以此例來校正傳文。很顯然的，這完全是上述第一層次，亦即句法層次的意義，而不及於其他。這樣來說，難道清儒就沒有涉及其他層次意義的講法嗎？當然這也不盡然，……。……則他們討論的重點落在哪裡，還是一目了然的。至於義理的討論，則大抵還只是在象象傳義理上做申說，而並不企圖去敷衍出任何新的意義。這也就是說他們的整個想法是在恢復經傳文字的『原意』，而且即以此便盡了經傳的全部意義世界。清儒這種甘心只居於訓詁者的心態，其實是很明顯的。」謝大寧：〈何謂「易經的意義」？〉，頁268。

　　當然，第二層語境是詮釋者在進行詮釋的當下，與文本互動所產生的，故《易傳》面對《易經》所產生的第二層語境勢必與王弼解《易》時所產生的第二層語境不同，也就是說，《易傳》作者與王弼是在其各自的第二層語境中，與《易經》對話，進而開顯出屬於自己的《易經》的意義。但我們還是可以藉由《易傳》解《易》時所提供的詮釋範式，作為我們看待王弼《周易注》時的一個切入點，畢竟王弼的確是將《易傳》解《易》的模式帶入了其《周易注》。我們或許可以如此說，正因為王弼是「以傳解經」，故我們同樣也可以從《易傳》與《易經》對話的模式入手，以此模式來看王弼是如何與《易經》對話。

　　故在本章第一節最後，筆者以〈象傳〉解〈乾〉卦為例，看出〈象傳〉開顯《易經》意義的方法為——基於卦象本身的符號特質，藉由聯想的方式，將卦象的意義藉由取象固定住象徵（如〈乾〉象「天」），再藉由此象徵進一步產生後續隱喻。其後便藉由隱喻的不斷擴大，由句法層次跨越到義理層次，最後開顯出屬於詮釋者的《易經》的意義。

　　藉由本章第一節的層層討論，最終筆者將《易傳》對《易經》的詮釋歸結為以下進程：

　　第一，將《易經》的符號藉由取象拉出象徵，來建構出《易經》原本闕如的第一層語境，即背景氛圍，以此劃定詮釋的範圍，並藉此獲得詮釋的材料。

　　第二，在句法層次上，藉由字義的聯想，引申出第一層隱喻，以此建構出《易傳》作者在面對《易經》時所感受到的文本氛圍。也是在此文本氛圍中，進一步產生出《易傳》作者之於《易經》的第二層語境。

　　第三，《易傳》作者藉由與文本氛圍的互動、對話，在其所處的第二層語境中，將文本放於自身存有中做進一步的聯想，在後續的隱喻中開顯出文本的意義，詮釋者的思想亦在此處展現。

如前頭一再強調的，王弼乃是「以傳解經」，即其主要是以《易傳》的解經模式來解《易經》，故我們或可將以上三進程同樣視為王弼解《易》時的基本形式。但王弼在實際進行操作時，當然有其各種細緻的解《易》方法，關於王弼解《易》時的具體方法，筆者以為在其《周易略例》中有完整的展示。

　　因此，本章第二、三節中，筆者將討論重心轉向王弼的《周易略例》。筆

者以為，若我們將上述詮釋《易經》的三進程視為王弼解《易》時的基本形式，這是就形式上而論的。若欲究王弼解《易》的實質，則要從《周易略例》中見。

　　本章第二、三節中，筆者略述了王弼《周易略例》中〈明彖〉、〈明爻通變〉、〈明卦適變通爻〉、〈明象〉、〈辯位〉、〈略例下〉、〈卦略〉七章的內容與各自討論的核心。其中〈明彖〉為《周易略例》開宗明義的第一章，王弼在〈明彖〉中點明了解卦的第一要務即是要先找到「主爻」。因主爻為一卦之主、理、宗、元，代表一卦的體性、主旨，為一卦中各爻的主導，故解卦時只要找到可做為決斷的「彖」，那麼也就掌握了一卦的核心。解卦時也要就此核心進行開展，才能進一步對《易經》進行後續的意義開顯。

　　值得注意的是，一卦之主爻雖然在一卦中具有著引領各爻的核心地位，但這是就「一卦的中心主旨為何」這部分來看的，即〈明彖〉章的重點在說明解卦時要先找出統領一卦的核心主旨，如此才能在此主旨的引領下，進一步談整個卦的狀況。然而，詮釋者在解主爻的意涵之前，還是得先回到本章第一節中所述的解《易》三進程上頭，先藉由「取象」劃定詮釋範圍，建構該卦的第一層語境，再由後續所引發的層層隱喻聯想，逐次引發該主爻在句法層次上的結構性意義與義理層次上的語意性意義。在此之後，才能再由主爻出發，去看各爻之於主爻的各種變化。

　　因此，王弼在《周易略例》第二章〈明爻通變〉中，即將目光由一卦落到各爻上頭，講述觀解各爻的方法。此處我們可以分兩方面來看，一是就形式層面而言，所謂爻的變化，指的是卦與主爻間、主爻與各爻間的相互變化，此變化包含了爻象，以及爻位的陰陽、剛柔變化等等，這關乎到解卦時的形式分析。二是就內容層面而言，「變」從卦象表面的變化配合到人事處境的種種情狀，繼而產生出各種變化，這是就解卦的實質內容而言的「變」。若我們將此解卦時的細節結合上本章第一節所論之解卦三進程，我們可以發現當王弼藉由〈明爻通變〉闡明解卦時爻象、爻位的種種形式與內容上的變化的同時，其實也就是藉著對卦、爻的形式與內容的分析，一次又一次地強化了《易經》在句法層次上的結構性意義，即將《易經》由原有的符號，藉由卦爻之間彼此的各種變化，拉出了《易經》中符號與符號間的關聯，進而豐富、完足了卦爻在句法層次的結構性意義。

　　我們可將以上所論畫成下列簡圖：

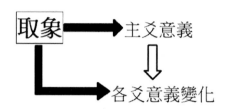

就《易經》本身的卦畫而言，原本就只是一些讓詮釋者不明所以的符號，然而藉由取象的進行，符號便能藉由取象引出象徵，再進一步由象徵去產生後續的層層隱喻聯想。就主爻而言是如此，就各爻間亦是如此，也就是說——「取象」是《易經》意義生發的共同起點。可是，即便如此，王弼還是得分判出一卦六爻間的主從關係，故其在〈明象〉章中點出主爻在一卦六爻中的地位，當詮釋者藉由取象開顯出主爻意義後，此主爻便標示出此卦的中心主旨（此即王弼所謂的「體」、「宗」、「元」），其他各爻一方面也是從取象而有後續的象徵、隱喻，逐次開顯其爻象意義，另一方面也要跟隨著主爻這條風箏線來隨「時」而變，而〈明卦適變通爻〉就著重在闡述各爻之必得隨「時」而變。

值得注意的是，當卦象的結構性意義完足後，文本的氛圍也將在此中逐漸產生，此時詮釋者便能在這個文本氛圍中與文本持續對話，建構出詮釋者在面對該卦時所處的第二層語境。至此，詮釋者面對文本將不再只會有句法層次上結構性意義的開顯，而是會在詮釋者與文本的持續對話中，同時將自身生命的存有處境也放入文本，與文本進行更緊密的結合，繼而開顯出文本義理層面的語意性意義。

我們或可如此說，筆者在本論文中所提出的「詮釋三進程」是分解地談《易經》的詮釋進路，是詮釋時的理論基礎；《周易略例》的各章則是統合地看是詮釋者進行詮釋時具體的操作。

又如王弼在〈明象〉章中很直接地談取象，因為如果「取象」在《易經》的詮釋中如此重要，是使得後續詮釋得以實現的第一步驟，那麼到底該如何進行取象便成為《易經》詮釋者必然得關切的問題。王弼在〈明象〉章中直言「盡意莫若象」，反過來說，若不經由取象，我們根本也無從進入《易經》的「意」。筆者以為，王弼在〈明象〉章中，可說是非常清楚地告訴我們第一層語境建構對於《易經》的至關重要。可是詮釋不能只停留在取象，詮釋者還需要「言」做為工具，來對取象之後的種種聯想、隱喻進行句法層次上的層

層推衍。所謂的「盡象莫若言」，也就是藉由「言」來進行句法層次的字義擴展，在字義擴展中建立文本氛圍，於此才能建構出詮釋者面對《易經》時的第二層語境。〈明象〉至此，由詮釋的第一進程（第一層語境的建構）跨入了第二進程（第二層語境的建構）。可是不光光是如此，〈明象〉還進一步點出「得意在忘象，得象在忘言」，因為意義的提取並不單純只是第一、二層語境的建構就能達成，也不是在語境建構出後，光靠句法層次的分析、字義的擴展便能達成，所謂意義的提取、開顯必須要將上述的「象」、「言」放回詮釋者自身存有中，與詮釋者生命進行對話、互動，才會有所謂意義的展現，否則，也只是如文字工匠般的琢磨文句罷了，並沒辦法藉由詮釋的進行而開顯出文本之於詮釋者的嶄新意義。

　　正如本章第二節中所述，《周易略例》的前四章，基本上已講述完解卦的種種基本方法。在這四章中，我們亦可以發現，王弼之解《易經》，基本上就是援用著《易傳》的解經模式而來。如前所述，「取象」是詮釋者詮解《易經》時的傳統方法，王弼在〈明象〉章講「象」，但〈繫辭上〉中就已指出：「見乃謂之象」〔註297〕、「夫象，聖人有以見天下之賾，而擬諸其形象，象其物宜，是故謂之象」〔註298〕，當中很清楚地點出了「象」所代表的象徵意義。又，王弼在〈明象〉章之所謂的「得意在忘象，得象在忘言」很明顯是來自〈繫辭上〉的「書不盡言，言不盡意」〔註299〕。此外，又如本章第二節論〈明象〉時，筆者即指出王弼此種解卦首重主爻的方式，即是來自於〈彖傳〉。筆者論〈明爻通變〉、〈明卦適變通爻〉時，也點出王弼之所以重視卦爻中的時、變，其實是受到《易傳》的影響。其他如王弼在〈明卦適變通爻〉中所涉及的應位、承乘等解經之法，亦同樣來自於《易傳》。藉由《周易略例》，我們更可清楚地看到論文前頭一再強調的王弼的「以傳解經」所指為何——王弼並非將《易傳》義理帶入其《周易注》，而是受到《易傳》解經方式的影響，將此解經方式帶入了《周易注》，這才是王弼「以傳解經」的真正意涵。

　　如前所述，王弼藉由《周易略例》前四章講述了解《易》的基本方法，故我們可將《周易略例》前四章視為王弼解《易》時的基本大方向。然而很有趣的一點在於，當王弼定下上述這些大方向之後，他同樣沒忘記提醒我們一點

〔註297〕〔魏〕王弼注，樓宇烈校釋：《周易注・附・繫辭上》，頁553。

〔註298〕〔魏〕王弼注，樓宇烈校釋：《周易注・附・繫辭上》，頁555。

〔註299〕〔魏〕王弼注，樓宇烈校釋：《周易注・附・繫辭上》，頁554。

──解《易》的過程充滿例外。

這種一方面確立基本大方向，另一方面卻又告訴我們不能拘泥於基本方法，必須按照卦象的種種狀況，靈活、適時地做出調整的解卦精神，其實和王弼談爻變、卦時，以及其對言象意的態度是相當一致的──王弼認為詮釋者在解卦時必須因著卦爻間時、位、陰、陽等的變化，做出靈活的調整；詮釋者亦不可拘泥於「言」、「象」，而忘了取「意」才是解《易》時最重要的目標。就筆者前述的《易經》詮釋三進程來看，當中的第一、第二進程實際上都是為了使第三進程得以獲得實現而來的。由於《易經》卦象本身的象徵性質，故其本身本來就有無限的詮釋可能，但即使詮釋者為了使詮釋得以可能，為《易經》劃定了語境以做為詮釋的疆界與材料，也不代表《易經》意義的提取會隨著語境的劃定而僵化。反而是藉由語境的劃定，使詮釋者得以在語境中與《易經》文本進行對話，最終才能將《易經》文本放回自身存有，開顯出《易經》之於詮釋者生命的嶄新意義。

也因為《易經》的詮釋是靈活而充滿例外的，故王弼在《周易略例》的後三章〈辯位〉、〈略例下〉、〈卦略〉中，一方面重提前四章的解經要義，另一方面更藉由例證，提醒詮釋者解《易》時除了基本方法之外，亦會遇到種種例外。故〈辯位〉章由「爻位」概念出發，藉此引出相對於〈象傳〉解《易》時常見的當位說，〈象傳〉、〈繫辭〉在論一卦中各爻的陰陽地位時實是有解經上的例外，此即所謂的「初上无陰陽定位」之說。我們或許也可如此說，王弼之所以會在〈辯位〉章特別談「初上无陰陽定位」之說，即是為了解決〈象傳〉、〈繫辭〉解經時對初、上二爻在陰陽定位上出現有別於〈象傳〉常見的當位說的這個破例問題。另一方面，我們也可以發現，當王弼在解說「初上无陰陽定位」的這個相對於當位說的例外時，他是如此為「初上无陰陽定位」作解：「初上者，體之終始，事之先後也，故位无常分，事无常所，非可以陰陽定也。」〔註300〕由此我們也可以看到王弼對一卦所處之「時」之「終始」概念的重視，故以此「終始」概念來解「初上无陰陽定位」之說，將初、上二爻賦予出特別的地位。

同樣的，在《周易略例》第五章〈略例下〉中，王弼分別論述了幾個解卦時的例外：

1. 四德的先後順序多以元、亨、利、貞進行排序，但偏偏〈離〉卦卦辭

〔註300〕〔魏〕王弼注，樓宇烈校釋：《周易略例‧辯位》，頁613。

卻言：「利貞，亨」〔註301〕，面對此破例，王弼試圖回歸主爻論述，以〈離〉卦之主爻〈六二〉、〈六五〉皆為陰爻起論，謂〈離〉卦「以柔為正」〔註302〕，故四德的順序才因此更動為「利貞，亨」。

2. 針對卦象中陰陽相求的問題，點出即便陰陽相求為解卦時常見的解法，但在〈既濟〉卦中亦出現陰陽不相求的狀況。面對此例外，王弼則試圖強調應位說在解卦時的優先性，認為詮釋者在考量二爻間陰陽是否相求之前，必須先看二爻間是否為應位，即詮釋者應在應位說的基礎上，再去談爻在陰陽上的有應或無應。

3. 即便從一般應位說的觀點來看，有應為吉、無應為凶，但有時也會有例外。當發現例外時，詮釋者可從卦本身的時機進行考量，或發現當中的奧秘。此外，一卦最終是否能「无咎」亦得加入「時」的概念進行考慮。

4. 舉〈履〉卦為例，指出有些卦的〈象傳〉與〈小象傳〉間呈現出解卦上的衝突，但這非是誰的詮解有誤，而是〈象傳〉與〈小象傳〉間本身側重點不同所致。也就是說，〈象傳〉是以主爻的觀點對一卦做出整體的判斷，〈小象傳〉則是單就一爻而論，故乍看之下會以為二者有所衝突，但實是因側重點不同所致。

5. 即便王弼解卦時首重主爻，但王弼亦在〈略例下〉中點出尋找主爻並非解卦的唯一方式，例如〈豐〉卦即不取主爻，而是以內外二體進行會義的方式解卦。

從〈辯位〉到〈略例下〉的這些例子，我們可以知道即便解卦有其基本方法，但實際操作時其實常有例外。同樣的，在《周易略例》最終章〈卦略〉章中，王弼一方面藉由解卦為例，強調解卦時必須留意陰陽、剛柔間的相互感應消長。另一方面，王弼也藉由實際的解卦範例，具體展現出解卦時必須基於基本方法卻又不囿於方法的通達之道，例如〈卦略〉章中所舉的〈大過〉、〈大壯〉、〈豐〉等卦，皆因其各自的特質等因素，產生了不當位、無應卻吉等的例外狀況。這些例外在在提醒了我們解卦時必須要有的靈活，詮釋者一方面要在第一層語境與第二層語境中，對《易經》進行由取象而發的種種聯想與隱喻，另一方面又要時時警醒自己切不可被「象」、「言」所困，讓詮釋只停

〔註301〕〔魏〕王弼注，樓宇烈校釋：《周易注（上經）·離》，頁368。
〔註302〕〔魏〕王弼注，樓宇烈校釋：《周易注（上經）·離》，頁368。

留在句法層次上頭。詮釋出發於「象」、「言」，因為這是詮釋得以進行的起點，但最終還必須跳脫「象」、「言」，跨入「意」的開顯。若對比於筆者前述之《易經》詮釋三進程，即可知第一進程與第二進程都是為了第三進程的實現而來。此《易經》詮釋的一到三進程一方面是詮釋由句法層次到義理層次逐步深入，另一方面也展現出意義最終之所以能獲得開顯的可能所在。

第四章　王弼《周易注》對《易經》意義的開顯

　　在前一章中，筆者藉由哲學詮釋學的角度，從呂格爾的象徵、語境、隱喻概念出發，加上謝大寧先生對《易經》意義如何提取的討論，以《易傳》為範式，最後將詮釋者詮解《易經》的方式總結為以下進程：

第一，將《易經》的符號藉由取象拉出象徵，建構出《易經》原本闕如的第一層語境——背景氛圍。以此劃定詮釋的範圍，並藉此獲得詮釋的材料。

第二，在句法層次上，藉由字義的聯想，引申出第一層隱喻，以此建構出詮釋者在面對《易經》時所感受到的文本氛圍。也是在此文本氛圍中，進一步產生出詮釋者之於《易經》的第二層語境。

第三，詮釋者藉由與文本氛圍的互動、對話，在其所處的第二層語境中，將文本放於自身存有中做進一步的聯想，在後續的隱喻中開顯出文本的意義，詮釋者的思想亦在此處展現。

基於王弼解《易》時乃是「以傳解經」，故筆者將此三進程與王弼《周易略例》結合，指出我們可將以上三進程視為王弼解《易》時的形式綱領，而其解《易》時的實質方式，則可由《周易略例》中窺其大要。

　　筆者在前面幾章裡不斷強調，所謂「《易經》的意義」，會隨著詮釋者的不同而有所差異，如上述詮釋三進程之第三進程所指，詮釋者即是在其處的第二語境中，一方面與文本對話，另一方面則將文本之言說放入自身存有作進一步的視域融合，若照呂格爾語義學路徑的詮釋學理論來看，此時詮釋者

進入了存在層次的意義開顯，燦發出屬於詮釋者自己、與自身存有相融合的的「《易經》的意義」，詮釋者本身的思想也將在此中獲得展現。故在本章中，筆者將以王弼《周易注》文本出發，結合第三章所論之詮釋進程與方法，具體探究王弼《周易注》所闡發的「《易經》的意義」，並以此廓清王弼思想之面貌。

在選卦上，有鑑於王弼身處曹魏，上接漢末，故選漢儒向來重視的十二消息卦（〈復〉、〈臨〉、〈泰〉、〈大壯〉、〈夬〉、〈乾〉、〈姤〉、〈遯〉、〈否〉、〈觀〉、〈剝〉、〈坤〉），再加上一些特殊的卦如八卦（〈乾〉、〈坤〉、〈坎〉、〈離〉、〈震〉、〈艮〉、〈巽〉、〈兌〉）及首尾四卦（〈乾〉、〈坤〉、〈既濟〉、〈未濟〉），在扣除重複的卦後，計有二十卦，筆者擬藉著分析此近六十四卦三分之一的卦的王弼注文，以此大致掌握王弼的思想脈絡。

第一節　王弼《周易注》的詮釋脈絡 1──自〈乾〉、〈坤〉兩卦起論

在接下來的小節中，筆者將依據上述選卦原則，從王弼《周易注》中選取二十卦，結合第三章所論之詮釋進程與方法，以此看王弼面對《易經》時，是以何種方法與其對話、建立語境，以明王弼解《易》時的義理發展過程，見其所開顯出的《易經》意義。本節將自首二卦〈乾〉、〈坤〉起論。

在《易經》六十四卦裡，首二卦〈乾〉、〈坤〉具有特殊地位，正如戴璉璋先生所言：

> 《周易》把〈乾〉〈坤〉列為六十四卦的開端兩卦，一般認為是重視其為卦爻及萬物本源之意。〈繫辭傳〉說：「乾坤其易之縕邪！乾坤成列，而易立乎其中矣。」又說：「乾坤其易之門邪。」「乾知大始，坤作成物。」〈彖傳〉在〈乾〉〈坤〉兩卦解說卦辭，強調「乾元」、「坤元」也是這個意思。〔註1〕

〈乾〉、〈坤〉居於六十四卦開端，有如六十四卦的門戶，故本論文特將此二卦獨立於一節，做進一步申說。筆者於此先就王弼《周易注》對〈乾〉之解論起，後再繼而論王弼對〈坤〉之解。

〔註 1〕戴璉璋：《周易經傳疏解》，頁 3。

1.〈乾〉☰（乾下乾上）

〈乾〉、〈坤〉居六十四卦開端二卦，六爻筮數分別全為九、六，故爻題特有〈用九〉、〈用六〉。〔註2〕在第三章中，筆者提及王弼解卦首重主爻，即以主爻顯一卦主旨，但王弼解卦也並非皆用主爻，〔註3〕其中，〈乾〉的主旨可由〈用九〉見。

〈乾·用九〉：

> 見群龍无首，吉。〔註4〕

王弼注：

> 九，天之德也。能用天德，乃見群龍之義焉。夫以剛健而居人之首，則物之所不與也；以柔順而為不正，則佞邪之道也。故〈乾〉吉在无首，〈坤〉利在永貞。〔註5〕

王弼解〈乾·用九〉時先言：「九，天之德也。」樓宇烈對此如此作注：

> 「九」，代表陽爻，〈乾卦〉六爻都是九，〈乾卦〉又代表天，所以說「九，天之德也」。〔註6〕

〔註2〕戴璉璋先生指出：「（〈乾〉）爻題『用九』，〈坤〉作『用六』，為〈乾〉〈坤〉兩卦所特有。『用九』，馬王堆帛書《易經》作『逈九』意謂卦中六爻筮數全是九。」戴璉璋：《周易經傳疏解》，頁2。「（〈坤〉）『用六：利永貞』，意謂卦中六爻筮數全是六。」戴璉璋：《周易經傳疏解》，頁16。

〔註3〕朱伯崑即指出：「王弼也意識到一爻為主說，並不能解釋一切卦義，所以在《明象》中又補充說：『或有遺爻，而舉二體者，卦體不由乎爻也。』『遺爻』，即拋開一爻為主。『二體』，指一卦上下兩體，以此確定其卦義。」朱伯崑：《易學哲學史》（第1卷），頁292。又如高齡芬指出：「以一爻或兩爻論釋卦義者有三十三例：蒙、需、訟、師、比、小畜、履、同人、大有、豫、臨、觀、噬嗑、無妄、大過、坎、離、遯、晉、家人、睽、益、萃、升、困、井、鼎、漸、旅、節、渙、既濟、未濟。其餘有以內外兩卦之卦象合而為義（例如：屯、隨），有以各爻位之特殊排列而論（例如：未濟、既濟），有以卦之形狀為說（例如：小過、頤、噬嗑）。」高齡芬：〈王弼《周易注》之主爻論述〉，頁49，注11。高齡芬亦進一步說明：「王弼言主爻，並非百分百吻合此三十例，而仍有少數參差的情形，以古人著述方式而言，這應是正常的現象。先不談王弼與《象傳》作者的觀點不見得百分百的一致，以治學方法而言，古人所倚重的記誦、筆記或者籤貼的方式，對資料的把握本來就勞而寡功，很難周延。」高齡芬：〈王弼《周易注》之主爻論述〉，頁50。相關例證與論述，可詳參高齡芬：〈王弼《周易注》之主爻論述〉，頁49～50。

〔註4〕〔魏〕王弼注，樓宇烈校釋：《周易注（上經）·乾》，頁212。

〔註5〕〔魏〕王弼注，樓宇烈校釋：《周易注（上經）·乾》，頁212。

〔註6〕〔魏〕王弼注，樓宇烈校釋：《周易注（上經）·乾》，頁220。

即王弼之所以言「九，天之德也」，乃是因為〈乾〉的六爻皆為陽爻—，故以「九」稱之。樓宇烈此處之所以言「〈乾卦〉又代表天」，乃是因為以八卦中的〈乾〉來象徵「天」是春秋以來的共識，〔註7〕故王弼在其前理解中，沿用春秋以來的這個傳統說法，將〈乾〉拉出了「天」的這個象徵，其解〈乾・用九〉時直稱：「九，天之德也」，指的即是〈乾〉卦表現出的是「天」之卦德之意。

這裡首先出現的問題是，我們該如何解〈乾〉卦與「天」之間的關係，以及王弼所謂的「天之德」所指為何？筆者以下細解之。

在第三章第一節中，筆者指出「取象」是歷來《易經》詮釋者建構《易經》意義時，約定俗成的一種傳統，即便〈彖傳〉、〈象傳〉、漢易各自在取象模式上有所不同，但《易經》的意義之所以能獲得開顯，第一步皆是透過皆是詮釋者的「取象」。王弼解〈乾・用九〉時亦然，他首先透過八卦取象，取出「天」這個象徵，將〈乾〉卦與「天」這個象徵產生勾連。如筆者前文所述，《易經》本身因其背景資料、文章語脈的缺損，使其缺乏了使詮釋得以進行的語境，故詮釋者必須重新為《易經》建構起其語境，才能使詮釋得以進行，也才有後續意義的開顯。

因此，王弼解〈乾・用九〉時，便是援用了自春秋以來的傳統說法，以〈乾〉象「天」，此處王弼即是藉由「天」這個象徵，建構出〈乾〉卦第一層語境，一方面將詮釋的範圍劃定在「天」的這個象徵中，另一方面也使「天」成為詮釋〈乾〉卦時所可取資的材料，詮釋者可透過「天」這個象徵，繼而引發後續種種隱喻的聯想、意義的開顯。

那麼，由「天」這個象徵所引發出的隱喻聯想又是什麼呢？王弼首先言：「天之德也」，自春秋以來的傳統中，即以天德為剛健，〔註8〕故王弼言「九，天之德也」，即是在「天」這個象徵所劃定的詮釋疆界裡，藉由句法層次上字義的聯想，拉出由「天」所帶出的第一層隱喻——剛健，即「天」的卦德為「剛健之德」。這是王弼藉由「天」這個象徵，所拉出的第一層隱喻。另一方面，〈乾〉之六爻皆為陽爻，在歷來的解經傳統中，陽九—亦為剛，這同樣符

〔註7〕戴璉璋指出：「春秋以來，〈乾〉〈坤〉象徵天地，已成共識。」戴璉璋：《周易經傳疏解》，頁3。

〔註8〕朱伯崑指出：「春秋時期已有『天為剛德』說，解易者如以乾為天，同坤卦相反的乾卦☰象，自然會引申出剛健之義。」朱伯崑：《易學哲學史》（第1卷），頁64。

合了天德剛健的聯想。

　　如第三章所論，詮釋的進行是在文本與詮釋者互動時產生的第二層語境中獲得意義的實現，故在建構出〈乾〉卦的第一層語境（天）後，由於經文本身脈絡簡略，在其不成完整文章的這個狀況下，詮釋者得持續在句法層次上，做後續字義的擴展，以此建構文本氛圍，繼而產生詮釋者閱讀《易經》時的第二層語境。

　　故王弼繼言：「能用天德，乃見群龍之義焉」，此處之所以言「群龍」，乃是由經文中的「見群龍無首」而來，王弼一方面自經文取資，引出「群龍」之語，另一方面再加上前述八卦取象中以乾象天的「天」這個象徵，將「天德」與「群龍」做出勾連。就思考邏輯上我們可以如此分判，即由〈乾〉引出「天」象徵，確立〈乾〉卦的第一層語境在「天」這個象徵上頭，並以「天」作為後續詮釋的範圍、聯想運用時的材料。此後，再由「天」這個象徵引發聯想，勾連至卦德為「剛健」，此為王弼由「天」所引發的第一層隱喻。此後，再由天的剛健之德，加上經文中提及的「群龍」，將隱喻擴展到飛龍在天的聯想。至此，龍為陽、在天、剛健等，皆符合「天」這個第一層語境所劃定出的詮釋範圍，也符合「天」這個象徵所引發的後續隱喻聯想。至此，王弼注〈乾‧用九〉時之所謂「九，天之德也。能用天德，乃見群龍之義焉」，其實就是藉由象徵、隱喻、聯想的進行，補全、建構了原經文中「用九：見群龍无首」這簡略的文句中所缺乏的文本語脈與氛圍。值得注意的是，前頭王弼注曰「天之德」、「天德」之時，其實尚未點名此「天德」的內容為何，若讀者不明「天德」自春秋以來的傳統說法為「剛健」，單獨見王弼注的前三句時，或許還會有些不明所以，但王弼接下來便具體點明出「天德」所指為何，其曰：「夫以剛健而居人之首」，行文至此，王弼注中一連串的象徵、隱喻、聯想的脈絡就更為清楚了，即由「天」這個象徵出發，由天聯想至「天德」、「群龍」，究其內蘊則為「剛健」。王弼此處所謂的「以剛健而居人之首」，指的其實就是〈乾〉卦為六十四卦之首，其卦德為「剛健」之意。

　　可是，王弼注至此，也只是在句法層次上建立出文本脈絡，即在第一層的句法層次上開出文本的結構性意義，此時尚未跨入第二層次的義理層次的討論。如第三章所論，詮釋者詮釋文本時，是在句法層次開出文本的結構性意義的這個前提下，才能再進一步地跨越句法層次，進入文本義理層次的語意性意義。即詮釋者可透過文本所給予出的文本氛圍，在閱讀的過程中使文

本的第二層語境得以產生，再在詮釋者所處的這個第二層語境中，將文本放到自身存有中做進一步的聯想，進入本文詮釋的義理層次，開顯出文本的語意性意義。

就王弼對〈乾‧用九〉注而言，從「九，天之德也。……夫以剛健而居人之首」，都是在句法層次上對文本的結構性意義做進一步的延展，王弼於此將原本簡略到不成文章的經文，透過一連串的象徵、隱喻、聯想，建立出文句語脈，並在此文句語脈中，使文本氛圍得以實現，繼而產生詮釋者與文本互動後所的第二層語境。

如第三章所論，詮釋者面對文本，不必然要進入義理層次，也大可如清儒之重章句訓詁般，將詮釋停留在句法層次之結構性意義的開顯上即可。然而王弼對《易經》的詮釋並不滿足於句法層次的結構性意義，其繼而注之：「夫以剛健而居人之首，則物之所不與也；以柔順而為不正，則佞邪之道也。……。」當王弼在句法層次上，由天之象引出群龍、剛健等隱喻聯想後，他便將〈乾〉卦的「剛健而居人之首」放入自身存有做更進一步的聯想──面對這麼一個居於六十四卦之首，卦德為剛健的〈乾〉卦，以有德君子自許的我就如同具剛健之德的龍一般，那麼我在個人的立身處世上到底又該怎麼做，才能達到「吉」的結果呢？故一方面將具剛健之德的「龍」，聯想至以有德君子自許的「我」，一方面也〈乾〉卦所代表的「剛健」、「首」的意象出發，再次引發聯想──若一剛強者居人之首，光以「剛健」待人，反而容易「物之所不與也」，即當一個剛強者居人之首時，必須要警覺到旁人可能為因自己的剛強而不與己親近。若此，這個居人之首的剛強者，又怎能服眾呢？王弼至此，其實已跨越了文本的句法層次，進入了義理層次對文本進行語意性意義的探究與開顯，也就是說，王弼在其存有處境中，對〈乾〉卦進行進一步關乎人生命處境的扣問。若一卦代表著一個時機，那麼處於此時機的我，又該如何回應時機、立身處世？這是王弼在完足了〈乾〉卦的結構性意義後，與〈乾〉卦對話，繼而在其所處的第二層語境中，對〈乾〉卦所做的進一步的義理探究，〈乾〉卦的語意性意義也就在此中獲得展現。另一方面，我們亦可以藉由王弼在其所處的第二層語境中，與文本互動後所給出的意義詮釋，一窺王弼思想的面貌。在此王弼對〈乾‧用九〉之注中，我們便可以看到王弼面對剛健且居六十四卦之首的〈乾〉卦，他一方面點出〈乾〉卦所蘊含的「剛健」特質，另一方面也藉此警醒己身處此剛健之時所要留意的應世狀況。

故王弼繼而注之：「以柔順而為不正，則佞邪之道也」。此二句其實是與經文無關，單純是由前句「夫以剛健而居人之首，則物之所不與也」引發而來的推想，即相對於剛強者居首，萬物不會順從、親近他而言，處於下位者若行事柔順卻不正，則必定入於邪佞之道。〔註9〕故我們可將此二句注文視為由「以剛健而居人之首，物之所不與也」的後續意義的延伸。

在王弼〈乾·用九〉的注文中，其最後總結言之：「〈乾〉吉在无首」，再次回應經文「見群龍无首，吉」，指出在〈乾〉卦之時，之所以能「吉」，乃是因為「吉在无首」，即剛強者在上位，需顯出「无首」，顯出不居人之首的柔順姿態來，如此才能致「吉」〔註10〕。

小結以上論述，我們可略述王弼面對〈乾·用九〉時的詮釋進路如下：

第一，將〈乾〉卦☰藉由「天」這個象徵，建構出解〈乾〉卦時的第一層語境，藉由「天」的象徵，建構〈乾〉卦的背景氛圍，一方面並劃定〈乾〉卦詮釋的範圍在「天」，另一方面也由「天」出發引出層層聯想，藉此獲得後續詮釋時的材料。

第二，在句法層次上，藉由由「天」出發的種種字義聯想，引出如剛健、群龍等的層層隱喻，以此在句法層次上建構文本語脈與氛圍，完足文本的結構性意義。另一方面，王弼也在此文本氛圍中，與文本對話，產生王弼面對〈乾〉卦時所處的第二層語境。

第三，王弼在其所處的第二層語境中，將〈乾〉卦放入自身存有做進一步的聯想，開出後續如「以剛健而居人之首，物之所不與也；以柔順而為不正，則佞邪之道也」的意義詮釋。此處王弼不再停留句法層次的結構性意義的開顯，而是更進一步跨入了義理層次的語意性意義，將經文放於生命存有中做進一步的扣問，尋找居於此〈乾〉卦之時的我，所應行的立身處世之道——剛健居人之首的這個有德君子之我，行事不要囿於剛健，反而必須以柔應世，如此才能服眾，成為眾人的依歸。

〔註9〕〔魏〕王弼注，樓宇烈校釋：《周易注（上經）·乾》，頁220。

〔註10〕關於筮辭中「吉」的用法，戴璉璋先生指出：「筮辭有吉、大吉、元吉三種說法，當有程度的差別。吉，指行事順遂。大吉，高於吉，在爻辭中只見於初爻、四爻及上爻，未見於二、五兩個中位爻。元吉，又高於大吉，爻辭中除見於初爻、四爻、上爻外，還見於二、五兩個中位爻。」戴璉璋：《周易經傳疏解》，頁16。

如前所述，王弼解《易》重主爻，但也並非六十四卦皆以主爻解之，〈乾〉卦的主旨即是由王弼之注〈用九〉處見。又，在第三章中筆者曾論及，若以一卦而論，卦代表著一大時機、大趨勢，六爻則是闡述處於一卦大時機、大趨勢中的各個小的時機與趨勢，並展現出面對各個時機、趨勢時所應相應的變化的方式。若將此基本的解卦方法放於〈乾〉卦，〈乾・用九〉即點出了〈乾〉卦的核心特質在於「剛健」，但王弼認為「剛健居人之首」者不能光以「剛健」應物，反而要時時警醒自己剛強或有物所不與的可能，故在應世處事上必須以此為戒，即便〈乾〉卦卦辭言此卦乃「元亨利貞」，是「最亨通，利於所貞問的事」〔註11〕，但處事應物上絕非光靠著「剛健」之德便能事事順利。在〈乾・用九〉點明〈乾〉卦的核心特質，以及應世時所需留意之處後，〈乾〉卦的六爻變化亦是在此基礎上進行說解，只是個別各爻需就其個別所處的爻位、時機，會有不同的因應方式。礙於篇幅，在本論文中筆者無法一一細解各爻，待未來另立專文論之，於此略舉〈乾・九四〉為例，做一例證。

〈乾・九四〉：

> 或躍在淵，无咎。〔註12〕

王弼注：

> 去下體之極，居上體之下，乾道革之時也。上不在天，下不在田，中不在人。履重剛之險，而无定位所處，斯誠進退无常之時也。近乎尊位，欲進其道，迫乎在下，非躍所及；欲靜其居，居非所安，持疑猶豫，未敢決志。用心存公，進不在私，疑以為慮，不謬於果，故「无咎」也。〔註13〕

上文論〈乾・用九〉時，筆者點出王弼藉由「天」這個取象，建構出文本的第一層語境，之後再由「天」之取象繼而引出龍、剛健等隱喻聯想，以此開顯、完足句法層次中的結構性意義。若我們統觀〈乾〉卦六爻，可以發現這樣的詮釋手法其實是貫穿於各爻中的。在〈乾・九四〉此例中，王弼即便於注文中未提「龍」這個隱喻，但其實〈九四〉之注是接著前頭的〈初九〉、〈九二〉、〈九三〉而來。如前所論，一個卦本身代表著一個大的時機點、機遇，各爻則

〔註11〕戴璉璋：《周易經傳疏解》，頁1。
〔註12〕〔魏〕王弼注，樓宇烈校釋：《周易注（上經）・乾》，頁212。
〔註13〕〔魏〕王弼注，樓宇烈校釋：《周易注（上經）・乾》，頁212。

代表其在各自處境中所處小時機、小機遇，故六爻本身就是個相互關聯的有機體。此猶如王弼在〈乾‧彖〉注中所謂：「大明乎終始之道」〔註14〕，樓宇烈解此句為：「意為觀看〈乾卦〉初九至上九之變化過程，即可明瞭萬物由始至終發展變化的普遍道理。」〔註15〕我們或許可以如此說——解〈乾〉卦時必須留意從〈初九〉「潛龍勿用」到〈九五〉「飛龍在天」、〈上九〉「亢龍有悔」的變化歷程，一方面各爻間有其時機變化的過程，另一方面，解卦者也必須將此變化過程放回人事，以此觀人事的發展變化及面對變化時的種種因應之道。因此，當我們看〈乾‧九四〉的王弼注時，也必得承〈初九〉、〈九二〉、〈九三〉的隱喻接續而論。就此龍的隱喻而言，其實在〈初九〉、〈九二〉經文中即已明確提之——〈初九〉謂：「潛龍，勿用」〔註16〕、〈九二〉謂：「見龍在田，利見大人」〔註17〕，〈九三〉、〈九四〉承此龍的隱喻，繼而談〈九三〉的「君子終日乾乾，夕惕若厲，无咎」〔註18〕、〈九四〉的「或躍在淵，无咎」〔註19〕，由此可知，這個「天」而來的「龍」的隱喻本身便是貫通〈乾〉卦各爻經文，故我們在看〈乾‧九四〉王弼注時同樣也必須留意王弼〈九四〉注文中隱而未講的「龍」的隱喻。

延續前面各爻有關「龍」的隱喻而來，此「龍」於〈九四〉爻時面臨到何種處境呢？當然，此處「龍」再次成為以有德君子自許的「我」的隱喻，只是在〈九四〉爻中，重點不在於「剛健」——即便「剛健之龍（我）」是〈乾〉卦背後的基調——王弼更重視的是當我面臨〈九四〉爻處境的「我」該如何自處、回應的目前的處境。故王弼〈九四〉注文先就爻位起論，其言「去下體之極，居上體之下，乾道革之時也」，是就〈九四〉在六爻中所處的位置而論，點出〈九四〉爻在爻位上是處於離開下〈乾〉卦而初跨入上〈乾〉卦的變革之時。所謂變革，一方面代表革新、一方面則代表變動，總之〈乾〉卦〈九四〉表示的是一個變動不定的局勢。王弼繼而又言：「上不在天，下不在田，中不在人」，此來自〈乾‧文言〉：

　　九四重剛而不中，上不在天，下不在田，中不在人，故或之。或之

〔註14〕〔魏〕王弼注，樓宇烈校釋：《周易注（上經）‧乾》，頁213。
〔註15〕〔魏〕王弼注，樓宇烈校釋：《周易注（上經）‧乾》，注27，頁221。
〔註16〕〔魏〕王弼注，樓宇烈校釋：《周易注（上經）‧乾》，頁211。
〔註17〕〔魏〕王弼注，樓宇烈校釋：《周易注（上經）‧乾》，頁211。
〔註18〕〔魏〕王弼注，樓宇烈校釋：《周易注（上經）‧乾》，頁211。
〔註19〕〔魏〕王弼注，樓宇烈校釋：《周易注（上經）‧乾》，頁212。

者，疑之也。故无咎。〔註20〕

正因為〈九四〉爻一方面與其他各爻相同，都保有〈乾〉卦剛健的特質，另一方面本身又為陽爻，陽爻同樣帶著「剛」的意象，故可謂剛中之剛。可是這個深具剛健特質的一爻，在爻位上又不居中，故〈乾‧文言〉說〈九四〉「重剛而不中」，這也是為什麼王弼後來會導出〈九四〉爻「屢重剛之險」的緣故。為何「重剛」會「險」呢？如同〈用九〉中所言，〈乾〉卦講的是剛健者需以柔應世，如此才能服眾成為貨真價實的「人首」，但〈九四〉爻卻是陽爻居陰位，在不當位、不居中的情況下卻又質剛，即可能帶來兇險。

〈乾‧文言〉言〈九四〉「上不在天，下不在田，中不在人」，是由爻位概念出發，將六爻對比天、地、人──視初、二爻為地，三、四爻為人，五、六爻為天，若以此角度而言，〈九四〉爻居於人道，的確是「上不在天，下不在田」的，故王弼注〈九四〉時承〈乾‧文言〉的說法，言：「上不在天，下不在田，中不在人」。至於為何〈乾‧文言〉與王弼注皆特別又講〈九四〉「中不人在」，筆者以為此或可參孔穎達之疏：

> 易之為體，三與四為人道，人近在下，不近於上，故九四云「中不在人」，異於九三也。〔註21〕

此語是說，即便傳統解《易》時將三、四爻比配為人道，但就三、四兩爻的位置而言，三爻在四爻之下，爻位上近於比配於地的初、二兩爻，而人在生活處事上貼近於地，故「人近在下，不近於上」，因此〈乾‧文言〉與王弼才會特別又說九四「中不在人」，相較於〈九三〉而言，〈九四〉的處境還是比較艱困的。另一方面，也因為〈九四〉、〈九三〉爻位不同，故即便此二爻皆屬人道，但〈九四〉與〈九三〉爻間的處境仍有其相異之處。那麼，〈九四〉爻所面臨的處境又為如何呢？〈乾‧文言〉謂〈九四〉「故或之」，並解「或之」為「疑之」，即猶疑不定的意思。王弼則言〈九四〉乃「而无定位所處，斯誠進退无常之時也」，此亦是承〈乾‧文言〉對〈九四〉之解而來。綜合而論，〈九四〉爻本身雖承〈乾〉卦由天之象徵而來的龍、剛健等隱喻聯想，本身又屬陽爻為剛，但因其爻位所致，使此〈九四〉爻一方面處於上下體更替的變革之時，其所面臨的處境事實上是變動不穩的。此外，〈九四〉爻雖屬人道，但卻

〔註20〕〔魏〕王弼注，樓宇烈校釋：《周易注（上經）‧乾》，頁217。

〔註21〕〔魏〕王弼、〔晉〕韓康伯注，〔唐〕孔穎達等正義：〈繫辭下〉，《周易正義》，頁20a，總頁17。

因「人近在下，不近於上」，故「中不在人」，處境相較於〈九三〉爻又更為艱辛。即便其雖「近乎尊位」，就爻位而言已接近於傳統上視為尊位的〈九五〉爻，但接近不代表等同，實際上〈九四〉仍舊處在〈九五〉之下，故王弼言〈九四〉爻「欲進其道，迫乎在下，非躍所及；欲靜其居，居非所安」，總之〈九四〉在在呈現出一種不安且定位不明的狀態。另一方面，若從傳統解《易》時常見的「剛中」〔註22〕角度來看，〈九四〉雖剛但又不居中、為陽爻卻居陰位，在失位的情況下便使得此重剛之〈九四〉處境堪慮。基於以上種種，〈文言〉與王弼〈九四〉注皆認為〈九四〉爻乃處在一種猶疑不安、定位〔註23〕不明甚至可能會面臨險境的處境中，故其透顯出的並非剛健之德應有的篤定堅實，反而是「持疑猶豫，未敢決志」。若此，我們再回過頭看卦辭中的「或躍在淵」，王弼注言「……非躍所及……」，居於此〈九四〉爻的君子，鄰近〈九五〉爻之「飛龍在天」，但是居此〈九四〉處境時究竟該躍或不該躍呢？躍，需要決心，居〈九四〉爻時的「我」本質剛健（陽爻），理應有飛躍的能耐，但在處境不穩、剛而不中等的客觀條件下，即便欲躍，恐怕也不夠穩當。故君子在〈九四〉時尚未能有飛躍的決心，但究其心念，其實還是想一如〈九五〉爻般「飛龍在天」吧！也因此，此時的君子內心無法安穩，即便「欲靜其居」卻也「居非所安」；若欲躍，卻又找不到躍的時機，故「持疑猶豫，未敢決志」。徘徊猶疑、居無安所可說是〈九四〉爻所顯露的整體氛圍。

面對〈乾‧九四〉，雖然也是在〈乾〉象「天」所劃定的第一層語境中，與〈乾〉卦其他各爻一樣，由「天」這個象徵引出「龍」、「剛健」的層層聯想，但王弼在〈九四〉爻之注中則是更著重在解此爻所面臨的處境上頭，因〈九四〉剛卻又不中、陽爻卻又失位處陰位等的種種境況，正是〈九四〉爻之所以顯出猶疑不安的原因。王弼注〈九四〉時花了近八成的篇幅，言〈九四〉爻「去下體之極，……未敢決志」，其實都是為了闡明在〈九四〉爻的這個特殊處境，以及此處境對君子帶來的影響。可是我們若對照經文，可以發現經文僅是簡單地指出「九四，或躍在淵」，白話即為：「九四：躍起呢？還是在淵中？」〔註24〕從經文中我們同樣可感受到〈九四〉爻所帶來的遲疑不決的氛

〔註22〕關於王弼解卦之重「剛中」，可參高齡芬：〈王弼《周易注》之主爻論述〉，頁52～53。

〔註23〕關於王弼此處所言之「定位」，樓宇烈認為指的是天、地、人之位。〔魏〕王弼注，樓宇烈校釋：《周易注（上經）‧乾》，注14，頁220。

〔註24〕戴璉璋：《周易經傳疏解》，頁1。

圍，但我們無法就經文本身得知〈九四〉爻之所以會散發遲疑不決氛圍的具體原因。故王弼藉由注文之「去下體之極，……未敢決志」，在句法的層次上，將龍、剛健等等的隱喻聯想，結合解《易》時常見的爻位概念，嘗試建構、補全起〈九四〉爻簡略經文中的文句語脈與氛圍，以此來開顯出文本的結構性意義，並藉此產生更豐富的文本氛圍。

值得注意的是，即便〈九四〉爻處於此猶疑不安的境況，但經文最終仍言其「无咎」，如果單就經文本身來看，基本上是無法看出〈九四〉爻之所以能「无咎」的確切原因，也就是說「或躍在淵」與「无咎」之間，存在著文脈上的斷裂。故王弼一方面藉由上述句法層次的詮釋手法，試圖補足經文「或躍在淵」與「无咎」間的斷裂，完足了經文的結構性意義。另一方面，他同樣得試圖解釋為何〈九四〉終能「无咎」的原因。到了這時，王弼的詮釋就不光光是停留在句法層次上頭，而是將〈九四〉爻所處的境況，放入自許為有德君子的「我」的生命處境、行事進退上來思量。這時意義開顯的層次亦由句法層次跨越到了義理層次，這也是王弼在「去下體之極，……未敢決志」一連串句法層次的結構性意義的建構後，更進一步地藉由閱讀本文、感受文本氛圍來與文本進行生命對話，如前頭一再論述的，這時文本藉由文本氛圍、讀者閱讀而產生出第二層語境，詮釋者即在此第二層語境中與文本進行專屬於該詮釋者本身的生命對話、意義開顯——當然，筆者此處所謂的「意義」，指的是義理層次的語意性意義，也就是呂格爾所言的進入「存在層次」。就王弼〈九四〉爻的注文而言，其後續所開顯出的語意性意義為：「用心存公，進不在私，疑以為慮，不謬於果，故『无咎』也。」也就是說，當我們處於〈九四〉爻這般變革不定、猶疑不安的境況時，行事上就得不為己私、反覆思量，如此才不至於陷入錯誤的決斷中而導致災禍，也才能「无咎」。

針對王弼對〈乾・九四〉之注，我們亦可小結成以下詮釋進程：

第一，基於〈乾〉對「天」的取象，「天」同樣為〈乾・九四〉建構出第一層語境。

第二，由以上第一層語境而發，龍、剛健等層層隱喻聯想亦是貫通於〈乾・九四〉。王弼便在上述隱喻聯想的基礎上，結合傳統解《易》時的爻位概念，在句法層次上試圖建構、補全原本經文中簡略、脈絡斷裂的文句脈絡與文本氛圍，完足文本的結構性意義。

第三，在文本的結構性意義完足後，王弼藉由閱讀文本所產生的第二層
語境，將文本之言說放於自身存有中做進一步的隱喻聯想，最後
得出面對〈九四〉爻時之君子自身處事之法——面對變革不安、
猶疑不定的處境時，君子必須用心思量，排除己私，謹慎斟酌後
才能有所決斷行事，如此才能避災无咎。

筆者藉由以上論述，一方面由王弼對〈乾·用九〉的注文，導出〈乾〉卦
的取象與層層隱喻，及其核心特質。在此同時，筆者亦將王弼對〈乾·用九〉
的詮釋進路結合第三章所論之詮釋三進程，以此對第三章的理論進行實證。另
一方面，此詮釋三進程亦是貫通於王弼之解〈乾〉卦六爻，即王弼透過〈乾〉
象天的取象，引出龍、剛健的隱喻聯想，在完足了經文句法層次的結構性意義
後，再將以上由「天」而發的層層隱喻放回自身存有，藉由層層反思進入呂格
爾所說的存在層次，開顯出經文後續義理層次的語意性意義。我們可以這麼說，
每一卦之解都帶有詮釋者讀卦時的生命啟示，這也是解卦最重要的層面。此外，
面對解《易》卦時所透顯出的語意性意義，一方面可將其視為君子立身處事的
準則，即所謂卦象所帶來的應世之道；另一方面我們也可在此意義的開顯中，
看出王弼面對〈乾〉卦時，所開顯出的屬於王弼的「不同的理解」，這是王弼讀
卦後，將卦象「據為己有」進行存有對話後之屬於王弼的理解。礙於論文篇幅，
筆者無法對各爻做一一細解，故特以〈乾·九四〉為例，進行論述與證明。接
下來，筆者則要進入〈坤〉卦，討論王弼〈坤〉卦注文之詮釋進路。

2.〈坤〉䷁（坤下坤上）

如本節一開頭所述，在《易經》的六十四卦中，首二卦〈乾〉、〈坤〉具有
如門戶般的特殊地位，故筆者以為，若我們欲將第三章所論之詮釋理論放入
王弼注文進行實證，並歸結出王弼《周易注》的詮釋進路，〈乾〉、〈坤〉二卦
便是筆者必然得處理的。以下便就王弼〈坤〉卦注文做進一步討論。

基本上，〈乾〉、〈坤〉必須合在一起看，正如王弼〈乾·用九〉注文末尾
指出：

> 故〈乾〉吉在无首，〈坤〉利在永貞。〔註25〕

當表剛健之德的〈乾〉卦落於人事，應世上便不能光剛健為之，反而要懂得
剛健卻不居於人之首的「无首」之道，以柔應物。正如戴璉璋先生所指：

〔註25〕〔魏〕王弼注，樓宇烈校釋：《周易注（上經）·乾》，頁212。

「用九」，馬王堆帛書《易經》作「迵九」意謂卦中六爻筮數全是九。

九為變爻，由剛轉變為柔，剛而能柔，所以爻辭說：「見群龍无首；

吉。」〔註26〕

戴先生此說，與王弼〈乾‧用九〉之注文若合符節，皆是強調出剛健者反而要懂得以柔應物的處事之道，故〈乾〉卦不光停留在其本具的剛健之德上頭，而更要進一步學會如何在剛健、剛強的性格上又能以柔應物的剛而能柔之道。

另一方面，接續著純陽的〈乾〉卦而下來的，則是純陰的〈坤〉卦。〈乾〉、〈坤〉兩卦陰陽相對，由純陽一變而成純陰，〔註27〕彼此間形成一種既延續、又往復的關係，故王弼在其〈乾‧用九〉的注文末尾處特別將〈乾〉、〈坤〉兩卦並舉，以此明〈乾〉、〈坤〉二卦間的特殊連結。

那麼，我們又該如何理解一變而為純陰的〈坤〉卦呢？正如前頭的詮釋三進程所論，我們首先必須先找出〈坤〉卦的取象。

關於〈坤〉卦的取象，筆者以為可由〈坤‧彖〉、〈坤‧象〉以及王弼對〈坤‧彖〉、〈坤‧象〉的相關注文中找到線索。〈坤‧彖〉中指出：

牝馬地類，行地无疆。〔註28〕

白話可解為：「母馬屬於大地這類，馳騁在地上，利於行事，穩定正常。」〔註29〕

〔註26〕戴璉璋：《周易經傳疏解》，頁2。

〔註27〕關於此「變」朱伯崑指出：「『變』指卦畫的變易。……坤卦純陰，其畫為--，象兩扇門合掩，所以其性能主闔閉。乾卦純陽，其畫為—，象木杖之類，能推開門戶，所以其性能主開闢。……就筮法說，陰陽二爻互變，即（筆者按，《繫辭》）『一闔一闢謂之變』。就事物說，開而又合，合而又開，開合互易，就叫做『變』。」朱伯崑：《易學哲學史》（第1卷），頁100。鄭吉雄釋《易》學之「非覆即變」時，變將六十四卦分為「變」組（卦體陰陽相反）與「覆」組（卦體上下顛倒），指出六十四卦中屬於「變」組者上經有三組六個卦：〈乾〉☰與〈坤〉☷、〈頤〉☶與〈大過〉☱、〈習坎〉☵與〈離〉☲；下經則有一組二個卦：〈中孚〉☲、〈小過〉☳。此可詳參鄭吉雄：《周易問答》，頁18～19。

〔註28〕〔魏〕王弼注，樓宇烈校釋：《周易注（上經）‧坤》，收入《王弼集校釋》，頁226。

〔註29〕此可參戴璉璋：《周易經傳疏解》，頁14。戴先生對此處〈坤‧彖〉的斷句與樓宇烈不同，戴先生斷為：「牝馬地類，行地无疆，柔順利貞。」將「柔順利貞」歸於此句中。樓宇烈則斷句至「牝馬地類，行地无疆」，將「柔順利貞」歸於下句，作為「君子攸行」一句的開端。由於樓宇烈的斷句方式較符合王弼注文，故筆者此處採用樓宇烈的斷句方式。此可詳參〔魏〕王弼注，樓宇烈校釋：《周易注（上經）‧坤》，頁226。

又，〈坤‧彖〉中指出：

地勢坤。〔註30〕

白話可解為：「地的態勢，柔順能容。」〔註31〕〈坤‧彖〉與〈坤‧象〉都強調出「地」這個概念，但其實從〈坤〉卦卦辭來看，卦辭中其實並未如此強調，卦辭只是指出：

元亨，利牝馬之貞。〔註32〕

即指〈坤〉卦是最亨通，利於母馬之事的占問。〔註33〕卦辭中所強調的反而是〈坤〉卦與牝馬（母馬）間的關係，但若乍看經文，其實是很讓人丈二金剛的——何以〈坤〉卦最利於母馬之事的占問？〈坤〉卦與母馬之間的關聯究竟為何？若單就卦辭本身而言，此處實缺乏了文句脈絡所能提供的線索。

正如前頭所論，面對《易經》經文本身的不成文章，詮釋者必須要試著為其補全材料，建構第一層語境，以此劃定詮釋的範圍，傳統做法即是先對卦象進行取象，正如此處〈坤‧彖〉與〈坤‧象〉之所為。關於〈坤〉卦取象，自春秋以來的傳統即是以「地」為象，〔註34〕故〈坤‧彖〉、〈坤‧象〉亦循此傳統，自八卦取象，以〈坤〉象「地」。王弼面對〈坤〉卦，亦採此八卦取象的模式，同樣以〈坤〉象「地」，就此劃定詮釋的範圍，並以「地」之象為後續的詮釋提供材料。故王弼注〈坤‧彖〉時指出：

地之所以得无疆者，以卑順行之故也。乾以龍御天，坤以馬行地。

地也者，形之名也。坤也者，用地者也。〔註35〕

又如王弼注〈坤‧象〉時指出：

地形不順，其勢順。〔註36〕

此處我們可以先拉出幾個關鍵詞：「地」、「无疆」、「卑順」、「馬」、「順」，再回頭看〈坤〉卦卦辭之「元亨，利牝馬之貞」，所謂〈坤〉卦的「最亨通，利於母馬之事的占問」便可獲得解釋，正如王弼對〈坤〉卦卦辭之注：

坤貞之所利，利於牝馬也。馬在下而行者也，而又牝馬，順之至也。

〔註30〕〔魏〕王弼注，樓宇烈校釋：《周易注（上經）‧坤》，頁226。
〔註31〕戴璉璋：《周易經傳疏解》，頁14。
〔註32〕〔魏〕王弼注，樓宇烈校釋：《周易注（上經）‧坤》，頁225～226。
〔註33〕戴璉璋：《周易經傳疏解》，頁13。
〔註34〕戴璉璋：《周易經傳疏解》，頁3。
〔註35〕〔魏〕王弼注，樓宇烈校釋：《周易注（上經）‧坤》，頁226。
〔註36〕〔魏〕王弼注，樓宇烈校釋：《周易注（上經）‧坤》，頁226。

　　　　至順而後乃亨，故唯利於牝馬之貞。〔註37〕

王弼以上的詮釋，都奠基在以〈坤〉象「地」的這個取象上頭，他首先藉由「地」這個取象，拉出與「牝馬」的隱喻關聯，為何「坤貞之所利，利於牝馬也」，一是因馬在地面行走〔註38〕，這是由「地」這個取象聯想至在地面活動的動物──馬。此種聯想方式就如同由〈乾〉象「天」而聯想至天空中的飛龍一般，故王弼注〈坤‧彖〉時特別提到「乾以龍御天，坤以馬行地」，因為當中的操作模式其實是一樣的。就〈坤〉卦而言，「馬」即是由「地」這個取象所引申出的第一層隱喻。又因為卦辭特別限定此「馬」為「牝馬」（母馬），故王弼進一步特別強調出此「馬」為「而又牝也」，以此呼應卦辭中所指出的「牝馬」一語。至此，王弼便藉由「牝馬」所具的陰性性別進行聯想，將此陰性性格聯想到性格上的柔順、卑順、順從，故王弼曰：「順之至也」。王弼的詮釋至此，此處關於「順」的聯想，乃是由「地」這個取象所引申出的第二層隱喻。此處象徵與聯想間的關係，或可由以下簡表明之：

第二層隱喻

坤→ 地 →（牝）馬→順

象　第一層隱喻

至此，「順」便成為〈坤〉卦的核心特質，王弼特別拉出此「順」（柔順、卑順、順從），做為後續詮釋時的核心概念。但王弼詮釋〈坤〉卦時之所以重視「順」這個概念，實非王弼首創，在〈坤‧彖〉中即有「柔順利貞」之語〔註39〕，王弼承〈坤‧彖〉之說，進一步謂「地之所以无疆者，以卑順行之故也。」〔註40〕即王弼認為，地之所以能夠如此廣闊無疆，便是由於其質卑順，能容萬物。另一方面，就傳統解《易》的概念而言，此處的「順」意亦合於傳統上陰六--的柔弱、柔順意象。正如王弼解〈乾〉卦時重其剛健之德，解〈坤〉卦時重視的則是柔順之道。

　　如前所述，〈坤〉卦卦辭開頭，僅是簡單的「元亨，利牝馬之貞」一句，

〔註37〕〔魏〕王弼注，樓宇烈校釋：《周易注（上經）‧坤》，頁225。
〔註38〕對於王弼注文之「馬，在下而行者也」一語，盧文弨謂：「古本『行』下有『地』字」，此或可參。〔魏〕王弼注，樓宇烈校釋：《周易注（上經）‧坤》，頁230。
〔註39〕〔魏〕王弼注，樓宇烈校釋：《周易注（上經）‧坤》，頁226。
〔註40〕〔魏〕王弼注，樓宇烈校釋：《周易注（上經）‧坤》，頁226。

本身並不成其文章，在王弼的注文中，他試著藉由上述象徵（取象）的方式，先建構起經文本身缺乏的第一層語境，再進一步透過由取象而來的後續隱喻聯想，試圖在句法層次上補全經文的結構性意義。故我們便可看到原本卦辭中簡略的「元亨，利牝馬之貞」，經由王弼的建構、擴充，一改面貌而成注文之「坤貞之所利，利於牝馬也。馬在下而行者也，而又牝焉，順之至也。」由「地」的取象，拉出後續牝馬、柔順的隱喻聯想。至此，王弼在句法層次上使經文的結構性意義獲得完足。

　　可是，王弼對《易經》的詮釋並不因其結構性意義上獲得完足而停歇，由於《易經》原為卜筮之書，卜筮除了判定吉凶，其本身亦要作為人在行事時的建議之用，故其與人事的關係是息息相關的。也因此，王弼在解《易》時不光只是對經文做句法層次上結構性意義的開顯，他也必得落到人事上頭來解，即跨越到義理層次的語意性意義上頭，將經文視為一種人生智慧的開顯。故面對〈坤〉卦卦辭的「元亨，利牝馬之貞」，王弼在完足其句法層次的結構性意義之後，又繼而注曰：

　　　至順而後乃亨，故唯利於牝馬之貞。〔註41〕

王弼此處的注文透顯出的是一種處事的智慧，當他用前述方式補全、開顯了經文句法層次上的結構性意義後，於此他則進一步詮釋〈坤〉卦之所以能「亨」的緣故——「順」。王弼的詮釋至此，便由句法層次跨越到了義理層次，對人的行事做出提醒，所謂「馬，在下而行者也」，一方面點出「馬」與「地」的關聯，另一方面也由「下」之語聯想到人之處下。若對照〈乾〉卦之言剛健者居於人之首，〈坤〉卦要談的則是人處下之時的應世處事之道。王弼注〈坤〉卦卦辭之謂「至順而後乃亨」，其實便是要提醒人在處下時必須柔順行事，如此才能萬事亨通。對應於〈乾〉卦，〈乾〉卦警醒剛健者居於人之首時必須顯出「无首」—不居人之首—的柔順姿態，如此才能有「吉」；〈坤〉卦則是提醒人在處下時更應以柔順之道應世，行事上才能達「亨」。

　　若就人事境況的發展而言，人的一生本難時時處於顛峰、居人之首，即使為有德君子，也時有感到迷惘之時，正如〈坤〉卦卦辭所謂：

　　　君子有攸往，先迷後得主；……〔註42〕

卦辭中點出人生行事時常有的迷茫之感，但即便迷茫，只要找到正確的指引，

〔註41〕〔魏〕王弼注，樓宇烈校釋：《周易注（上經）・坤》，頁225。
〔註42〕〔魏〕王弼注，樓宇烈校釋：《周易注（上經）・坤》，頁226。

便能行向正確的道路。〔註43〕故處下時也必須善於處下，並懂得處下之道，如此即便有迷茫之時，最終仍舊能夠亨通無礙。回到王弼的詮釋，就王弼認為，此處下之道便在於「順」。

若說〈乾〉卦談的是六十四卦開端之純陽卦的剛健、居首，〈坤〉卦則是繼而談純陰卦的柔順、處下，所以下、順的聯想在〈坤〉卦中相當關鍵，其中「順」即是〈坤〉卦的卦德。但是值得留意的是，〈坤〉卦的「順」並非純柔至弱的「順」，必須配合著剛健之〈乾〉卦來看。正如王弼注〈坤‧象〉「安貞之吉，應地无疆」〔註44〕時所言：

> 有地之形，與剛健為耦，而以永保无疆。……方而又剛，柔而又圓，
> 求安難矣。〔註45〕

所謂「方而又剛」是指方強又剛正，「柔而又圓」是指柔順又圓曲，一為過剛、一為過柔。〔註46〕正如〈乾〉卦言剛健者需懂柔順處事，〈坤〉卦亦談柔順外在下的內心剛健，因此〈坤〉之柔順非指一味地順服，而是一種健順的大人之道的實踐。〔註47〕

〈坤〉卦六爻基於以上主軸，也如〈乾〉卦六爻般，藉由六爻變化講各爻時機、處境的變遷，以及人處於該處境時的對應之道。由於〈坤〉象地，重處下之道，故居於下體且居中的〈六二〉爻便成為〈坤〉卦關鍵。〈坤‧六二〉言：

> 直方大，不習无不利。〔註48〕

王弼注：

> 居中得正，極於地質。任其自然，而物自生；不假脩營，而功自成，
> 故不習焉，而无不利。〔註49〕

〔註43〕戴璉璋先生解此為：「君子做事，先前迷失道路，後來順從指引，走向正常的途徑。」戴璉璋：《周易經傳疏解》，頁14。

〔註44〕〔魏〕王弼注，樓宇烈校釋：《周易注（上經）‧坤》，頁226。

〔註45〕〔魏〕王弼注，樓宇烈校釋：《周易注（上經）‧坤》，頁226。

〔註46〕〔魏〕王弼注，樓宇烈校釋：《周易注（上經）‧坤》，注8，頁231。

〔註47〕范良光指出：「牝馬柔順而健行，雖猶地類（品物）而亦健，亦是上通於乾元而為言也。比喻坤順（牝馬）之德，以乾健之德為超越的根據，而非為一獨立的意義；若一往為順德，此則便非坤德之真實內容，以坤順之德以無限的道德實理而規定。」范良光：〈坤傳道德創造的存有論〉，《易傳道德的形上學》（臺北：臺灣商務印書館，1982年），頁82。

〔註48〕〔魏〕王弼注，樓宇烈校釋：《周易注（上經）‧坤》，頁227。

〔註49〕〔魏〕王弼注，樓宇烈校釋：《周易注（上經）‧坤》，頁227。

正如前頭論〈坤〉卦卦辭時所言,〈坤〉卦卦辭的「元亨,利牝馬之貞」本身不成文章,缺乏文句脈絡與氛圍,故王弼需藉由層層的象徵、隱喻、聯想來補全、建構出文句脈絡與氛圍,再與之對話、開顯意義。〈坤·六二〉亦然,爻辭僅簡單言:「直方大,不習无不利」,但「直方大」所指為何?經文為何出此言?「直方大」與「不習无不利」間的關係又是如何?這在經文中是很難直接找出脈絡的。故王弼在詮釋時必得為其建構出語境、脈絡,如此才會產生後續的文本氛圍,使文本和詮釋者間的互動成為可能。故在〈坤·六二〉的注文中,王弼也先是由〈坤〉的「地」之象出發,再與〈六二〉爻的爻位進行勾連,以此方式進行語法層次上結構性意義的開顯。就〈六二〉爻的爻位來看,〈六二〉爻居下體之中,因解《易》傳統視居中得正,故〈六二〉爻得爻位之正。〔註50〕王弼將此居下體又居中得正的〈六二〉爻,與「地」之象進行連結,認為〈六二〉爻最符合於「地」的特質——直、方、大。於此,王弼即是藉由「地」之取象進一步聯想到〈六二〉爻居中得正、直方大般宛若「地」的特質,在句法層次補全了〈六二〉爻辭中「直方大」的結構性意義,建構起文本的語脈與氛圍。也是在此文本氛圍中,產生了詮釋者王弼與經文間的往來對話,形構起王弼讀〈六二〉爻時的第二層語境。當語境建立起,詮釋者才能在語境中與文本進行進一步關乎自己生命處境的對話,故王弼在接下來的注文中,便從句法層次跨越到了義理層次的語意性意義的開顯。王弼繼言:「任其自然,而物自生;不假脩營,而功自成,故不習焉,而无不利。」正如地的特質為「直方大」,故〈六二〉爻顯出地一般的平直、方正、廣大的平穩意象,居此爻時,人在行事上無須過度行動,只要順應著直方大的特質,安定己心,任事物自然而行,無須過多的作為或謀求,反而能讓事情無往不利。

由此可見,面對主居下而順的〈坤〉卦,人在行事上需在內存**剛健**之心的基礎上,進一步了解到處事時必須謹記柔順、卑順、順從之道,正如〈乾〉卦言剛不能過剛,〈坤〉卦亦言柔不能過柔。〈乾〉、〈坤〉二卦完美地演示了剛柔必須並濟的道理。面對〈坤〉卦,君子更需理解到當前自己正處〈坤〉卦的居下之時,故更應該知所進退。君子此時需掌握到「順」的道理,深感迷惘時如是、居中得正境況平穩時亦如是,若此,即便遇到如〈上六〉爻「龍戰于

〔註50〕〔魏〕王弼注,樓宇烈校釋:《周易注(上經)·坤》,頁231。

野，其血玄黃」〔註51〕般的動盪處境，〔註52〕也能轉為貞吉。

若小結王弼對〈坤〉卦的詮釋進路，筆者統整如下：

第一，王弼以《易傳》傳統的八卦取象入手，以〈坤〉象「地」，建構起〈坤〉卦的第一層語境，劃定詮釋範圍，並將「地」之象做為後續隱喻聯想時的資材。

第二，面對原本簡略、缺乏文本脈絡與氛圍的經文，王弼藉由字義的聯想，由「地」之象引出後續如「牝馬」、「下」、「順」等的隱喻，以此完足文本在句法層次的結構性意義。當結構性意義獲得完足，王弼也藉此文本氛圍產生其面對〈坤〉卦時的第二層語境，並在此語境中進行後續詮釋。

第三，王弼在第二層語境中持續與文本對話，並將文本放入自身生命處境，讓文本詮釋由句法層次跨越到義理層次，使占筮與人事做更進一步的結合，以做為人生處事行事時的智慧指導，開顯出文本的語意性意義。就〈坤〉卦而言，其帶來的生命啟示就在於人需善於處下，以及處下時的以柔應世之道。故王弼注〈六二〉爻時從「地」聯想至大地對待萬物時的態度：「任其自然」，大地以自然的方式對待萬物，萬物反而能不受過度干預地自然生長；由此對比到人事的運作，居下時也無須過度修營，以順處事，反而能讓事情無往不利。

值得注意的是，面對〈坤〉卦，王弼的確運用了近似於道家的概念〔註53〕來詮解〈坤‧六二〉，但如前所論，〈坤〉卦之「順」是種「健順」，是大人者內存剛健之處事之「順」，這是王弼看待〈坤〉順時的主要態度。因此，〈六二〉爻此處對「自然」這樣近似於道家的概念的援用，能否直接視為王弼注〈坤〉時的核心問題意識，恐怕是有待商榷的。如前所述，「援老入易」是傳統上認為王弼注《易》時的基調，筆者以為此說若為是，那麼道家思想應為

〔註51〕〔魏〕王弼注，樓宇烈校釋：《周易注（上經）‧坤》，頁228。

〔註52〕王弼解〈坤‧上六〉時，同樣藉由以〈坤〉象地的取象出發，結合爻位，產生層層隱喻聯想，建構、開顯出結構性意義與語意性意義，本文礙於篇幅，無法詳解，此後或再撰專文論之。

〔註53〕如王弼在《老子注》解「天地不仁，以萬物為芻狗」時亦言：「天地任自然，無為無造。」〔魏〕王弼注，樓宇烈校釋：《老子道德經注（上篇）》，收入《王弼集校釋》，頁13。

《周易注》的核心問題意識，但就〈坤〉卦而言，恐怕王弼解〈坤〉還是由〈乾〉之剛健而下，不管〈乾〉還是〈坤〉，君子皆必須秉持內心剛健這個大原則，只是在應事時必須按當下的處境有應對的不同罷了。若由此看，那麼王弼解〈坤〉時儘管有道家「自然」觀念的援用，也只能看做是種援用罷了，很難以核心問題意識的角度視之。

　　筆者藉由本節論述，以〈乾〉、〈坤〉為例，結合第三章所論之詮釋理論，試圖梳理出王弼《周易注》的詮釋進路。如本節開頭所論，〈乾〉、〈坤〉兩卦在《易經》中具有特殊的門戶地位，且此二卦有彼此變易、往復的內在關聯，故筆者專設一節論之。接下來筆者將依據本章前述之選卦原則，再取出《易經》六十四卦中的十八卦，對王弼《周易注》做更廣泛的討論。

第二節　王弼《周易注》的詮釋脈絡 2——舉上經八卦 為例

1.〈泰〉䷊（乾下坤上）

針對〈泰〉卦，〈泰・象〉與〈泰・彖〉取象方式如下，〈泰・象〉曰：

> 天地交，泰。〔註54〕

〈泰・象〉採八卦取象，由〈泰〉卦的〈乾〉下〈坤〉上各自取出〈乾〉象天、〈坤〉象地二象，再由〈泰〉卦〈乾〉下〈坤〉上的組成結構，聯想出「天地交」的意象。

相較於〈泰・象〉單純採八卦取象，〈泰・彖〉則曰：

> （〈泰〉）天地交而萬物通也，……，內陽而外陰，內健而外順，內
> 君子而外小人。〔註55〕

〈泰・彖〉同樣是以八卦取象入手，以〈泰〉卦卦畫取出「天」、「地」二象，但〈泰・彖〉在此取象的基礎上，進一步聯想至〈乾〉陽〈坤〉陰、〈乾〉健〈坤〉順（卦德）與〈乾〉君子〈坤〉小人的隱喻上頭。

王弼便是在以上基礎上對〈泰〉卦進行詮釋，如其所言：

> 泰者，物大通之時也。〔註56〕

〔註54〕〔魏〕王弼注，樓宇烈校釋：《周易注（上經）・泰》，頁276。
〔註55〕〔魏〕王弼注，樓宇烈校釋：《周易注（上經）・泰》，頁276。
〔註56〕〔魏〕王弼注，樓宇烈校釋：《周易注（上經）・泰》，頁276。

而三（筆者按，此指〈九三〉爻）處天地之際，……。〔註57〕

〈泰〉者，陰陽交通之時也。〔註58〕

以上王弼之所以謂「物大通之時」、「天地之際」、「陰陽交通」，其實都是在接受了〈泰・彖〉、〈泰・象〉對〈泰〉卦八卦取象的詮釋方式後，再由〈泰〉卦卦畫之〈乾〉下〈坤〉上聯想到〈泰〉卦為天地之交、陰陽交通的「大通」之時。

因此，我們可以如此說，面對〈泰〉卦，王弼接受了〈泰・彖〉、〈泰・象〉對〈泰〉卦的八卦取象，就〈泰〉卦的卦畫取出〈乾〉象「天」、〈坤〉象「地」二象，以此「天」、「地」之象先劃出〈泰〉卦的第一層語境，後續的詮釋也是由「天」、「地」二象取資，進行一連串的隱喻聯想。因為就〈泰〉卦卦辭而言，其僅言：

小往大來，吉亨。〔註59〕

面對〈泰〉卦卦辭如此簡略且失去脈絡、語境的文辭，詮釋者必須勉力解釋其意義。故〈泰・彖〉解此為：

則是天地交而萬物通也，上下交而其志同也。〔註60〕

天地之交之時，萬物亦是往來交通，其之所以能「吉亨」，主因彼此間「志同」——想法、心意、志願是一樣的。

又，〈泰・象〉解卦辭為：

天地交，泰。后以財成天地之道，輔相天地之宜，以左右民。〔註61〕

王弼特別注之：

泰者，物大通之時也。上下大通，則物失其節，故財成而輔相，以
左右民也。〔註62〕

當中的詮釋脈絡為——王弼在接受了〈泰・彖〉、〈泰・象〉對〈泰〉卦的八卦取象後，由此「天」、「地」二象出發，由〈泰〉卦的內外卦聯想到內外卦彼此的往來交通上頭，故王弼曰「泰者，物大通之時也」，這是王弼由取象所引發的第一層隱喻。王弼藉由此隱喻，建構出〈泰〉卦的文本氛圍，即天

〔註57〕〔魏〕王弼注，樓宇烈校釋：《周易注（上經）・泰》，頁277。
〔註58〕〔魏〕王弼注，樓宇烈校釋：《周易注（上經）・泰》，頁277。
〔註59〕〔魏〕王弼注，樓宇烈校釋：《周易注（上經）・泰》，頁276。
〔註60〕〔魏〕王弼注，樓宇烈校釋：《周易注（上經）・泰》，頁276。
〔註61〕〔魏〕王弼注，樓宇烈校釋：《周易注（上經）・泰》，頁276。
〔註62〕〔魏〕王弼注，樓宇烈校釋：《周易注（上經）・泰》，頁276。

地陰陽間的交通流動，也是在此文本氛圍的建構中，進一步產生出王弼面對〈泰〉卦時的第二層語境。接下來，王弼便在此第二層語境中，持續與文本對話——若卦辭的「小往大來」表示的是天地間的交通，那麼「小往大來」與下句「吉亨」間的關係又該如何建立？就〈泰·彖〉的觀點，吉亨的關鍵在於彼此間「志同」，這當然是一個可關注的切入點，王弼在注〈泰〉卦爻辭時也不時運用了〈泰·彖〉的這個觀點，以下筆者將另略論之，此處先行擱下。筆者先將焦點放在王弼對〈泰·象〉之注，此時王弼就〈泰·象〉對〈泰〉卦卦辭的詮釋「后以財成天地之道，輔相天地之宜，以左右民」，由「財（筆者按，此意為「裁」，取其制裁、節制之意〔註63〕）」引出「節」之意，故其對〈泰·象〉注文中指出「上下大通，則物失其節，故財成而輔相，以左右民也」，即天地之交的流動大通之時，萬物也常因此流動變化之時而失其節度。但不能因萬物此時的容易失其節度，就因噎廢食地不使天地萬物大通，天地萬物的流動變化是必然也是必要的。然而，有變動就要有所安排，故為了要避免流動變化所產生的失節，正如王弼注〈泰·象〉時所言：「泰者，物大通之時也」，面對物大通之時的〈泰〉卦，此時調整、恢復節度便成了首要之務，故「小往大來」之所以能夠「吉亨」，當中節度、制度之訂立便相當重要。

因此，我們可以發現，當王弼以「泰者，物之大通之時也」勾勒出〈泰〉卦在句法層次的結構性意義為「天地陰陽的往來交通之時」後，他接下來自問的便是——在此大通之時，「我」該如何立身處世，才能「吉亨」？王弼一方面藉由〈乾·象〉的說解，引出社會必須「節」（制度、秩序、節止），以「節」做為輔助，「左右民也」，即以制度、秩序的建立，來幫助人民在〈泰〉卦這般大通流動的時機中，能有所行事上的依憑，以此達到社會的「吉亨」。這可以說是王弼對〈泰〉卦的基本定調。另一方面，王弼也運用了〈泰·象〉所提出的「志」這個概念〔註64〕去解〈泰〉卦，言〈泰〉卦之爻之所以能夠「吉」，是由於行事者彼此「志同」所致。如王弼注〈初九〉爻辭「拔茅茹以其彙，征吉」〔註65〕：

〔註63〕〔魏〕王弼注，樓宇烈校釋：《周易注（上經）·泰》，頁279。
〔註64〕〈泰·象〉：「上下交而其志同也。」〔魏〕王弼注，樓宇烈校釋：《周易注（上經）·泰》，頁276。
〔註65〕〔魏〕王弼注，樓宇烈校釋：《周易注（上經）·泰》，頁276。

　　……三陽同志，俱志在外；初為類首，己舉則從，若茅茹也。上順

　　而應，不為違距，進皆得志，故以其類征吉。〔註66〕

所謂「三陽同志」，是因〈泰〉卦下〈乾〉卦為陽爻一組成；「俱志在外」，是以內外卦的角度，將〈泰〉卦分為兩部分，謂下〈乾〉卦彼此同志──由〈初九〉開始，其後同為陽爻的〈九二〉、〈九三〉就如同茅草相連般跟隨著〈初九〉而動──一同呼應上〈坤〉卦。另一方面，就上〈坤〉卦採其卦德的「順」之意，聯想到〈泰〉卦的上〈坤〉卦也會順應下〈乾〉卦之志，使下〈乾〉卦三爻「進皆得志」，得以「類征」，即〈初九〉、〈九二〉、〈九三〉爻可連類而行。故王弼認為〈初九〉爻之所以能「征吉」，重點便在各爻間或是彼此其志相同、或是能順他爻之志。〈初九〉爻爻辭僅為「拔茅茹，以其彙，征吉」寥寥數語，王弼先從經文的「茅」（茅草）起論，解爻辭的「拔茅茹以其彙」一句的句義為「茅之為物，拔其根而相牽引者也。茹，相牽引之貌也。」〔註67〕，再由茅草同類相牽引的譬喻聯想至〈泰〉卦的下〈乾〉卦三陽爻為同類同志（「三陽同志」），而此「志」為何則必須往外卦的上〈坤〉卦處見，即此下〈乾〉卦三陽爻能與上〈坤〉卦的三陰爻陰陽相應，故曰下〈乾〉卦三陽爻「俱志在外」。另一方面，因上〈坤〉卦主順，故上〈坤〉卦亦會順從於下〈乾〉卦之志，使下〈乾〉卦三陽爻之志可連類而行，即所謂「上順而應，不為違距，進皆得志」，這也使得〈初九〉爻最後可以「以其類征吉」。此處，王弼即是在前述〈泰〉卦為天地交通之時的脈絡中，對〈初九〉爻做進一步的詮釋，先在句法層次的討論中，由「拔茅茹」句義的說解，進而聯想到〈泰〉卦內外卦彼此間的互動，在句法層次上擴充了〈初九〉爻辭「拔茅茹以其彙，征吉」的結構性意義。

　　不過，在〈初九〉爻的注中，王弼的講述主要著重在句法層次上對爻辭結構性意義的開顯，並未對義理層次的語意性意義有明確的講述。然而占筮終究得落在人事上進行實踐，故我們可將王弼對〈初九〉爻結構性意義的說解進一步擴及到人事實踐上的聯想。正如王弼在〈明象〉章中之所謂「盡意莫若象，盡象莫若言。……得意在忘象，得象在忘言。」〔註68〕王弼解卦重寄言出意，言雖重要但並非重點，其「意」所指為何，才是王弼解《易》時即

〔註66〕〔魏〕王弼注，樓宇烈校釋：《周易注（上經）·泰》，頁277。
〔註67〕〔魏〕王弼注，樓宇烈校釋：《周易注（上經）·泰》，頁277。
〔註68〕〔魏〕王弼注，樓宇烈校釋：《周易略例·明象》，頁609。

便未有明言卻意在言外的重點。若扣回到王弼對〈泰・象〉之注：「泰者，物大通之時也。上下大通，則物失其節，故財成而輔相，以左右民也。」〔註69〕也就是在此大通變化之〈泰〉之時，形式上必須重在制訂節度，使萬物的變動流通能有其安排、有所節度。若就此來看〈初九〉，此處之「節」便成為人行事有志一同、懂得「順」之道背後的行為基礎，變動大通時若能如此行事，便能「征吉」。另外，值得注意的是，〈泰〉卦為〈乾〉下〈坤〉上，當中〈坤〉居於上卦。當人居下而順時，是一種因應局勢的不得不為，但〈泰〉卦的〈坤〉居上卦，若此還能順下〈乾〉卦之志，則更需要修養。

　　其實，在王弼解〈泰〉卦時，「節」與「志」實是相輔相成的。關於王弼解〈泰〉卦時對〈泰・象〉所提的「志」概念之運用，亦可見於其〈六五〉爻之注。〈泰・六五〉曰「帝乙歸妹，以祉，元吉。」〔註70〕，王弼注：

　　　婦人謂嫁曰歸。泰者，陰陽交通之時也。女處尊位，履中居順，降
　　身應二，感以相與，用中行願，不失其禮。帝乙歸妹，誠合斯義。
　　履順居中，行願以祉，盡夫陰陽交配之宜，故元吉也。〔註71〕

王弼此處同樣是將天地陰陽交通之時做為其詮釋〈泰〉卦〈六五〉爻時的脈絡，再結合爻位對〈六五〉爻進行說解。王弼曰〈六五〉爻「女處尊位，履中居順」，即點出〈六五〉爻在爻位上居於五這個尊位，但其又並非陽爻九而為陰爻六，故「降身應二」，以陰六而與〈九二〉爻相應。另一方面，〈泰〉卦的〈九二〉爻與〈六五〉爻皆為居中，彼此應位且有應，故皆是「用中行願」。王弼藉由上述詮釋，在句法層次上架構起〈六五〉爻辭中「帝乙歸妹」的結構性意義，故其言「帝乙歸妹，誠合斯義」。那麼，此句在句義上的問題就在此處所謂之「願」其指為何？針對此「願」，王弼從經文的「以祉」，拉出「履順居中，行願以祉」的詮釋，即此「履順居中」之「願」指的即是「福祉」——帝乙嫁女，需顧及到女兒的福祉，若此，則能盡婚嫁上的「陰陽交配之宜」，達到「元吉」。王弼此處在句法層次上完足了爻辭「帝乙歸妹，以祉，元吉」的結構性意義，但同樣的，〈泰〉講的是大通變化時的應世之道——以「節」處事、恢復節度，故若比之於社會，其運作需要同樣節度，那麼社會節度的制訂同樣也要以人民的福祉為依歸，如此便盡天地陰陽交通時，社會運行之

〔註69〕〔魏〕王弼注，樓宇烈校釋：《周易注（上經）・泰》，頁276。
〔註70〕〔魏〕王弼注，樓宇烈校釋：《周易注（上經）・泰》，頁278。
〔註71〕〔魏〕王弼注，樓宇烈校釋：《周易注（上經）・泰》，頁278。

吉。此時便是由結構性意義而下，進而跨入了義理層次的討論，將文本放入人事處境中進行進一步的隱喻聯想，在實踐的層面開顯出文本的語意性意義。

藉由以上討論，我們可將王弼對〈泰〉卦之注，小結為以下詮釋進路：

第一，王弼依據〈泰·彖〉、〈泰·象〉，同樣採八卦取象，由〈泰〉卦的內外卦取出以〈乾〉象天、以〈坤〉象地二象，建構出〈泰〉卦的第一層語境。

第二，王弼進而由〈泰〉卦的內外卦出發，聯想到內外卦彼此間的往來交通，拉出詮釋〈泰〉卦時的第一層隱喻——天地往來交通後所顯出的「大通之時」。王弼藉由此「大通之時」所引發的文本氛圍，繼而在句法層次建構出各爻辭的結構性意義，並在與文本的持續互動中，產生王弼閱讀文本時的第二層語境。

第三，由於占筮不光只是句法意義的解讀，而更得放在人事中加以實踐，故王弼面對文本，除了完足其句法層次的結構性意義之外，也將此結構性意義放入自身存有做進一步義理層次的聯想——面對這樣的處境，「我」該如何做？點出處〈泰〉卦天地大通之時人應有的回應與行動，在義理層次上開出文本的語意性意義——面對交通變動之時，社會秩序的維持必須靠著以人民福祉為依歸的節度的制訂；人之應世亦需有其節止。

2.〈否〉☶（坤下乾上）

就〈否〉卦而言，〈否·彖〉、〈否·象〉與王弼注則各有微妙的差異，試論如下。

針對〈否〉卦卦辭：「否之匪人。不利君子貞，大往小來。」〔註72〕〈否·彖〉解之為：

> 否之匪人，不利君子貞，大往小來，則是天地不交而萬物不通也，上下不交而天下无邦也。內陰而外陽，內柔而外剛，內小人而外君子。小人道長，君子道消也。〔註73〕

筆者以為，此處應由「內陰而外陽」處開始看，即〈否·彖〉自〈否〉卦的內外卦進行取象，曰：「內陰而外陽」，即由〈否〉卦內卦〈坤〉☷，取出陰之象；

〔註72〕〔魏〕王弼注，樓宇烈校釋：《周易注（上經）·否》，收入《王弼集校釋》，頁281。

〔註73〕〔魏〕王弼注，樓宇烈校釋：《周易注（上經）·否》，頁281。

再由〈否〉卦外卦〈乾〉☰取出陽之象。在此取象的基礎上，〈否·彖〉繼而進行兩層隱喻——再拉出第一層內陰柔、外陽剛的隱喻聯想後，緊接著拉出第二層內陰柔小人、外陽剛君子的隱喻聯想。最後再由此處的小人君子聯想到〈坤〉下〈乾〉上的〈否〉卦的境況為「小人道長，君子道消也」。依此，我們便可輕易理解〈否·彖〉一開始解〈否〉卦為「否之匪人，不利君子貞，大往小來，則是天地不交而萬物不通也，上下不交而天下无邦也」的緣故就在於〈否〉卦的內陰外陽、內柔外剛、內小人而外君子。藉由以上論述，我們可以知道〈否·彖〉解〈否〉卦時，重在以〈否〉卦內外兩卦而來的陰、陽之象，以及由此二象所拉出的層層聯想。

另一方面，〈否·象〉則採八卦取象，以內卦〈坤〉象地、外卦〈乾〉象天，故言：「天地不交」〔註74〕。然此處〈否·象〉並沒有進一步解釋為何〈否〉卦會有「天地不交」之感，此處對〈否〉卦的詮釋實有文脈上的斷裂，〈否·象〉在其以八卦取象——「天地不交，否」〔註75〕——之後，便直接跳而論至〈否〉卦所代表的人事境況——「君子以儉德辟難，不可榮以辱」〔註76〕。

面對〈否·彖〉、〈否·象〉的取象，由於王弼並沒有對〈否·彖〉與〈否·象〉進行注解，故我們無法得知王弼對此二者的態度。但統觀王弼對〈否〉卦各爻之解，則可發現王弼相當重視〈否〉卦中所透顯的「順」、「健」意涵，正如〈否·初六〉「拔茅茹以其彙，貞吉，亨。」〔註77〕的王弼注：

> 居否之初，處順之始，為類之首者也。順非健也，何可以征？居否
> 之時，動則入邪，三陰同道，皆不可進，故茅茹以類。貞而不諂，
> 則吉亨。〔註78〕

此處王弼同樣是以〈否〉卦的內外卦取象，但其非取出天地或陰陽，而是直接由卦德的角度，由內卦〈坤〉取出「順」之象、由外卦〈乾〉取出「健」之象。

王弼藉由〈否〉卦內外卦的卦德取象之後，基本上就此劃定了〈否〉卦的詮釋範圍，以及其後進行詮釋時可供取用的材料——「順」、「健」。故在〈初六〉爻的注文中，王弼言〈初六〉爻「居否之初，處順之始，為類之首者也」，

〔註74〕〔魏〕王弼注，樓宇烈校釋：《周易注（上經）·否》，頁281。
〔註75〕〔魏〕王弼注，樓宇烈校釋：《周易注（上經）·否》，頁281。
〔註76〕〔魏〕王弼注，樓宇烈校釋：《周易注（上經）·否》，頁281。
〔註77〕〔魏〕王弼注，樓宇烈校釋：《周易注（上經）·否》，頁281。
〔註78〕〔魏〕王弼注，樓宇烈校釋：《周易注（上經）·否》，頁281。

由下〈坤〉卦卦德「順」的取象出發，結合爻位概念，謂〈初六〉爻在爻位上一則居於〈否〉卦初爻，一則亦為下〈坤〉卦「順」德之象的顯現。在此，王弼凸顯出下〈坤〉卦的「順」之象，再進一步說明「順非健也」，一方面點出〈否〉卦上〈乾〉卦所透顯的「健」之象，但也強調出〈否〉卦下〈坤〉卦與上〈乾〉卦在取象上的差異。

在王弼藉由〈否〉卦內外卦的卦德取象劃定〈否〉卦的詮釋範圍後，他要試著說明為何〈否〉卦為天地不交、萬物不通的閉塞之時。就〈初六〉爻而言，其為〈否〉卦的開端，自內卦〈坤〉的卦德取象──順──而言，〈否〉卦一開始就表現出居下而順之道，是順從、柔順、服從，此與外卦〈乾〉所取出的「健」之象在行動力上有相當程度的差異。故王弼「順非健也，何可以征？」，一方面解〈初六〉爻並非可進取之時，另一方面也可看出〈否〉卦在一開始便顯出的停滯閉塞狀態。此處值得思量的是，若順能健，似還有「可征」的可能，但是在〈否〉卦中，〈初六〉爻與相應的〈六三〉為無應，彼此都是陰爻，故使〈初六〉爻完全失去了「健」的可能。故在三陰同道、順而非健的狀況下，〈初六〉爻發顯出極度柔弱、消極的狀態，故〈初六〉爻就其狀態而言根本頂不住一絲可征的機會。此外，也因為由「順」而來的聯想是順服的、消極的、陰柔的、不可進的，故王弼言「居否之時，動則入邪，三陰同道，皆不可進」。王弼此處回到對〈初六〉爻辭的說解，由〈初六〉爻的「拔茅茹以其彙」，即拔茅草時同類會相互牽引而起的這個譬喻，進一步聯想到有德君子居此閉塞、不可進之時的處事之道──「貞而不諂」。也就是說，在〈初六〉爻時，不只是不可進，更要「貞而不諂」地堅持自己在處事上的堅貞，不要諂媚逢迎，如此才能「吉、亨」。

就〈初六〉爻爻辭而言，其為「拔茅茹以其彙，貞吉，亨」，就文脈上我們無法單就爻辭直接看出「拔茅茹以其彙」與「貞吉，亨」之間的關聯，故王弼藉由對內外卦「順」、「健」的取象，先試圖建構起〈否〉卦的第一層語境，著在此二象的範圍中，對〈否〉卦進行後續隱喻聯想，以此補足〈初六〉爻的文本脈絡。當文本的第一層語境確定、脈絡補足，才有可能進而產生閱讀文本時詮釋者所處的第二層語境。在〈初六〉爻的注文中，前面的「居否之初，處順之始，為類之首者也。……，故茅茹以類」皆是在句法層次上做〈初六〉爻文本脈絡的補全，到了最後的「貞而不諂，則吉亨」，則是在上述文本句法層次的結構性意義獲得開顯的基礎上，進而將此結構性意義放回詮釋者現實

所遇的處境，以及居此處境時所應有的立身處世之道上，這是王弼與文本的結構性意義反覆對話之後，在義理層次上所開顯出的深具實踐性的文本之語意性意義。

如果說〈否‧初六〉深具由〈坤〉而來的「順」之象，那麼〈否‧九五〉則可清楚看到由外卦〈乾〉而來的「健」之象。〈九五〉爻辭為：「休否，大人吉。其亡其亡，繫于苞桑。」〔註79〕王弼注：

> 居尊（得）〔當〕位，能休否道者也。施否於小人，否之休也。唯大人而後能然，故曰「大人吉」也。處君子道消之時，己居尊位，何可以安？故心存將危，乃得固也。〔註80〕

此處王弼亦由爻位著手，言〈九五〉爻為居尊當位，這是從傳統解《易》的角度來對〈否‧九五〉進行說解，即以「五」為尊，加上〈九五〉爻為陽爻居陽位，當位，故〈否‧九五〉應為吉，這也是為何卦辭之言「九五，休否，大人吉」的原因。可是，王弼必須試著更深入地解釋〈否‧九五〉為何能吉，故王弼由〈九五〉爻的居尊當位，聯想到大人君子，認為唯有居尊當位的大人君子，才能夠「休否道」，此處之「休」解為「美」意〔註81〕，即面對〈否〉卦的閉塞之時，唯有大人君子才能以正確行事的方式回應之，達到「吉」的狀況（「大人吉」）。那麼，何以此時唯有大人君子能吉呢？面對〈否‧九五〉，王弼已不再以「順」之象做為行事的基準，而改用〈九五〉爻所處的外〈乾〉卦的剛健之象，將居尊當位的大人君子與此剛健之象結合，來論居於此爻時該有的行事之道。也就是說，大人於此時之所以能「吉」，背後支撐的因素在於其人格的剛健。

至此，王弼在句法層次上完足了〈九五〉爻的結構性意義，那麼，他便進一步要問：「處君子道消之時，己居尊位，何可以安？」即〈九五〉爻時大人君子居尊當位，在心存剛健之象的同時，其還是得面對〈否〉卦所透顯出的閉塞處境，也就是說，明明〈九五〉已處尊位且又當位，但當下面臨的處境卻還是〈否〉卦的閉塞、不通之時，那麼，身為大人君子的「我」，又該如何應世處事才得以「安」呢？對此，王弼點出了居〈否‧九五〉時行事應世的關鍵——「心存將危，乃得固也」，也就是說，面對〈否〉卦如此閉塞、不通的

〔註79〕〔魏〕王弼注，樓宇烈校釋：《周易注（上經）‧否》，頁282。

〔註80〕〔魏〕王弼注，樓宇烈校釋：《周易注（上經）‧否》，頁282。

〔註81〕〔魏〕王弼注，樓宇烈校釋：《周易注（上經）‧否》，頁283。

境況，君子必須在心存剛健的同時，內心也必須謹記目前近況的危急、艱難，才能使其九五尊位得以牢固，使境況真正堅實而穩固地達到「大人吉」的結果。

藉由以上討論，筆者可將王弼解〈否〉卦時的詮釋進路總結如下：

第一，王弼由〈否〉卦的內外卦，由卦德的角度分別拉出「順」、「健」的取象，以此劃定〈否〉卦的詮釋範圍，並做為其後詮釋〈否〉卦時的材料。至此，王弼固定出〈否〉卦的第一層語境為「順」、「健」。

第二，面對爻辭文句脈絡上的簡略，王弼在句法層次上試著對爻辭進行結構性意義的完足與開顯，並藉文句脈絡的補足，產生文本氛圍，繼而引出王弼面對文本時的第二層語境。

第三，在文本結構性意義獲得開顯後，王弼繼而要問的是——「我」如何將此文本放入自身應世之道中進行實踐。由於〈否〉卦基本上呈現出的是一種閉塞、不通的處境，故王弼很清楚地點出處於各爻處境時，「我」行事時的準則，如處境低迷而不得進時得堅守「貞而不諂」、處境好轉時亦得堅守剛健且時時心存將危。在此，王弼進一步地由文本句法層次的結構性意義，跨入了義理層次的語意性意義的開顯，而我們也可以看到王弼解〈否〉卦基本上是站在占筮的角度，去看處於各爻之時君子應有的處事回應。

3.〈臨〉䷒（兌下坤上）

〈臨〉卦內外卦為〈兌〉下〈坤〉上，〈臨·彖〉與〈臨·象〉取象方式有別——〈臨·象〉採八卦取象，曰：「澤上有地，臨。」〔註82〕即以〈兌〉象「澤」、〈坤〉象「地」。〈臨·彖〉則由內外卦中取出卦德，以此為象，其曰：「說而順」〔註83〕，「說」通「悅」，為〈兌〉之卦德、「順」則為〈坤〉的卦德，〈臨·彖〉直接由卦德取象，以此釋〈臨〉卦之義。

面對〈臨〉卦，即便王弼分別針對〈臨·彖〉與〈臨·象〉作注，但就其注文實質，可知王弼乃是採〈臨·彖〉以內外卦卦德取象的模式解〈臨〉卦，並未採〈臨·象〉的八卦取象。此可由王弼注〈臨·象〉「澤上有地，臨」時見之，王弼曰：

〔註82〕〔魏〕王弼注，樓宇烈校釋：《周易注（上經）·臨》，頁311。
〔註83〕〔魏〕王弼注，樓宇烈校釋：《周易注（上經）·臨》，頁311。

－234－

相臨之道，莫若說順也。〔註84〕

此處王弼一如〈臨·彖〉，以〈臨〉卦的內外卦出發，各自取出其卦德「說（悅）」與「順」二象，以此二象做為解〈臨〉卦時的第一層語境，引發後續聯想。

因此，當王弼在注〈臨·象〉時，便於以內外卦卦德取出「說（悅）」與「順」二象之後，再由此「說（悅）」、「順」二象出發，進而聯想至後續「不恃威制」、「得物之誠」、「物无違也」的層層隱喻〔註85〕，最後才得出同於〈臨·象〉的「君子以教思无窮，容保民无疆」〔註86〕的結論，因此，從〈臨〉卦所顯示的悅順之象出發，卦中呈現出一個能不以威制人，且能容納剛強、保民无疆的正人君子圖像。

就王弼對〈臨〉卦經文的詮釋來看，此「說（悅）」、「順」二象亦是作用於各爻之間。若單就爻辭來看，如以〈初九〉爻辭為例，其僅言：「咸臨，貞吉」〔註87〕，基本上我們難以單就爻辭得知「咸臨」與「貞吉」，之間的文脈關聯，故也難光就爻辭得知其中的意義。王弼於是注之：

咸，感也，感應也。有應於四，感以臨者也。四履正位，而已應焉，
志行正者也。以剛感順，志行其正，以斯臨物，正而獲吉也。〔註88〕

王弼注「咸」為「感」、「感應」之意，認為〈初九〉爻之所以能「以剛感順」，此乃因〈臨〉卦的〈初九〉爻是有應於〈六四〉爻（「有應於四」），而〈六四〉爻為上〈坤〉卦的開端，取〈坤〉卦德「順」之象，故言〈初九〉爻「以剛感順」。又由於〈初九〉與〈六四〉都是當位，且彼此有應，故王弼藉此引申〈臨·初九〉為「志行正者也」。王弼此處在句法層次上，對〈初九〉爻辭進行結構性意義的開顯，最後王弼得出：「以斯臨物，正而獲吉也」，也就是說，若君子能以行正道的方式、態度來應物處事，那麼便能「正而獲吉」。

至於〈六四〉爻爻辭：「至臨，无咎」〔註89〕，王弼注之：

處順應陽，不忌剛長，而乃應之，履得其位，盡其至者也。剛勝則
柔危，柔不失正，乃得无咎也。〔註90〕

〔註84〕 〔魏〕王弼注，樓宇烈校釋：《周易注（上經）·臨》，頁311。
〔註85〕 〔魏〕王弼注，樓宇烈校釋：《周易注（上經）·臨》，頁311。
〔註86〕 〔魏〕王弼注，樓宇烈校釋：《周易注（上經）·臨》，頁311。
〔註87〕 〔魏〕王弼注，樓宇烈校釋：《周易注（上經）·臨》，頁312。
〔註88〕 〔魏〕王弼注，樓宇烈校釋：《周易注（上經）·臨》，頁312。
〔註89〕 〔魏〕王弼注，樓宇烈校釋：《周易注（上經）·臨》，頁312。
〔註90〕 〔魏〕王弼注，樓宇烈校釋：《周易注（上經）·臨》，頁312。

如前所述，王弼乃取上〈坤〉卦卦德的「順」之象，以此出發來進行詮釋。王弼注曰：「處順應陽」〔註91〕，此「應陽」即是指有應於〈初九〉。這麼一個有應於〈初九〉的〈六四〉，是「不忌剛長，而乃應之」，故〈初九〉爻之剛正也就影響著〈六四〉。然而剛柔之間是彼此消長著的，當〈六四〉有應於〈初九〉時，便很容易被力量強大的〈初九〉之陽削弱了自身「柔」的力量，故王弼曰：「剛勝則柔危」〔註92〕。但畢竟〈六四〉爻為當位，就解卦的根本原理來看，在當位且有應的情況下，基本上即便遇凶也能化險為夷。那麼，〈臨‧六四〉該如何化險為夷呢？王弼說：「柔不失正，乃得无咎也」〔註93〕，即只要〈六四〉爻不忘正道，依正道行事，那麼最終便能「无咎」。

此外，就〈臨‧六五〉爻辭：「知臨，大君之宜，吉」〔註94〕，王弼則注：

處於尊位，履得其中。能納剛以禮，用建其正，不忌剛長，而能任之。委物以能，而不犯焉，則聰明者竭其視聽；知力者盡其謀能；不為而成，不行而至矣！大君之宜，如此而已，故曰「知臨，大君之宜，吉」也。〔註95〕

對於〈臨‧六五〉，王弼先指出：「處於尊位，履得其中。」從爻位的觀點，謂〈六五〉爻一方面處於「五」這個尊位，另一方面則又居於上〈乾〉卦之中位，故謂〈六五〉爻「處於尊位，履得其中」。此後，王弼又言：「能納剛以禮，用建其正，不忌剛長，而能任之。」所謂的「能納剛以禮」其實就是「說（悅）」、「順」此二象於〈六五〉爻中的作用，〈六五〉爻與〈九二〉爻應位且有應，故言〈六五〉爻「納剛」，但是要以何種方式「納剛」呢？王弼於此，即在「說（悅）」、「順」二象的作用下，引申出「禮」的聯想。當主事者面對剛強之人，若能以禮待之、以正道行之，不以剛強為忌，便能使「聰明者竭其視聽，知力者盡其謀能」〔註96〕，使行事有吉。

根據以上討論，筆者將王弼對〈臨〉卦的詮釋進路總結如下：

第一，王弼依照〈臨‧彖〉的取象模式，對〈臨〉卦的內外卦卦德進行取象，取出以〈兌〉象「說（悅）」、以〈坤〉象「順」，以此建構〈臨〉

〔註91〕〔魏〕王弼注，樓宇烈校釋：《周易注（上經）‧臨》，頁312。
〔註92〕〔魏〕王弼注，樓宇烈校釋：《周易注（上經）‧臨》，頁312。
〔註93〕〔魏〕王弼注，樓宇烈校釋：《周易注（上經）‧臨》，頁312。
〔註94〕〔魏〕王弼注，樓宇烈校釋：《周易注（上經）‧臨》，頁313。
〔註95〕〔魏〕王弼注，樓宇烈校釋：《周易注（上經）‧臨》，頁313。
〔註96〕〔魏〕王弼注，樓宇烈校釋：《周易注（上經）‧臨》，頁313。

卦的第一層語境，以此引發後續隱喻聯想。

第二，藉由字義、爻位、爻象等的聯想，在句法層次上引申出後續層層隱喻，以此建構出文本的文句脈絡、文本氛圍，並在此氛圍中產生詮釋者之於文本的第二層語境。

第三，正如上述〈六五〉爻之例，〈臨〉卦講的其實是上位者監督下屬時的處事智慧及其相關的種種情境，[註97] 故王弼在此卦中要問的是，面臨此情境的「我」，要以何種態度、方式來督導下屬，才能使事情順利、國家社會安定？故「說（悅）」、「順」的取象成為居〈臨〉卦之時行事應世的背後準則，詮釋者亦藉由對「說（悅）」、「順」之象的具體實踐，將文本的意義落實到具體生命，在義理層次開顯出〈臨〉卦的語意性意義。

4.〈觀〉☷（坤下巽上）

〈觀〉卦取象，王弼依〈觀·象〉採八卦取象。〈觀·象〉言：

> 風行地上，觀，先王以省方，觀民設教。[註98]

〈觀〉卦為〈坤〉下〈巽〉上，〈觀·象〉採八卦取象，以〈巽〉象「風」、〈坤〉象「地」，引申出「風行地上」的聯想。再依此進一步聯想到「先王以省方，觀民設教」，即先王巡視邦國，以此觀察民情，設定教化。[註99] 〈觀·象〉此處的象徵、隱喻、聯想，基本上為王弼〈觀〉卦注下了基本的詮釋方向，王弼釋〈觀〉卦，與〈觀·象〉同採八卦取象，以〈巽〉象「風」、〈坤〉象「地」，藉以聯想到〈觀〉卦背後的所隱含的具風行草偃之效的「觀」的作用。此外〈觀·象〉言「先王以省方，觀民設教」，當中先王巡視邦國百姓，以設定教化之「觀」，亦是王弼〈觀〉卦注中主要關注的重點。

〈觀〉卦藉由〈初六〉到〈上九〉展示出一連串的「觀」的情境，[註100] 故由〈初六〉的「童觀」、〈六二〉「闚觀」、〈六三〉「觀我生，進退」、〈六四〉「觀國之光」，至〈九五〉「觀我生，君子无咎」、〈上九〉「觀其生，君子

[註97] 戴璉璋：「〈臨〉卦標示上級對下屬監察督導的情境。」戴璉璋：《周易經傳疏解》，頁 73。

[註98] 〔魏〕王弼注，樓宇烈校釋：《周易注（上經）·觀》，頁 315。

[註99] 戴璉璋：《周易經傳疏解》，頁 77。

[註100] 戴璉璋：「〈觀〉卦標示觀看或被觀看的情境。」戴璉璋：《周易經傳疏解》，頁 76。

无咎」，〔註101〕藉著爻位的進程，逐步由小觀至大觀。如第三章論《周易略例・明象》時所論，王弼解卦特重主爻，而在〈觀〉卦中王弼以〈九五〉爻為主爻，故藉由王弼對〈九五〉爻之注，我們便可清楚看出〈觀〉卦最核心的重點。

〈觀・九五〉爻辭曰：

> 觀我生，君子无咎。〔註102〕

王弼注：

> 居於尊位，為觀之主，宣弘大化，光于四表，觀之極者也。上之化下，猶風之靡草，故觀民之俗，以察己（之）〔道〕。百姓有罪，在（于）〔予〕一人，君子風著，己乃无咎。上為化主，將欲自觀，乃觀民也。〔註103〕

就〈觀・九五〉的爻辭而言，一如其他經文，〈九五〉爻辭同樣是相當簡潔，故王弼在詮釋時必須試著拉出爻辭中「觀我生」與「君子无咎」間的關聯、文句脈絡。

在王弼的注文中，他先以爻位概念解之，謂〈九五〉爻「居於尊位，為觀之主」。一如解《易》傳統中的以「五」為尊，〈觀・九五〉不僅居於尊位，更為陽爻，在王弼「陽貴陰賤」、陽引領陰的解《易》觀念之下，〔註104〕〈觀・九五〉便成為「居於尊位，為觀之主」之〈觀〉的主爻。

王弼在拉出〈觀・九五〉在〈觀〉卦中的主爻地位之後，便繼言此主爻能夠：「宣弘大化，光于四表」，為「觀之極也」。如前所論，王弼解〈觀〉卦時同〈觀・象〉，亦為八卦取象，藉由〈觀〉卦的內外卦，拉出上〈巽〉卦象「風」、下〈坤〉卦象「地」的象徵，以此成為〈觀〉卦背後的第一層語境、詮釋範圍

〔註101〕〔魏〕王弼注，樓宇烈校釋：《周易注（上經）・觀》，頁316～317。

〔註102〕〔魏〕王弼注，樓宇烈校釋：《周易注（上經）・觀》，頁317。

〔註103〕〔魏〕王弼注，樓宇烈校釋：《周易注（上經）・觀》，頁317。

〔註104〕關於王弼之特別重視陽爻，高齡芬曾指出：「除了爻位之外，王弼頗有『陽貴陰賤』的觀念，王弼對於『獨體陽爻』往往稱揚以『眾陰所從』，至於對於獨爻中的陰爻，則最多順從象辭稱其『上下應之』而已。王弼的『陽貴陰賤』的色彩，實比《易傳》是濃厚許多。因為《易傳》多從剛、柔論，故陰、陽二爻，各有優越之處。王弼《易》學則多從政治名為之貴、賤價值觀，去衡論陰、陽二爻，故強調『陽貴陰賤』。王弼將《易》學應用到倫理政治上，由此可見一斑。」高齡芬：〈王弼《周易注》之主爻論述〉，頁59。高齡芬此處雖針對王弼解獨爻時而論其「陽貴陰賤」的觀點，但事實上此觀點是橫貫於王弼《周易注》當中的。

與可取資的材料。此處的「宣弘大化，光于四表」其實也就是在此二象徵的
基礎上，由風行萬物的角度言〈九五〉爻君子大觀天下的情景。特別的是，由
〈初九〉的「童觀」（小人之觀）而上，〈六四〉已上升至賢者對國之觀，到了
〈九五〉，此處的「君子」不僅僅是有德者的代稱，更要指稱的便是有德的國
君。因此，王弼由〈九五〉居中、尊屬陽的爻位、爻象，聯想到有德國君對邦
國天下百姓之觀，故言其「宣弘大化，光于四表」，為「觀之極也」。

　　在以〈巽〉象「風」、〈坤〉象「地」的取象之下，王弼再拉出風行草偃
的聯想，進一步詮釋國君之於天下時的氣度與影響力，王弼謂此大觀為「上
之化下，猶風之靡草」，正猶如《論語‧顏淵》之謂：「子欲善，而民善矣。
君子之德風，小人之德草，草上之風必偃。」[註105]有德國君之於天下，
便猶如風吹萬物般可以以其德化天下，達上行下效、風行草偃之效。另一方
面，有德國君亦可藉由觀察百姓民的生活、行為，回過頭來審視己之治道是
否有需要調整之處，做為自己治理國家時的參考，此即王弼之謂「故觀民之
俗，以察己（之）〔道〕。在〈九五〉爻中，王弼由「風」、「地」的取象，
聯想到有德國君之於百姓的大觀，一方面風行草偃，另一方面也猶如風吹
萬物般無所不入。又正如〈九五〉爻於〈臨〉卦中的主爻地位，由〈九五〉
爻所引申出的國君大觀，一方面對國家百姓有上行下效的引領作用，另一
方面也必須為國家百姓的行為舉止負起領導者的責任。故王弼將爻辭中「觀
我生」一語拉出，進而詮釋之為：「百姓有罪，在（于）〔予〕一人」。此處
值得注意的是，〈九五〉爻辭言「觀我生，君子无咎」，戴璉璋先生翻譯為：
「省察我自己的行為，符合君子的品格，沒有禍害。」[註106]也就是說，
正由於國君與百姓間有上行下效、風行草偃的關係，故國君可藉由對人民
行為的觀察，回過頭來省察自身，自己行事若正當，那麼百姓也能起而效
尤；若百姓行為失當，便代表我這個國君行事不正。因此，王弼注文中的
「百姓有罪，在（于）〔予〕一人」指的是誰呢？此處毋庸置疑是指國君。
從另一個角度看，這不啻也代表了國君對於人民的承擔，即國君必須做人
民的表率，當百姓有過錯，那麼國君不是要去斥責百姓，而是必須承擔起百
姓的過錯。正如《論語‧堯曰》所言：

[註105]〔魏〕何晏集解，〔宋〕邢昺疏：〈顏淵〉，《論語注疏》，收入《十三經注疏》
　　　　（臺北：藝文印書館，2001年），頁8b，總頁109。
[註106]戴璉璋：《周易經傳疏解》，頁78。

朕躬有罪，無以萬方，罪在朕躬。〔註107〕

又如《老子》七十八章：

受國之垢，是謂社稷主；受國之不祥，是謂天下王。〔註108〕

《墨子‧兼愛》：

萬方有罪，即當朕身；朕身有罪，無以萬方。〔註109〕

《國語‧周語上》：

在《湯誓》曰：「余一人有罪，無以萬夫；萬夫有罪，在余一人。」
〔註110〕

《呂氏春秋‧順民》：

昔者湯克夏而正天下，天大旱，五年不收，湯乃以身禱於桑林曰：
余一人有罪，无及萬夫；萬夫有罪，在余一人。無以一人之不敏，
使上帝鬼神傷民之命。〔註111〕

從以上古籍之記載中，其實都在在點出了身為國君者對於百姓家國的承擔──
─更有甚者，亦可說這是身為國君必要的承擔。

值得注意的是，針對此處王弼注文與《老子》之言的雷同，或有論者會
將其看做是王弼援老入易的一項證據。然而，王弼在《老子注》中其實沒有
對此句加以注解，〔註112〕故我們無法得知王弼對《老子》此言的確切態度。
至於如《墨子》、《國語》……等的其他文獻，也沒有證據顯示這些文獻與王
弼有其他更深入的關聯。筆者以為，此處王弼對〈觀‧九五〉「觀我生，君子
无咎」之注「百姓有罪，在（于）〔予〕一人」與前述古籍文獻的雷同，其實
頂多只能說是王弼在詮解〈觀‧九五〉此語時用了典，當中並沒有太多額外
的意涵，也無法說此處說法成何問題意識。不過，這裡倒是可以說明一點──
─即便王弼注文中有些近似於某古籍文獻或某派的說法或文句，也不能證明

〔註107〕〔魏〕何晏集解，〔宋〕邢昺疏：〈堯曰〉，《論語注疏》，頁 1b，總頁 178。
〔註108〕〔魏〕王弼注，樓宇烈校釋：《老子道德經注（下經）‧七十八章》，收入《王
　　　　弼集校釋》，頁 188。
〔註109〕吳毓江撰，孫啟治點校：《墨子校注》（北京：中華書局，1993 年），頁 161。
〔註110〕上海師範大學古籍整理組點校：《國語》（上海：上海古籍出版社，1978 年），
　　　　頁 35。
〔註111〕許維遹撰，梁運華整理：《呂氏春秋集釋》（北京：中華書局，2010 年），頁
　　　　200～201。
〔註112〕可參〔魏〕王弼注，樓宇烈校釋：《老子道德經注（下經）‧七十八章》，頁
　　　　188。

王弼思想深受其影響或以此為宗,除非我們能證明此說或此派的見解成為王弼注釋作品中的問題意識。

回到王弼對〈觀·九五〉之注,其隨後言:「君子風著,已乃无咎」,王弼再次強調出國君依德行行事的重要,因為唯有靠著國君的「君子風著」,以德行事,如此才能使家國天下得以「无咎」。

總結而言,對於〈臨·九五〉爻辭的「觀我生,君子无咎」,王弼由「風」、「地」二象做為詮釋爻辭時背後的第一層語境,並在此語境的所劃定的詮釋範圍裡,藉由注文「居於尊位,為觀之主,……君子風著,以乃无咎。」補全了此爻辭的文句語脈,也就是在句法層次上完足了其結構性意義。在結構性意義獲得開顯之後,王弼便要將此文句意義放入自身的生命處境中持續進行對話,就〈九五〉爻而言,王弼要問的問題在於——身為國君之我,如何由大觀天下來反思、調整自己的治理之道?王弼藉由「風」、「地」二象,拉出國君之待民、視民猶如風行萬物,故若國君行事有德,那麼亦能如風行草偃般,使百姓之行亦能效之,進而使家國安穩,萬事无咎。因此,王弼在爻辭的基礎上,藉由「風」、「地」二象延伸出層層的隱喻聯想,使〈九五〉爻呈現出國君大觀天下的文本氛圍,王弼也就在與此文本氛圍中與文本反覆對話,最終得出可用於人應世處事、具生命實踐性的意義開顯——「上為化主,將欲自觀,乃觀民也。」具體而言,上位者(王弼在此特指國君)要如何得知自己的治理是否有需要調整處呢?王弼對此指出——上位者必須要能細察百姓的生活、行止,將百姓當作自己的一面鏡子,以此便可倒映出自己的作為是否能使國家百姓安定无咎,即國君必須藉由大觀天下後對百姓的細察,進而省察自己的行為、治世方向是否也有需要調整之處。

經由以上論述,我們可以看出王弼對〈觀〉卦的詮釋進程如下:

第一,王弼採與〈臨·象〉相同的取象方式,以八卦取象而對〈觀〉卦取出「風」、「地」二象,以此做為詮釋時的第一層語境,以此劃定詮釋範圍、也為後續詮釋提供材料。

第二,面對爻辭的簡略,王弼試圖藉由「風」、「地」二象拉出後續層層的隱喻聯想,這在〈觀〉卦的主爻—九五爻—中最為明顯,王弼由「風」、「地」二象聯想至有德國君對國家百姓的影響有如風行草偃,國君之大觀天下亦有如風吹萬物般,無所不入。藉由取象後的層層聯想,王弼補足了文本的語脈,也藉由語脈建構起〈臨〉

卦的文本氛圍。詮釋者面對文本，必須在語境中進行詮釋，而詮釋者在閱讀時的語境（第二層語境）便由文本氛圍所產生。

第三，當王弼藉由文句脈絡、氛圍之建構，完足文本在句法層次上的結構性意義，便要繼而跨入文本義理層次的語意性意義中。此層次的開顯與詮釋者的生命存有息息相關，詮釋者在此關注的焦點不再只是文本句法意義上的訓詁，而是將文本放入己身後，探問自己在面對種種生命處境時的「我該怎麼做？」。若以〈臨〉卦〈九五〉爻而論，王弼在勾勒出有德國君大觀天下後的文本脈絡後，便就此做出進一步實踐上的指引──身為國君的我，必須藉由觀天下百姓，進一步反求諸己，審視自己的行為、治世是否有需要調整之處。做為占筮者應世之道的指引，文本義理層次的語意性意義就此獲得開顯。

如前所論，對於〈臨・九五〉爻辭的「觀我生，君子无咎」一語，在許多古籍文獻中皆有類似說法，亦見於《老子》第七十八章。對於老子此處說法，王弼並未做出注解，對於其他古籍的類似說法，亦無其他證據可顯示王弼思想與這些古籍間有什麼更密切的影響或關聯。基本上，此處各說與王弼注文中的雷同，筆者以為頂多也只能說王弼在注解〈臨・九五〉用了典罷了。但我們可就此回到本論文中持續探問的這個問題──若王弼注文中有些近似於某古籍文獻或某派的說法或文句，就可證明王弼思想深受其影響或以此為宗嗎？若以〈臨〉卦的狀況來看，這個問題的答案無疑是否定的。

5.〈剝〉▤（坤下艮上）

王弼解〈剝〉卦，主採卦德取象。〈剝・彖〉解〈剝〉卦為：「剝，剝也；柔變剛也。」〔註113〕王弼注之：

> 坤順而艮止也，所以順而止之，不敢以剛止者，以觀其形象也。
> 〔註114〕

王弼此處以〈剝〉卦內外卦卦德取象，故下〈乾〉卦象「順」、上〈艮〉卦象「止」。王弼就此取象，繼而聯想到〈剝〉卦在各爻變化後所遭遇的情況為「順而止之」而非「以剛止」。王弼此處之所以如此解，即是由〈剝〉卦內外卦的

〔註113〕〔魏〕王弼注，樓宇烈校釋：《周易注（上經）・剝》，收入《王弼集校釋》，頁332。

〔註114〕〔魏〕王弼注，樓宇烈校釋：《周易注（上經）・剝》，頁332。

〈坤〉下〈艮〉上言〈剝〉卦始於下〈乾〉卦之「順」象，最後終於上〈艮〉卦的「止」象之故。王弼之所以特別點出〈剝〉卦乃是「順而止之，不敢以剛止者，以觀其形象也」，主要是因為王弼以卦德取象的角度，進一步聯想到〈剝〉卦最後（〈上九〉爻）之所以止，是由下〈乾〉卦之「順」象所開始的一連串的陰爻接踵而上而來，在〈剝〉卦中有〈初六〉到〈六五〉皆為陰爻的狀況下，「陰」所帶來的「損害」幾乎也就佔滿了〈剝〉卦，在此境況下，不能以剛處事，而要以順處事，故言〈剝〉卦「順而止之，不敢以剛止」。也因此，王弼在接下來的注文中繼而提醒：

> 強亢激拂，觸忤以隕身，身既傾焉，功又不就，非君子之所尚也。
> 〔註115〕

也就是說，面對〈剝〉卦所透現出的這般陰爻盛且逐次上侵的損害、剝損的局面，君子在行事時萬不可過份剛直，若還要堅持以剛處事，那麼必然會犯逆害己，最後也無法達到自己預期的結果。

就王弼此處對〈剝·彖〉的注文而言，王弼一方面藉此進一步解〈剝·彖〉：「剝，剝也；柔變剛也。不利有攸往，小人長也。順而止之，觀象也。君子尚消息盈虛，天行也。」〔註116〕但究其源頭，其實不管是〈剝·彖〉還是王弼對〈剝·彖〉之注，其實都是為了進一步說明〈剝〉卦卦辭的「剝，不利有攸往。」〔註117〕若以卦辭來看，「剝」與下句「不利有攸往」間的文句語脈非常簡略，我們無法從卦辭得知「剝」與「不利有攸往」間的關聯、以及為何「剝」會「不利有攸往」。因此〈剝·彖〉與王弼注都試圖在句法層次上補全其中的簡略。就王弼注而言，其注文中「坤順而艮止也，所以順而止之，不敢以剛止者，以觀其形象也」的一連串說解，都是為了在句法層次上講通卦辭「剝，不利有攸往」一語。就卦辭而言，我們僅能看到此〈剝〉卦應是代表著不好的、負面的境況，但為何「不利有攸往」則無法單從卦辭中得知。故王弼從卦德取象的方式入手，再聯想到〈剝〉卦內外卦的陰陽變化、卦德變化，以此進一步解釋我們在卦辭中所看到的〈剝〉卦所處的負面境況究竟是怎麼一回事、如何而來。也就是說，王弼藉由「坤順而艮止也，所以順而止之，不敢以剛止者，以觀其形象也」一段，在句法層次上補全、開展了〈剝〉卦的結構

〔註115〕〔魏〕王弼注，樓宇烈校釋：《周易注（上經）·剝》，頁332。
〔註116〕〔魏〕王弼注，樓宇烈校釋：《周易注（上經）·剝》，頁332。
〔註117〕〔魏〕王弼注，樓宇烈校釋：《周易注（上經）·剝》，頁332。

性意義。此後的「強亢激拂，觸忤以隕身，身既傾焉，功又不就，非君子之所尚也」，就是將〈剝〉卦的結構性意義放入現實生活的應世處事上，談「我」面對〈剝〉卦剝損處境時的因應之道——不要過份剛直。在這裡，王弼就從句法層次的結構性意義，跨入了義理層次的語意性意義的開顯上頭了。

　　承以上的基礎，當王弼開始說解〈剝〉卦六爻時，其實就是藉由這樣的警醒來看待〈剝〉卦六爻。很特別的一點是，正如前頭所言，〈剝〉卦需以「順」止而不能以「剛」止，故即便唯一的陽爻〈上九〉爻為〈剝〉卦中的獨爻，但王弼並不視其為主爻。〔註118〕針對〈剝〉卦，王弼取之主爻為〈六五〉爻。王弼指出：

　　　　處剝之時，居得尊位，為剝之主者也。〔註119〕

王弼由「五」得尊位的概念出發，將〈六五〉爻視為〈剝〉卦主爻。王弼在此前提下，試圖說解〈六五〉爻辭「貫魚，以宮人寵，无不利」〔註120〕，王弼注：

　　　　剝之為害，小人得寵，以消君子者也。若能施寵小人於宮人而已，
　　　　不害於正，則所寵雖眾，終无尤也。貫魚，謂此眾陰也。駢頭相次，
　　　　似貫魚也。〔註121〕

王弼此處，主要是在句法層次上說解〈六五〉爻辭的結構性意義，即〈六五〉爻辭中所謂之「貫魚，以宮人寵」所指為何？王弼藉由〈剝〉卦中由〈初六〉一直到〈六五〉的這些陰爻，聯想到〈剝〉卦之所以會有此剝損的境況，便是由於「小人得寵（陰爻盛）」所致。然而〈六五〉爻居於一卦尊位，故即使小人得寵，但終究對己不會產生太大的損失。而面對爻辭之所謂「貫魚」，王弼指出這是用來比喻〈初六〉到〈六五〉的這些陰爻相次排列的狀況。在〈六五〉爻辭的說解中，王弼重在句法層次的結構性意義之說明、開顯，唯有一字「正」，用以提醒君子之立身處世。從字面上來看，王弼一方面指出因〈六五〉爻居一卦之尊，故即便小人如貫魚般接連相近，但己身並不會遭逢真正

〔註118〕又如高齡芬指出：「然而實際上《王弼注》也並不全然以獨爻為主爻，還是有例外的。這些獨爻之中，出現在初、上兩位置的四個卦，王弼並未許以『卦主』之名。王注對〈夬䷪〉、〈剝䷖〉兩卦分別點出『九五』與『六五』為主爻。」高齡芬：〈王弼《周易注》之主爻論述〉，頁55。

〔註119〕〔魏〕王弼注，樓宇烈校釋：《周易注（上經）‧剝》，頁333。
〔註120〕〔魏〕王弼注，樓宇烈校釋：《周易注（上經）‧剝》，頁333。
〔註121〕〔魏〕王弼注，樓宇烈校釋：《周易注（上經）‧剝》，頁333。

的損害。另一方面，王弼也暗暗提醒君子居此〈六五〉爻之時，之所以不會有什麼真正的損害，其實是因為君子行事守正道之故。而此也就是王弼在解〈剝〉卦〈六五〉爻時，對占筮者所提出小小警醒，這也是王弼面對〈六五〉爻時，在義理層次上所開顯出的語意性意義。

根據以上論述，筆者概述王弼對〈剝〉卦的詮釋進路如下：

第一，王弼藉由卦德取象，由〈剝〉卦的內外卦分別取出「順」、「止」二象，以此做為解〈剝〉卦時，王弼所規定出的第一層語境。

第二，王弼藉由其所取出的「順」、「止」二象，在句法層次上詮解卦辭之「剝，不利有攸往」一語。當中王弼藉著對「順」、「止」二象的聯想，並結合〈剝〉卦卦畫，進一步聯想到〈剝〉卦之各爻進程，乃是由下〈乾〉卦之「順」象所開始的一連串陰爻，次第接踵而來，最後雖止於〈上九〉爻，但〈剝〉卦受到卦中接連五個陰爻的影響，使「陰」所帶來的剝損可謂由〈初六〉爻一直往上到〈六五〉。由取象而到卦畫的一連串聯想中，王弼建構起〈剝〉卦所透顯出的文本氛圍——「剝損」、「損害」，詮釋時所需的第二層語境也於此產生。

第三，王弼在以上所述的第二層語境中，跨入義理層次，試圖開顯出〈剝〉卦的語意性意義——即當人身處此〈剝〉卦之「剝損」、「損害」的處境時，「我」該如何立身處世？在王弼的詮釋中，其謂此時絕不可堅持以「剛」而行，而是要以「順」而行正道，如此才能避免自己身陷於〈剝〉卦的剝損處境。

6.〈復〉䷗（震下坤上）

面對〈復〉卦的取象，〈復‧象〉採八卦取象，就〈復〉卦的內外卦取上〈坤〉卦象「地」、下〈震〉卦象「雷」，合而為〈復〉卦，故言「雷在地中」〔註122〕。

對此，〈復‧象〉卦則言「動而以順行」，採卦德取象，由〈復〉卦的內外卦取上〈坤〉卦卦德象「順」、下〈震〉卦卦德象「動」，合而為〈復〉卦，故言「動而以順行」〔註123〕。

〔註122〕〔魏〕王弼注，樓宇烈校釋：《周易注（上經）‧復》，頁337。
〔註123〕〔魏〕王弼注，樓宇烈校釋：《周易注（上經）‧復》，頁336。

　　王弼則是兼採八卦與卦德進行取象，其之言：「動息地中」〔註124〕，即是由〈復〉卦的內外卦取上〈坤〉卦象「地」、下〈震〉卦卦德象「動」，合而為〈復〉卦，言「動息地中」。

　　就〈復〉卦本身而言，其標示出一種不斷回轉的情境，〔註125〕在其卦辭中即明言：「反復其道，七日來復。」〔註126〕故〈復・彖〉也在卦辭的基礎上持續申說此回轉之道：「剛反，動而以順行」〔註127〕、「反復其道，七日來復」〔註128〕。王弼注也接著〈復・彖〉，繼而注之為：「陽氣始剝盡，至來復時，反七日」〔註129〕、「以天之行，反（覆）〔復〕不過七日，復之不可遠也」〔註130〕，在在標示出〈復〉卦此不斷回轉的動態情境。

　　面對〈復〉卦所標示出的「回轉」情境，〈復・彖〉繼言：「復見其天地之心乎！」〔註131〕也就是我們可以由〈復〉卦來看見天地化育萬物的心意。若我們將〈復・彖〉此言與〈復〉卦的「回轉」情境相結合，就可以知道〈復・彖〉認為天地之化育萬物，其實就是一種周而復始的不斷循環。而這其實也就是在〈復・彖〉取「動」、「順」二象下所產生的一種文本的後續隱喻聯想、〈復・彖〉之謂「動而以順行」的後續引申。

　　然而，王弼在面對〈復・彖〉此「復其見天地之心乎」之言時，則另外開展出了另一個不同於〈復・彖〉的關注點。王弼在〈復・彖〉「復其見天地之心乎」下做了此注：

　　　　復者，反本之謂也。〔註132〕

就〈復・彖〉而言，「天地之心」在〈復〉卦所標示出的回轉情境中展現，但王弼注不然，他很巧妙地把關注點放到——在〈復〉卦所標示出的這般回轉情境中，回轉的根本、源頭為何？

　　回轉的根本、源頭問題，〈復〉卦卦辭中並無所言，〈復・彖〉中亦無著墨，等於是王弼自己拉出了另一條詮釋的方向，做出了屬於王弼面對文本時

〔註124〕〔魏〕王弼注，樓宇烈校釋：《周易注（上經）・復》，頁337。
〔註125〕戴璉璋：《周易經傳疏解》，頁88。
〔註126〕〔魏〕王弼注，樓宇烈校釋：《周易注（上經）・復》，頁336。
〔註127〕〔魏〕王弼注，樓宇烈校釋：《周易注（上經）・復》，頁336。
〔註128〕〔魏〕王弼注，樓宇烈校釋：《周易注（上經）・復》，頁336。
〔註129〕〔魏〕王弼注，樓宇烈校釋：《周易注（上經）・復》，頁336。
〔註130〕〔魏〕王弼注，樓宇烈校釋：《周易注（上經）・復》，頁336。
〔註131〕〔魏〕王弼注，樓宇烈校釋：《周易注（上經）・復》，頁336。
〔註132〕〔魏〕王弼注，樓宇烈校釋：《周易注（上經）・復》，頁336。

的「不同的理解」。王弼注文如下：

> 復者，反本之謂也。天地以本為心者也。凡動息則靜，靜非對動者
> 也；語息則默，默非對語者也。然則天地雖大，富有萬物，雷動風
> 行，運化萬變，寂然至无是其本矣。故動息地中，乃天地之心見也。
> 若其以有為心，則異類未獲具存矣。〔註133〕

我們可將這段注文拆成幾個部分：

1. 「復」的定義：所謂「復者，反本之謂也」，相較於〈復·彖〉著眼於
   〈復〉卦「回轉」、「回返」的循環，王弼談〈復〉，則將其定義為「反
   本」，即〈復〉卦談的是天地萬物的根本問題。

2. 「本」的定義：就王弼注文視之，可知是「動息」而至的「靜」、「語息」
   而至的「默」，是「寂然至无」。王弼亦指出天地萬物皆是以此「本」
   為心，即此「本」為天地萬物的根源、本源。

3. 動靜、語默間的關係：王弼之謂動靜、語默，著眼於動息之後的歸於
   靜、語息之後的歸於「默」。值得注意的是，王弼此處並非強調動與靜、
   語與默之間的往來回還，而是強調動的「止息」及其後所歸的「靜」、
   語的「止息」及其後所歸的「默」。

4. 工夫上強調「无為」：王弼謂「若其以有為心，則異類未獲具存矣」，
   反過來說，需由「无為」的工夫才能使萬物具存。

王弼注於此，很巧妙地將〈復〉卦的焦點由卦辭、〈復·彖〉所標示出的回轉、
回返的情境，轉向對萬物之「本」的討論，而且此「本」也不再呈現卦辭、
〈復·彖〉中對〈復〉卦所著重的動態循環，反而轉而強調此本是在動所停止
後呈現的寂然至无的至靜之本。更有甚者，要如何達到此「至靜之本」呢？
王弼認為若憑藉著有為心，執著於有所作為，便不可能達至此「至靜之本」，
故要以「无為」為工夫、修養，放開執著、回歸自然，使萬物自生自長，如此
便能使萬物俱存。

　　對此，筆者想分兩部分進行論述。第一，王弼上述的詮釋是如何而來？
第二，此詮釋彰顯了何種意義？以下分別論之。

　　先就第一部份而言，如前所述，面對〈復〉卦，王弼兼採八卦與卦德取
象，一方面取上〈坤〉卦象「地」，另一方面又取下〈震〉卦之卦德象「動」，
合而成為〈復〉卦，故王弼以「動息地中」言之。就此我們可以看出，王弼對

〔註133〕〔魏〕王弼注，樓宇烈校釋：《周易注（上經）·復》，頁336～337。

於〈復〉卦回轉之「本」的探究，其實就是在此「動」、「地」的取象中所開展出的後續聯想。也就是說，王弼之所以言「動息地中」，其實就是在此「動」、「地」二象的第一層語境中，繼而引申出「動」最終都得回歸於「地」的聯想。因此，「地」為「本」，在此我們同樣可以把這個「本」視為由「地」之象所引申出的後續隱喻聯想。猶有進者，王弼又言「本」的特性為「寂然至无」、「寂然大靜」〔註134〕，此處亦是由「地」之象出發，由「地」之象徵聯想到「本」之隱喻後，所繼而引出的第二層隱喻——「寂然至无」、「寂然大靜」。

另一方面，由於「動」與「地」此二取象同歸於〈復〉，故必須合著在一看，這使得「動」與「地」之間除了引申出「動息地中」的「反本」聯想外，王弼又更進一步地由此二象拉出「凡動息則靜，靜非對動者也；語息則默，默非對語者也」的詮釋。即王弼就萬物活動的層面進行聯想，引申出當「動息」時即歸為「靜」、「語息」時即歸於「默」的說法，此時的「靜」、「默」便猶如「動息地中」一句中所謂的「地中」之「本」。又如王弼言萬物的「雷動風行」、「運化萬變」時，他也不忘點出這些由「動」之象所帶來的隱喻變化，最終還是要歸於「地」之象所帶來的「寂然至无」的「本」當中。也就是說，這裡的「靜」、「默」、「雷動風行」、「運化萬變」，其實都是王弼在句法層次上，由「地」、「動」二象所拉出的層層隱喻聯想。

第二，由王弼對〈復〉卦的上述詮釋中，論者很容易可聯想到道家概念的援用，歷來論者論王弼時，亦將此說視為「援老入易」的鐵證。筆者以為，王弼此處對於「反本」的討論、對「本」的定義、對「止息」、「靜」、「寂然至无」、「无為」的強調，的確深具道家特色，〔註135〕但我們是否能將此說直接

〔註134〕 此「寂然大靜」一語，為王弼注〈復·象〉時所言，見〔魏〕王弼注，樓宇烈校釋：《周易注（上經）·復》，頁337。

〔註135〕 如牟宗三先生認為，王弼以「反本」解〈復〉、認為當中所反之本為「心」，這樣的理解並無偏離〈復〉之本義，但王弼解「本」時：「則完全以道家之有无為底子，而純為『形式的』。故要顯此本，全由動息則靜，語息則默之『寂然至無』以顯之。」牟先生認為王弼此解喪失了儒家深具之生息、積極的創生意義，對〈復〉僅能有形式上的了解，無法究其內容意義。牟宗三：《才性與玄理》，頁108～109。唐君毅先生亦認為：「王弼復卦注，謂天地以『寂然至無』之本為心也。」唐君毅：《中國哲學原論（原道篇卷二）》，頁353，「或其所謂天地之心，可只是虛說其如有一心。天地只有其動之息于寂然至無之本，唯人心能知此『本』為寂然至無。此寂然至無，亦唯呈現于人心，以為人心所知之一意義。此則較合王弼之旨。循此以理解其注老之旨，亦最順者也。」唐君毅：《中國哲學原論（原道篇卷二）》，頁353～354。

視為「援老入易」的鐵證,則需要進一步討論。如前面幾章討論「援老入易」時筆者所論,我們究竟要從何種角度看待「援老入易」?是只要王弼的《周易注》中只要提到了道家,那麼便是「援老入易」嗎?當然,若以最寬鬆的角度來看,這的確就是一種「援老入易」的方式。但若我們以整體的角度來看,單就「取用」而言,並不能代表王弼就此成就出道家體系,而是要進一步去看王弼有沒有把此處的「取用」視為其注《易》時的核心問題意識。否則,這樣的「取用」也頂多只能看做一種雜揉攙合式的援用罷了。

所以問題的重點在於——王弼有沒有將上述對「本」的道家式討論,放到整部《周易注》裡,成為《周易注》的問題意識?關於此問題,筆者將留待下節中,就王弼《周易注》的整體進行討論時再做進一步論述,此處先暫置勿論。在本小節中,筆者將討論的焦點集中於〈復〉卦本身,先問——王弼是否有將上述道家式語彙視為解〈復〉卦的問題意識?

就〈復〉卦本身而言,王弼的確在〈復・彖〉、〈復・象〉之注中,有上述道家式寂然至无之本的討論,〔註136〕但其實也僅止於此。就〈復・彖〉、〈復・象〉而言,此二者基本上是就著〈復〉卦卦爻辭所標示出的回轉、回返來對〈復〉卦做進一步的詮釋,若整體來看王弼對〈復〉卦之注,其實亦大致不違此方向。如王弼注〈初九〉爻「不遠復,无祇悔,元吉」〔註137〕時言:「不遠而復,幾悔而反」〔註138〕、注〈六四〉爻「中行獨復」〔註139〕時言:「順道而反」〔註140〕、注〈上六〉爻「迷復」〔註141〕時言:「以迷求『復』,故曰『迷復』。……大敗乃復,……。」〔註142〕皆是順著卦爻辭的內容而發,王弼的此種詮釋方向事實上也符合〈復・彖〉、〈復・象〉對「回返」、「回轉」的強調。也就是說,若我們整體地來看〈復〉卦注文,除了王弼對〈復・彖〉、〈復・象〉的注中,後半部另開蹊徑地提出了「寂然至无是其本矣」〔註143〕、「故

〔註136〕除了上述王弼注〈復・彖〉之言外,王弼注〈復・象〉亦言:「故為復,則至於寂然大靜。」〔魏〕王弼注,樓宇烈校釋:《周易注(上經)・復》,頁337。

〔註137〕〔魏〕王弼注,樓宇烈校釋:《周易注(上經)・復》,頁337。

〔註138〕〔魏〕王弼注,樓宇烈校釋:《周易注(上經)・復》,頁337。

〔註139〕〔魏〕王弼注,樓宇烈校釋:《周易注(上經)・復》,頁338。

〔註140〕〔魏〕王弼注,樓宇烈校釋:《周易注(上經)・復》,頁338。

〔註141〕〔魏〕王弼注,樓宇烈校釋:《周易注(上經)・復》,頁338。

〔註142〕〔魏〕王弼注,樓宇烈校釋:《周易注(上經)・復》,頁338。

〔註143〕〔魏〕王弼注,樓宇烈校釋:《周易注(上經)・復》,頁337。

為復，則至於寂然大靜。」〔註144〕的道家式說法外，其餘各注其實都主在談所謂的「回返」與「回轉」。

　　論者當然可以如此反詰，即王弼為了注解《易經》、《易傳》本文，故才會在某些文句中顯出〈復〉原有之回轉、回返之意，但是王弼很巧妙地將自己真正的思想依歸─道家─嵌合、暗藏於其對〈復〉的某些詮釋中，故我們應將此異於〈復〉卦本義的道家式詮釋，視作王弼注〈復〉卦時的真意。對於這樣的反詰，我們必須正視一個問題，即是王弼若以此種摻雜的方式注〈復〉，那麼王弼對〈復〉卦之注將會失去系統。若我們想成就王弼注〈復〉時的系統，那麼我們必然得將王弼對〈復〉之注嚴絲合縫地勾連至上述止息之至靜至无之本，可是就王弼對〈復〉卦的其他注文來看，當中並沒有哪句言及此止息之至靜至无之本。那麼，我們是否可以就〈復〉卦中對「道」的定義而見此至靜至无之本呢？王弼注文中的確有提及「道」，如注〈六四〉爻時言「順道而反」〔註145〕、注〈上六〉爻時言「用之於國，則反君道」〔註146〕。此外，〈六三〉注文中所謂的「復道宜速，蹙而乃復，義雖无咎，它來難保」〔註147〕，亦是指須以「道」自守才能无咎的道理。〔註148〕但當中並未提及任何與至靜之无有關的指涉，反而就文脈而看，此「道」恐怕還比較偏向王弼在《周易注》中常提到的中道、正道，如王弼對〈六五〉爻「敦復，无悔」注言：

　　　　居厚而履中。居厚則无怨，履中則可以自考。雖不足以及休復之吉，
　　　　守厚以復，悔可免也。〔註149〕

王弼在此先由爻辭「敦復」拉出「居厚」之言，再由〈六五〉爻位的居中，聯想到「履中」。此後王弼的詮釋由爻位的「履中」聯想至君子行事時的「履中」，並謂君子可依此「履中之道」進行「自考」。這樣的詮釋在《周易注》中其實相當常見，而所謂的「道」，與其說是來自道家的至无之本，倒不如說是來自

〔註144〕〔魏〕王弼注，樓宇烈校釋：《周易注（上經）‧復》，頁337。
〔註145〕〔魏〕王弼注，樓宇烈校釋：《周易注（上經）‧復》，頁338。
〔註146〕〔魏〕王弼注，樓宇烈校釋：《周易注（上經）‧復》，頁338。筆者按，此處的「反」指的是「違反」。
〔註147〕〔魏〕王弼注，樓宇烈校釋：《周易注（上經）‧復》，頁338。
〔註148〕孔穎達疏：「謂以道自守得无咎也。若自守之外，更有它事而來，則可難保此无咎之吉也。故〈象〉云：『義无咎』，守常之義得无咎。」〔魏〕王弼、〔晉〕韓康伯注，〔唐〕孔穎達等正義：《周易正義》，頁21a，總頁66。
〔註149〕〔魏〕王弼注，樓宇烈校釋：《周易注（上經）‧復》，頁338。

《易經》卦爻辭而來的中道脈絡。

因此，我們可小結王弼對〈復〉卦的詮釋如下：

第一，王弼藉由對卦象、卦德的取象，取出「地」、「動」二象，以此做為〈復〉卦的第一層語境，劃定詮釋的範圍、做為後續詮釋的材料。

第二，王弼藉由層層的隱喻聯想，不斷豐富〈復〉卦的文句脈絡，其不光只著重在對〈復〉卦「回轉」情境的闡述，亦由「地」、「動」二象開出與天地之本有關的層層隱喻聯想，在句法層次上面對文本，開顯出相當豐富的結構性意義。當然，由於詮釋者本身觀點的差異，使得王弼與《易傳》明明都是面對〈復〉卦，卻產生了不同的詮釋角度，因而開顯出不同的文本意義──《易傳》著重在對〈復〉回轉情境的詮釋、王弼則除了回轉情境之外，亦加入了道家止息意義下的至靜至无之本的發揮。就哲學詮釋學的觀點來看，這種差異是必然的，詮釋者原本就會因為各自視角的不同、與文本互動狀態的不同，在其各自的語境中，對文本開出不同的詮釋。面對此處詮釋的差異，問題在於王弼究竟有無把此道家止息意義下的至靜至无之本，視作其詮釋〈復〉卦時的核心問題意識？對此，若我們整體來看王弼對〈復〉卦之注，會發現王弼也僅在〈復·彖〉、〈復·象〉的後半部注文中見此道家概念的相關延伸，就整體注文來看，王弼基本上還是著重在對〈復〉回轉情境的詮釋。

第三，面對〈復〉卦，即便王弼在句法層次上開顯出相當豐富的結構性意義，但王弼的詮釋並非僅停留在句法層次中，在其釋各爻辭的注文裡，我們同樣可以看到王弼在開顯完各爻辭的結構性意義後，最終仍是會將文本放回生命實踐的層次，對人事處境的應對進退提出行事時的建議，如〈初九〉爻王弼注曰「幾悔而反，以此脩身，患難遠矣」〔註150〕、〈六二〉爻王弼注之謂「親仁善鄰」〔註151〕、〈六三〉爻注所指出的需「以道自守」〔註152〕、〈六四〉爻

〔註150〕〔魏〕王弼注，樓宇烈校釋：《周易注（上經）·復》，頁337。

〔註151〕〔魏〕王弼注，樓宇烈校釋：《周易注（上經）·復》，頁337。

〔註152〕此見孔穎達疏九三爻注文：「它來難保」一語，孔穎達疏曰：「謂以道自守得无咎也。若自守之外，更有它事而來，則難可保此无咎之吉也。」〔魏〕王弼、〔晉〕韓康伯注，〔唐〕孔穎達等正義：《周易正義》，頁21a，總頁66。

注之言「順道而反」〔註153〕、〈六五〉爻注稱「守厚以復」〔註154〕，以及〈上六〉爻注所言行事之是否合於「君道」〔註155〕，其實都是在義理層次上，反思經文於人事處境上的發用，並將經文放入生命存有的處境，以此開顯出經文的語意性意義。

總結而論，筆者以為就王弼對〈復〉卦的詮釋而言，其的確援用了道家止息概念之至靜至无之本，將其用以詮釋王弼認為的〈復〉卦之本，然我們實無法僅靠此援用，便說王弼「援老入易」──當然，筆者這裡指的是嚴格意義上的「援老入易」。我們依舊得審視王弼是否有將此道家概念視為其注〈復〉卦時的問題意識，然細究王弼對〈復〉卦的注文，基本上並無此問題意識的發顯。

7.〈習坎〉䷜（坎上坎下）

〈坎〉卦卦辭直言此卦為：「習坎」，王弼注之：

> 坎，險陷之名也。〔註156〕

此處王弼直接採卦德取象，由〈坎〉卦德象「險陷」，做為詮釋〈坎〉卦時的第一層語境。

面對〈坎〉卦所代表的陷溺、陷坎、險陷的情境，卦辭對占筮者直接提出因應於此處境時的行事建議，指出：

> 有孚，維心亨，行有尚。〔註157〕

王弼注之：

> 剛正在內，有孚者也；陽不外發而在乎內，心亨者也。內亨外暗，
>
> 內剛外順，以此行險，行有尚也。〔註158〕

若就卦辭而言，其實卦辭僅點出「有孚」（有誠信）、「維心亨」（繫[孚]於心，便能亨通），以及最後的「行有尚」（前去會有成就）。與其他卦的經文相比，〈坎〉卦卦辭雖然依舊簡略，但在脈絡上其實已有相當的完整度。但王弼注文在卦辭的基礎上，又推衍出更豐富的文句意涵。在詮釋的進程上，王弼

〔註153〕〔魏〕王弼注，樓宇烈校釋：《周易注（上經）·復》，頁338。

〔註154〕〔魏〕王弼注，樓宇烈校釋：《周易注（上經）·復》，頁338。

〔註155〕〔魏〕王弼注，樓宇烈校釋：《周易注（上經）·復》，頁338。

〔註156〕〔魏〕王弼注，樓宇烈校釋：《周易注（上經）·坎》，收入《王弼集校釋》，頁361。

〔註157〕〔魏〕王弼注，樓宇烈校釋：《周易注（上經）·坎》，頁362。

〔註158〕〔魏〕王弼注，樓宇烈校釋：《周易注（上經）·坎》，頁362。

藉由對〈坎〉之卦德的取象，先取出「險陷」之象，做為解此〈坎〉卦時背後的詮釋背景。再由此取象出發，進一步去思考——「當『我』處在此險陷處境時，我該如何做？」面對此問題，卦辭僅簡略地提示「有孚，維心亨」，王弼以此為基礎，由〈坎〉卦畫☵居中之陽爻進行聯想，若我們仔細看王弼注文，其中的「剛正」、「內」、「孚」、「陽」、「心」、「亨」、「剛」，其實都是王弼結合〈坎〉☵之卦畫，由當中居中之陽爻所推衍出的層層聯想，王弼並更進一步地將「剛正」、「孚」、「剛」與「內」、「心」結合，以此引出「亨」的聯想，即處於〈坎〉卦險陷處境，只要內心存著剛正、誠信，那麼亦能如〈坎〉☵居中陽爻般顯現其「亨」。另一方面，在人事回應上亦要以此剛正、誠信行事，若此而言，即便目前處險陷之境，依舊能避災而達到最後「行有尚」的目的。

我們可將王弼對卦辭的注文歸結成以下詮釋進程：

第一，王弼藉由卦德取象，以〈坎〉卦德象「險陷」，以此建構出〈坎〉卦的第一層語境，做為後續詮釋的範圍與材料。

第二，王弼在句法層次，藉由對〈坎〉卦畫☵的聯想，拉出「剛正」、「內」、「孚」、「陽」、「心」、「亨」、「剛」等的隱喻，以此豐富、開顯〈坎〉卦的結構性意義。也是在此之中，文本氛圍藉由王弼此處的層層聯想而愈加具體，也是在此處所透顯的文本氛圍中，產生王弼面對文本時的第二層語境。

第三，在此第二層語境中，王弼將經文所丟出的問題放回自己的生命做出進一步的扣問，最後得出要以剛正、誠信行事，便能避〈坎〉卦之險而无咎。於此，王弼將詮釋由單純的句法層次跨入關乎人生命存有的義理層次，開顯出文本的語意性意義。

相較於其他卦，〈坎〉卦卦辭在文句語脈方面已顯得來有其脈絡可尋，故王弼無須添加過多的聯想與詮釋，便能掌握〈坎〉卦大要。但值得注意的是，除了上述關於剛正、誠信的行事指引外，王弼亦透過對〈坎·彖〉、〈坎·象〉詮釋，對文本的語意性意義有更進一步的開顯。筆者略述如下。

〈坎·彖〉言：

> 天險，不可升也；地險山川丘陵也；王公設險，以守其國。險之時用大矣哉。〔註159〕

王弼注：

〔註159〕〔魏〕王弼注，樓宇烈校釋：《周易注（上經）·坎》，頁362～363。

不可得升，故得保其威尊。有山川丘陵，故物得以保全也。國之
為衛，恃於險也。言自天地以下，莫不須險也。非用之常，用有
時也。〔註160〕

若就卦辭來看，卦辭主要是強調出〈坎〉卦的險陷處境，以及人在處於此處
境時所應有的行事回應。但〈坎・彖〉在〈坎〉卦的基礎上做出更進一步的詮
釋，即〈坎・彖〉不僅以〈坎〉之卦德取象，採「險陷」象而對卦辭文句做出
基本的聯想與隱喻，〈坎・彖〉又更進一步將〈坎〉卦所標示的「坎」、「險」
聯想至王公以天地山川做為自然屏障，用以保衛國家安全的另一層「險」意，
並以「險之時用大矣哉」作結，以示「坎」、「險」不光只是「險陷」，若能得
時用之，亦能有大功用。

王弼便在〈坎・彖〉的基礎上進一步詮釋，同樣以山川地險的角度，來
闡述出「險」之用。但王弼此處更要強調出的一點是──「用有時也」。如第
三章所論，王弼解卦非常重視「時」的概念，我們一方面要觀一卦之時，另一
方面也要隨時而變。王弼便在此「時」的基礎上，點出一卦之吉凶不能光從
單一的角度來看，即便如〈坎〉卦之凶，若能用其得「時」也能轉凶為吉。王
弼至此，便又將〈坎〉卦的語意性意義做出了進一步的開顯。

此外，又如〈坎・象〉之謂：

水洊至，習坎。君子以常德行，習教事。〔註161〕

〈坎・象〉在此以其慣用的八卦取象，以〈坎〉象「水」，故所謂「習坎」便
是水的不斷而至。

王弼注此曰：

重險懸絕，故水洊至也。〔註162〕

此處王弼不同於〈坎・象〉的八卦取象，以〈坎〉象「水」，改以卦德取象的
立場出發，取出「險陷」之象，謂〈坎・象〉之謂「水洊至」乃為「重險懸
絕」，也就是說，王弼是以大水不斷湧入的狀態，來喻〈坎〉卦之險陷處境。
但王弼的詮釋並未就此停止，他進一步指出：

不以坎為隔絕，相仍而至，習乎坎也。〔註163〕

〔註160〕〔魏〕王弼注，樓宇烈校釋：《周易注（上經）・坎》，頁362～363。
〔註161〕〔魏〕王弼注，樓宇烈校釋：《周易注（上經）・坎》，頁363。
〔註162〕〔魏〕王弼注，樓宇烈校釋：《周易注（上經）・坎》，頁363。
〔註163〕〔魏〕王弼注，樓宇烈校釋：《周易注（上經）・坎》，頁363。

即王弼將「坎」的「坎陷」與「水洊至」勾連，聯想到大水即便面臨坎陷地形，仍舊能洶湧而至，故人也不應遇坎陷即止，重點是要能如大水般越過坎陷，也就是王弼所說的「習於坎，然後乃能不以險難為困」〔註164〕。那麼，要如何能不以坎陷為困呢？〈坎·象〉言：

> 君子以常德行，習教事。〔註165〕

王弼注：

> 至險未夷，教不可廢，故以常德行而習教事也。習於坎，然後乃能
> 不以險難為困，而德行不失常也。故則夫習坎，以常德行而習教事
> 也。〔註166〕

與前述王弼詮釋卦辭時相同，王弼此處也同樣在問同樣的問題——如果坎陷是「我」目前所面臨的處境，那麼「我」又該如何做，才能不以坎陷為困呢？面對卦辭時，王弼最後提出以誠信、剛正行事來免咎，但面對〈坎·象〉時，王弼則藉由〈坎·象〉的「君子以常德行，習教事」一語，進一步指出君子面對〈坎〉卦之陷，行事上必須以「常德」—恆常持守道德〔註167〕—而行，並且嫻熟於教化的工作〔註168〕，在「德行不失常」的狀況下，才能居於險陷又不以其為困。王弼在此，透過對〈坎·象〉的詮釋，加強呼應了他對〈坎〉卦卦辭的義理開顯，對〈坎〉卦的語意性意義又有了更深一層的發揮。

　　藉由此處對於〈坎·彖〉、〈坎·象〉對〈坎〉卦的說解，以及王弼對〈坎·彖〉、〈坎·象〉之注，我們可以發現不管〈坎·彖〉還是〈坎·象〉，其實都有著對於〈坎〉卦卦辭本身的進一步的意義開顯，王弼面對〈坎·彖〉、〈坎·象〉，亦有自己的著重或發展之處。於此我們可以發現，詮釋者面對文本，會有屬於自身的詮釋，「原樣理解」基本上是難以獲得，「更好的理解」則是難說，與其說這些詮釋者各有其後見之明的「更好的理解」，倒不如說他們有其各自視域下的「不同的理解」。基於王弼的「以傳解經」，我們當然可以由《易傳》的解經模式回過頭去看王弼《易》注，但模式上的取用不代表理解上的一致，甚至我們可以再另闢專文討論《易傳》之於《易經》、王弼《周易注》

〔註164〕〔魏〕王弼注，樓宇烈校釋：《周易注（上經）·坎》，頁363。
〔註165〕〔魏〕王弼注，樓宇烈校釋：《周易注（上經）·坎》，頁363。
〔註166〕〔魏〕王弼注，樓宇烈校釋：《周易注（上經）·坎》，頁363。
〔註167〕戴璉璋：《周易經傳疏解》，頁104。
〔註168〕戴璉璋：《周易經傳疏解》，頁104。

之於《易傳》的層層詮釋關聯與開顯，只是這論題相當龐大，只能留待筆者其後撰專文處理了。

8.〈離〉☲（離下離上）

面對〈離〉卦，王弼接受〈離・彖〉以卦德取象的方式，同樣以卦德取象，以此劃定〈離〉卦第一層語境，開顯此卦意義。筆者略論如下。

〈離〉卦辭言：

> 利貞，亨。畜牝牛，吉。〔註169〕

〈離・彖〉解之：

> 離，麗也。日月麗乎天，百穀草木麗乎土，重明以麗乎正，乃化成
> 天下。柔麗乎中正，故亨，是以畜牝牛吉也。〔註170〕

面對〈離〉卦，〈離・彖〉先取出「麗」（附著）一象，言「離，麗也」，再以日月附著於天、百穀草木附著於地，將「麗」之象形象化。接著〈離・彖〉言：「重明以麗乎正」，點出由〈離〉卦德取出的另一象──「明」（光明），並將「明」與「麗」合而言之，所謂「重明以麗乎正」，即是由「麗」、「明」二象出發，引申出人只要重視光明且將之附著於正道，那麼便能「化成天下」的聯想。〈離・彖〉至此，一方面在句法層次上解釋〈離〉卦整體卦義，另一方面也跨入了義理層次，為占筮者點出居〈離〉卦之時應世行事的準則為「重明以麗乎正」，即人需以光明正道行事。

對於人居〈離〉卦之時的行事時準則，除了「重明以麗乎正」之外，〈離・彖〉指出還要「柔麗乎中正」，也就是說人不光是要以光明正道而行，居〈離〉之時還要以「柔」之道來行正道。此處的「柔」，其實是〈離・彖〉從〈離〉的卦畫☲裡居中的〈六二〉、〈六五〉兩個陰爻，進而所聯想到的「柔」的概念。〈離・彖〉藉此點出「柔」在〈離〉卦中的重要角色，王弼在〈離〉卦的相關注文中也不斷地對此強調，如其注〈離〉卦辭時言：

> 離之為卦，以柔為正，……。〔註171〕
> 柔處于內，而履正中，……。〔註172〕
> 外強而內順，……離之為體，以柔順為主者也，故不可以畜剛猛之

〔註169〕〔魏〕王弼注，樓宇烈校釋：《周易注（上經）・離》，頁368。
〔註170〕〔魏〕王弼注，樓宇烈校釋：《周易注（上經）・離》，頁368～369。
〔註171〕〔魏〕王弼注，樓宇烈校釋：《周易注（上經）・離》，頁368。
〔註172〕〔魏〕王弼注，樓宇烈校釋：《周易注（上經）・離》，頁368。

物，而吉於畜牝牛也。〔註173〕

從這些注文中，都可以明顯地看到王弼解〈離〉卦時對「柔」這個概念的重視。

又如王弼注〈離・彖〉：

柔著于中正，乃得通也。柔通之吉，極於畜牝牛，不能及剛猛也。
〔註174〕

此處王弼是由〈離・彖〉「柔麗乎中正，故亨」而來，謂人行正道時勿忘以柔而行，若此才能行事亨通無礙。

我們或可如此說，〈離・彖〉在明、麗二象的取象後，在句法層次上藉由對取象、卦畫等的種種聯想，持續豐富〈離〉卦之結構性意義。但〈離・彖〉解經也並非只是停留在句法層次的結構性意義的開顯上，他也同時將其所開顯出的文句意義，跨入義理層次，探究人之處在此〈離〉卦處境時，所應有的具體回應。而王弼以〈離・彖〉的取象、詮釋為基礎，又再更進一步地闡釋〈離〉之意涵，王弼除了與〈離・彖〉一樣，同樣重視陰爻、柔在〈離〉卦中的重要性，他又比〈離・彖〉更重視「柔」這個概念。如前述，王弼特將〈離・彖〉之「柔麗乎中正，故亨」一句拉出，做出再次申說：「柔著于中正，乃得通也」。王弼此言當然也是從〈離〉卦卦畫裡居中的〈六二〉、〈六五〉而來的聯想，即〈六二〉、〈六五〉爻居中且皆為陰爻，故「柔著于中正」，此二爻一方面顯出「柔」的特質，符合〈離〉卦之所重；另一方面又剛好處於中爻，故可「得通」。統觀〈離〉卦六爻，也只有此二爻為「吉」，原因即此。

對於王弼之解〈離〉卦，筆者試以以下進程統論之：

第一，王弼接受〈離・彖〉的取象，同樣以卦德取象而取出「麗」（附著）、「明」（光明）二象，以此做為〈離〉卦的第一層語境，劃定詮釋範圍，並且做為後續詮釋時的材料。

第二，王弼藉由卦畫、爻位等等的方式，進一步對經文進行後續句法層次上的聯想，如〈六二〉爻經文為「黃離，元吉」〔註175〕，王弼注：「居中得位，以柔處柔，履文明之盛而得其中，故曰黃離元吉

〔註173〕〔魏〕王弼注，樓宇烈校釋：《周易注（上經）・離》，頁368。
〔註174〕〔魏〕王弼注，樓宇烈校釋：《周易注（上經）・離》，頁368～369。
〔註175〕〔魏〕王弼注，樓宇烈校釋：《周易注（上經）・離》，頁369。

也。」〔註176〕即是以爻位的概念開始，由〈六二〉爻的居中、當位、陰爻，聯想到此爻為「以柔處柔，履文明之盛而得其中」。另一方面，王弼也一併將「黃離」（黃色的光輝〔註177〕）聯想到「文明之盛」。王弼即藉由以上之隱喻、聯想，在句法層次上豐富、開顯出經文的結構性意義，也以此導出〈六二〉爻之所以「元吉」的原因，以此詮解經文。

第三，在句法層次之結構性意義獲得開顯後，王弼解〈離〉卦時，同樣要進一步跨入義理層次，將文本放入存有處境中，在生命實踐的層面上思索文本對人在處事應世時的啟發，以此對文本的語意性意義進行開顯。在〈離〉卦中，王弼在注解卦辭「離。利貞，亨」〔註178〕時即開宗明義地指出居此卦時必須「以柔為正」，〔註179〕故如前述之〈六二〉爻，此爻之所以能「元吉」，除了所處時機的恰當（居中得位）之外，人行事時的「以柔處柔」，以柔順之道處事，也是使人居此爻時之所以能夠「元吉」的一個關鍵原因。此外，在〈離·九三〉中，〈九三〉爻言：「日昃之離，不鼓缶而歌，則大耋之嗟，凶。」〔註180〕王弼注：「嗟，憂歎之辭也。處下離之終，明在將沒，故曰『日昃之離』也。明在將終，若不委之於人，養志无為，則至於耋老有嗟，凶矣，故曰『不鼓缶而歌，則大耋之嗟凶』。」〔註181〕面對此爻，王弼一方面由「明」、「麗」的取象，開展出後續如「處下離之終，明之將沒，故曰『日昃之離』也」的聯想外，他更進一步將此「麗（附著）」之象應用到人的處境上，王弼點出當人處在〈九三〉爻這種「明之將沒」、「明在將終」的光明將沒的處境時，在行事上就要懂得放手，「委之於人」，將事情委託給別人去做、「養志无為」，自己修養心志不執著於物事，否則就只能「耋老有嗟」了。〔註182〕

〔註176〕〔魏〕王弼注，樓宇烈校釋：《周易注（上經）·離》，頁369。
〔註177〕戴璉璋：《周易經傳疏解》，頁108。
〔註178〕〔魏〕王弼注，樓宇烈校釋：《周易注（上經）·離》，頁368。
〔註179〕〔魏〕王弼注，樓宇烈校釋：《周易注（上經）·離》，頁368。
〔註180〕〔魏〕王弼注，樓宇烈校釋：《周易注（上經）·離》，頁369。
〔註181〕〔魏〕王弼注，樓宇烈校釋：《周易注（上經）·離》，頁369。
〔註182〕〔魏〕王弼注，樓宇烈校釋：《周易注（上經）·離》，頁372。

　　另一個值得注意的地方是，對於前述〈離·九三〉爻辭「日昃之離，不鼓缶而歌，則大耋之嗟，凶」〔註183〕之言，王弼對此注：「明在將終，若不委之於人，養志无為，則至於耋老有嗟，凶矣，故曰『不鼓缶而歌，則大耋之嗟凶』也。」〔註184〕此一近似於《莊子·至樂》之言：「莊子妻死，惠子弔之，莊子則方箕踞鼓盆而歌」〔註185〕、二用了「養志无為」這個近於道家的語彙，似可當作王弼援道家思想入《易》注之證。然而，細究此語，其實是從〈離·九三〉爻辭而來，故與其說是王弼援道家入《易》注，倒不如說是《莊子》發揮了〈離·九三〉之精神，就王弼注文而言，其也不過是就著〈離·九三〉爻辭進行注解罷了，與《莊子》並無涉。更何況究其〈離〉卦之柔，其終究還是得「柔著乎中正」，即柔為外顯的表現，內心依舊得以中正為心念。就此而言，若非得分判注文此之「柔著乎中正」一語為儒家或道家，筆者以為，就〈離〉注文之語脈來看，與其說此言偏於道家，倒不如說其還更偏儒家一些。

第三節　王弼《周易注》的詮釋脈絡 3——舉下經十卦為例

1.〈遯〉䷠（艮下乾上）

　　面對〈遯〉卦，王弼言：

> 遯之為義，遯乃通也。〔註186〕

此處王弼以〈遯〉卦內外卦的卦德取象，以下〈艮〉卦取「止」、上〈乾〉卦取「健」（通），以此做為詮釋〈遯〉卦時的第一層語境，以此劃定詮釋範圍、做為後續詮釋時可取資的材料。

　　藉由王弼對〈遯〉卦的取象，王弼亦由卦德之「止」、「健（通）」聯想〈遯〉卦所處的處境為——退隱才能亨通。因此「退」、「隱居」、「退隱」便成為居此〈遯〉卦時之所以能「小利貞」〔註187〕的關鍵。

　　然而，即便人欲退隱，也不是說退即退便能免其災禍，王弼特別提醒：

〔註183〕〔魏〕王弼注，樓宇烈校釋：《周易注（上經）·離》，頁369。

〔註184〕〔魏〕王弼注，樓宇烈校釋：《周易注（上經）·離》，頁369。

〔註185〕〔清〕郭慶藩撰，王孝魚點校：《莊子集釋》，頁614。

〔註186〕〔魏〕王弼注，樓宇烈校釋：《周易注（下經）·遯》，頁382。

〔註187〕〔魏〕王弼注，樓宇烈校釋：《周易注（下經）·遯》，頁382。

　　剛當位而應，非否亢也。遯不否亢，能與時行也。〔註188〕
就如第三章所論，王弼視一卦為一大處境、大時機，一爻則代表在一卦大時機中的各個小時機點。就〈遯‧九五〉來說，此爻正是居尊、當位且與〈六二〉爻相應，王弼由其爻位之正聯想到其所處的時位，故〈九五〉爻表示的是一君子能夠「與時行也」的應時之道。由此可知，當一人處〈遯〉卦之時，如何善選退隱時機，便成為非常重要的一件事，正如〈九四〉爻辭所言：「好遯，君子吉，小人否。」〔註189〕王弼注為：「君子好遯，故能舍之；小人繫戀，是以否也。」〔註190〕唯有君子能恰當地選擇退隱的時機，小人對當下的狀態往往過於留戀，故無法選擇好退隱的時機點。也因此，〈九五〉爻辭為：「嘉遯，貞吉。」〔註191〕王弼便注之為：

　　遯而得正，反制於內。小人應命，率正其志，不惡而嚴，得正之吉，
　　遯之嘉也。〔註192〕

關於王弼對〈九五〉爻之注，筆者以為可以分幾個部分進行細究：第一，王弼是從爻位的概念，由〈九五〉爻的居中、處尊位，聯想到其之「得正」。第二，因〈九五〉爻為陽爻，在王弼「貴陽賤陰」的思想中，此陽爻足以便擁有「反制於內（此「內」指的是與其相應的〈六二〉陰爻）」，使「小人（陰爻）得命」的力量。第三，結合前頭所論王弼解卦辭時「剛當位而應，非否亢也。遯不否亢，能與時行也」之言，可知王弼認為此〈九五〉爻不僅位得正，此居尊之爻其還能「與時行」。第四，但光就「位得正」與「與時行」還不一定能夠「貞吉」，王弼繼而再提出一個建議，即必須「率正其志，不惡而嚴」，也就是君子必須正其心志、以正道而行，正猶如〈遯‧象〉之所謂「君子以遠小人，不惡而嚴」〔註193〕，在遠離小人的同時，君子也無須惡言厲色，保持其莊重威嚴。〔註194〕此時君子的不疾言厲色、有所忍耐、不張揚其實也合於〈遯〉義，而此處之「嚴」則透顯出君子即便面臨〈遯〉卦這般主退、退隱、隱居的處境，行事也能有其原則與分寸。

〔註188〕〔魏〕王弼注，樓宇烈校釋：《周易注（下經）‧遯》，頁383。
〔註189〕〔魏〕王弼注，樓宇烈校釋：《周易注（下經）‧遯》，頁384。
〔註190〕〔魏〕王弼注，樓宇烈校釋：《周易注（下經）‧遯》，頁384。
〔註191〕〔魏〕王弼注，樓宇烈校釋：《周易注（下經）‧遯》，頁384。
〔註192〕〔魏〕王弼注，樓宇烈校釋：《周易注（下經）‧遯》，頁384。
〔註193〕〔魏〕王弼注，樓宇烈校釋：《周易注（下經）‧遯》，頁383。
〔註194〕此解乃參戴璉璋：《周易經傳疏解》，頁118。

筆者基於以上論述，小結王弼對〈遯〉卦之詮釋進路如下：

第一，王弼由〈遯〉卦的內外卦（〈艮〉下〈乾〉上）之卦德取象，取出「止」、「健」（通）二象，做為〈遯〉卦的第一層語境，劃出詮釋範圍，並由此取資，進行後續詮釋。

第二，王弼藉由對取象的層層聯想，建立、豐富文本的文句語脈，在句法層次擴展出如退隱、與時行、君子正道、小人陰道等等的後續聯想，並在句法層次的建構中，逐步構造文本氛圍，產生王弼面對文本時所處的第二層語境。

第三，在第二層語境中，王弼持續與文本對話，並將詮釋層次由句法層次跨入義理層次，將文本放入自身存有處境進行思考，並繼而就文本對其之所言出發，提出人在處於此〈遯〉卦處境時，可以有的應世、回應之道——即便〈遯〉卦主退、退隱、隱居之時，但行動時亦要好好地選擇機時，行止上則依舊得循正道，且不可失君子風範。王弼對〈遯〉卦處境的反思，使詮釋從句法層次跨入義理層次，使〈遯〉卦的語意性意義於此獲得開顯，王弼的思想面貌亦可由此開顯中一窺端倪。

2.〈大壯〉䷡（乾下震上）

對於〈大壯〉卦，王弼採〈大壯・象〉的取象模式，由〈大壯〉的內外卦〈乾〉下〈震〉上之卦德進行取象，故言：

> 剛以動也。〔註195〕

此處是從下〈乾〉卦取出卦德之「剛健」象、從上〈震〉卦取卦德「動」，即王弼以「剛健」、「動」建構出〈大壯〉卦的第一層語境，再將二象合而言之，引申出「剛以動也」的聯想。

此外，王弼亦針對〈大壯〉卦名做了進一步的說解：

> 大者，謂陽爻。〔註196〕

若我們審視〈大壯〉卦畫䷡，便可以發現〈大壯〉卦中陽爻多過於陰爻，故王弼以此觀點出發，聯想至：

〔註195〕〈大壯・象〉與王弼注皆言此，見〔魏〕王弼注，樓宇烈校釋：《周易注（下經）・大壯》，頁387。

〔註196〕〔魏〕王弼注，樓宇烈校釋：《周易注（下經）・大壯》，頁387。

小道將滅，（一）〔大〕者獲正，……。〔註197〕

王弼將「貴陽賤陰」的解卦觀點放到〈大壯〉卦的卦畫☳☰當中，因而聯想到〈大壯〉卦因陽盛於陰，在陰陽力量的消長下，「小道將滅」，終使「大〔註198〕者獲正」。

綜合以上所論，我們可以知道王弼在面對〈大壯〉卦辭：「大壯，利貞。」〔註199〕時，他以〈大壯〉卦畫☳☰中的陰爻、陽爻以及陰陽彼此間的力量消長入手，在句法層次上以「大者，謂陽爻。小道將滅，大者獲正」〔註200〕來豐富、建構卦辭中「大壯」一詞的文句語脈，開顯其中的結構性意義為「小道將滅，大者獲正」。也藉此補足了原本卦辭中「大壯」與「利貞」間語脈的斷裂，完整地解釋了〈大壯〉卦之所以能「利貞」的緣由。而這一切詮釋，都必須籠罩在其對卦德所取出的「剛健」、「動」二象之中，正如王弼所言：

天地之情，正大而已矣。弘正極大，則天地之情可見矣。〔註201〕

在「剛健」、「動」此二象之下，天地的運作流行是「剛以動」的，而此「剛以動」之天地運作內容為何，其實不過「正大而已矣」，即所謂「天地之情」，其實就是弘正、盛大的正道充盈於其中的展現。也因此，〈大壯〉卦呈現出一種強大、壯盛的正道流行的處境，王弼由「大者，謂陽爻。……則天地之情可見矣」一段，充分豐富、擴展了原本僅述為「大壯，利貞」的卦辭內容，開顯出〈大壯〉卦在句法層次上的結構性意義。接下來，王弼則要問的另一個問題便在於──當「我」身處此強大、壯盛的正道流行的處境中時，「我」又該如何應世、自處？當此問題發出，王弼即由句法層次之結構性意義的開顯，跨入了義理層次之語意性意義的探問。

對此探問，王弼給出這樣的答案：

壯而違禮則凶，凶則失壯也，故君子以大壯而順（體）〔禮〕也。〔註202〕

此言其實並非王弼孤明獨發，其乃是自〈大壯・象〉之言：「君子以非禮弗履」

〔註197〕〔魏〕王弼注，樓宇烈校釋：《周易注（下經）・大壯》，頁387。
〔註198〕依據樓宇烈的校釋，此處當作「大者獲正」，「如作『一』則於文義不可通。」〔魏〕王弼注，樓宇烈校釋：《周易注（下經）・大壯》，頁389。
〔註199〕〔魏〕王弼注，樓宇烈校釋：《周易注（下經）・大壯》，頁387。
〔註200〕〔魏〕王弼注，樓宇烈校釋：《周易注（下經）・大壯》，頁387。
〔註201〕〔魏〕王弼注，樓宇烈校釋：《周易注（下經）・大壯》，頁387。
〔註202〕〔魏〕王弼注，樓宇烈校釋：《周易注（下經）・大壯》，頁387。

〔註203〕而來，王弼是基於〈大壯·象〉此言而有進一步開展。可是面對君子之處〈大壯〉之時，無論是〈大壯·象〉或王弼注文，其實都指向同一標的——需以「禮」行事。我們或可如此說，〈大壯〉卦標示出一種強大、壯盛的正道所流行之時，但在此時，君子並非就能莽直而行，正如王弼注〈大壯·九三〉「小人用壯，君子用罔」〔註204〕時所謂：

　　……小人用之以為壯，君子用之以為羅己者也。〔註205〕

處此〈大壯〉之時，君子行事更是要懂得思慮危難，以禮處事。猶如天地在「剛而動」時有其運行的法則，「禮」也就是一種應世處事時的規範，故〈大壯〉時行事亦莫忘要以禮而行，若反之，「壯而違禮則凶，凶則失壯也」。

　　綜合以上所論，筆者將王弼對〈大壯〉之詮解整理成以下進路：

第一，王弼依照〈大壯·象〉的取象模式，由卦德取出「剛健」、「動」二象，以此做為〈大壯〉卦之第一層語境，確立詮釋範圍與材料。

第二，在此二象的基礎上，王弼在再將此二象合而論之，繼而引申出「剛以動也」的聯想。此外，王弼再加上其對〈大壯〉卦畫䷡的觀察，以其中的陰爻、陽爻以及陰陽彼此間力量的消長變化，在句法層次上豐富、建構出〈大壯〉卦的文句語脈，一方面開顯其中的結構性意義，另一方面也使文句氛圍得以發顯，進而使文本與詮釋者間的第二層語境於此產生。

第三，當王弼在句法層次開顯出〈大壯〉卦之結構性意義後，王弼面對其與本間產生的第二層語境，加上自身所面臨的存有處境，進而對文本做出進一步的義理層次的語意性意義之探問。即當「我」身處此〈大卦〉之時，我該如何應世與自處？於此，王弼依據〈大壯·象〉之謂「君子以非禮弗履」，繼而點出處此卦時務必以「禮」行事應世的實踐之道。

3.〈夬〉䷪（乾下兌上）

　　對於〈夬〉卦，王弼依循〈夬·象〉取象之法，以內外卦之卦德取象，由下〈乾〉卦取象「剛健」、上〈兌〉卦取象「說（悅）」，以此為〈夬〉卦的第

〔註203〕〔魏〕王弼注，樓宇烈校釋：《周易注（下經）·大壯》，頁387。
〔註204〕〔魏〕王弼注，樓宇烈校釋：《周易注（下經）·大壯》，頁388。
〔註205〕〔魏〕王弼注，樓宇烈校釋：《周易注（下經）·大壯》，頁388。

一層語境，用以進行後續的引申聯想，說解卦義。

〈夬・彖〉言：「健而說，決而和。」〔註206〕王弼沿此而下，注曰：

> 健而說，則決而和矣。〔註207〕

> 施而能嚴，嚴而能施，健而能說，決而能和，美之道也。〔註208〕

此「健而說」為通貫〈夬〉卦的主軸，「夬」字為決斷、決去之意〔註209〕，〈夬〉卦展現出的是需要決斷的處境〔註210〕，那麼，要如何行決斷呢？根據〈夬・彖〉、王弼所取之「剛健」、「說（悅）」二象而來，行事決斷需以「健（剛健）」而決，如此才能達到說（悅）的狀態。正如〈夬・彖〉所言：「健而說，決而和」〔註211〕，剛健而欣悅、決斷而帶來和諧，要如何帶來欣悅與和諧呢？此可由〈夬〉卦之卦畫窺其端倪。

〈夬〉卦卦畫☱☰，王弼注文謂：「〈夬〉，與〈剝〉反者也。」〔註212〕特將〈夬〉☱☰與〈剝〉☶☷兩相對比。王弼言：

> 剝以柔變剛，至於剛幾盡。夬以剛決柔，如剝之消剛。剛隕，則君
> 子道消；柔消，則小人道隕。君子道消，則剛正之德，不可得直道
> 而用，刑罰之威，不可得坦然而行。揚于王庭，其道公也。〔註213〕

正如前一節論〈剝〉卦時所言，〈剝〉卦由其卦畫☶☷來看，陰爻遠盛於陽爻，且陰爻一路自〈初六〉上升到〈六五〉，代表陰道勢力逐漸上侵，君子倍感威脅，正如王弼之所謂「如剝之消剛」、「剛隕，則君子道消」。面對〈剝〉卦這個小人道長的的處境，王弼言：「君子道消，則剛正之德，不可得直道而用，刑罰之威，不可得坦然而行。」不管是君子本身的行事，抑或是刑罰之行，都必須低調、處順，始能免咎。

但〈夬〉卦剛好相反，〈夬〉卦卦畫☱☰，陽爻遠盛於陰爻，陽爻一路自〈初九〉上升到〈九五〉，代表剛正之道逐漸上揚，小人的力量逐漸被壓制，如同

〔註206〕〔魏〕王弼注，樓宇烈校釋：《周易注（下經）・夬》，收入《王弼集校釋》，頁433。

〔註207〕〔魏〕王弼注，樓宇烈校釋：《周易注（下經）・夬》，頁434。

〔註208〕〔魏〕王弼注，樓宇烈校釋：《周易注（下經）・夬》，頁434。

〔註209〕〔魏〕王弼注，樓宇烈校釋：《周易注（下經）・夬》，頁436。

〔註210〕戴璉璋：《周易經傳疏解》，頁150。

〔註211〕〔魏〕王弼注，樓宇烈校釋：《周易注（下經）・夬》，頁433。

〔註212〕〔魏〕王弼注，樓宇烈校釋：《周易注（下經）・夬》，頁433。

〔註213〕〔魏〕王弼注，樓宇烈校釋：《周易注（下經）・夬》，頁433。

王弼之言「夬以剛決柔」、「柔消，則小人道隕」。在此君子道長的處境裡，王弼言「揚于王庭，其道公也」。孔穎達對此作疏，曰：「決，以剛決柔，施之於人，則是君子決小人也。王庭是百官所在之處。以君子決小人，故可以顯然發揚決斷之事於王者之庭，亦公正無私隱也。」〔註214〕也就是說，在〈夬〉卦陽盛於陰、君子力量勝過小人的處境中，已不再需要如居〈剝〉卦時那樣以順、以低調來行事，居〈夬〉卦時，要展現的是君子剛健明快的決斷之力，以公正無隱的態度應世處事，此謂「揚於王庭」。

也因此，當君子居〈夬〉卦之時，做決斷時必須明快不疑，例如王弼注〈夬・象〉「居德則忌」〔註215〕時特言：

> 夬者，明法而決斷之象也。……法明斷嚴，不可以慢，故居德以明禁
>
> 也。施而能嚴，嚴而能施，健而能說，決而能和，美之道也。〔註216〕

即君子在作決斷時不可以輕慢，必須明快嚴斷，最禁忌的便是自己將自己自居為有德者而不忍心下決斷，使得下決斷時過於優柔寡斷。又如王弼注〈九二〉爻時言：

> 能審己度而不疑者也。〔註217〕

即君子在作決斷時必須仔細思量，但一旦下了判斷，便不要再有多餘的遲疑猶豫。此外，注〈九三〉爻時王弼亦言：

> 決之不疑，……。〔註218〕

再次強調下決斷時必須仔細審思又能堅定不疑。但另一方面，當局勢不利於己時，則要廣納善言，正如王弼注〈九四〉爻言：

> 剛亢不能納言，自任所處，聞言不信，以斯而行，凶可知矣。〔註219〕

王弼認為就爻位而言，〈夬・九四〉因下〈乾〉卦的三剛往上而進，故「必有侵傷，失其所安，故臀无膚，其行次且也。」〔註220〕當君子居於此凶險之境，作決斷時就要廣納善言，不可過剛，若「剛亢不能納言，自任所處，聞言不

〔註214〕〔魏〕王弼、〔晉〕韓康伯注，〔唐〕孔穎達等正義：《周易正義》，頁1a，總頁103。

〔註215〕〔魏〕王弼注，樓宇烈校釋：《周易注（下經）・夬》，頁434。

〔註216〕〔魏〕王弼注，樓宇烈校釋：《周易注（下經）・夬》，頁434。

〔註217〕〔魏〕王弼注，樓宇烈校釋：《周易注（下經）・夬》，頁435。

〔註218〕〔魏〕王弼注，樓宇烈校釋：《周易注（下經）・夬》，頁435。

〔註219〕〔魏〕王弼注，樓宇烈校釋：《周易注（下經）・夬》，頁435。

〔註220〕〔魏〕王弼注，樓宇烈校釋：《周易注（下經）・夬》，頁435。

信，以斯而行」，剛愎自用，則必遭凶厄。

根據以上所論，筆者小結王弼對〈夬〉卦的詮釋進路如下：

第一，王弼依據〈夬·彖〉的取象模式，同採卦德取象，以「剛健」、「說（悅）」二象做為〈夬〉卦的第一層語境，後續詮釋基於此二象而來。

第二，王弼藉由卦畫之陰陽、爻位之排序，進一步藉由層層隱喻，進行聯想，以此豐富〈夬〉卦經文的文句脈絡，產生文本氛圍，亦藉此產生王弼之於文本的第二層語境。在此，王弼也是在句法層次上開顯出〈夬〉卦的結構性意義。

第三，當王弼藉由對〈夬〉卦之隱喻聯想建構起經文的文句脈絡、文本氛圍，開顯出〈夬〉卦此文本的結構性意義之後，便進而由句法層次跨越到義理層次，將〈夬〉卦之所言放入己身之生命存有進行思量，闡述君子居於〈夬〉卦的決斷處境時所應有的回應與處事之法，如君子做決斷時必須明快不疑，不可優柔寡斷，局勢不利於己則不可剛愎自用，要廣納善言等等，以此反思來開顯出〈夬〉卦的語意性意義。

4.〈姤〉䷫（巽下乾上）

若單純看〈姤〉卦卦辭，其僅言：「女壯，勿用取女。」〔註221〕，因卦辭的文句簡略，使我們其實很難理解此卦為何要以「女壯，勿用取女」釋之，也無法確切知道「女壯」與「勿用取女」間的語境、文句脈絡及此兩者間的關聯。但卦辭又為一卦主旨之所在，故詮釋者必然得對卦辭有所詮釋。對此，〈姤·彖〉言：

> 姤，遇也，柔遇剛也。〔註222〕

〈彖傳〉解經，常以卦德進行取象，此處亦然。〈姤·彖〉即以〈姤〉內外卦卦德進行取象，經由〈姤〉卦之〈巽〉下〈乾〉上取出「順」與「剛健」二象，另一方面，也由於〈姤〉卦是由〈巽〉下〈乾〉上組成，故「順」與「剛健」間也形成一種彼此相合且互動的關係。故〈姤·彖〉由「順」與「剛健」二象

〔註221〕〔魏〕王弼注，樓宇烈校釋：《周易注（下經）·姤》，收入《王弼集校釋》，頁439。

〔註222〕〔魏〕王弼注，樓宇烈校釋：《周易注（下經）·姤》，頁439。

進一步聯想，拉出「柔遇剛」之語，進而謂〈姤〉卦乃是在講述關於「遇合」的處境〔註223〕。

　　王弼便是在〈姤·彖〉取〈姤〉卦內外卦卦德為象的基礎上，試圖詮解卦義。面對〈姤·彖〉之謂「姤，遇也，柔遇剛也」，王弼如此注：

　　　　施之於人，即女遇男也。一女而遇五男，為壯至甚，故不可取也。

　　〔註224〕

也就是說，王弼將〈姤·彖〉之所謂「柔遇剛」，進一步放在人際交流上頭進行聯想，故王弼言「女遇男也」。另一方面，王弼更結合〈姤〉卦卦畫☰，將卦畫中的一陰爻五陽爻也聯想上述的人際交流中，故言「一女而遇五男」。值得注意的是，正如前面筆者所述，若我們單看卦辭，「女用，勿用取女」此言實在過於簡略，使詮釋者無法單就此二句讀出什麼文章脈絡。故詮釋者在進行詮釋的過程中，必然得為其建構、添加些什麼，才能達到詮釋的目的。正如第三章所論，「取象」便是詮釋者為《易經》詮釋時的一種建構與規定——詮釋者必須藉由背景（第一層語境）的劃定，來使後續詮釋得以可能。若就此來看〈姤〉卦，〈姤·彖〉與王弼皆取內外卦卦德為象，也藉此分別拉出「柔」與「剛」、「女」與「男」的後續聯想。王弼甚至更進一步加上〈姤〉卦卦畫☰，以此再將〈姤〉聯想至「一女五男」的情狀。至此，即便〈姤·彖〉與王弼各自對〈姤〉卦有所聯想甚或延伸，但基本方向都還算是一致。但當〈姤·彖〉與王弼面對到卦辭「女壯，勿用取女」本身時，卻有了不同的聯想與詮釋。

　　就〈姤·彖〉而言，其僅針對「勿用取女」一句進行詮解，指出：

　　　　勿用取女，不可與長也。天地相遇，品物咸章也。剛遇中正，天下

　　　　大行也。姤之時義大矣哉！〔註225〕

就〈姤·彖〉而言，其乃是以「不可與長也」的角度來解卦辭所謂之「勿用取女」，就六爻變化來看，不取〈初六〉是因為〈初六〉之後便直接接連著五個陽爻，由一陰迅速變成五陽，陰爻過於短暫，故「不可與長也」。但若比喻至人事，「取」為「娶」之意，之所以不娶此女，是因為彼此間的相處猶如一陰迅速轉變成五陽一般，情況變動得過於快速，這樣是無法與她長久相處下去的。〈姤·彖〉再將此人事狀況進一步聯想到天地之遇，由天地的交流和合再

〔註223〕戴璉璋：《周易經傳疏解》，頁154。

〔註224〕〔魏〕王弼注，樓宇烈校釋：《周易注（下經）·姤》，頁439。

〔註225〕〔魏〕王弼注，樓宇烈校釋：《周易注（下經）·姤》，頁439。

聯想至萬物因此相合而各有所成長。最後〈姤‧彖〉得出結論——「剛遇中正，天下大行也」，即若要讓天下得以大通運行，重點便在於「剛遇中正」，即剛健者能夠依據中道、正道而行，如此天下便能大通。此處的「剛遇中正」就〈姤〉卦而言，其實就是暗指著剛中處尊的〈九五〉爻而言，〈姤‧彖〉於此也暗示出另一層涵義，即在〈姤〉卦所昭示的遇合處境中，時機的掌握、意義的掌握是至關重要的。〔註226〕

可是，在王弼注中，表面上王弼雖似為〈姤‧彖〉作注，但實際上王弼對由卦辭而來之「勿用取女」一語，詮釋方向與〈姤‧彖〉所言並不相同。正如同王弼由〈姤〉卦卦畫☰之一陰爻五陽爻聯想到「一女遇五男」，對於「勿用取女」一語的詮釋，王弼亦同樣由〈姤〉卦卦畫☰進行聯想。王弼言：

> 一女而遇五男，為壯至甚，故不可取也。〔註227〕

在〈姤〉卦卦畫☰一陰五陽的狀況下，陽遠盛於陰，故王弼曰「為壯至甚」，也就是說，在陰陽彼此過於失衡的狀況下，一女遇五男，彼此間的遇合必然是不會成功的。這是王弼對〈姤〉卦所下的基本定論。但王弼繼而又針對〈姤‧彖〉之「天地相遇，品物咸章也。剛遇中正，天下大行也」做進一步詮解，其言：「（正）〔匹〕乃功成也。化乃大行也。」也就是說，雖然王弼對〈姤〉卦的基本態度為當中的遇合基本上不會成功，但若是真能得其所遇，仍舊能「功成」、「大行」。如前所論，就〈姤‧彖〉的立場而言，〈姤‧彖〉是以是否能得時義的角度來看待〈姤〉卦的遇合是否能夠成功，也就是說，「時」、「義」的掌握在〈姤‧彖〉看來極其重要。但王弼的觀點不然，他反而特別對〈姤‧彖〉「姤之時義大矣哉」一語另作說明，強調：

> 凡言義者，不盡於所見，中有意謂者也。〔註228〕

也就是說，王弼一如其在《周易略例‧明象》章所主張之「得意在忘象，得象在忘言」〔註229〕，他特別強調我們面對卦象之義，不能光眼見為憑，更要留意卦象中的意在言外。故面對〈姤〉卦所標示出的遇合處境，王弼也就此提醒詮釋者必須格外留意各爻間的意在言外。關於此點，可在王弼對〈姤‧九二〉之注中窺其端倪。

〔註226〕對於〈姤‧彖〉之語意及相關討論，可詳參戴璉璋：《周易經傳疏解》，頁154。
〔註227〕〔魏〕王弼注，樓宇烈校釋：《周易注（下經）‧姤》，頁439。
〔註228〕〔魏〕王弼注，樓宇烈校釋：《周易注（下經）‧姤》，頁439。
〔註229〕〔魏〕王弼注，樓宇烈校釋：《周易略例‧明象》，頁609。

〈姤・九二〉言：「包有魚，无咎，不利賓。」〔註230〕王弼注：

> 初陰而窮下，故稱魚。不正之陰，處遇之始，不能逆近者也。初自
> 樂來應己之廚，非為犯奪，故无咎也。擅人之物，以為己惠，義所
> 不為，故「不利賓」也。〔註231〕

同樣的，〈九二〉爻辭相當簡略，王弼必須試著豐富、建構其文句語脈。故王弼在〈九二〉爻注中，以爻位進行聯想，謂〈姤・初六〉「初陰而窮下」，為六爻中唯一一個陰爻，既處一卦之下，又孤獨無依。故王弼謂〈姤・初六〉為「不正之陰，處遇之始」，故〈姤・九二〉即便與〈初六〉爻比鄰，但最好還是不要靠近〈初六〉爻來得好！但就爻位來看，〈九二〉爻就是在〈初六〉爻之上，即便〈九二〉爻不主動犯近，〈初六〉爻依舊會依著〈九二〉爻而上，這是在爻位處境上〈九二〉爻不得不面對的問題。王弼依據〈九二〉爻辭中「包有魚」一語，將居陰處下的〈初六〉爻比喻為「魚」，庖中有魚看起來像是最自然不過的事情，但問題是這條魚（〈初六〉爻）來到廚房中（〈九二〉爻）不見得是件好事，因為這條魚原本並不屬於我！唯一能聊以慰藉的是幸好這條魚並非是我主動搶奪而來的，故並不會因這條魚的存在而使我遭遇災禍。但就終究而言，佔據別人的東西來當作自己的恩惠，是不義之事，故不適合拿這條魚來招待賓客。

若就表面來看，庖中有自來之魚似為一件樂事，但王弼藉由注文提醒的一點在於——如果彼此的遇合不合乎正道，那麼怎樣都不會是件有益的事。當君子處在此尷尬的遇合處境中時，心中不能單憑此遇合所帶來的表面利益而暗自得意，而是必須要深究此遇合究竟合不合理、合不合正道。就爻位而言，〈九二〉居中處陽，故應不會有太大的災禍，但是否能真的「无咎」，還是得看自己的行事回應是否得宜。

綜合以上所論，筆者將王弼對〈姤〉卦的詮釋進路整理如下：

第一，王弼依循〈姤・彖〉解〈姤〉卦時的取象模式，同以〈姤〉卦的內外卦取象，取出「遜」、「剛健」二象，做為〈姤〉卦的第一層語境，由此引發後續隱喻聯想，豐富文本語脈。

第二，藉由「遜」、「剛健」二象引出的層層隱喻聯想，在句法層次上開

〔註230〕〔魏〕王弼注，樓宇烈校釋：《周易注（下經）・姤》，頁440。
〔註231〕〔魏〕王弼注，樓宇烈校釋：《周易注（下經）・姤》，頁440。

顯出文本的結構性意義，以及詮釋者所處的第二層語境。值得注意的是，相較於〈姤·彖〉關注於掌握此〈姤〉卦所顯出的遇合處境時的時機、意義，王弼則特別強調詮釋者對卦象之意在言外須有所掌握。

第三，王弼在其面對〈姤〉卦所處的第二層語境中，進一步跨入文本的義理層次，將文本放入自身存有處境進行後續聯想，探問當「我」身處此〈姤〉卦遇合之時中，我應有的回應與處事方式，如〈初六〉爻時的不可自縱、不可不貞，〔註232〕必須有繫於正道；〈九二〉爻時面對不合時宜的遇合，君子必須深知當中的不義，謹慎應之等等，〔註233〕在對卦象的層層反思中，思考立身處世的回應之道，開顯出〈姤〉卦的語意性意義。

5.〈震〉䷲（震下震上）

〈震〉卦卦辭言：

> 震，亨。震來虩虩，笑言啞啞。震驚百里，不喪匕鬯。〔註234〕

王弼注：

> 懼以成，則是以亨。震之為義，威至而後乃懼也，故曰「震來虩虩」，恐懼之貌也。震者，驚駭怠惰，以肅解慢者也。故震來虩虩，恐致福也；笑言啞啞，後有則也。威震驚乎百里，則是可以不喪匕鬯矣。匕，所以載鼎實。鬯，香酒。奉宗廟之盛也。〔註235〕

王弼於此以八卦取象，以〈震〉象「雷」，以此建構〈震〉卦的第一層語境，劃定詮釋範圍並將其視為詮釋時取資的材料，繼而進行後續詮釋。故卦辭注文之言「震之為義，威至而後乃懼也」，即是由「雷」之象出發，繼而聯想至雷之動為「震」、雷震而顯雷威，最後再由此連結到人聽到轟隆作響的雷聲後所產生的恐懼感受，以此解卦辭中「震來虩虩」一語。然而，若我們看卦辭之「震來虩虩，笑言啞啞」，可以發現當中「震來虩虩」與「笑言啞啞」間，其實存在著文意脈絡間的斷裂，也就是說，當人們處在「震來虩虩」的恐懼中

〔註232〕見〔魏〕王弼注，樓宇烈校釋：《周易注（下經）·姤》，頁439～440。

〔註233〕見〔魏〕王弼注，樓宇烈校釋：《周易注（下經）·姤》，頁440。

〔註234〕〔魏〕王弼注，樓宇烈校釋：《周易注（下經）·震》，收入《王弼集校釋》，頁474。

〔註235〕〔魏〕王弼注，樓宇烈校釋：《周易注（下經）·震》，頁474。

時，後續由懼轉笑，「笑言啞啞」的原因何在？面對卦辭這種文意脈絡的斷裂，王弼在進行詮釋時必須為其補上脈絡，使「震來虩虩，笑言啞啞」可以被讀者理解。

基於此，王弼繼而由「雷」之「震」、「雷震」之「威」及其後續對人所產生的恐懼做進一步的聯想，王弼指出雷震之所以會使人恐懼，並不光在其聲響上的巨大威震，而是此雷震也如警鐘般對於懈怠者產生當頭棒喝的作用。王弼於此便將雷之震再更進一步地聯想到猶如警鐘般的隱喻，言其可驚醒怠惰、怠慢的人心，「驚駭怠惰，以肅解慢也」。

於是，王弼可藉此補足卦辭「震來虩虩，笑言啞啞」間斷裂的文脈，王弼言：「故震來虩虩，恐致福也」，因為雷震如警鐘般敲醒怠惰的人心，使人心生恐懼之餘也能有所警醒，因此奮發而不敢懈怠，最後反而因此能夠「致福」。人們是在此脈絡下而能「笑言啞啞」，故此笑言並非一般遇到欣喜之事的「笑」，也不是笑鬧玩樂的「笑」，而是在受到警醒後奮發不懈，不再怠惰、怠慢，並在此努力中獲得豐碩成果、致福後所發自內心的深具喜悅之情的「笑」。

在一般人的行事上如此，比之於治國亦然。卦辭言「震來虩虩，笑言啞啞。震驚百里，不喪匕鬯」，但若單就卦辭視之，其實很難知道「笑言啞啞」與「震驚百里」之間的關聯，但王弼由上述的層層隱喻、聯想出發，由人在行事上的被雷震之聲所警醒，再進一步推至治國上頭，王弼注言：「威震驚乎百里，則是可以不喪匕鬯矣」，即是指雷聲威震一國，同樣警醒著主政者必須以戒慎謹慎的態度治國，若此，便能保持其政權（不喪匕鬯）〔註236〕。

若此，我們在回到卦辭一開始之「震。亨。」一語，王弼對此注為：「懼以成，則是以亨」，若統觀王弼對卦辭整體的注文，我們便可以知道懼成而後能亨的關鍵是在於因懼而後戒慎恐懼，以此態度行事，如此才得以能「亨」。

承上所論，我們可以知道〈震〉卦標示出的是一種雷震時的情境〔註237〕，再藉由六爻變化，顯示面對雷震時的各種處境，以及相應的回應之道。在王弼的注文中，其特別強調面對雷震時心中即便不安，但重點實不在雷震也不在於不安，而在於心中必須時時因此保持警醒，不得懈怠，正如其注〈初九〉

〔註236〕樓宇烈「不喪匕鬯」注為：「意為不喪失祭祀宗廟之權，亦即保持其政權之意。」〔魏〕王弼注，樓宇烈校釋：《周易注（下經）·震》，頁477。
〔註237〕戴璉璋：《周易經傳疏解》，頁179。

爻「震來虩虩，後笑言啞啞，吉」〔註238〕時言：「能以恐懼脩其德也」〔註239〕即王弼認為當人居此〈初九〉爻時，最後之所以能「吉」，重點便在以戒慎恐懼的態度立身修德。又如〈六二〉爻：「震來厲，億喪貝。躋于九陵，勿逐，七日得。」〔註240〕王弼在注文中同樣強調：「震之為義，威駭怠懈，肅整惰慢者也。」〔註241〕即雷以威震告誡世人，以此對懈怠者產生警醒、告誡，進而整肅之。

小結以上所論，我們可將王弼對〈震〉卦的詮釋進路分述如下：

第一，王弼以八卦取象，以〈震〉象「雷」，建構出〈震〉卦的第一層語境，劃定詮釋範圍，並以「雷」做為詮釋時的取材。

第二，面對文意脈絡間有所斷裂的卦辭，王弼在句法層次上藉由字義間的隱喻聯想，補全卦辭的文意脈絡，詮解卦辭的結構性意義。當文意脈絡獲得補全，文本氛圍於焉產生，詮釋者在此文本氛圍中，持續與文本對話，產生詮釋者面對文本時所處的第二層語境。

第三，王弼在其所處的第二層語境中，思索自身若處於此〈震〉卦雷震之時，將如何行事回應的問題。此時，王弼從句法層次進一步跨越到義理層次，探究的不再只是句法結構上的字義、句義問題，而是生命處境上的實踐問題。面對〈震〉卦，王弼特在義理層次上強調出聽到雷震後人們內心所產生的戒慎恐懼，並強調人要以此戒慎之心行事的應世之道。

6.〈艮〉☶（艮下艮上）

〈艮〉卦卦辭言：

> 艮其背，不獲其身；行其庭，不見其人。无咎。〔註242〕

王弼注：

> 目无患也。所止在後，故不得其身也。相背故也。凡物對面而不相通，否之道也。艮者，止而不相交通之卦也。各止而不相與，何得无咎？唯不相見乃可也。施止於背，不隔物欲，得其所止也。背者，

〔註238〕〔魏〕王弼注，樓宇烈校釋：《周易注（下經）·震》，頁475。
〔註239〕〔魏〕王弼注，樓宇烈校釋：《周易注（下經）·震》，頁475。
〔註240〕〔魏〕王弼注，樓宇烈校釋：《周易注（下經）·震》，頁475。
〔註241〕〔魏〕王弼注，樓宇烈校釋：《周易注（下經）·震》，頁475。
〔註242〕〔魏〕王弼注，樓宇烈校釋：《周易注（下經）·艮》，收入《王弼集校釋》，頁479。

> 无見之物也。无見則自然靜止，靜止而无見，則不獲其身矣。相背
> 者，雖近而不相見，故行其庭，不見其人也。夫施止不於无見，令
> 物自然而止，而強止之，則姦邪並興。近而不相得，則凶。其得无
> 咎，艮其背不獲其身，行其庭不見其人故也。〔註243〕

在此段注文中，很重要的一句在於「艮者，止而不相交通之卦也」，王弼於
此明確定義〈艮〉卦，以卦德取象的方式，由〈艮〉取出由卦德而來的「止」
之象，進一步點出〈艮〉卦所代表的處境為——「止而不相交通」——停止的處
境。

此處就產生了一個問題，所謂「止而不相交通」，如果〈艮〉卦代表著「停
止」的處境，由停止而來的便是物事間的不相往來。此處境所帶來的境況就
正如王弼所言：「凡物對面而不相通，否之道也」，因為物事間必須透過交通
而有進一步的回應與行動，若彼此間的交通往來已斷，便容易因此產生阻塞、
「不相與」的氣象，故〈艮〉卦之「否」似乎是可以想見的，但卦辭卻又明確
地指出此卦最終「无咎」，這又該如何解釋呢？

王弼必須對卦辭最後之「无咎」做出解釋，進而解通卦義，故其指出「唯
不相見乃可也」，但此言實是王弼經過一連串的聯想與推導所得的結論，筆者
試論如下。

面對〈艮〉卦，王弼由卦辭的「艮其背」出發，由以〈艮〉取出的「止」
之象，再進一步引申到「止於背」的聯想，即如一人在行走時停下來，我們便
會注意到一人在停止時的背影之姿，故王弼注文又言：「所止在後」，此「後」
即亦為「背」之意，要表達的正是卦辭「艮其背」的意涵，所謂「所止在背」
是矣。再進一步說，卦辭言「行其庭，不見其人」，王弼注「相背故也」，指的
就是兩人行走於庭時，之所以會彼此「不見其人」，其實也就是因為此二人彼
此背對——「故相背也」——所致。

至此，我們可以發現王弼由「止」之象聯想到人身之「背」，繼而再進一
步聯想到兩個背對背行走之人彼此間的背對而不相見。接著，王弼再做出進
一步的聯想，言居此〈艮〉卦之「停止」之時，要能夠「无咎」，重點便在「唯
不相見乃可也」，即王弼由兩人背對而行的彼此不相見，再進一步聯想這就是
居於〈艮〉卦「停止」卦時之時，所能避免災禍的方式。此時王弼由「背對而
行」的狀態，強調出當中因背對而產生的彼此不相見，故王弼強調「背者，无

〔註243〕〔魏〕王弼注，樓宇烈校釋：《周易注（下經）・艮》，頁479。

見之物也」。接著，王弼再以此「无見」而下，進一步聯想到我們面對物欲時的態度及其相關的對應方式，王弼指出「无見則自然靜止，靜止而无見，則不獲其身矣」，對此，孔穎達的疏說明得非常清楚，其言：

> 背者，无見之物也，夫无見則自然靜止。夫欲防止之法，宜防其未兆，既兆而止，則傷物情。故施止於无見之所，則不隔物欲，得其所止也。若施止於面，則對面而不相通，強止其情，則奸邪並興而有凶咎。〔註244〕

我們可將孔穎達疏比之於就王弼注文中的隱喻，便可知王弼將二人彼此相對而見，聯想至此情狀正猶如人之面對物欲。王弼認為要避免物欲最好的方法，不是在見了物欲之後再強而止之，而是要在未見物欲之前便加以阻止，猶如二人彼此相背而行不會看到彼此一般，「无見則自然靜止」。王弼此言似與《老子》第三章之：「不見可欲，使民心不亂」〔註245〕義近，王弼注《老子》此言為：「故可欲不見，則心無所亂也。」〔註246〕講的皆是指要在人心因欲而蠢動前便加以制止，止亂於本才能崇本息末，如此才是不使心迷亂的正確處理方式。若以此看，王弼對〈艮〉卦辭之注似來自於《老子》，其於〈艮〉卦辭注文中所提到的「无見則自然靜止，靜止而无見」也與《老子》重自然無為、重靜、崇本息末若合符節。那麼，我們是否可就此說王弼此處乃是援老入易呢？如果我們以最寬鬆的角度視之，這當然是種援老入易，但筆者在前幾章中也討論過，如果王弼的援老入易只是一種雜揉摻合、隨意取用式的援老入易，那麼我們便無法說王弼之學成其體系。故本論文看待王弼是否援老入易時，用的標準是最嚴格的，即——王弼有沒有將《老子》或道家思想視為其注《易》時的核心問題意識？若有，我們才能說王弼援老入易。可是，就此處所討論的〈艮〉卦來看，王弼對《老子》「故可欲不見，則心無所亂也」概念的取用，也僅指於其注〈艮〉卦卦辭時的以下幾處：

> ……各止而不相與，何得无咎？唯不相見乃可也。施止於背，不隔物欲，得其所止也。背者，无見之物也。无見則自然靜止，靜止而无見，則不獲其身矣。相背者，雖近而不相見，故行其庭，

〔註244〕〔魏〕王弼、〔晉〕韓康伯注，〔唐〕孔穎達等正義：《周易正義》，頁26b，總頁115。

〔註245〕〔魏〕王弼注，樓宇烈校釋：《老子道德經注（上篇）》，頁8。

〔註246〕〔魏〕王弼注，樓宇烈校釋：《老子道德經注（上篇）》，頁8。

不見其人也。夫施止不於无見，令物自然而止，而強止之，則姦
邪並興。〔註247〕

……易背曰止，以明背即止也。施止不可於面，施背乃可也。施止
於止，不施止於行，……。〔註248〕

究〈艮〉卦通篇，當其談論〈艮〉卦之「止」之時的時候，其實真正的著重點
不在於對《老子》思想的援用，而是王弼想藉此拉出人居〈艮〉卦這個標示著
停止處境時，君子必須明白「止」的時機，如此才能无咎的討論。因為在〈艮〉
卦所表現出的「停止」之處境中，固然「止」是一個重點，但更重要的是要在
何時而止？正如王弼前述的譬喻，面對物欲，重點是在見到物欲前就得「止」，
才能「令物自然而止」，而非見到物欲、物欲橫生後再「止」，「強止之，則奸
邪並興」。由此可見，我們可以看到〈艮〉卦相當重視「適時而止」的概念，
人的行事是否能適時而止也是居此卦時能否无咎的關鍵。

　　然而，這個重「時」得止之道其實並非王弼首創，王弼是在〈彖傳〉、〈象
傳〉的基礎上繼而言之，正如〈艮・彖〉之言：「時正則止，時行則行，動靜
不失其時，其道光明。」〔註249〕王弼注：「……適於其時，道乃光明也。」
〔註250〕又如〈艮・象〉言：「君子以思不出其位」，從六爻之位聯想到君子所
處的本分〔註251〕、處境，故王弼注言：「各止其所，不侵官也。」〔註252〕若
占卦是為了對人事處境有所指引，那麼占得〈艮〉卦時除了提取出當中的「止」
的概念外，更要知道何時要止、行事上要以如何方式來「止」。如同〈艮・六
五〉所謂：「艮其輔，言有序，悔亡。」〔註253〕王弼注：「施止於輔，以處於
中，故口无擇言，能亡其悔也。」〔註254〕關於〈艮〉卦六爻，一如卦辭用背、
身作喻，經文亦將六爻之由初至上分別由下往上地喻至身體各部位。故〈六
五〉爻爻辭言「艮其輔」，即此「止」之象到〈六五〉爻時已依序往上發展到
面頰骨，在此之時行為上就要「言有序」，才能「悔亡」。王弼則進一步將爻辭

〔註247〕〔魏〕王弼注，樓宇烈校釋：《周易注（下經）・艮》，頁479～480。
〔註248〕〔魏〕王弼注，樓宇烈校釋：《周易注（下經）・艮》，頁480。
〔註249〕〔魏〕王弼注，樓宇烈校釋：《周易注（下經）・艮》，頁480。
〔註250〕〔魏〕王弼注，樓宇烈校釋：《周易注（下經）・艮》，頁480。
〔註251〕戴璉璋先生注此句為：「君子因思慮完全定在自己所處的本分上。」戴璉璋：
　　　　《周易經傳疏解》，頁184。筆者此處「本分」之說乃沿用戴先生的說法。
〔註252〕〔魏〕王弼注，樓宇烈校釋：《周易注（下經）・艮》，頁480。
〔註253〕〔魏〕王弼注，樓宇烈校釋：《周易注（下經）・艮》，頁481。
〔註254〕〔魏〕王弼注，樓宇烈校釋：《周易注（下經）・艮》，頁481。

「艮其輔」聯想至〈六五〉居中的爻位，謂此爻點出的是人在居中之時所必須對應的行事方式，由面頰骨之口進一步聯想到「口无擇言」，即口不能隨意亂言，知說話之「止」，如此才不會惹上麻煩。〔註255〕

針對以上論述，筆者將王弼對〈艮〉卦的詮釋進程分述如下：

第一，王弼採卦德取象，由〈艮〉之卦德取出「止」之象，以此做為〈艮〉卦的第一層語境，劃定詮釋範圍，也做為詮釋時的取資之用。

第二，做為詮釋者，王弼必須試圖解通行文上實有所斷裂的經文。故王弼在句法層次上，藉由「止」之象所拉出的層層隱喻聯想，補足經文之文句脈絡，開顯〈艮〉卦的結構性意義。另一方面，也藉由文句語脈之建構，使〈艮〉卦的文本氛圍能有更清楚、豐富的展現，詮釋者便可在此文本氛圍中，產生之於〈艮〉卦時自身所處的第二層語境，繼而在此語境中與文本進一步對話。

第三，在後續的對話中，王弼便不在停留於句法層次的意義討論，而進一步跨越到義理層次，將〈艮〉卦所透顯出的氛圍、狀況拿至自身生命處境中，思索當「我」處於此〈艮〉卦停止之時時，「我」在行事上、心態上又該如何回應、如何自處？就〈艮〉卦而言，王弼對其的詮釋重在知其所止之時上頭，故即便當中有對《老子》之援用，但以〈艮〉卦整體而論，王弼僅是要借《老子》的相關話語出發，以進一步著眼於君子處〈艮〉卦「止」之時的行事之道，即君子必須明白「止」的時機，如此應世時才能无咎的道理。至此，王弼對〈艮〉卦經文進入了義理層次的探究，以此開顯出〈艮〉卦更深一層的語意性意義。

〔註255〕宋儒對〈艮〉卦亦相當重視，如周濂溪曾言：「一部《法華經》，只消一個艮卦可了」〔宋〕程顥、程頤：《河南程氏外書》，卷10，收入《二程集》（第3冊），頁408。程子繼而言：「看一部《華嚴經》，不如看一〈艮〉卦。」〔宋〕程顥、程頤：《河南程氏遺書》，卷6，收入《二程集》（第3冊），頁81。針對宋儒對〈艮〉卦的討論，何益興指出：「《周易》是宋明儒學義理淵藪之一。宋明的心性之學，其依據大都在《易傳》或《中庸》。〈艮〉卦『艮止』之義，便是其中要義之一。……以〈艮〉卦作為儒家義理的代表，從中可以看到『艮止』之義在宋明工夫論中的地位。」何益鑫：〈伊川艮止大義解〉，《周易研究》2013年第2期（總第118期），頁57～58。對於宋儒對《易經》的論述，亦是相當精采，從中我們亦可以看出宋儒與《易經》、王弼《周易注》與宋儒《易經》之間各自的詮釋互動。但由於本文主題在王弼《周易注》本身，故對以上問題，筆者將另撰專文討論，此處略下不表。

值得注意的是，正因為王弼對〈艮〉卦所進行的人事應世上的反思在於思索何時能止、如何止得其所，故我們無法就〈艮〉卦此處對《老子》的援用便直接說王弼援老入易，因為《老子》此處「止亂於本」、「崇本息末」的概念並非王弼注解〈艮〉卦時的問題意識。

7.〈巽〉☴（巽下巽上）

〈巽〉卦卦辭言：

> 巽。小亨。利有攸往。利見大人。〔註256〕

面對如此簡略的經文，王弼必須為其補足脈絡，使詮釋得以可能。故王弼注：

> 全以巽為德，是以小亨也。上下皆巽，不違其令，命乃行也。故申
> 命行事之時，上下不可以不巽也。巽悌以行，物无距也。大人用之，
> 道愈隆。〔註257〕

在注文一開始，王弼即點出其面對〈巽〉卦採卦德取象，由〈巽〉之卦德取出「遜」、「順」之象，以此做為〈巽〉的第一層語境，劃定詮釋範圍，並做為後續詮釋時的材料。故王弼曰〈巽〉卦「全以巽為德」，但面對卦辭之言「巽。小亨」，王弼必須做出進一步的說解，即王弼必須連結起「巽」與「小亨」間的關聯，做出合理的說明。對此，王弼分兩個進路進行詮解，一為王弼言：「上下皆巽，不違其令，命乃行也。故申命行事之時，上下不可以不巽也。」也就是說，王弼由其自〈巽〉卦德取出之「遜」、「順」之象出發，引申至在一個團體中，上位者與下位者皆要以「遜」、「順」的態度處事，不違背已宣達的命令，如此便能使命令的宣達、進行都能順暢無礙。此是王弼之所以強調：「故申命行事之時，上下不可以不巽也」的原由所在。

除了在團體中，上下皆要以「遜」、「順」的態度面對命令外，另一方面，王弼更將此「遜」、「順」之象推至人與人之間的相處上，指出「巽悌以行，物无距也」，即點出人際交往間也必須要以此「遜」、「順」的態度處事，並且善待彼此，若此而往，人際間亦能無所扞格。

就以上所述，我們可以知道王弼藉由以卦德取出的「遜」、「順」之象，進一步點出此〈巽〉卦表現出的是一種謙遜、謙順的情境〔註258〕。因此，面

〔註256〕〔魏〕王弼注，樓宇烈校釋：《周易注（下經）‧巽》，收入《王弼集校釋》，頁 500～501。

〔註257〕〔魏〕王弼注，樓宇烈校釋：《周易注（下經）‧巽》，頁 501。

〔註258〕戴璉璋先生言：「〈巽〉卦標示謙遜的情境。」戴璉璋：《周易經傳疏解》，頁 200。

對卦辭所謂之「利見大人」，王弼便言：「大人用之，道愈隆」，也就是說面對〈巽〉卦所示的這種謙遜、謙順的情境中，大人君子必須時時警醒自己必須以謙遜、謙順的態度應世行事，若能如此，那麼想做的事情便能益加順遂。

值得注意的是，即便王弼由〈巽〉之卦德取出「順」、「遜」之象，表面看來似與〈坤〉之卦德「順」有所雷同，但畢竟〈巽〉☴與〈坤〉☷卦畫結構不同，故卦之內蘊當然亦會有所不同。因此，即便王弼以「順」、「遜」之象拉出詮釋脈絡，以此象進行解卦，但王弼在實際進入〈巽〉卦說解時，則又特別重視爻位間的上下位置與陰陽變化，以爻位與陰陽來做為處〈巽〉卦謙遜、謙順之時行事的考量。此如王弼面對〈巽‧象〉之言「剛巽乎中正而志行」〔註259〕，王弼注：「以剛而能用巽，處乎中正，物所與也。」〔註260〕即王弼藉由〈巽‧九五〉居中處正且為陽爻，故言處乎中正的〈九五〉爻能「以剛而能用巽」，引申至人事即是指大人君子以剛中、剛正的態度來行事處事，如是，則「物所與也」。故面對〈九五〉爻辭言：「貞吉，悔亡，无不利，无初有終。先庚三日，後庚三日，吉。」〔註261〕王弼便指出〈九五〉爻：

> 以陽居陽，損於謙巽，然秉乎中正以宣其令，物莫之達，故曰「貞
> 吉，悔亡，无不利」也。〔註262〕

若單純以當位說來看，〈九五〉爻以陽居陽，當位，毋庸置疑便是「吉」，但由於〈巽‧九五〉雖然當位，但對於表謙順、謙遜處境的〈巽〉卦而言，此九五之剛則又會有損於謙遜，故使得〈九五〉爻在得到終「吉」前產生了一些波折。這是因為若大人君子應世處事時過於剛直，面對下屬時「化不以漸，卒以剛直用加於物」，〔註263〕直接以過於剛直的態度處事，少了謙順、謙遜的態度，那麼便會使下屬心生不滿，「初皆不說也」〔註264〕。但另一方面，即便九五之剛有損於〈巽〉卦之遜，但若大人君子在宣達命令時能夠秉持中正的態度，那麼下屬們還是會因而謹尊命令。故王弼曰：「終於中正，邪道以消，故有終也。」〔註265〕故「中正」便成為大人君子處〈巽‧九五〉之

〔註259〕〔魏〕王弼注，樓宇烈校釋：《周易注（下經）‧巽》，頁501。
〔註260〕〔魏〕王弼注，樓宇烈校釋：《周易注（下經）‧巽》，頁501。
〔註261〕〔魏〕王弼注，樓宇烈校釋：《周易注（下經）‧巽》，頁503。
〔註262〕〔魏〕王弼注，樓宇烈校釋：《周易注（下經）‧巽》，頁503。
〔註263〕〔魏〕王弼注，樓宇烈校釋：《周易注（下經）‧巽》，頁503。
〔註264〕〔魏〕王弼注，樓宇烈校釋：《周易注（下經）‧巽》，頁503。
〔註265〕〔魏〕王弼注，樓宇烈校釋：《周易注（下經）‧巽》，頁503。

時，行事順遂的準則。

又如〈巽·象〉言：「柔皆順乎剛」〔註266〕，王弼注：「明无違逆，故得小亨。」〔註267〕即是以〈巽〉卦卦畫☴的角度，指出〈初六〉、〈六四〉爻皆居於陽爻之下，故「柔皆順乎剛」、「明無違逆」，使最後能夠「得小亨」。

由此我們可以知道，王弼解〈巽〉卦時一方面以卦德取象，取出「順」、「遜」之象，但另一方面王弼在貴陽賤陰的解經角度下，使其特別重視陽爻，特別是居中陽爻的地位與作用，故〈巽〉卦之「順」與〈坤〉卦之「順」是大有差異的。正如〈巽·初六·象〉之言：「進退，志疑也」〔註268〕王弼注：「巽順之志，進退疑懼」〔註269〕，在〈巽〉卦中因為陰陽各爻的變化、作用與位置彼此交互影響，故在在顯出一股猶疑、疑懼的不安之情。也因此，居〈巽〉卦之時，處事之中正便成為使行事得以順利的關鍵，當「順」中有「中正」、「剛中」做根據，此「順」便有底氣，否則便會如〈巽·上九〉般：「處巽之極，極巽過甚，……過巽失正，喪所以斷。」〔註270〕即因過「順」且失「正」而導致人喪失決斷的能力，最後遭致凶厄。

根據以上論述，筆者將王弼對〈巽〉卦之詮釋進路整理如下：

第一，王弼以卦德取象，由〈巽〉卦德取出「遜」、「順」之象，做為〈巽〉卦的第一層語境，劃定詮釋範圍，並以之取資。

第二，面對經文文句之簡略，王弼由上述取象出發，進一步產生相關隱喻聯想，一方面建構〈巽〉卦的文句語脈、文本氛圍，使詮釋者面對文本時的第二層語境得以產生。另一方面，也藉由句法層次上對〈巽〉卦文句脈絡的建構，開顯出〈巽〉卦的結構性意義。

第三，當句法層次的結構性意義獲得開顯，王弼便進一步進入義理層次，思索居此〈巽〉卦謙遜之時的「我」，該如何應世處事？面對〈巽〉卦六爻，各爻間彼此陰陽交錯、相互影響，使〈巽〉卦產生一種在進退上猶疑不安，甚至產生至順而卑〔註271〕的狀況，故大人君

〔註266〕〔魏〕王弼注，樓宇烈校釋：《周易注（下經）·巽》，頁501。
〔註267〕〔魏〕王弼注，樓宇烈校釋：《周易注（下經）·巽》，頁501。
〔註268〕〔魏〕王弼注，樓宇烈校釋：《周易注（下經）·巽》，頁502。
〔註269〕〔魏〕王弼注，樓宇烈校釋：《周易注（下經）·巽》，頁502。
〔註270〕〔魏〕王弼注，樓宇烈校釋：《周易注（下經）·巽》，頁503。
〔註271〕例如九二爻居下體又不當位，故王弼謂其：「處巽之中，既在下位，而復以陽居陰，卑巽之甚，……。」〔魏〕王弼注，樓宇烈校釋：《周易注（下經）·巽》，頁502。

子必須就著各爻所處的時機、處境而有不同的因應。但王弼解經，向來貴陽賤陰、重中正尤其是剛中之位，由此而發，王弼便強調處〈巽〉卦之時即便會因為各爻的陰陽、位置變化而有吉凶悔吝的狀況，但心存中正之道則是君子居〈巽〉卦謙遜之時所須秉持的不二法門，因即便〈巽〉卦重「順」，君子處事亦不能過「順」，當君子行事過順失正，便會失去決斷的能力，招致凶厄。就詮釋層次而言，王弼此時對〈巽〉卦的說解，已不再停留於句法層次上的文意說解，而是跨入義理層次，將〈巽〉卦放入自身存有處境，思索面對〈巽〉卦時的應世之道，開顯出〈巽〉卦的語意性意義。

8.〈兌〉☱（兌下兌上）

〈兌〉卦辭言：「兌。亨，利貞。」〔註272〕〈兌·彖〉對此指出：

> 兌，說也。剛中而柔外，說以利貞。是以順乎天，而應乎人。〔註273〕

王弼進而注〈兌·彖〉此言為：

> 說而違剛則諂，剛而違說則暴，剛中而柔外，所以說以利貞也。剛中，故利貞；柔外，故說亨。天，剛而不失說者也。〔註274〕

由上述引文可知，面對〈兌〉卦，〈兌·彖〉言「兌，說也」，以卦德取象，由〈兌〉卦德取出「悅」象，〈兌〉卦表示的即是處於此「悅」的處境。

王弼依循〈兌·彖〉的取象模式，同樣取出「悅」象，並繼而進行說解。若單就「悅」字而看，此〈兌〉卦似乎是一充滿喜悅而偏於柔順之卦象，但解經向來重視陰陽間的平衡、互動，〈兌〉卦卦畫☱亦是陰陽彼此參差，故王弼特別指出：「說而違剛則諂，剛而違說則暴」，以〈兌〉卦卦畫☱中的陰陽起論，將〈兌〉卦中彼此參差的陰陽各爻，比之於人事上的「說（悅）」、「剛」，將詮釋由卦畫之陰陽進一步跨入人事處事的範疇，由〈兌〉卦卦畫間的陰陽出發，進一步指出陰陽剛柔間要能彼此配合、平衡，並以此觀點來論人事，指出人在處事時若一味顯出「說（悅）」、「柔」的態度，甚至因此而違背了剛正之道，那麼便會陷入諂媚的境地。另一方面，若行事過於剛

〔註272〕〔魏〕王弼注，樓宇烈校釋：《周易注（下經）·兌》，收入《王弼集校釋》，頁505。

〔註273〕〔魏〕王弼注，樓宇烈校釋：《周易注（下經）·兌》，頁505。

〔註274〕〔魏〕王弼注，樓宇烈校釋：《周易注（下經）·兌》，頁505。

直，全然不知如何以「說（悅）」、「柔」處事，那麼就有落入暴虐的可能。
就〈兌〉卦卦畫☱來說，中爻〈九二〉、〈九五〉為陽爻，故王弼言「剛中」；
〈六三〉、〈上六〉為陰爻，故王弼曰：「柔外」，就此推之，可知當我們處
〈兌〉卦的這種愉悅處境時，處事上必須內心剛正之道但外表柔和，如此一
來才能使行事得以順利。

　　因此，王弼繼而解〈兌・彖〉「是以順乎天而應乎人」為「天，剛而不失
說者也」，上天之對待萬物是剛柔相繼、陰陽平衡，由此而下，人的行事亦得
仿照上天，同樣得懂得平衡剛與柔之間的分際。又如〈兌・初九〉言：「和兌，
吉」，王弼注：

> 居〈兌〉之初，應不在一，无所黨係，和兌之謂也。說不在諂，履
> 斯而行，未見有疑之者，吉其宜矣。〔註275〕

若單就〈初九〉爻辭來看，〈初九〉爻似就為一單純的和悅吉象，但王弼藉由
陰陽間的互動，拉出比爻辭更加豐富的文意脈絡。王弼先就〈初九〉爻的爻位
起論，謂〈初九〉爻處於〈兌〉卦初始，但他又無應於與其相應的〈九四〉爻，
因此聯想到〈初九〉爻的「无所黨係」，無朋黨之交上頭。王弼以此觀點來解
爻辭之所謂〈初九〉爻之「和兌」，即〈初九〉之所以能夠「和兌」，重點在於
交遊上的「无所黨係」。在此基礎上，王弼再繼而將焦點放在人行事時的指引
守則—「說不在諂」—上頭，也就是說，即便〈兌・初九〉本身就因其本身在
交遊上的謹慎—「无所黨係」—而使此爻呈現出一種和順、愉悅的狀態，但最
終是否能「吉」，還必須依靠行事上的「說不在諂」。就〈初九〉爻本身來看，
其為陽爻，先天上便帶有陽、剛的正面特質，比之於處事，則可聯想到人若可
以此剛正之心行事應世，即便在愉悅的境況下也不至於會行事失節，使自己陷
入對人諂媚的不利境況中。若能如此，〈初九〉爻才能真正達到「吉」的結果。

　　由以上所述，我們可以知道王弼之解〈兌〉卦，除了重視由卦德取出之
「悅」象外，他亦強調人居此「悅」的處境中時，內心所必須堅守的剛正之
道。因人處在愉悅的處境中時，內心若不能持守剛正，那麼便容易迷失在此
使人放鬆的愉悅處境中，朋黨相應、小人近之，進而使自己行事失準。若此，
反而會使自己陷入凶險。承前所論種種，筆者將王弼對〈兌〉卦的詮釋進路
做以下略述：

　　第一，王弼依循〈兌・彖〉的取象模式，以〈兌〉之卦德取出「悅」象，

〔註275〕〔魏〕王弼注，樓宇烈校釋：《周易注（下經）・兌》，頁506。

以此做為〈兌〉卦的第一層語境，劃定詮釋範圍，並做為後續詮釋時的取資。

第二，王弼藉由所取出的「悅」象，進一步在句法層次上進行層層隱喻聯想，由〈兌〉卦卦畫之陰陽剛柔、爻位高低等角度出發，進而拉出卦畫與人事間的關聯。王弼於此，是先在句法層次上完足、豐富經文原本簡略甚或斷裂的文脈，開顯出文本的結構性意義。並且也靠著文脈的豐富化，使文本氛圍得以進一步呈現，產生詮釋者面對文本時的第二層語境。

第三，在第二層語境中，王弼持續與文本對話，將文本所言放入自身存有處境做進一步的聯想。此時王弼對〈兌〉卦的詮釋由句法層次跨入義理層次，並在與人生命境況相關的處事應世的後續聯想中，即由〈兌〉卦畫的剛中柔外聯想至君子處事需外在柔和內心剛正，以此開顯出文本的語意性意義。

9・〈既濟〉☲☵（離下坎上）

〈既濟〉卦卦辭言：

> 既濟，亨小，利貞。初吉終亂。〔註276〕

〈既濟・彖〉則言：

> 既濟亨，小者亨也。利貞，剛柔正而位當也。初吉，柔得中也。終止則亂，其道窮也。〔註277〕

王弼在上述經傳的基礎上，繼而注之：

> 既濟者，以皆濟為義者也。小者不遺，乃為皆濟，故舉小者以明既濟也。剛柔正而位當，則邪不可以行矣，故唯正乃利貞也。柔得中，則小者亨也；柔不得中，則小者未亨；小者未亨，雖剛得正，則為未既濟也。故既濟之要，在柔得中也。以既濟為安者，道極無進，終唯有亂，故曰「初吉，終亂」。終亂不為自亂，由止故亂，故曰「終止則亂」也。〔註278〕

就〈既濟〉卦而言，其實無論卦辭或〈彖傳〉都屬簡略，故王弼身為後續詮釋者，必須在卦辭與〈彖傳〉的基礎上，做出更進一步的詮釋。若我們比較

〔註276〕〔魏〕王弼注，樓宇烈校釋：《周易注（下經）・既濟》，頁525。

〔註277〕〔魏〕王弼注，樓宇烈校釋：《周易注（下經）・既濟》，頁525。

〔註278〕〔魏〕王弼注，樓宇烈校釋：《周易注（下經）・既濟》，頁525。

經文、傳文與王弼注，可以發現彼此間的推衍如下：

卦　辭	象　傳	王弼注
亨，小利貞。	1. 既濟亨，小者亨也。	1. 既濟者，以皆濟為義者也。小者不遺，乃為皆濟，故舉小者以明既濟也。
	2. 利貞，剛柔正故位當也。	2. 剛柔正而位當，則邪不可以行矣，故唯正乃利貞也。
初吉終亂。	初吉，柔得中也。終止則亂，其道窮也。	柔得中，則小者亨也；柔不得中，則小者未亨；小者未亨，雖剛得正，則為未既濟也。故既濟之要，在柔得中也。以既濟為安者，道極無進，終唯有亂，故曰「初吉，終亂」。終亂不為自亂，由止故亂，故曰「終止則亂」也。

　　面對〈既濟〉卦，王弼由卦名直接取「既濟」之象，謂「既濟者，以皆濟為義者也」，以「既濟」之象做為詮釋的第一層語境，劃定詮釋範圍，並由此引發後續的詮釋聯想與意義開顯。關於「既濟」所指為何，可參孔穎達之疏：

　　濟者，濟渡之名；既者，皆盡之稱。萬事皆濟，故以既濟為名。
〔註279〕

以字義而言，「濟」為「渡河」之意，故單就「既濟」詞義，是指「皆已渡河」，孔穎達由此引申出「萬事皆濟」之意。故當王弼採卦名取象，此處的渡河、萬事皆濟之意便成為王弼說解〈既濟〉卦時的詮釋基點，以此「既濟」之象出發，統論全卦。

　　就卦辭而言，一開始卦辭指點出〈既濟〉為「亨，小利貞」，但並未明言〈既濟〉之所以會「亨」、「小利貞」的原由，以及「亨」與「小利貞」之間的關聯。所以〈既濟·彖〉更進一步加上說解：「小者亨也」，把「小者」與「亨」間的關係更緊密地連結在一起，但為何「小者」能「亨」，〈既濟·彖〉則未有更明確的說明，故王弼注之言：「既濟者，以皆濟為義者也。小者不遺，乃為皆濟，故舉小者以明既濟也。」正所謂由小見大，若〈既濟〉卦是以「皆濟」為義，在萬物皆濟的情況下小者也不當所有遺漏。因此，王弼才會說：「舉小者以明既濟也」，自「小者」處觀之，便可以此審視是否真達到「既濟」。

　　因此，我們可以抓出一個解〈既濟〉卦時所要留意的要點，即是必須留

〔註279〕〔魏〕王弼、〔晉〕韓康伯注，〔唐〕孔穎達等正義：《周易正義》，頁21a，總頁136。

意細碎的小處、小事，由此出發，小事做好了，才會有後續的「既濟」之成。從另一方面來看，強調若連小者皆不遺，都獲恰當之處置，那麼大者便不在話下，必定為「既濟」。此外，當我們由小處著眼，即是從眼前可著力處加以著手，這也就是往後能及於全面的開始。

此外，王弼更繼而點出解〈既濟〉卦時的另一個要點，其言：「剛柔正而位當，則邪不可以行矣，故唯正乃利貞也。」此處王弼是由〈既濟〉卦的卦畫☲☵著手，因〈既濟〉卦六爻皆為當位，王弼由六爻的當位出發，言「剛柔正而位當」，再由六爻的當位皆正進一步聯想到正道能行，故「邪不可以行矣」。此處王弼已由對〈既濟〉卦卦畫之說解，進一步引申到人事的運行上頭，謂人事上只要正道能行，那麼邪便不能勝正。故王弼小結言：「故惟正乃利貞也」，指出〈既濟〉卦之所以能「利貞」，其實重點就在行事之「正」。

由此可知，面對〈既濟〉卦所展現的萬事皆濟的處境中，之所以能「萬事皆濟」並非全然的天助自成，而是我們必須在此先天優良的處境中，由小處、自身開始處事以正，如此才能使行事亨通無礙。

若我們看卦辭，其言：「初吉終亂」，但我們無法從簡單的卦辭中，得知〈既濟〉卦何以會「初吉終亂」，以及「初吉」與「終亂」間的關係。故〈既濟・彖〉進一步解為：「初吉，柔得中也。終止則亂，其道窮也」，將「初吉」與「終亂」的原因做出進一步的說解。王弼在〈既濟・彖〉的基礎上，又更進一步指出：「柔得中，則小者亨也；柔不得中，則小者未亨；小者未亨，雖剛得正，則為未既濟也。故既濟之要，在柔得中也。」王弼解卦時，相當重視六爻的位置與相關的變化，故所謂的「柔得中」，是因為從爻位的角度上看，〈既濟・六二〉居中當位，〔註280〕故雖為小者（陰爻），那麼也能有「亨」。那麼，若以同樣觀點來看〈既濟〉其他爻，可以發現其〈六四〉、〈上六〉爻在位置上皆不得中，因此王弼才會說「小者未亨」。可是，正如筆者前頭所論，面對〈既濟〉卦，最重要的就是由小處、小者著眼，「小者不遺，乃為皆濟」，因此在小者未亨的狀態下，即便〈既濟〉卦中的〈九五〉爻居中處尊為剛，仍舊未能挽回頹勢，使〈上六〉爻最終能吉，〔註281〕故王弼言：「小者未亨，雖剛得正，

〔註280〕又如王弼注〈既濟・六二〉：「居中履正，處文明之盛，而應乎五，陰之光盛者也。」〔魏〕王弼注，樓宇烈校釋：《周易注（下經）・既濟》，頁526。
〔註281〕〈既濟・上六〉爻辭為：「濡其首，厲。」〔魏〕王弼注，樓宇烈校釋：《周易注（下經）・既濟》，頁528。

則為未既濟也」。於此，卦辭之所謂的「終亂」原因為何，也獲得解釋。

基於以上論述，王弼繼而指出：「故既濟之要，在柔得中」，即〈既濟〉卦的重點在於「柔得中」，一方面當然是就著以柔居中的〈既濟・六二〉而言，另一方面則是由對卦畫的解釋，進一步隱喻至人在處事上需以柔順的姿態行中正之道，若此，才能行事順利。

另一方面，王弼也進一步提醒人不能因處在〈既濟〉這樣萬事皆濟的處境中就有所鬆懈，其言：「道極無進，終唯有亂」，孔穎達的疏對此說解得很清楚，其言：

> 但人皆不能居安思危，甚終如始，故戒以今日既濟之初，雖皆獲吉，
> 若不進德修業，至於終極，則危亂及之。〔註282〕

也就是說，當我們處在〈既濟〉這般萬事皆濟的處境中時，看似一切美好，但禍亂其實就隱藏在人因美好生活而產生的懈怠當中。因此，即便處在〈既濟〉卦時，人的行事也必須要能居安思危，重視進德修業，其實這也就是前述王弼所重視的「小者」。人在行事、自處時若不重視小處，不懂得修德、不行中道，無法居安思危，那麼必然「終唯有亂」。故王弼最後才會指出：「終亂不為自亂，由止故亂」，此處「止」字指的是「終止不前」〔註283〕之意，也就是說，亂並非自己無端產生，而是由人在處事應世時不再修德、使己精進；不依正道而行，故使邪道趁隙而起，最後才會導致「終亂」的局面。

正如〈既濟・象〉所言：「君子以思患而豫防之」〔註284〕，思患、行中道〔註285〕、時存戒備之心〔註286〕、進業修德〔註287〕，皆是處〈既濟〉之時所必須謹記於心且不斷實踐的重點，否則既濟也將一反而成未濟，一如時運之不斷變動。也因此，〈既濟〉是必須就著下一卦〈未濟〉而說的，故王弼言：

〔註282〕〔魏〕王弼、〔晉〕韓康伯注，〔唐〕孔穎達等正義：《周易正義》，頁21a，總頁136。

〔註283〕樓宇烈解「由止故亂」為：「意為若以『既濟』為安，則將終止而不再前進，由於終止不進，導致禍亂。」見〔魏〕王弼注，樓宇烈校釋：《周易注（下經）・既濟》，頁528。

〔註284〕〔魏〕王弼注，樓宇烈校釋：《周易注（下經）・既濟》，頁526。

〔註285〕如〈既濟・六二〉王弼注：「夫以中道執乎貞正，而見侵者，眾之所助也。」〔魏〕王弼注，樓宇烈校釋：《周易注（下經）・既濟》，頁526。

〔註286〕如〈既濟・六四〉王弼注：「終日戒也。」〔魏〕王弼注，樓宇烈校釋：《周易注（下經）・既濟》，頁527。

〔註287〕如〈既濟・九五〉王弼注：「祭祀之盛，莫盛脩德」〔魏〕王弼注，樓宇烈校釋：《周易注（下經）・既濟》，頁527。

「既濟不忘未濟也。」〔註288〕

關於王弼對〈既濟〉卦的詮釋進路，筆者分述如下：

第一，王弼以卦名取象，直接取「既濟」之象做為〈既濟〉卦的第一層語境，以此劃定詮釋範圍，並做為詮釋的背景、材料。

第二，面對經文的簡略，王弼在句法層次上，由「既濟」之象拉出層層隱喻聯想，豐富〈既濟〉卦的文句語脈，產生文本氛圍，以及詮釋者面對文本時所處的第二層語境。也是在文句語脈的建立、豐富下，王弼在此句法層次中，開顯出〈既濟〉卦的結構性意義。

第三，當〈既濟〉卦的結構性意義已成，王弼便跨入義理層次，思索身為有德君子的「我」處在此〈既濟〉處境時，我該如何回應、處事？面對〈既濟〉，王弼點出君子之應世必須從小處著眼、以柔行事但心存中正，且必須居安思危，重視進業修德，不可因處既濟大亨之時便有所懈怠，否則會將一反既濟而成未濟。此時王弼對經文的詮解不再只是文意上的說解，而是將文本放入自身存有處境，與其反覆對話，而後在自身的生命中於以實踐。在此義理層次的思索中，〈既濟〉卦的語意性意義也因而獲得開顯。

10‧〈未濟〉☲（坎下離上）

如前頭論〈既濟〉卦時所述，〈既濟〉、〈未濟〉必須合而論之，王弼採〈既濟〉卦名為象，取象「既濟」；面對〈未濟〉，同樣就其卦名，取象「未濟」，以此劃定詮釋〈未濟〉卦時的疆界。一如前論，所謂「既濟」，是指「已經渡河」，引申為萬事皆備的狀態；「未濟」則是指「未能渡河」，引申為事情尚未完成的狀態。〔註289〕王弼以「未濟」之象出發，繼而開展後續層層聯想，對〈未濟〉卦進行詮釋。

〈未濟〉卦辭言：

> 未濟。亨。小狐汔濟，濡其尾，无攸利。〔註290〕

〈未濟‧彖〉依卦辭而下，指出：

> 未濟亨，柔得中也。小狐汔濟，未出中也。濡其尾，无攸利，不續

〔註288〕〔魏〕王弼注，樓宇烈校釋：《周易注（下經）‧既濟》，頁526。

〔註289〕戴璉璋先生認為：「〈未濟〉卦標示事情還未完成的情境。」戴璉璋：《周易經傳疏解》，頁222。

〔註290〕〔魏〕王弼注，樓宇烈校釋：《周易注（下經）‧未濟》，頁530。

終也。雖不當位，剛柔應也。〔註291〕

王弼則繼而注之：

以柔處中，不違剛也。能納剛健，故得亨也。小狐不能涉大川，須
汔然後乃能濟。處未濟之時，必剛健拔難，然後乃能濟。汔乃能濟，
未能出險之中。小狐雖能渡而无餘力，將濟而濡其尾，力竭於斯，
不能續終，險難猶未足以濟也。濟未濟者，必有餘力也。位不當，
故未濟；剛柔應，故可濟。〔註292〕

王弼在〈未濟〉卦辭與彖辭的基礎上，對〈未濟〉卦做出進一步的詮釋。若就
卦名而言，「未濟」明明指的是「未能渡河」，為何卦辭會說此卦為「亨」，實
令人費解。〈未濟・彖〉解此「亨」之因為「柔得中也」，在此指的其實是〈未
濟・六五〉的以柔（陰）居中位，但〈未濟・彖〉依舊沒有對〈六五〉爻以柔
居中而使〈未濟〉得以亨通的原因做出進一步的說明。故王弼繼而注之，言：
「以柔處中，不違剛也」，此亦是由〈未濟〉的爻位著眼，言〈六五〉爻一方
面以柔居中，另一方面有與相應的〈九二〉爻有應，故謂其「不違剛也」。因
此，就爻位而言，〈未濟〉居尊位的〈六五〉爻基本上呈現出一種吉的狀態，
故王弼繼而由爻位之陰陽剛柔、有應與否進一步聯想到人在行事時的「能納
剛健」，也就是說，若人在行事時，能以柔順的態度實行正道，另一方面又能
納旁人的剛健之言，那麼便能使此人在行事時能夠亨通。由此可知，此處的
「以柔處中」、「能納剛健」便是人在處於〈未濟〉之境況時，求得亨通的一大
關鍵。

未濟之時因未能渡河，事情尚未完成，在河中所遭遇到的困難重重是可
以想見的。可是我們並不要因此而氣餒放棄，王弼在其注文中便指出：

處未濟之時，必剛健拔難，然後乃能濟。〔註293〕

也就是說，面對〈未濟〉之境況，除了前述的「以柔處中」、「能納剛健」之
外，我們本身之處事亦要能夠存「剛健」之心，因為存剛健之心者才能以正
道行事，若此，也才能度過渡河的難關。

另一方面，也因為〈未濟〉之時的境況實在是非常危險，難靠一己之力
便能擺脫，故王弼點出旁人的幫助對於處未濟之時者的重要性，其言：

〔註291〕〔魏〕王弼注，樓宇烈校釋：《周易注（下經）・未濟》，頁530～531。

〔註292〕〔魏〕王弼注，樓宇烈校釋：《周易注（下經）・未濟》，頁530～531。

〔註293〕〔魏〕王弼注，樓宇烈校釋：《周易注（下經）・未濟》，頁531。

　　　　濟未濟者，必有餘力也。〔註294〕

由有餘力者來幫助未濟者，在此一臂之力下，亦能幫助未濟者度過危難。很
有意思的一點在於，為何王弼此處要強調這個能濟未濟者，「必有餘力」呢？
筆者以為，此處「餘力」一詞標示著人處事時的一種態度，人處事時雖要盡
力而為，但依舊要懂得留有餘力，用盡全力亦代表全然的耗損，唯有留有餘
力才能有後續運用的可能。〔註295〕就爻位而言，〈未濟〉中〈九二〉爻之濟必
須仰賴相應的〈六五〉爻之助，〈六五〉爻居陽位而為陰爻屬柔，故王弼言其
為「使武以文，御剛以柔」〔註296〕，有剛正之質又能處事以柔。也正是〈六
五〉爻這樣的特質，故能因其處事之柔而留有餘力，因為若其為剛而用剛，
則容易用盡其拉拔之力而使力量耗盡，那麼又怎還能有力量去濟〈九二〉爻
呢？此外，又如王弼對〈未濟・九二〉「曳其輪，貞吉」〔註297〕之注：

　　　　體剛履中，而應於五，五體陰柔，應與而不自任者也。居未濟之時，
　　　　處險難之中，體剛中之質，而見任與，拯救危難，經綸屯蹇者也。
　　　　用健拯難，靖難在正，而不違中，故「曳其輪，貞吉」也。〔註298〕

王弼同樣由〈九二〉爻的爻位、應位等觀點入手，其所謂「體剛履中，而應於
五」，即是言〈未濟・九二〉為陽爻居中，並且與相應的〈六五〉爻有應。另
一方面，〈六五〉爻為陰爻，故王弼謂「五體陰柔」。在說解完〈九二〉與相應
且有應的〈六五〉爻的爻位性質後，王弼便結合以上種種爻位性質的討論，
指出〈九二〉爻：「應與而不自任者也」，也就是因〈九二〉爻與〈六五〉爻有
應，故能不自任地接納〈六五〉爻，受〈六五〉爻之助。王弼認為〈九二〉爻
「居未濟之時，處險難之中，體剛中之質」原本應該是險上加險，但就因為
其能夠納〈六五〉爻之助，故才得以「拯救危難」。我們從王弼對〈九二〉爻
的注文中，可以拉出一些人在居〈未濟〉之時的處事要點——第一，要能廣
納善言、接受他人幫助。第二，即便自己為一內心剛直之人（如〈九二〉爻），
也要懂得柔順的處事之道（如〈九二〉有應於〈六五〉）。第三，所謂「用健拯

〔註294〕〔魏〕王弼注，樓宇烈校釋：《周易注（下經）・未濟》，頁531。
〔註295〕此處為筆者與楊祖漢先生討論〈未濟〉之解時，楊先生對王弼「餘力」說的
　　　　闡發，筆者深以為楊先生此說饒具興味，於此援用，並向楊先生深表謝忱。
〔註296〕〔魏〕王弼注，樓宇烈校釋：《周易注（下經）・未濟》，頁533。
〔註297〕〔魏〕王弼注，樓宇烈校釋：《周易注（下經）・未濟》，頁532。
〔註298〕〔魏〕王弼注，樓宇烈校釋：《周易注（下經）・未濟》，頁532。

難，靖難在正，而不違中」，即便以柔處事，但還是不能忘記內心的剛直、剛正，必須以此剛正之心來面對危難處境，並持續地實行正道。綜合以上三點，才能使處〈未濟〉之時者最後能夠達到「吉」的結果。

　　面對〈未濟〉這個極度險難的處境，王弼特別強調人在行事時的「中正」、「剛正」，無論局勢多麼險峇，依循正道而行依舊是有德君子的第一自許。此觀點除了在上述其對〈未濟〉卦辭之注、〈九二〉爻辭之注中可見，亦遍佈王弼對其他各爻的注文中，又如其注〈九四〉爻為：「志乎在正」〔註299〕、〈六五〉爻為：「故必正然後乃吉，吉乃得无悔也」〔註300〕，又如其注〈六五〉爻為：「付物以能，而不疑也，物則竭力，功斯克矣，故曰有孚，吉。」〔註301〕、〈上九〉爻為：「既濟之道，所任者當也。所任者當，則可信之无疑，而己逸焉。……以其能信於物，故得逸豫而不憂於事之廢。……由於有孚，……。」〔註302〕〈六五〉、〈上九〉爻中所謂之「不疑」、「有孚」（有誠信）也是正道的一種表現，由此可知，居於〈未濟〉此至險之境，居正道、處正道是有德君子的當務之急。

　　另一方面，又如王弼注〈未濟·六五〉時稱〈六五〉爻：「以柔居尊，處文明之盛，為未濟之主」〔註303〕，王弼之所以特別強調出〈六五〉爻的「以柔居尊」，當然是由〈六五〉陰爻所引發的後續聯想—柔—而來，但王弼也強調此〈六五〉爻之所以能成為〈未濟〉卦之主，除了其居於「五」這個尊位之外，更是因其「柔」的特質所致。王弼言：「夫以柔順文明之質，居於尊位，付與於能，而不自役，使武以文，御剛以柔，斯誠君子之光也。」〔註304〕正因為〈未濟〉處境甚險，故即便是內心剛直、剛正的君子也必須審時度事，此時不能再強以剛直行事，而要懂得柔順的處事之道。若將此對比於王弼之解〈坤〉卦，如前所論，在王弼的注文中謂君子處〈坤〉此一居下處境之時必須善處於下且以柔行事。那麼，面對〈未濟〉此至險之時，君子更是要懂得以柔應世的法則，如此才能避免凶咎。

〔註299〕〔魏〕王弼注，樓宇烈校釋：《周易注（下經）·未濟》，頁532。
〔註300〕〔魏〕王弼注，樓宇烈校釋：《周易注（下經）·未濟》，頁533。
〔註301〕〔魏〕王弼注，樓宇烈校釋：《周易注（下經）·未濟》，頁533。
〔註302〕〔魏〕王弼注，樓宇烈校釋：《周易注（下經）·未濟》，頁533。
〔註303〕〔魏〕王弼注，樓宇烈校釋：《周易注（下經）·未濟》，頁533。
〔註304〕〔魏〕王弼注，樓宇烈校釋：《周易注（下經）·未濟》，頁533。

小結王弼對〈未濟〉卦之詮釋進路，筆者分述如下：

第一，王弼以〈未濟〉卦卦名取象，由此取出「未濟」之象，以此建構出此卦的第一層語境，以此劃定詮釋範圍，並由此取得後續詮釋所需的材料。

第二，王弼在句法層次上，先補全簡略經文中所缺乏的文章脈絡，以此開顯〈未濟〉卦的結構性意義。也是在文句脈絡獲得補全之後，文本氛圍因而產生，也就此產生詮釋者王弼面對〈未濟〉卦時的第二層語境。

第三，王弼在第二層語境中，持續與文本對話，將文本放入自身存有處境，思索自許為有德君子的「我」，該如何就生命實踐的角度來看待文本之言說。於是，王弼指出面對〈未濟〉此一至險的處境，君子必須以柔順的姿態行剛正之道，詮釋至此，王弼已將〈未濟〉卦的內容由先前的句法層次之結構性意義的開顯，跨入了義理層次的語意性意義的燦發。我們亦可由此看出王弼的思想的風貌所在。

第四節　王弼《周易注》所開顯的意義世界──兼論「援老入易」說的合理性

在論文的第二章中，筆者藉由反思湯用彤、牟宗三與戴璉璋三位先生的王弼論述，提出了一個問題──面對王弼《易》學，前輩學者多是站在歷來傳統的觀點出發，先首肯王弼為一道家人物，再以此立場指出王弼之注《易》乃是「援老入易」。然而，即便王弼有使用一些近似於道家的語彙，以及相關如「有無本末」的哲學概念，但筆者以為，哲學概念的使用並不等於方法原則的橫貫，也就是說，我們不能一看到王弼用了一些近似於道家的語彙，或使用了「有無本末」的概念，便能直接說王弼就是「援老入易」、為一名道家人物。今天王弼之解《易》是否真的是「援老入易」，重點應在於王弼究竟有沒有將「援老入易」視為其解《易經》時的原則性方法？也就是說，我們必須先拿掉傳統說法給予我們對王弼的「印象」，透過對王弼《周易注》的通盤審視，之後才能進一步論定王弼解易的方法原則為何、其是否真的將老子思想通貫地放入其《周易注》，若是，才能說王弼就是「援老入易」、王弼的《周易注》就是一種「道家易」。

　　然而，針對王弼是如何解《易》、是否有將「援老入易」視為其解《易》時的通貫性之原則方法的這個問題，筆者以為在實際進入這個問題的討論之前，我們必須先討論《易經》的意義該如何開顯的這個更基本的問題上頭。在此問題獲得釐清之後，才能進一步審視王弼《周易注》的解《易》程序，以及王弼開顯出如何一種《易經》的意義？於是筆者在第三章中，先將焦點回歸到《易經》的意義該如何開顯的這個基本問題上，試著從哲學詮釋學的視角出發，以呂格爾對象徵、隱喻及語境概念的運用，加上謝大寧先生對此議題的相關論點，最後藉由《易傳》為《易經》詮釋所提供的範式，總結出筆者所謂之《易經》詮釋的三進程——第一，透過取象建構《易經》闕如的第一層語境，一方面做為詮釋的疆界、劃定詮釋的範圍，另方面則可藉此取象做為後續詮釋時之取資。第二，在上述取象的基礎中，一方面在句法層次上建構文句語脈、文本氛圍，產生詮釋者與文本對話時的第二層語境，另方面也開顯出文本的結構性意義。第三，由句法層次跨入義理層次，將文本之言說放入詮釋者自身存有處境，與文本進行生命的對話，繼而開顯出文本的語意性意義。

　　在上述詮釋三進程背後，隱藏的其實是另一個更關鍵的問題，那就是在中國傳統中，人們究竟是如何進入意義世界的？正如論文第一章所言，前輩學者們多點出了「經典」在中國學術傳統中的特殊地位，那麼，中國傳統讀書人究竟是如何從這些經典中提取出意義，便成為一個至關重要的問題。如前所論，前輩學者透過邏輯推衍所展現出的意義世界當然是深具理論性、系統性，也因此開展出一番深刻的哲學圖像。只是，我們只能用這種方式來看待中國哲學嗎？如果「經典」是中國學術中最關鍵的沃土，那麼現今藉邏輯推衍方式所展現出的意義世界，是否有喧賓奪主，奪取了經典之於中國學術的絕對首出性的嫌疑呢？身為詮釋者的我們是否能退一步，將「經典」放在我們之前，在好好聆聽經典言說的前提下，讓經典引領我們進入其所開展的意義世界。

　　當然，筆者以上的論述企圖是更宏大的，即筆者想藉由視角的改換，尋找出一套進入中國經典、開顯經典意義的新途徑——相較於今日學界以邏輯推衍的方式提取意義，我們是否能夠改換視角，從哲學詮釋學的視角出發，由呂格爾定義下的象徵、隱喻等脈絡中開顯出經典的意義？當然，這套新的

方法論是否可行，還是必須通過文獻的通盤審視，本論文算是筆者對這套詮釋理論的初步嘗試。

　　基於此，面對本論文主題的王弼《周易注》，筆者於本章前三節取出了《周易注》中的二十卦進行討論，透過近三分之一的文獻耙梳，我們其實已經可以看出王弼《周易注》的大致面貌。在本章前三節的討論中，我們可以清楚地發現，藉由詮釋三進程的推展，再搭配王弼在《周易略例》裡所論的具體操作方法——如尋找主爻、對卦時爻變的重視、得意忘言、當位說、應位說等等，我們便可清楚地梳理出王弼《周易注》的內涵與風貌。正如前頭所論，今日學界多以邏輯推衍的方式提取意義，撐架出一套套很漂亮的理論、系統，然而這套方法在王弼《周易注》中所遇到的問題便是——無法逐句講通文本。論者多半是以提出核心概念的方式，再抓取《周易注》中文句進行論證，當中最核心的概念當然就是王弼的「援老入易」。但當筆者轉換閱讀文本的視角、意義開顯的模式，以本論文所提出之詮釋三進程重新梳理《周易注》後，我們便可以發現此套方法論一方面能更嚴密地回歸文本，將其所開顯的意義世界以更清晰的方式展示在我們面前。另一方面，相較於傳統討論方式多以概念的層層推衍，撐架起王弼《易》學，此詮釋三進程則可以無須依賴概念，直接回歸文本講通整本《周易注》。

　　那麼，透過此詮釋三進程的進行，王弼的《周易注》呈現何種風貌呢？筆者析論如下。

一、由《易傳》而來的養分

　　筆者試將前三節中所解的《周易注》二十卦做以下整理。必須稍作說明的是，在這個表一的前四欄中，筆者主要針對此二十卦的取象、最終開顯出的語意性做簡單的彙整，由此彙整，便可看出此二十卦的大致狀況。另外，筆者特別另加一欄：「同一卦中《易傳》與王弼注語意相似之語句」，此欄主要是以王弼對各卦所開顯的語意性意義為標準，揀選出在同一卦裡，《易傳》與王弼《周易注》語意相似的句子，並加以重點標示，以此比對王弼注在文句上對《易傳》取資。

表1

編號	卦	取象方式	取出之象	王弼開顯出的語意性意義	同一卦中《易傳》與王弼注語意相似之語句〔註305〕
1	〈乾〉☰（乾下乾上）	八卦	天	君子須謹守「剛健而无首」的處事態度，方能使行事順利。	〈大象〉：「天行健，君子以自強不息。……終日乾乾，反復道也；……用九，天德，不可為首也。」〔註306〕 〈文言〉：「子曰：君子進德修業。忠信，所以進德也；修辭立其誠，所以居業也。知至至之可與幾也。知終終之可與存義也。是故居上位而不驕，在下位而不憂。故乾乾，因其時而惕，雖危无咎矣。……子曰：貴而无位，高而无民。賢人在下位而无輔，是以動而有悔也。……潛龍勿用，陽氣潛藏。見龍在田，天下文明。終日乾乾，與時偕行。……九三重剛而不中，上不在天，下不在田。故乾乾，因其時而惕，雖危无咎矣。……亢之為言也，知進而不知退，知

〔註305〕對於《易傳》對《易經》的詮釋，前輩學者多有論述，然筆者以為，若藉由本論文所論之詮釋三進程，則可以更清楚地看出《易傳》對《易經》所開顯出的意義面貌。關於此，筆者以為仍有相當多可以討論的空間，基於本文的主題在王弼《周易注》，《易傳》僅為輔助說明之用，故筆者擬將關於《易傳》對《易經》之詮釋另做專文討論。在此表格中，亦僅列出一卦中《易傳》與王弼《周易注》意旨相合之句，不另對此做進一步論述。相關討論，將於筆者往後之研究中另做開展。

〔註306〕〔魏〕王弼注，樓宇烈校釋：《周易注（上經）‧乾》，頁213。

					存而不知亡，知得而不知喪。其唯聖人乎，知進退存亡而不失其正者，其唯聖人乎！」〔註307〕
2	〈坤〉☷ （坤下坤上）	八卦	地	君子須善於處下，處下時需以柔應世。	〈彖〉：「柔順利貞。君子攸行，先迷失道，後順得常。西南得朋，乃與類行；東北喪朋，乃終有慶。安貞之吉，應地无疆。」〔註308〕 〈大象〉：「地勢坤，君子以厚德載物。」〔註309〕 〈文言〉：「坤至柔而動也剛，至靜而德方；……坤道其順乎？承天而時行。」〔註310〕
3	〈泰〉䷊ （乾下坤上）	八卦	天、地	以制度、秩序的建立，來幫助人民在〈泰〉卦大通流動之時，在行事上能有所依憑，以達到社會的「吉亨」。	〈彖〉：「天地交，泰，后以財成天地之道，輔相天地之宜，以左右民。」〔註311〕 〈九二·小象〉：「包荒，得尚于中行，以光大也。」〔註312〕 〈六四·小象〉：「翩翩不富，皆失實也；不戒以孚，中心願也。」〔註313〕 〈六五·小象〉：「以祉元吉，中以行願也。」〔註314〕

〔註307〕 〔魏〕王弼注，樓宇烈校釋：《周易注（上經）·乾》，頁214～217。
〔註308〕 〔魏〕王弼注，樓宇烈校釋：《周易注（上經）·坤》，頁226。
〔註309〕 〔魏〕王弼注，樓宇烈校釋：《周易注（上經）·坤》，頁226。
〔註310〕 〔魏〕王弼注，樓宇烈校釋：《周易注（上經）·坤》，頁229。
〔註311〕 〔魏〕王弼注，樓宇烈校釋：《周易注（上經）·泰》，頁276。
〔註312〕 〔魏〕王弼注，樓宇烈校釋：《周易注（上經）·泰》，頁277。
〔註313〕 〔魏〕王弼注，樓宇烈校釋：《周易注（上經）·泰》，頁278。
〔註314〕 〔魏〕王弼注，樓宇烈校釋：《周易注（上經）·泰》，頁278。

4	〈否〉☷☰ （坤下乾上）	卦德	順、健	處〈否〉閉塞之時，君子處事獲吉的關鍵在於低迷時「貞而不諂」、「不苟進」；居安時亦要「心存將危」。	〈初六·小象〉：「拔茅貞吉，志在君也。」〔註315〕 〈六二·小象〉：「大人否亨，不亂群也。」〔註316〕
5	〈臨〉☷☱ （兌下坤上）	卦德	悅、順	上位者督導下屬時須以「悅」、「順」之道待之。	〈彖〉：「臨，剛浸而長，說而順；……。」〔註317〕
6	〈觀〉☴☷ （坤下巽上）	八卦	地、風	上位者必須要能細察百姓的生活、行止，以百姓為鏡，進而省察自己的行為、治世方向是否有需要調整之處。	〈彖〉：「大觀在上。順而巽，中正以觀天下。觀盥而不薦，有孚顒若，下觀而化也。觀天之神道，而四時不忒；聖人以神道設教，而天下服矣！」〔註318〕 〈大象〉：「風行地上，觀。先王以省方，觀民設教。」〔註319〕 〈九五·小象〉：「觀我生，觀民也。」〔註320〕
7	〈剝〉☶☷ （坤下艮上）	卦德	順、止	在〈剝〉卦這樣的「損害」、「剝損」的處境中，君子不可執意以「剛」行事，而是要以「順」而行正道，如此才能避免自己身陷災禍。	〈彖〉：「剝，剝也；柔變剛也。不利有攸往，小人長也。順而止之，觀象也。君子尚消息盈虛，天行也。」〔註321〕
8	〈復〉☷☳ （震下坤上）	兼採八卦與卦德	動、地	行事遇迷須知返，並親仁善鄰、以道自守，凡事順道守厚。	〈彖〉：「復，亨。剛反，動而以順行，是以出入无疾，朋來无咎。」〔註322〕

〔註315〕〔魏〕王弼注，樓宇烈校釋：《周易注（上經）·否》，頁281。
〔註316〕〔魏〕王弼注，樓宇烈校釋：《周易注（上經）·否》，頁281。
〔註317〕〔魏〕王弼注，樓宇烈校釋：《周易注（上經）·臨》，頁311。
〔註318〕〔魏〕王弼注，樓宇烈校釋：《周易注（上經）·觀》，頁315。
〔註319〕〔魏〕王弼注，樓宇烈校釋：《周易注（上經）·觀》，頁315。
〔註320〕〔魏〕王弼注，樓宇烈校釋：《周易注（上經）·觀》，頁317。
〔註321〕〔魏〕王弼注，樓宇烈校釋：《周易注（上經）·剝》，頁332。
〔註322〕〔魏〕王弼注，樓宇烈校釋：《周易注（上經）·復》，頁336。

					〈初九・小象〉:「不遠之復,以脩身也。」〔註323〕
					〈六四・小象〉:「中行獨復,以從道也。」〔註324〕
					〈六五・小象〉:「敦復无悔,中以自考也。」〔註325〕
					〈上六・小象〉:「迷復之凶,反君道也。」〔註326〕
9	〈坎〉䷜ (坎上坎下)	卦德	險陷	處〈坎〉險境,內心須存著剛正、誠信,並以此行事,始能避災。	〈彖〉:「習坎,重險也。水流而不盈,行險而不失其信。維心亨,乃以剛中也。行有尚,往有功也。」〔註327〕 〈大象〉:「君子以常德行,習教事。」〔註328〕
10	〈離〉䷝ (離下離上)	卦德	麗(附著)、明(光明)	人除了須以光明正道行事之外,面對〈離〉卦「明之將沒」的處境,也必須懂得以柔順之道處事,方能致吉。	〈彖〉:「重明以麗乎正,乃化成天下。柔麗乎中正,故亨。」〔註329〕
11	〈遯〉䷠ (艮下乾上)	卦德	止、健(通)	必須恰當地選擇好退隱的時機,行事上必須正其心志,依正道而行,一方面遠離小人,另方面也無須對小人惡言厲色,保持自己的莊重威嚴即可。	〈彖〉:「剛當位而應,與時行也。……遯之時義大矣哉。」〔註330〕 〈大象〉:「君子以遠小人,不惡而嚴。」〔註331〕

〔註323〕〔魏〕王弼注,樓宇烈校釋:《周易注(上經)・復》,頁337。
〔註324〕〔魏〕王弼注,樓宇烈校釋:《周易注(上經)・復》,頁338。
〔註325〕〔魏〕王弼注,樓宇烈校釋:《周易注(上經)・復》,頁338。
〔註326〕〔魏〕王弼注,樓宇烈校釋:《周易注(上經)・復》,頁338。
〔註327〕〔魏〕王弼注,樓宇烈校釋:《周易注(上經)・坎》,頁362。
〔註328〕〔魏〕王弼注,樓宇烈校釋:《周易注(上經)・坎》,頁363。
〔註329〕〔魏〕王弼注,樓宇烈校釋:《周易注(上經)・離》,頁368。
〔註330〕〔魏〕王弼注,樓宇烈校釋:《周易注(下經)・遯》,頁382～383。
〔註331〕〔魏〕王弼注,樓宇烈校釋:《周易注(下經)・遯》,頁383。

12	〈大壯〉䷡（乾下震上）	卦德	剛健、動	即便君子處〈大壯〉這般正道盛行的處境，依舊要依禮行事，不可莽直，並且要懂得思慮危難。	〈彖〉：「大壯利貞，大者正也。」〔註332〕〈大象〉：「君子以非禮弗履。」〔註333〕
13	〈夬〉䷪（乾下兌上）	卦德	剛健、悅	面對各種需要決斷的處境，君子須以剛健明快的態度對事物進行決斷，並以公正無隱的態度應世處事。決事時一方面不可輕慢、優柔寡斷，一方面又要謹慎思考且堅定不疑。面對不利於己的局勢，則要懂得廣納善言。	〈彖〉：「夬，決也。剛決柔也。健而說，決而和。」〔註334〕〈大象〉：「君子以施祿及下，居德則忌。」〔註335〕
14	〈姤〉䷫（巽下乾上）	卦德	順、剛健	面對〈姤〉卦所顯示的遇合處境，必須審視該遇合是否合於正道，君子行事時亦得以中道、正道回應所處境況。若不得其遇，只要不與物爭，也不會引來太大的災禍。	〈彖〉：「剛遇中正，天下大行也。」〔註336〕〈九五・小象〉：「九五含章，中正也；有隕自天，志不舍命也。」〔註337〕
15	〈震〉䷲（震下震上）	八卦	雷	人因聽到雷震後內心產生戒慎恐懼的心情，但更重要的是人必須以此戒慎之心來處事應世。	〈彖〉：「震，亨。震來虩虩，恐致福也；笑言啞啞，後有則也；震驚百里，驚遠而懼邇也。」〔註338〕〈大象〉：「君子以恐懼修省。」〔註339〕

〔註332〕〔魏〕王弼注，樓宇烈校釋：《周易注（下經）・大壯》，頁387。
〔註333〕〔魏〕王弼注，樓宇烈校釋：《周易注（下經）・大壯》，頁387。
〔註334〕〔魏〕王弼注，樓宇烈校釋：《周易注（下經）・夬》，頁433。
〔註335〕〔魏〕王弼注，樓宇烈校釋：《周易注（下經）・夬》，頁434。
〔註336〕〔魏〕王弼注，樓宇烈校釋：《周易注（下經）・姤》，頁439。
〔註337〕〔魏〕王弼注，樓宇烈校釋：《周易注（下經）・姤》，頁441
〔註338〕〔魏〕王弼注，樓宇烈校釋：《周易注（下經）・震》，頁474。
〔註339〕〔魏〕王弼注，樓宇烈校釋：《周易注（下經）・震》，頁475。

16	〈艮〉䷳（艮下艮上）	卦德	止	面對〈艮〉卦所顯示出的「停止」處境，人在行事、言談上最重要的是要知道何時而止──適時而止方能无咎。	〈彖〉：「艮，止也。時止則止，時行則行，動靜不失其時，其道光明。艮其止，止其所也。」〔註340〕〈大象〉：「君子以思不出其位。」〔註341〕
17	〈巽〉䷸（巽下巽上）	卦德	遜、順	面對〈巽〉卦所示的謙遜、謙順境況，大人君子必須時時警醒自己必須以謙遜且中正的態度應世行事，行事便能益加順遂。	〈彖〉：「重巽以申命。剛巽乎中正而志行，……。」〔註342〕
18	〈兌〉䷹（兌下兌上）	卦德	悅	當君子處於〈兌〉之愉悅處境時，處事上必須內存剛正之道但外表柔和──唯有懂得平衡剛、柔之間的分際，方能使行事順利。	〈彖〉：「兌，說也。剛中而柔外，說以利貞。」〔註343〕
19	〈既濟〉䷾（離下坎上）	卦名	既濟	謂君子處〈既濟〉卦時需留意小處，小處完善才會有後續之「既濟」。人事上則要依循正道、以柔順姿態行事，且不因處〈既濟〉既成之時而心有懈怠，以免反而招至禍亂。	〈彖〉：「既濟亨，小者亨也。利貞，剛柔正而位當也。初吉，柔得中也；……。」〔註344〕〈大象〉：「君子以思患而豫防之。」〔註345〕
20	〈未濟〉䷿（坎下離上）	卦名	未濟	人處〈未濟〉之時無須氣餒，只要堅守「剛健」之心，並以柔順姿態持續	〈彖〉：「未濟亨，柔得中也。……雖不當位，剛柔應也。」〔註346〕

〔註340〕〔魏〕王弼注，樓宇烈校釋：《周易注（下經）‧艮》，頁480。
〔註341〕〔魏〕王弼注，樓宇烈校釋：《周易注（下經）‧艮》，頁480。
〔註342〕〔魏〕王弼注，樓宇烈校釋：《周易注（下經）‧巽》，頁501。
〔註343〕〔魏〕王弼注，樓宇烈校釋：《周易注（下經）‧兌》，頁505。
〔註344〕〔魏〕王弼注，樓宇烈校釋：《周易注（下經）‧既濟》，頁525～526。
〔註345〕〔魏〕王弼注，樓宇烈校釋：《周易注（下經）‧既濟》，頁526。
〔註346〕〔魏〕王弼注，樓宇烈校釋：《周易注（下經）‧未濟》，頁530～531。

			地行正道，再加上處事時的廣納善言、接受他人的幫助，如此還是能避免凶咎。	〈大象〉：「君子以慎辨物居方。」〔註 347〕
				〈九二・小象〉：「九二貞吉，中以行正也。」〔註 348〕
				〈九四・小象〉：「貞吉悔亡，志行也。」〔註 349〕

由此簡表，我們可以更清楚地看出王弼解《易》時的一些模式——王弼多採八卦、卦德方式取象，一些比較特殊的卦如〈未濟〉、〈既濟〉則用卦名取象。王弼解《易》，先透過取象劃定詮釋範圍，之後再藉由後續的象徵、隱喻之聯想的進行，開顯出《易經》的結構性意義與語意性意義。結構性意義是語意性意義得以開顯的基礎，但正如王弼在《周易略例・明象》章所言之「得意忘言」，結構性意義之於王弼，也只是其後續要開顯語意性意義時的一個憑藉，其重點還是在語意性意義之提取上頭。所以問題就在於——王弼《周易注》中提取出了何種語意性意義？

藉由表 1 的整理，我們可以很清楚地發現，在本論文所選出的二十卦中，王弼注所開顯出的語意性意義都在《易傳》中可以找到近似的語句。更有甚者，當我們進一步比對王弼的詮釋脈絡，便可發現王弼在勉力作注時，一方面在詮釋方法上依循《易傳》的解經模式（即前頭一再提及的王弼「以傳解經」），另一方面在義理內涵上或有依循《易傳》再做進一步延伸——如上述二十卦基本上都是依循著《易傳》解經要點而發，但王弼在各爻細處亦其自己的說解，不盡然全同於《易傳》。例如〈否〉卦中，〈彖傳〉由內外卦延伸至上下不交而萬物不通、小人道長君子道消；〈大象〉則由〈否〉卦標示的天地不交之時，進一步在行事上建議「君子以儉德辟難，不可榮與祿」。〔註 350〕王弼對〈否〉卦之注一方面依循《易傳》，認為〈否〉標示出閉塞不通的處境，但卻又延伸到居安不忘危，行事才能致吉的人事應用。或自有其解經偏重處——例如〈姤〉卦中〈彖傳〉謂「姤之時義大矣哉」，重視居〈姤〉卦遇合之時的時機掌握。但王弼對〈彖傳〉此句卻注為「凡言義者，不盡於所見，中有

〔註 347〕〔魏〕王弼注，樓宇烈校釋：《周易注（下經）・未濟》，頁 531。

〔註 348〕〔魏〕王弼注，樓宇烈校釋：《周易注（下經）・未濟》，頁 532。

〔註 349〕〔魏〕王弼注，樓宇烈校釋：《周易注（下經）・未濟》，頁 532。

〔註 350〕〔魏〕王弼注，樓宇烈校釋：《周易注（上經）・否》，頁 281。

意謂者也」，〔註351〕即是改強調「意在言外」在掌握卦義時的重要性。但總體而言，王弼基本上還是站在《易傳》的解經基礎，進而對《易經》有了屬於王弼的「不同的理解」。可是，這裡就出現了一個問題，即如果來自《易傳》的養分在王弼《周易注》中佔了如此重要的地位，那麼我們能不能改說王弼的《周易注》其實是來自於對《易傳》意義的衍展呢？

如前頭一再強調的，若王弼真為一名道家人物，那麼道家思想該是以一種通貫於《周易注》全書的方式，成為王弼詮釋《易經》時的問題意識。也就是說，所謂的「援老入易」不能只是寬鬆地拉出一些合乎於道家的概念，就說王弼「援老入易」；也不能只是光看到王弼用了一些道家的哲學語彙入其《周易注》，那麼便說王弼「援老入易」。筆者以為，此處我們必須採取一種更為嚴密的態度，就《周易注》談《周易注》，以文獻對王弼思想做通盤的審視，以此看王弼是否真的有將道家思想以一種有系統的原則性方式納入其《周易注》。也就是說，我們必須審視「援老入易」是否為王弼解《易》時的通則？若為是，我們才能很放心地說王弼就是一名「援老入易」的道家人物。以下，筆者針對《周易注》中所使用的道家語彙、概念，進行討論。

二、《周易注》中的道家語彙與概念

的確，在王弼《周易注》所開顯的語意性意義中，有一些近似於道家語彙、概念的運用，例如以柔應世、以謙順處事等等，筆者將前述二十卦中有涉及此的卦整理出來，進行列表，並將這些近似於道家的概念加以重點標示：

表 2-1

編號	卦	近似道家語彙的概念援用
1	〈乾〉☰ （乾下乾上）	君子須謹守「剛健而无首」的處事態度，方能使行事順利。
2	〈坤〉☷ （坤下坤上）	人須善於處下，處下時需以柔應世。
3	〈泰〉☷ （乾下坤上）	人們在行事之時，若能有志一同，或懂得居下而順的道理，便能「征吉」。

4	〈臨〉䷒ （兌下坤上）	上位者督導下屬時須以「悅」、「順」之道待之。
5	〈剝〉䷖ （坤下艮上）	在〈剝〉卦這樣的「損害」、「剝損」的處境中，君子不可執意以「剛」行事，而是要以「順」來行正道，如此才能避免自己身陷災禍。
6	〈離〉䷝ （離下離上）	人除了須以光明正道行事之外，面對「明之將沒」的處境，也必須懂得以柔順之道處事，方能致吉。
7	〈姤〉䷫ （巽下乾上）	面對〈姤〉卦所顯示的遇合處境，必須審視該遇合是否合於正道，君子行事時亦得以中道、正道回應所處境況，若不得其遇，只要不與物爭，也不會引來太大的災禍。
8	〈巽〉䷸ （巽下巽上）	面對〈巽〉卦所示的謙遜、謙順境況，大人君子必須時時警醒自己必以謙遜且中正的態度應世行事，行事便能益加順遂。
9	〈兌〉䷹ （兌下兌上）	當君子處於〈兌〉之愉悅處境時，處事上必須內存剛正之道但外表柔和，唯有懂得平衡剛、柔之間的分際，方能使行事順利。
10	〈既濟〉䷾ （離下坎上）	謂君子處〈既濟〉卦時需留意小處，小處完善才會有後續之「既濟」。人事上則要依循正道、以柔順姿態行事，且不因處〈既濟〉既成之時而心有懈怠，以免反而招至禍亂。
11	〈未濟〉䷿ （坎下離上）	人處〈未濟〉之時無須氣餒，只要堅守「剛健」之心，並以柔順姿態持續地行正道，再加上處事時的廣納善言、接受他人的幫助，如此還是能避免凶咎。

從表 2-1 可以發現，在本論文所論的二十卦中，有十一卦在注文上透顯出近似於道家語彙、概念的語意性意義。

　　若比對表 1，就會出現一個很耐人尋味的問題——若王弼為道家人物、「援老入易」是其解《易》時的原理原則，那麼為何道家在王弼注的痕跡會比《易傳》來得少了近一半？另外，當我們回到《周易注》的文獻來看，我們可以進一步發現，若究其解卦實質，即便在表 2-1 中的這些卦裡，王弼有一些近似於道家語彙、概念等的使用，但恐怕王弼此處援用的重點亦非在對道家哲思進行發用。如前所論，王弼基於《易經》的占筮特質，解卦時主要著重在人面對各卦處境時，將如何該處境與自身的生命存有結合，以此思索出的人在處事應世及面對自己生命本身時該有的回應。在此基礎上，對於這些近似於道家語彙、概念等的援用，其實也不過是一種工具性概念的取用，以此做為王弼詮釋人事應用時的一種工具，當中其實未將這些相關的道家語彙、概

念視為解卦時的核心問題意識，貫穿於卦中。

　　另一方面，我們若進一步檢視表 2-1 的這十一卦，更可發現王弼的詮釋其實多半也不違背《易傳》之言，例如王弼解〈乾〉卦時謂君子在處事態度上需謹守「剛健而无首」之道，即剛強者居上位時必須顯露出不居人首的和順姿態，但〈乾・彖〉其實亦言：「保合大和，乃利貞」，〔註352〕王弼注之為：「不和而剛暴」，〔註353〕同樣強調著處事的和順。又如在〈坤〉卦中，王弼點出居下位時的保全之道在於以柔應世，但其實〈坤・彖〉中亦有類似說法：「至哉坤元，萬物資生，乃順承天。……柔順利貞。」〔註354〕在〈泰〉卦中，王弼指出人須懂得居下而順之道，但〈泰・彖〉中也有：「內健而外順」〔註355〕一語。此外，王弼在解〈臨〉、〈剝〉時之所以會提出人要以「順」處事，主要也是因為王弼對此二卦之取象是延續著〈彖傳〉對〈臨〉、〈剝〉卦德之取象（取〈坤〉德象「順」）而來，才會有後續關於以「順」道處事的延伸。至於王弼對〈離〉卦所提出的以柔順處事的建言，其實在〈離・彖〉即已言：「柔麗乎中正，故亨」，〔註356〕當時王弼亦對〈離・彖〉此言注稱：「柔著于中正，乃得通也」。〔註357〕再如〈巽・彖〉依卦德對〈巽〉卦取出「順」、「遜」之象，後言：「柔皆順乎剛」，〔註358〕王弼注：「明无違逆，故得小亨」，〔註359〕其實也不過是對〈巽〉卦「順」、「遜」之象的後續延伸。而面對〈兌〉卦，王弼強調君子處事上須懂得平衡剛柔間的分際，謂君子須內存剛正處事柔和，這不也就是由〈兌・彖〉：「剛中而柔外，說以利貞。是以順乎天而應乎人」〔註360〕而來的嗎？最後，在六十四卦的末兩卦〈既濟〉、〈未濟〉中，王弼都強調處事上姿態的柔順，但其實在〈既濟・彖〉中就已言：「初吉，柔得中也」，〔註361〕〈未濟・彖〉亦言：「未濟亨，柔得中也」，〔註362〕王弼只是依循著

〔註352〕〔魏〕王弼注，樓宇烈校釋：《周易注（上經）・乾》，頁 213。
〔註353〕〔魏〕王弼注，樓宇烈校釋：《周易注（上經）・乾》，頁 213。
〔註354〕〔魏〕王弼注，樓宇烈校釋：《周易注（上經）・坤》，頁 226。
〔註355〕〔魏〕王弼注，樓宇烈校釋：《周易注（上經）・泰》，頁 276。
〔註356〕〔魏〕王弼注，樓宇烈校釋：《周易注（上經）・離》，頁 368。
〔註357〕〔魏〕王弼注，樓宇烈校釋：《周易注（上經）・離》，頁 369。
〔註358〕〔魏〕王弼注，樓宇烈校釋：《周易注（下經）・巽》，頁 501。
〔註359〕〔魏〕王弼注，樓宇烈校釋：《周易注（下經）・巽》，頁 501。
〔註360〕〔魏〕王弼注，樓宇烈校釋：《周易注（下經）・兌》，頁 505。
〔註361〕〔魏〕王弼注，樓宇烈校釋：《周易注（下經）・既濟》，頁 526。
〔註362〕〔魏〕王弼注，樓宇烈校釋：《周易注（下經）・未濟》，頁 530。

〈彖傳〉對此二卦之解，再發展出進一步的詮釋罷了。

　　嚴格來說，在表 2-1 的十一卦裡，唯有〈姤〉卦中所謂的「不與物爭」〔註363〕之言不出於《易傳》對〈姤〉卦之解，而是王弼自己對〈姤〉卦的闡釋。那麼，我們就可以放心地將此言視為王弼援老入易的證據了嗎？恐怕也不盡然。當我們綜觀王弼對〈姤〉之注，會發現此處「不與物爭」這個道家式語彙的援用，也不過是王弼解〈姤·上九〉時所開顯出的人事應世體悟，也就是說，王弼同樣以工具性的方式援用了道家「不與物爭」這樣的語彙作為解經時的一種說法，而非要藉此闡發出什麼樣的道家思想。

　　除了對道家語彙的援用外，筆者在本章前兩節中，亦指出王弼在某些卦裡似直接用了道家之典，筆者亦列表如下：

表 2-2

編號	卦		可能用道家典之處	
1	〈坤〉☷☷ （坤下坤上）	經文內容	〈六二〉：「直方大，不習无不利。」〔註364〕	
		王弼對經文之注	王弼注：「任其自然，而物自生；不假修營，而功自成；故不習焉，而无不利。」〔註365〕	
		可能的用典出處	《老子》第五章：「天地不仁，以萬物為芻狗」〔註366〕王弼注之：「天地任自然，無為無造。」〔註367〕	
2	〈觀〉☴☷ （坤下巽上）	經文內容	〈九五〉：「觀我生，君子无咎。」〔註368〕	
		王弼對經文之注	王弼注：「百姓有罪，在（于）〔予〕一人，君子風著，己乃无咎。上為化生，欲將自觀，乃觀民也。」〔註369〕	
		可能的用典出處	《老子》七十八章：「受國之垢，是謂社稷主；受國之不祥，是謂天下王。」〔註370〕	

〔註363〕王弼注〈姤·上九〉言：「不與物爭，其道不害，故无凶咎也」。〔魏〕王弼注，樓宇烈校釋：《周易注（下經）·姤》，頁441。

〔註364〕〔魏〕王弼注，樓宇烈校釋：《周易注（上經）·坤》，頁227。

〔註365〕〔魏〕王弼注，樓宇烈校釋：《周易注（上經）·坤》，頁227。

〔註366〕〔魏〕王弼注，樓宇烈校釋：《老子道德經注（上篇）》，頁13。

〔註367〕〔魏〕王弼注，樓宇烈校釋：《老子道德經注（上篇）》，頁13。

〔註368〕〔魏〕王弼注，樓宇烈校釋：《周易注（上經）·坤》，頁227。

〔註369〕〔魏〕王弼注，樓宇烈校釋：《老子道德經注（上篇）》，頁13。

〔註370〕〔魏〕王弼注，樓宇烈校釋：《老子道德經注（上篇）》，頁13。

3	〈離〉☲ （離下離上）	經文內容	〈九三〉：「日昃之離，不鼓缶而歌，則大耋之嗟，凶。」〔註371〕
		王弼對經文之注	王弼注：「嗟，憂歎之辭也。處下離之終，明在將沒，故曰『日昃之離』也。明在將終，若不委之於人，養志无為，則至於耋老有嗟，凶矣，故曰『不鼓缶而歌，則大耋之嗟凶』。」〔註372〕
		可能的用典出處	《莊子‧至樂》：「莊子妻死，惠子弔之，莊子則方箕踞鼓盆而歌」〔註373〕
4	〈艮〉☶ （艮下艮上）	經文內容	〈艮〉卦卦辭：「艮其背，不獲其身；行其庭，不見其人。无咎。」〔註374〕
		王弼對經文之注	王弼注：「……无見則自然靜止，靜止而无見，則不獲其身矣。……夫施止不於无見，令物自然而止，而強止之，則姦邪並興。」〔註375〕
		可能的用典出處	《老子》第三章：「不見可欲，使民心不亂。」〔註376〕

　　就表 2-2 而言，王弼在此四卦中對《易經》的詮解雖可在《老子》或《莊子》中找到相關文獻，但我們同樣得問──除了文獻的援用，這些援用是否為王弼注《易》的問題意識？

　　其實筆者在本章二、三節對此四卦的討論裡，已就這些援用做過一番討論，於此再略做小結。

　　第一，就〈坤〉卦而言，王弼雖對〈坤‧六二〉「直方大，不習无不利。」
〔註377〕解為：「任其自然，而物自生；不假修營，而功自成；故不習焉，而无不利。」〔註378〕，表面上看來與《老子》第五章：
「天地不仁，以萬物為芻狗」〔註379〕的概念近似，而王弼在《老

〔註371〕〔魏〕王弼注，樓宇烈校釋：《周易注（上經）‧離》，頁369。
〔註372〕〔魏〕王弼注，樓宇烈校釋：《周易注（上經）‧離》，頁369。
〔註373〕〔清〕郭慶藩撰，王孝魚點校：《莊子集釋》，頁614。
〔註374〕〔魏〕王弼注，樓宇烈校釋：《周易注（下經）‧艮》，頁479。
〔註375〕〔魏〕王弼注，樓宇烈校釋：《周易注（下經）‧艮》，頁479。
〔註376〕〔魏〕王弼注，樓宇烈校釋：《老子道德經注（上篇）》，頁8。王弼注之：「故可欲不見，則心無所亂也。」〔魏〕王弼注，樓宇烈校釋：《老子道德經注（上篇）》，頁8。
〔註377〕〔魏〕王弼注，樓宇烈校釋：《周易注（上經）‧坤》，頁227。
〔註378〕〔魏〕王弼注，樓宇烈校釋：《周易注（上經）‧坤》，頁227。
〔註379〕〔魏〕王弼注，樓宇烈校釋：《老子道德經注（上篇）》，頁13。

子注》中也的確注《老子》此語為：「天地任自然，無為無造。」
〔註380〕與王弼對〈坤‧六二〉的注文若合符節。然而，就〈坤〉
卦整體而言，王弼注〈坤〉時的主要態度為「健順」，也就是說，
「健順」才是貫通〈坤〉注的問題意識，而非這個由《老子》援
用而來的「自然」。

第二，就〈觀〉卦而言，〈觀‧九五〉言「觀我生，君子无咎。」〔註381〕
王弼注：「百姓有罪，在（于）〔予〕一人，君子風著，己乃无咎。
上為化生，欲將自觀，乃觀民也。」〔註382〕《老子》七十八章則
言「受國之垢，是謂社稷主；受國之不祥，是謂天下王。」〔註383〕
王弼此處的注文似為依循《老子》七十八章之概念而來。然而，
《論語‧堯曰》也言「朕躬有罪，無以萬方，罪在朕躬。」〔註384〕、
《墨子‧兼愛》言「萬方有罪，即當朕身；朕身有罪，無以萬方。」
〔註385〕、《國語‧周語》言「余一人有罪，無以萬夫；萬夫有罪，
在余一人。」〔註386〕、《呂氏春秋‧順民》言「昔者湯克夏而正
天下，天大旱，五年不收，湯乃以身禱於桑林曰：余一人有罪，
无及萬夫；萬夫有罪，在余一人。無以一人之不敏，使上帝鬼神
傷民之命。」〔註387〕以上文獻，不管在用詞、概念上其實都與王
弼〈觀‧九五〉注更為相近，可是我們不會說王弼「援墨入易」
云云。況且就此處而言，亦無其他文獻證據可證王弼與其餘各說
間有什麼緊密的關聯，故筆者以為這不過是王弼在種詮解時的一
種用典罷了。

第三，就〈離‧九三〉「日昃之離，不鼓缶而歌，則大耋之嗟，凶。」〔註
388〕王弼注言：「嗟，憂歎之辭也。處下離之終，明在將沒，故曰

〔註380〕〔魏〕王弼注，樓宇烈校釋：《老子道德經注（上篇）》，頁13。
〔註381〕〔魏〕王弼注，樓宇烈校釋：《周易注（上經）‧觀》，頁317。
〔註382〕〔魏〕王弼注，樓宇烈校釋：《周易注（上經）‧觀》，頁317。
〔註383〕〔魏〕王弼注，樓宇烈校釋：《老子道德經注（下經）‧七十八章》，頁188。
　　　　在王弼《老子注》中並未對此語特別作注。
〔註384〕〔魏〕何晏集解，〔宋〕邢昺疏：〈堯曰〉，《論語注疏》，頁1b，總頁178。
〔註385〕吳毓江撰，孫啟治點校：《墨子校注》，頁161。
〔註386〕上海師範大學古籍整理組點校：《國語》，頁35。
〔註387〕許維遹撰，梁運華整理：《呂氏春秋集釋》，頁200～201。
〔註388〕〔魏〕王弼注，樓宇烈校釋：《周易注（上經）‧離》，頁369。

『日昃之離』也。明在將終，若不委之於人，養志无為，則至於耆老有嗟，凶矣，故曰『不鼓缶而歌，則大耋之嗟凶』。」〔註389〕此解一近於《莊子·至樂》之言：「莊子妻死，惠子弔之，莊子則方箕踞鼓盆而歌」〔註390〕二則運用了「養志无為」這個近於道家概念的語彙，那麼我們是否可依此說王弼之《周易注》為道家《易》了呢？筆者在本章第一節中，曾就此進行討論，指出此處「鼓缶而歌」的說法其實是來自於〈離·九三〉，故與其說是王弼援道家入《易》，倒不如說是《莊子》發揮了〈離·九三〉的精神，而王弼也不過是就著〈離·九三〉的爻辭進行詮解罷了。那麼，我們又該如何看待此處的「養志无為」一語呢？王弼注〈離〉卦辭「利貞，亨」〔註391〕時，明確地指出此卦的核心概念為「以柔為正」，但此「柔」非道家式的「柔」，而是「柔著乎中正」的柔，也就是在柔順的外在下，必須以儒家式的中正、正道為依歸。若以此看，那麼〈離·九三〉注中的「養志无為」恐怕也僅能視為王弼詮解時對道家概念的一種單純的援用，與〈離〉本身的問題意識是無涉的。

第四，就〈艮〉卦而言，對於卦辭「艮其背，不獲其身；行其庭，不見其人。无咎。」〔註392〕王弼注為：「……无見則自然靜止，靜止而无見，則不獲其身矣。……夫施止不於无見，令物自然而止，而強止之，則姦邪並興。」〔註393〕針對王弼此處的注文，的確是援用自《老子》第三章之言：「不見可欲，使民心不亂」〔註394〕就《老子》此言，王弼在《老子注》亦注為：「故可欲不見，則心無所亂也。」〔註395〕概念上與〈艮〉卦辭注相通。可是，就〈艮〉卦而言，其問題意識並不在此處的「不見可欲，使民心不亂」，而是在面對〈艮〉這麼一個標示著「停止」的處境裡，人該如何知道該何時而止的這個問題上頭。故即便王弼在此真的有援用了《老

〔註389〕〔魏〕王弼注，樓宇烈校釋：《周易注（上經）·離》，頁369。
〔註390〕〔清〕郭慶藩撰，王孝魚點校：《莊子集釋》，頁614。
〔註391〕〔魏〕王弼注，樓宇烈校釋：《周易注（上經）·離》，頁368。
〔註392〕〔魏〕王弼注，樓宇烈校釋：《周易注（下經）·艮》，頁479。
〔註393〕〔魏〕王弼注，樓宇烈校釋：《周易注（下經）·艮》，頁479。
〔註394〕〔魏〕王弼注，樓宇烈校釋：《老子道德經注（上篇）》，頁8。
〔註395〕〔魏〕王弼注，樓宇烈校釋：《老子道德經注（上篇）》，頁8。

子》文獻於其《易注》,但依舊無法以此做王弼援老入易之鐵證。

深究表 2-2,此四卦若要拿來當王弼援老入易的證明,其實也就只有〈坤〉、〈艮〉二卦對《老子》的援用稍具可討論的價值,因為〈觀〉注為一單純的用典,而〈離〉注則是來自於對本身爻辭的發揮,不管我們今天是以寬鬆還是嚴格式的定義來看待援老入易,此處〈觀〉、〈離〉與援老入易的距離實更搖遠。可是就〈坤〉、〈艮〉二卦的問題意識而言,〈坤〉卦談「順健」、〈艮〉卦談的則是人該如何適時而止,由此可見,王弼注此二卦時所用的《老子》之典並未成為此二卦的問題意識,因此,我們也無法將其視為王弼援老入易的鐵證。

必須一再強調的是,筆者在本論文中一切關於「援老入易」的討論,皆是在嚴格意義下所進行,即筆者問的是王弼《周易注》是否有將道家思想視為其注《易》時的原理原則、問題意識?若有,我們才能說王弼援老入易。正如筆者前頭多次論及的,我們當然可以以寬鬆的方式、雜揉攙合的角度,將王弼《周易注》中對道家思想的援用都視作援老入易的展現。但若如此,王弼的思想便不成系統,更何況,當前輩學者談王弼援老入易時,恐怕也多半不是以雜揉攙合的態度視之,而是將王弼視為一道家人物,以此談王弼的援老入易。更有甚者,戴璉璋先生便以概念提取的方式,在邏輯推導中將道家思想視為王弼思想的核心,以此成就、建構起王弼的思想體系。當然,這種概念式的提取也可以講出一套符合學術規範、深具邏輯性的王弼思想詮釋,但筆者想問,當我們以此種方式講王弼為援老入易時,是否能將援老入易的這個概念放回王弼的《周易注》中,做一句又一句的細解?若我們綜觀《周易注》,便會發現這在實際操作上實具有很大的難題,藉由前述的討論我們就可以發現,相較於道家,其實《周易注》與《易傳》的關係實是更為緊密的。

又如論者常用以證明王弼真的有「援老入易」時常舉的〈復〉卦為例,筆者在本章第二節對〈復〉卦的討論中已指出,王弼僅在對〈復·彖〉「復其見天地之心乎」〔註396〕一語的詮解處,使用了道家以止息為特色的至靜至无之本的說法,用以詮釋天地萬物之本為何的這個問題。這樣的概念與思考方式當然是道家的,但概念的借用不等於問題意識的提出,光是單就王弼對〈復〉卦之注而言,此說就已未能成為王弼解〈復〉時的問題意識。正如筆者在本章第二節中對〈復〉卦進行討論時所言,王弼解〈復〉基本上還是循著卦爻

〔註396〕〔魏〕王弼注,樓宇烈校釋:《周易注(上經)·復》,頁 336。

辭、《易傳》的說法，就〈復〉的回轉、回返情境進行詮釋。更有甚者，王弼詮釋〈復〉卦中的「道」時，究其文脈不僅未與道家寂然至靜之无有所關聯，反而是比較偏向自經文而來的「中道」闡述。

此外，筆者綜觀《周易注》，除卻〈復〉卦外，其他各卦中提及「靜」一語的，亦有以下這些：

〈乾·九四〉注：欲靜其居，居非所安，持疑猶豫未敢決志。〔註397〕

〈乾·用九·象〉注：乘變化而御大器，靜專動直，不失大和，豈非正性命之情者邪？〔註398〕

〈坤·用六·文言〉注：其德至靜，德必方也。〔註399〕

〈屯·初九〉注：夫息亂以靜，守靜以侯，安民在正，弘正在謙。〔註400〕

〈賁·六四〉注：欲靜則疑初之應，欲進則懼三之難，故或飾或素，內懷疑懼也。〔註401〕

〈无妄·上九〉注：處不可妄之極，唯宜靜保其身而已，故不可以行也。〔註402〕

〈咸·初六〉注：如其本實，未至傷靜。〔註403〕

〈咸·六二〉注：進不能制動，退不能靜處，所感在股，「志在隨人」者也。〔註404〕

〈恒·上六〉注：夫靜為躁君，安為動主。故安者上之所處也，靜者可久之道也。〔註405〕

〈艮·卦辭〉注：背者，无見之物也。无見則自然靜止，靜止而无見，

〔註397〕〔魏〕王弼注，樓宇烈校釋：《周易注（上經）·乾》，頁212。

〔註398〕〔魏〕王弼注，樓宇烈校釋：《周易注（上經）·乾》，頁213。

〔註399〕〔魏〕王弼注，樓宇烈校釋：《周易注（上經）·坤》，頁229。

〔註400〕〔魏〕王弼注，樓宇烈校釋：《周易注（上經）·屯》，收入《王弼集校釋》，頁234。

〔註401〕〔魏〕王弼注，樓宇烈校釋：《周易注（上經）·賁》，收入《王弼集校釋》，頁328。

〔註402〕〔魏〕王弼注，樓宇烈校釋：《周易注（上經）·无妄》，收入《王弼集校釋》，頁345。

〔註403〕〔魏〕王弼注，樓宇烈校釋：《周易注（下經）·咸》，收入《王弼集校釋》，頁374。

〔註404〕〔魏〕王弼注，樓宇烈校釋：《周易注（下經）·咸》，頁374。

〔註405〕〔魏〕王弼注，樓宇烈校釋：《周易注（下經）·恒》，收入《王弼集校釋》，頁380。

則不獲其身矣。〔註406〕

　　〈艮‧初六〉注：至靜而定，故利永貞。〔註407〕

　　〈艮‧六二〉注：腓體躁而處止，而不得拯其隨，又不能退聽安靜，故其心不快也。〔註408〕

　　〈兌‧上六〉注：以夫陰質，最處說後，靜退者也。〔註409〕

　　〈中孚‧象〉注：剛得中，則直而正；柔在內，則靜而順。〔註410〕

其中，關於〈坤‧用六‧文言〉注所謂之「其德至靜，德必方也」，其實是王弼為了注解〈坤‧用六‧文言〉之言「坤至柔而動也剛，至靜而德方」〔註411〕而來。也就是說，對於〈坤‧用六‧文言〉注中王弼所言之「靜」，並不能看做是對於老子思想的援用，而是王弼對〈文言〉的取資。又，王弼之所以在〈屯‧初九〉注言「靜」，則來自於〈屯‧象〉的「動乎險中」〔註412〕。至於〈中孚‧象〉注之言：「剛得中，則直而正；柔在內，則靜而順」〔註413〕，其實也是王弼對〈中孚‧象〉：「柔在內而剛得中」一語的延伸。至於其他王弼注文中對「靜」的使用，若通貫該卦，便可看出王弼在詮釋時的重點其實並非在「至靜之本」上頭，而是就人事應世之道上進行應用層面闡述罷了。〔註414〕

　　若要在以上關於「靜」的注文中，找出與〈復〉卦所謂之「至靜之本」有關聯者，大概就是〈咸‧初六〉注之「如其本實，未至傷靜」〔註415〕，以及〈恒‧上六〉注中的：「夫靜為躁君，安為動主。故安者上之所處也，靜者可久之道也」〔註416〕這兩處了。可是，如果此「至靜之本」真的就是王弼注《易》

〔註406〕〔魏〕王弼注，樓宇烈校釋：《周易注（下經）‧恒》，頁479～480。

〔註407〕〔魏〕王弼注，樓宇烈校釋：《周易注（下經）‧艮》，頁480。

〔註408〕〔魏〕王弼注，樓宇烈校釋：《周易注（下經）‧艮》，頁481。

〔註409〕〔魏〕王弼注，樓宇烈校釋：《周易注（下經）‧兌》，頁507。

〔註410〕〔魏〕王弼注，樓宇烈校釋：《周易注（下經）‧中孚》，收入《王弼集校釋》，頁515。

〔註411〕〔魏〕王弼注，樓宇烈校釋：《周易注（上經）‧坤》，頁229。

〔註412〕〔魏〕王弼注，樓宇烈校釋：《周易注（上經）‧屯》，頁234。

〔註413〕〔魏〕王弼注，樓宇烈校釋：《周易注（下經）‧中孚》，頁515。

〔註414〕關於此，筆者礙於篇幅無法一一就各卦進行闡述與細解，可由筆者於本章第一到三節中對〈乾〉、〈坤〉、〈艮〉、〈兌〉之討論窺其端倪。其中〈咸〉、〈艮〉皆依該卦的卦爻辭而來，進一步以人的身體喻人在行事上的動靜舉措，或可對照解之。

〔註415〕〔魏〕王弼注，樓宇烈校釋：《周易注（下經）‧咸》，頁374。

〔註416〕〔魏〕王弼注，樓宇烈校釋：《周易注（下經）‧恒》，頁380。

時的問題意識，為何就只有在王弼對〈復‧彖〉、〈咸‧初六〉與〈恒‧上六〉的這三處注文中可以見到對這個「至靜之本」的闡述呢？若「援老入易」真是王弼注《易》時的核心，那麼我們應該隨處可見此「至靜之本」、老子思想的發用才是。可是當我們翻開《周易注》的文獻，卻發現這些看似近於道家的語彙，其實多半是源自於《易傳》本來就有的說法，或是王弼在解卦時即使用了此「靜」字，但著重的層面亦非在「至靜之本」上頭，而是一種對人行事時的建議。即便王弼在上述〈復‧彖〉、〈咸‧初六〉與〈恒‧上六〉注文中闡述了這樣「至靜之本」的說法，但此說亦未成為《周易注》的核心問題意識，這個狀況和綜觀〈復〉卦全文是一樣的。

其實，就筆者前三節對各卦的細解，以及本節上述的層層論述中，就可以清楚地看出王弼《周易注》不僅在解經方法上「以傳解經」，王弼在面對《易經》時，義理內涵之衍發也多半與《易傳》有所關聯，故我們若要定調《周易注》是受《易傳》影響大、抑或是受道家影響大的這個問題時，《易傳》毫無疑問的會是王弼解經時的首要養分。因為我們就整個《周易注》的詮釋脈絡來看，即便王弼在《周易注》中有些看似取用於道家的語彙、概念甚或用典，但不過也就是一種王弼在解卦時的工具性運用罷了。此正如王弼在《周易略例‧明象》章所謂之「得意在忘象，得象在忘言」，王弼於《周易注》中對道家語彙、概念的運用，其實也就是一種為了說解《易》義所採用的一種如言、象般的工具，而未能成為王弼《周易注》的問題意識。

如前所論，若我們回歸到王弼《周易注》的整體文獻，便可以清楚地看出《易傳》對王弼的影響，若此，與其說王弼「援老入易」，倒不如說王弼解《易》主來自於《易傳》。因為若我們再堅持王弼還是「援老入易」，那麼便會在文獻梳理上遭逢義理脈絡的困難，因為《易傳》很明顯的並非道家義理，那麼我們又該如何說王弼就是「援老入易」呢？

因此，我們無法再將「援老入易」當作王弼《周易注》的核心概念，以此拉出王弼《周易注》的理論系統，因為「援老入易」說是經不起《周易注》通盤文獻的審視的。那麼，我們就得再進一步問──王弼《周易注》中所秉持的問題意識為何？更有甚者，若我們說王弼的思想在其所開顯出的《周易注》之語意性意義中獲得顯現，那麼，王弼《周易注》又開顯出了何種語意性意義？

三、王弼《周易注》的問題意識及其所開顯出的語意性意義

筆者以為，當我們要仔細分殊一個人的思想是否屬於該家派時，不能以語彙、概念的近似，就寬鬆地將其歸入某家。必須回到文獻做嚴絲合縫的耙梳，去問這個人在進行詮釋時是否存在著一個清晰的問題意識、是否為有意識地去發顯該家派的精神。本論文對王弼的審視亦是如此。

當筆者以本論文所提出的詮釋三進程，回歸於王弼《周易注》的文獻，對其一一進行細解之後，便可以發現前輩學者以「援老入易」當作《周易注》主軸的論述是無法貫通於整部《周易注》。如本節前頭一再強調，即便王弼在工具性的意義上，使用了一些近似於道家的語彙、概念甚或用典，但只要王弼並未將其視為解《易》時的原理原則，那我們便無法再理所當然地說王弼的解《易》就是「援老入易」。因此，筆者以為，傳統上對王弼的定調——道家人物、援老入易其實是禁不起嚴格的文獻驗證。王弼面對《易經》這麼一部文句簡陋甚至多半不成文章的經典，他最大的努力其實是在如何勉力解通這部經典上頭。所以，綜觀整部《周易注》，我們可以發現王弼基本上是依循《易傳》——尤其是〈彖傳〉、〈象傳〉——的解經模式，先由「取象」入手，然後由取象拉出該象的象徵，再進一步藉由隱喻延展出層層聯想，以此發展出《易經》在句法層次上的結構性意義。也就是說，王弼之解《易》，第一步還是著重在如何在句法層次上解通這部面貌特殊的經典上。當句法層次處理完備了，王弼才又更進一步地跨入義理層次，試圖開顯《易經》的語意性意義。然而，面對這麼一部原為卜筮紀錄的經典，王弼對其所開顯出的語意性意義其實也沒有到多深奧的哲學問題，王弼主要是回到《易經》的卜筮性質，思索各卦該如何應用至人事上頭罷了。也就正如前三節筆者在解王弼《周易注》各卦時所指出的，王弼在解完一卦的文句，開顯出該卦句法層次上的結構性意義之後，他另一個關注的焦點便是——當以有德君子自許的「我」，面臨某卦所標示出的處境時，「我」該如何好好地回應此處境。這當然還是就生命實踐的層次上對《易經》進行思索，也就是前頭筆者常提及的，這是一種詮釋者與經典間生命的對話，在這生命的對話中，詮釋者也開顯出了文本的語意性意義。我們可以藉此語意性意義的展現一窺王弼這名詮釋者的思想風貌——王弼藉由其與《易經》的對話，展現出一種在應世實踐層面，身為有德君子之「我」所應有的處世回應，當中的確有一些來自於《易傳》、道家的元素，但值得注意的是，王弼並未進

入哲學的高度而將儒家或道家的問題意識通貫地發顯於《周易注》中。

　　就家派的分判上，牟宗三先生對儒家與道家做了一個相當清楚且精彩的分判，也就是儒家是由「仁心」而發的實有形態的形而上學、道家則是自「無為」而起的境界形態的形而上學。〔註417〕若我們依此分判審視王弼《周易注》，在藉由本章前三節的文獻細解後，便可以很清楚地發現，王弼在社會意義層面的確受到一些近似於儒家、道家概念的影響，並將這些影響納入了其對《易經》的詮釋，但王弼在《周易注》中並未就哲學意義的層面對這些不管是儒家的「仁心」還是道家的「無為」做出完整的、有系統的闡釋。然而，若我們要將王弼視為一名不管是道家或儒家的哲學家，那麼我們必得檢視其著作是否發顯出可通貫於全書的道家或儒家精神的「存心」的展現，而非僅靠其著作表顯的文字，便輕易將其歸入某家派。若以此嚴格的標準來看王弼的《周易注》，我們充其量也只能說王弼面對《易經》時，是以一名經典詮釋者的立場，勉力對《易經》進行詮釋——而且其詮釋也僅停留在生活應世的層面，未真正進入哲學的高度而將儒家或道家的問題意識貫通地發顯於《周易注》中。筆者曾在第一章第一節中，略微提及經典詮釋者與哲學家間實有微妙的差距，即一名經典詮釋者可以只是一名經典詮釋者，但也可以因其詮釋時所開顯出的意義世界具有一通貫的核心問題意識而成為一名哲學家。反過來說，如果一名經典詮釋者的詮釋內容無法成就出一個完整的哲學體系，那麼我們就不能將其視為哲學家。若我們以此標準審視王弼《周易注》之思想內蘊，會發現我們無法藉由《周易注》而將王弼列入哲學家的行列。

〔註417〕相關論述，可詳參牟宗三《中國哲學十九講》之〈儒家系統之性格〉、〈道家玄理之性格〉、〈玄理系統之性格——縱貫橫講〉三講，以上文章見牟宗三：《中國哲學十九講》，頁69～126。

總結——經典意義下的王弼
《周易注》

　　本論文最原初的起點在於一個很簡單的問題——在中國哲學裡「經典」毋庸置疑地有其特殊地位，歷來學者皆從經典出發，透過注疏工作的進行，開顯出經典的意義。正因為經典文本在中國哲學中的重要性，故筆者在本論文第一章中，藉由對經典地位的強調，拉出經典文本之於中國學術的絕對優先性。也就是說，當身為詮釋者的我們在討論「經典的意義」這個問題之前，必須先界定出「經典」與「詮釋者」之間的主從問題，當主從問題確定後，我們才能進一步釐清經典與詮釋者間彼此的互動是如何進行、經典的意義又是如何產生？

　　關於以上問題的釐清，筆者以為西方的哲學詮釋學提供了我們一個絕佳的視角，讓我們可以重新反思論者面對經典及開顯其意義的方式。在此視角中，我們必先首肯「經典」之於詮釋者的絕對主導地位，詮釋者面對經典，必須往後退一步，一如人與人之間進行對話時一般，詮釋者必須在悉心傾聽經典的言說之後，再進一步與經典對話、交融，產生詮釋者之於經典的後續意義開創。因為在哲學詮釋學中，強調詮釋者與文本間先天存在著的時間間距，以及後續詮釋進行時詮釋者與文本的視域融合。傳統所謂的原樣理解、更好的理解已被哲學詮釋學所摒棄，哲學詮釋學強調的是詮釋者在其所處的視域中，與文本對話後所燦發的「不同的理解」。筆者由此視角出發，轉而回來看待中國哲學，便發現中國哲學其實也是透過歷來的「注疏」傳統，使詮釋者得以不斷地藉由注疏工作的進行，與經典文本來回往復的對話與交融，進而持續燦發出古老經典之於詮釋者的「不同的理解」，使經典的生命獲得嶄新的延展。

　　故在第二章中，筆者藉由對湯用彤、牟宗三與戴璉璋先生王弼《易》學論述的反思，重新思考王弼《易》學可能的脈絡。在歷來傳統的說法中，多半視王弼為玄宗之首，湯用彤先生即在此基點上，試圖為王弼學術進行溯源，勾勒出王弼學術的歷史圖像。當然，湯先生的成果在玄學研究上是深具貢獻的，他奠定了玄學之為一門學科的系統性、知識性，也為王弼勾勒出荊州學派、漢代新道家的學術淵源，謂王弼因此「援老入易」，以道家哲理開啟一代玄風，揭開魏晉新學嶄新的一頁。在學術發展上，湯先生的王弼研究深具里程碑意義，對後之學者有深遠的影響。當中，牟宗三先生在接受了湯先生對王弼學術的歷史判斷之後，繼而將焦點轉向王弼之哲學圖像。牟先生將魏晉玄學視為先秦道家的復興，故將「援老入易」與王弼做出哲學詮釋上更緊密的勾連。戴璉璋先生身為牟先生的弟子，則又更系統性地將「援老入易」視為王弼注《易》時的方法論原則，有意識地建構起一套比牟先生更為細密的王弼《易》學系統。筆者以為，湯、牟、戴三位先生的王弼論述在學術發展上各有其價值與貢獻，然而當中並非沒有問題。當中最核心的問題便是，當我們將「援老入易」視為一常識性的看法（後來戴璉璋先生更藉由層層論證，將此常識性的命題推衍成一個真實的命題），以此來看王弼的《周易注》，使王弼《易》學順理成章地成為一種「道家易」的同時，我們是否也該回過頭對《周易注》文獻做更通盤的審視，以此檢視「援老入易」於王弼《易》學中的合法性？另一方面，當湯先生等人在受到西方學科概念的影響，以概念為核心，以此進行後續理論推導的同時，即便論者因此方式建構出一套套系統井然的理論，但會不會也在無意間丟失了經典的絕對優先性，並且反而規範住經典？

　　所以，筆者以為，我們必須回到「經典的意義究竟該如何開顯」的這個基本問題上，先正視經典文本之於中國哲學的絕對優先性，在經典優先性的前提下，才能進一步討論詮釋者面對經典文本的方式與態度，以及後續的意義開顯問題。由於本論文討論的焦點在於王弼的《周易注》，故筆者勢必得先處理「《易經》的意義如何開顯」的這個基本問題。因此，在本論文的第三章中，筆者藉由哲學詮釋學視角的啟迪出發，再藉由呂格爾對象徵、隱喻、語境等概念的闡述，以及謝大寧先生對《易經》意義如何開顯之理論討論，最後加上由《易傳》而來的解經範式，歸結出一套開啟《易經》意義的方式，筆者將其以詮釋三進程總結之——第一，藉由「取象」這個行為，拉出一卦背

後的象徵，建構出《易經》這個特殊文本所闕如的第一層語境，劃定詮釋的範圍。另一方面，也藉由此處所取出之「象」做為後續詮釋時可提取的材料，使詮釋得以可能。第二，由於《易經》本身在文句語脈上多半是簡陋的，我們甚至很難說《易經》成其文章，故詮釋者必須藉由前述取象的進行，在句法層次上由取象出發，拉出後續的隱喻聯想，以此建構、補足《易經》的文句脈絡，開顯《易經》在句法層次上的結構性意義。另一方面，當文句脈絡獲得補足，後續也才能產生詮釋者面對文本時其所專屬的第二層語境，而詮釋者與文本的種種對話與交融便是在此第二層語境中進行的。第三，當文本的結構性意義獲得開顯後，詮釋者便可進一步由句法層次跨越到義理層次，並在其所處的第二層語境中，將文本之言說放入自己的生命存有，持續與文本對話，在生命實踐的層面上，開顯出文本的語意性意義。我們或可如此說，詮釋者之於文本，其終極意義的展現就在於此語意性意義的開顯，不同詮釋者會因其所處的視域不同、與文本產生的第二層語境的不同等等因素，而各自產生其對文本之「不同的理解」，就如同王弼《周易注》與《易傳》所各自闡釋的《易經》意義必然有所不同一般。

然而，即便各個詮釋者面對文本時，最終會產生其各自之「不同的理解」，但我們還是可以藉由詮釋三進程的進行，一一審視各個詮釋者開顯出的意義世界。筆者以為，這套詮釋三進程之最大勝場，即是詮釋者可藉由此套詮釋三進程，以相當細緻的方式一句一句地講通文本，並且此觀看、詮釋文本的方式，絕對以經典為主、詮釋者為從，是在確立經典的優先性的前提下，由此出發來看詮釋者對經典的詮釋、對經典意義的開顯。在此詮釋三進程中，經典成為意義生發的源頭，詮釋者對經典的詮釋是對經典意義的再揭示，而不會產生規範、封閉住經典意義的問題。

當然，筆者背後隱藏著另一個更宏大的企圖，那就是我們能不能用這套詮釋三進程來重新詮釋中國所有的經典？也就是說，我們可否揚棄以概念、邏輯推導的方式所建構出的那一套套系統，重新回歸到經典文本本身，由經典文本出發，去看文本究竟對詮釋者訴說了什麼、詮釋者又開顯出了怎樣的經典意義？面對本論文主題的王弼《周易注》，本論文在第三章中，筆者便將上述的詮釋三進程視為王弼注《易》時的基本形式，再加上王弼在《周易略例》時所言之種種注《易》方針，以此見王弼詮釋《易經》時的具體方法。到了論文的第四章，筆者便將以上的基本形式與具體方法合而為一，回到《周

易注》的文獻，試圖藉由文獻的梳理，具體探究王弼對《易經》的詮釋，以及其所開顯出的《易經》意義。對此，筆者揀選出王弼《周易注》中的二十卦，藉由各卦的細解，一方面證成此詮釋三進程在實際操作上的可行，另一方面也可藉此二十卦大致看出王弼《周易注》所使用的詮釋進路，以及王弼所開顯出的《易經》意義。於是我們便可以很清楚地看出，傳統上我們說王弼「掃象」、「以傳解經」，這些看法基本上都是正確的，但是在王弼的「掃象」、「以傳解經」的背後，隱藏著的是對於繁瑣漢易的廓清。也就是說，王弼之解《易》，完全是站在其面對漢易的繁瑣時，所提出的另一種詮釋經典的可能。因此，王弼才嘗試回歸到傳統《易傳》的解經模式，以此來說解《易經》。所以當我們依照詮釋三進程逐步細解王弼《周易注》各卦時，便可以看出王弼解卦時主重主爻、卦體等所謂的「以簡馭繁」。這即是在王弼面對漢易繁瑣下，所提出的另一種清爽的解《易》模式。即便王弼在細解各爻時，也相當重視由《易傳》而來的解經傳統如對「時」的重視、當位說、應位說等等，但無論如何，「得意忘象」依舊是王弼解《易經》時最高的指導原則，在此原則之下，王弼將上述解卦方法都視為其解釋卦爻意義時所必須憑藉的「工具」，當意義獲得提取、開顯之後，這些工具也就不那麼重要了。王弼《周易注》對道家的取資也是如此，當王弼勉力說解卦義時，的確借用了一些近似於道家的語彙、概念，但這並不構成我們說王弼「援老入易」的原因。因為我們必須回到整本《周易注》的脈絡來看，嚴格地審視《周易注》中是否有一個具體、完整、系統性的道家問題意識，若此，我們才能放心地說王弼「援老入易」，否則王弼的《周易注》將會失去系統。可是，在筆者細解完王弼的《周易注》之後，我們可以很清楚地看出，這樣的「道家問題意識」在王弼的《周易注》中是不存在的。更有甚者，即便王弼之詮釋《易經》用了許多來自於《易傳》的方法、說法，但我們同樣無法在王弼的《周易注》中看出什麼有關於儒家的問題意識。因為當我們要將一人歸於一個家派時，並不能單看其表面上說了什麼，而是必須嚴格地審視其說話背後的存心為何。也就是說，如果王弼只是運用了這些近似於道家或儒家的語彙，但究其整本《周易注》，我們卻無法看出王弼解《易》的背後就是存著那樣的道家或儒家「精神」—即道家的「無為」、儒家之「仁心」—之發用，那麼我們便不能單就字面之表象而斷言王弼的《周易注》就是道家易或儒家易。

對於王弼的《周易注》，我們可以如此定調，王弼是為了要廓清漢易的繁瑣，而回歸到《易傳》傳統的解經模式上頭，此即所謂之「以傳解經」。但王弼也不過是運用了這套方法，站在《易經》本為卜筮之書的立場上，勉力對卦爻進行一番說解罷了。即便王弼藉由取象而來的象徵、隱喻的層層聯想，逐步建構出《易經》的結構性意義與語意性意義，但王弼最終所燦發的語意性意義畢竟還是偏重在人事的應世或個人的自處上頭。也就是說，王弼藉由《易經》的詮釋，思索的問題在於——「我」這麼一個有德的君子，面對各卦所顯示的處境時，「我」該如何回應才能使「我」得以安身？我們當然可以說王弼對《易經》所開顯出的語意性意義還是在生命實踐上頭，但當中恐怕並沒有涉及到太深的哲學層次的討論，也見不到什麼儒家仁心之創發或道家無為精神的展現。

那麼，回到本論文首章所問的那個問題——王弼究竟是一名哲學家？抑或是一名經典詮釋者？筆者以為，王弼面對《易經》，無疑是位忠實的經典詮釋者，其運用了《易傳》、道家等等的資源，勉力地試圖解通《易經》，但其對《易傳》、道家的取用其實也不過是為了解通《易經》而有的工具性的援用。細究整部《周易注》，我們可以發現王弼並未在其中提出了什麼具體而通貫於全書且成為全書核心問題意識的哲學觀點，因此，我們實無法就《周易注》而將王弼列入哲學家的行列。

藉由本論文的撰寫，筆者將本論文所提出的詮釋三進程結合了王弼《周易注》的文獻，將理論形式與文獻內容做出緊密的結合，試圖對王弼的《周易注》做出一番更具系統性的論述。正如前頭所述，筆者試圖藉由本論文所提出的詮釋理論與方法，以另一種嶄新的視角來看待中國經典及其後續詮釋，筆者在本論文中對王弼《周易注》的論述只是一個開端，筆者將在此基礎上進行後續研究，在回到經典文本的立場上，將此詮釋理論與方法擴及到其他經典文本，以此審視中國經典在此特殊的詮釋脈絡中，所開顯出的意義世界。

徵引書目

一、**古籍**（以原作者年代先後排列）

1. 吳毓江撰，孫啟治點校：《墨子校注》，北京：中華書局，1993 年。

2. 上海師範大學古籍整理組點校：《國語》，上海：上海古籍出版社，1978 年。

3. 許維遹撰，梁運華整理：《呂氏春秋集釋》，北京：中華書局，2010 年。

4. 〔東漢〕王充撰，黃暉校釋：《論衡校釋》（第 4 冊），北京：中華書局，1990 年。

5. 〔魏〕何晏集解，〔宋〕邢昺疏：《論語注疏》，收入《十三經注疏》，臺北：藝文印書館，2001 年。

6. 〔魏〕王弼、〔晉〕韓康伯注，〔唐〕孔穎達等正義：《周易正義》，收入《十三經注疏》，臺北：藝文印書館，2001 年。

7. 〔魏〕王弼注，樓宇烈校釋：《王弼集校釋》，臺北：華正書局，2006 年。

8. 〔晉〕陳壽撰，〔南朝宋〕裴松之注：《三國志》，北京：中華書局，1971 年。

9. 〔劉宋〕范曄撰，〔唐〕李賢等注：《後漢書》（第 9 冊），北京：中華書局，1965 年。

10. 〔唐〕房玄齡等撰：《晉書》（第 8 冊），北京：中華書局，1974 年。

11. 〔宋〕歐陽修：《歐陽修全集》（上冊），北京：中國書店，1986 年，據世界書局 1936 年版影印。

12. 〔宋〕程顥、程頤：《二程集》（第 3 冊），北京：中華書局，1981 年。

13. 〔宋〕朱熹撰，鄭明等校點，莊輝明審讀：《朱子語類（三）》，收入朱傑人、嚴佐之、劉永翔主編：《朱子全書（修訂本）》（第 16 冊），上海：上海古籍出版社、合肥：安徽教育出版社，2010 年。

14. 〔清〕黃宗羲：《易學象數論》，收入《黃宗羲全集》（第 9 冊），杭州：浙江古籍出版社，1993 年。

15. 〔清〕紀昀等：《欽定四庫全書總目》，北京：中華書局，1997 年。

16. 〔清〕張惠言：《茗柯文編》（二編），卷上，收入《續修四庫全書》（第 1488 冊），上海：上海古籍出版社，1995 年。

17. 〔清〕嚴可均校輯：《全後漢文》，收入《全上古三代秦漢三國六朝文》，北京：中華書局，1985 年。

18. 〔清〕焦循著，陳居淵校點：《易章句》卷 8，收入《雕菰樓《易》學》，北京：北京大學出版社，2012 年。

19. 〔清〕郭慶藩撰，王孝魚點校：《莊子集釋》，新北市：頂淵文化事業有限公司，2005 年。

二、今人論著（以作者姓氏筆畫排列）

（一）專書

1. 王汎森：《執拗的低音──一些歷史思考方式的反思》，臺北：允晨文化，2014 年。

2. 王葆玹：《正始玄學》，濟南：齊魯書社，1987 年。
   ───：《玄學通論》，臺北：五南圖書出版有限公司，1996 年。

3. 王國維：《觀堂集林》卷第 9，收入謝維揚、房鑫亮主編：《王國維全集》（第 8 卷），杭州：浙江教育出版社，2009 年。

4. 牟宗三：《周易的自然哲學與道德函義》，臺北：文津出版社，1988 年。
   ───：《生命的學問》，臺北：三民書局，1970 年。
   ───：《中國哲學十九講》，臺北：臺灣學生書局，2002 年。
   ───：《才性與玄理》，臺北：臺灣學生書局，2002 年。
   ───：《周易哲學演講錄》，臺北：聯經出版事業股份有限公司，2005 年。
   ───：《現象與物自身》，臺北：臺灣學生書局，2004 年。
   ───：《佛性與般若》（上冊），臺北：臺灣學生書局，2004 年。

5. 牟潤孫：《注史齋叢論》，臺北：臺灣商務印書館，1990 年。

6. 朱伯崑：《易學哲學史》（第 1 卷），臺北：藍燈文化事業股份有限公司，1991 年。

7. 余敦康：《內聖外王的貫通——北宋易學的現代詮釋》，上海：學林出版社，1997 年。

———：《魏晉玄學史》，北京：北京大學出版社，2004 年。

8. 李威熊：《中國經學發展史論（上冊）》，臺北：文史哲出版社，1988 年。

9. 李學勤：《周易經傳溯源》，北京：中國社會科學出版社，2007 年。

10. 屈萬里：《讀易三種》，臺北：聯經出版事業有限公司，1983 年。

11. 林啟彥：《中國學術思想史》，臺北：書林出版有限公司，2006 年。

12. 林麗真：《義理易學鉤玄》，臺北：大安出版社，2004 年。

13. 范良光：《易傳道德的形上學》，臺北：臺灣商務印書館，1982 年。

14. 洪漢鼎：《詮釋學史》，新北市：桂冠圖書股份有限公司，2003 年。

———：《《真理與方法》解讀》，北京：商務印書館，2018 年。

15. 胡頌平編：《胡適之先生年譜長編初稿》（第 10 冊），臺北：聯經出版事業公司，1984 年。

16. 高亨：《周易古經通說》，臺北：樂天出版社，1972 年。

17. 高齡芬：《王弼與郭象玄學方法之研究》，新北市：花木蘭出版社，2008 年。

18. 徐復觀：《中國人性論史（先秦篇）》，臺北：臺灣商務印書館，2003 年。

19. 陳麗桂：《漢代道家思想》，臺北：五南圖書出版股份有限公司，2013 年。

20. 唐君毅：《中國哲學原論（原道篇卷二）》，臺北：臺灣學生書局，2008 年。

21. 張鼎國：《詮釋與實踐》，臺北：元照出版公司，2011 年。

22. 曾春海：《兩漢魏晉哲學史》，臺北：五南圖書出版股份有限公司，2008 年。

23. 程元敏：《漢經學史》，臺北：臺灣商務印書館，2018 年。

24. 傅偉勳：《學問的生命與生命的學問》，臺北：正中書局，1994 年。

———：《從創造的詮釋學到大乘佛學》，臺北：東大圖書公司，1995 年。

25. 湯用彤：《魏晉玄學論稿》，收入《魏晉玄學——乙編三種》，臺北：里仁書局，1995 年。

———：《魏晉的自然主義》，收入《魏晉玄學——乙編三種》，臺北：里仁書局，1995 年。

———：《魏晉玄學論稿》，收入《湯用彤全集》（四），石家莊：河北人民出版社，1999 年。

———：《魏晉玄學》，收入湯一介主編：《湯用彤全集》（六），高雄：佛光文化事業有限公司，2013 年。

———：《魏晉玄學論稿》，上海：上海古籍出版社，2019 年。

26. 勞思光：《新編中國哲學史（二）》，臺北：三民書局，2020 年。

27. 黃俊傑編：《中國經典詮釋傳統（一）通論篇》，臺北：國立臺灣大學出版中心，2004 年。

28. 楊自平：《清初至中葉《易》學十家之類型研究》，臺北：國立臺灣大學出版中心，2017 年。

29. 蒙文通：《經學抉原》，臺北：臺灣商務印書館，1996 年。

30. 廖炳蕙：《里柯》，臺北：東大圖書公司，1993 年。

31. 廖名春：《《周易》經傳與易學史新論》，濟南：齊魯書社，2001 年。

32. 鄭吉雄：《易圖象與易詮釋》，臺北：國立臺灣大學出版中心，2014 年。

———：《周易問答》，上海：上海古籍出版社，2019 年。

33. 戴璉璋：《易傳之形成及其思想》，臺北：文津出版社，1997 年。

———：《玄智、玄理與文化發展》，臺北：中央研究院中國文哲研究所，2003 年。

———：《周易經傳疏解》，臺北：中央研究院中國文哲研究所，2021 年。

34. 謝大寧：《歷史的嵇康與玄學的嵇康——從玄學史看嵇康思想的兩個側面》，臺北：文史哲出版社，1997 年。

35. 謝維揚等主編：《王國維全集》，杭州：浙江教育出版社；廣州：廣州教育出版社，2009 年。

36. 顧頡剛：《古史辨》，第 3 冊，上海：上海古籍出版社，1981 年。

37. 〔德〕高達美（Gadamer, Hans-Georg）著，洪漢鼎譯：《真理與方法》（第 1 卷），北京：商務印書館，2007 年。

———：《真理與方法》（第 2 卷），北京：商務印書館，2007 年。

38. 〔法〕呂格爾（Paul Ricoeur）著，陶運華、袁耀東、馮俊、郝翔等譯：《解釋學與人文科學》，石家莊：河北人民出版社，1987 年。

39. 〔法〕呂格爾（Paul Ricoeur）著，公車譯：《惡的象徵》，上海：上海人民出版社，2014 年。

（二）專書論文

1. 張鼎國：〈「較好地」還是「不同地」理解：從詮釋學論爭看經典註疏中的詮釋定位與取向問題〉，收入黃俊傑編：《中國經典詮釋傳統（一）通論篇》，臺北：國立臺灣大學出版中心，2004 年，頁 15～50。

2. 莊耀郎：〈牟宗三先生與魏晉玄學——《才性與玄理》讀後誌疑〉，收入李明輝主編：《牟宗三先生與中國哲學之重建》，臺北：文津出版社，1996 年，頁 311～324。

3. 謝大寧：〈試論玄學的分期問題〉，收入《含章光化——戴璉璋先生七秩哲誕論文集》，臺北：里仁書局，2002 年，頁 285～329。

   ————：〈何謂「易經的意義」？〉，收入《第六屆漢代文學與思想學術研討會論文集》，臺北：國立政治大中國文學系，2008 年），頁 261～280。

4. 劉笑敢：〈經典詮釋與體系建構：中國哲學詮釋傳統的成熟與特點芻議〉，收入李明輝編：《儒家經典詮釋方式》，臺北：國立臺灣大學出版中心，2004 年，頁 33～58。

5. 〔法〕呂格爾（Paul Ricoeur）著，洪漢鼎譯：〈存在與詮釋學〉，收入《詮釋學經典文選（上）》，新北市：桂冠圖書股份有限公司，2005 年，頁 259～280。

（三）期刊論文

1. 何益鑫：〈伊川艮止大義解〉，《周易研究》2013 年第 2 期（總第 118 期），頁 57～63。

2. 岑溢成：〈嵇康的思維方式與魏晉玄學〉，《鵝湖學誌》第 9 期，1992 年 12 月，頁 27～54。

   ————：〈魏晉言意之辨的兩個層面〉，《鵝湖學誌》第 11 期（1993 年 12 月），頁 17～36。

3. 沈清松：〈從「方法」到「路」——項退結與中國哲學的方法論問題〉，《哲學與文化》第 32 卷第 9 期，2005 年 9 月，頁 61～77。

4. 洪漢鼎：〈文本，經典與詮釋——中西方經典詮釋比較〉，《深圳大學學報（人文社會科學版）》，2015 年第 32 卷，頁 19～35。

5. 高齡芬：〈王弼《周易注》之主爻論述〉，《北臺國文學報》2 期（2005 年 6 月），頁 47～59。

6. 馬行誼：〈試論王弼《老子注》的思想脈絡〉，《臺中教育大學學報：人文藝術類》19 卷 2 期（2005 年 12 月），頁 53～70。

7. 程元敏：〈季漢荊州經學（上）〉，《漢學研究》，第 4 卷第 1 期，1986 年 6 月，頁 166～183。

　　———：〈季漢荊州經學（下）〉，《漢學研究》，第 5 卷第 1 期，1987 年 6 月，頁 229～263。

8. 楊自平：〈論古史辨易學之後的易學開展〉，《經學文獻研究集刊》2017 年第 2 期（第 18 輯），頁 220～236。

9. 楊慶中：〈出土文獻、《易》與中國哲學史料〉，《國學學刊》2013 年第 2 期，頁 85～143。

10. 鄭吉雄、傅凱瑄：〈《易傳》作者問題檢討〉（上），《船山學刊》2005 年第 3 期，頁 62～76。

　　———：〈《易傳》作者問題檢討〉（下），《船山學刊》2005 年第 5 期，頁 76～87。

11. 賴賢宗：〈本體詮釋與中國哲學研究方法的省思：以老子為例〉，《哲學與文化》第 34 卷第 4 期，2007 年 4 月，頁 87～99。

12. 謝大寧：〈經典的存有論基礎〉，《中正大學中文學術年刊》第 7 期（2005 年 12 月），頁 59～80。

　　———：〈經典的存有論基礎（續）〉，《中正大學中文學術年刊》2007 年第 1 期（總第 9 期）（2007 年 6 月），頁 189～212。

　　———：〈再論魏晉玄學與儒道會通〉，《吉林師範大學學報（人文社會學版）》，第 1 期，2017 年 1 月，頁 6～12。

13. 謝君直：〈王弼思想型態的再分判〉，《揭諦》9（2005 年 7 月），頁 125～152。

14. 龐秀成：〈思想文本的創造性翻譯：基於「五謂」的詮釋學進路〉，《潘》創刊號，2020 年 10 月，頁 39～53。

（四）學位論文

1. 涂藍云：《王弼思想體系的反思與建構》，嘉義：國立中正大學碩士論文，2009 年 6 月。

2. 蔡月禎：《王弼易學研究》，中壢：國立中央大學碩士論文，1999 年。

（五）會議論文

1. 謝大寧：〈經典詮釋的認識論基礎──從經典存有論問題向認識論的過渡〉，《第三屆中國文哲之當代詮釋學術研討會會前論文集》，新北市：國立臺北大學中國語文學系，2007 年 10 月，頁 255～266。

 ───：〈道德、教養、知識、理解──經典詮釋的方法論困境〉，儒學傳統與現代詮釋學術研討會暨「儒學在臺灣的研究現況與未來」論壇，臺北：淡江大學中國文學系儒學研究室，2013 年 6 月 7 日。